通用财经系列

审计理论与实务

（第二版）

李俊林　主编

徐　静　王金妹　副主编

复旦大学出版社

图书在版编目(CIP)数据

审计理论与实务/李俊林主编. --2版. --上海：复旦大学出版社,2024.9. -- ISBN 978-7-309-17619-3

Ⅰ.F239.0

中国国家版本馆 CIP 数据核字第 2024CV8005 号

审计理论与实务(第二版)
李俊林　主编
责任编辑/郭　峰

复旦大学出版社有限公司出版发行
上海市国权路 579 号　邮编：200433
网址：fupnet@fudanpress.com　　http://www.fudanpress.com
门市零售：86-21-65102580　　团体订购：86-21-65104505
出版部电话：86-21-65642845
上海华业装潢印刷厂有限公司

开本 787 毫米×1092 毫米　1/16　印张 23　字数 531 千字
2024 年 9 月第 2 版第 1 次印刷

ISBN 978-7-309-17619-3/F・3062
定价：69.00 元

如有印装质量问题,请向复旦大学出版社有限公司出版部调换。
版权所有　　侵权必究

前　　言

随着我国资本市场的不断完善,审计在社会监督中的作用越来越重要,急需大量具备一定职业判断能力和丰富经验的高水平的审计专门人才。审计学是一门实践性极强的学科,如果只讲授基本的审计理论和方法,很难使学生接受审计实务。审计道理都清楚,就是不知道怎么审,这难免使该课程在学生心目中留下极其枯燥乏味的印象,更难通过该课程培养出社会急需的应用型人才。如何编写一本能紧密联系国内外审计实际,使学生增加动脑、动手的机会,进一步提高学生运用知识和审计判断、分析能力的教材,是提高审计教学效果的关键。我们在总结以往教学经验和审计实践的基础上,大胆尝试,编写了这本《审计理论与实务》教材。

本教材以简洁坚实的审计理论知识为基础,以大量的审计具体工作底稿和案例为依托,这使得本教材既有说服力又有可操作性。每章开头以国内外的经典审计案例进行导入,围绕案例问题进行讨论总结,引入要讲授的审计基本理论问题。在讲授理论时,附有大量的审计具体工作底稿,增加了可操作性,同时根据知识点理解的难易程度,穿插了课内实训,提高了可理解性。在每章的最后附有课后案例讨论,要求学生在课后查找并阅读与本章知识点相关的案例,并思考相对应的问题,课堂上分小组对案例进行讨论汇报演讲,之后每个小组围绕讨论的问题编写完成小组案例,通过此环节的训练提高学生的沟通与表达能力。

本教材同以往的一般审计学教材相比具有以下鲜明特色:

首先,在内容的安排方面,本教材紧紧围绕审计实际工作需要,分为审计概述、审计执业规范和法律责任、审计基本流程、承接审计业务、风险评估与计划审计工作、销售与收款循环审计、采购与付款循环审计、生产与存货循环审计、筹资与投资循环审计、货币资金审计及完成审计与出具审计报告共11章,既有审计基本理论的讲解,又有财务报表审计实务的介绍,既包括会计师事务所项目经理的工作,又包括审计一般助理人员的工作,内容涵盖了审计学的全部知识点,涉及审计实际工作的各个环节。

其次,在结构、体例方面,从满足高校毕业生就业岗位要求的实际情况出发,以审计岗位的各业务为主线,以介绍各业务活动的操作步骤为主要内容,注重内容的实用性和针对性;各章开篇之前均安排"导读案例",有利于开展案例教学,具有较强的典型性和引导性;各章之后安排了课后案例讨论,增加了学生课后自己学习的内容,通过小组讨论学习,升华审计思考。

最后,本教材中安排了大量的审计工作底稿,大部分均为实务中所真实采用的,具有很好的模拟效果,能缩短学生与审计实践的距离感,突出职业能力的培养,以真实的工作为目标,以完成具体业务的典型工作过程为任务,让学生在完成审计工作任务中学习知识,训练技能,获得实现目标所需要的职业能力;同时配备了课内实训,让学生按照审计业务的处理程序填写完成常用的工作底稿。

本书属于北京联合大学产学合作规划教材,根据审计学理论与审计实务的最新发展于2024年进行了修订,由北京联合大学教师李俊林担任主编,徐静博士和王金妹博士担任副主编,北京大学光华管理学院王立彦教授主审,全书由李俊林统编、定稿。

本书在编写与修订过程中得到了北京注册会计师协会、产学合作单位天职国际(北京)会计师事务所等同仁的大力协助。值此出版之际,谨向对本书的编写和出版给予关心支持与帮助的朋友们致以诚挚的谢意。限于学识水平和实践经验,书中不足之处在所难免,恳请读者批评指正。

目　录

第一章　审计概述 ... 001
本章要点 ... 001
第一节　审计的产生与发展 ... 003
第二节　审计的本质 ... 006
第三节　审计的种类 ... 011
第四节　审计组织和审计人员 ... 013
本章小结 ... 018
本章复习题 ... 019
课后讨论案例 ... 019

第二章　审计执业规范和法律责任 ... 020
本章要点 ... 020
第一节　审计准则 ... 021
第二节　职业道德基本原则和概念框架 ... 023
第三节　会计师事务所业务质量控制 ... 032
第四节　法律责任 ... 046
本章小结 ... 051
本章复习题 ... 051
课后讨论案例 ... 051

第三章　审计基本流程 ... 053
本章要点 ... 053
第一节　审计目标 ... 055
第二节　审计方法与程序 ... 061
第三节　审计证据与审计工作底稿 ... 076
本章小结 ... 085
本章复习题 ... 086
课后讨论案例 ... 086

第四章 承接审计业务 ... 087
- 本章要点 ... 087
- 第一节 开展初步业务活动 ... 088
- 第二节 签订审计业务约定书 ... 103
- 本章小结 ... 110
- 本章复习题 ... 110
- 课后讨论案例 ... 111

第五章 风险评估与计划审计工作 ... 112
- 本章要点 ... 112
- 第一节 审计重要性 ... 113
- 第二节 审计风险 ... 120
- 第三节 风险评估 ... 123
- 第四节 风险应对 ... 147
- 第五节 编制审计计划 ... 155
- 本章小结 ... 161
- 本章复习题 ... 162
- 课后讨论案例 ... 162

第六章 销售与收款循环审计 ... 163
- 本章要点 ... 163
- 第一节 销售与收款循环的风险评估 ... 166
- 第二节 销售与收款循环的控制测试 ... 176
- 第三节 主要账户的实质性程序 ... 181
- 本章小结 ... 200
- 本章复习题 ... 201
- 课后讨论案例 ... 201

第七章 采购与付款循环审计 ... 202
- 本章要点 ... 202
- 第一节 采购与付款循环的风险评估 ... 204
- 第二节 采购与付款循环的控制测试 ... 215
- 第三节 主要账户的实质性程序 ... 219
- 本章小结 ... 232
- 本章复习题 ... 232
- 课后讨论案例 ... 232

第八章　生产与存货循环审计 ·· 234
    本章要点 ·· 234
    第一节　生产与存货循环的风险评估 ······································ 236
    第二节　生产与存货循环的控制测试 ······································ 246
    第三节　主要账户的实质性程序 ·· 251
    本章小结 ·· 267
    本章复习题 ·· 268
    课后讨论案例 ·· 268

第九章　筹资与投资循环审计 ·· 270
    本章要点 ·· 270
    第一节　筹资与投资循环的风险评估 ······································ 272
    第二节　筹资与投资循环的控制测试 ······································ 282
    第三节　主要账户的实质性程序 ·· 286
    本章小结 ·· 293
    本章复习题 ·· 294
    课后讨论案例 ·· 294

第十章　货币资金审计 ·· 295
    本章要点 ·· 295
    第一节　货币资金的风险评估 ·· 296
    第二节　货币资金的控制测试 ·· 305
    第三节　主要账户的实质性程序 ·· 308
    本章小结 ·· 321
    本章复习题 ·· 321
    课后讨论案例 ·· 321

第十一章　完成审计与出具报告 ·· 323
    本章要点 ·· 323
    第一节　完成审计工作 ·· 324
    第二节　审计报告的意见类型 ·· 335
    第三节　出具审计报告 ·· 336
    本章小结 ·· 359
    本章复习题 ·· 359
    课后讨论案例 ·· 359

第一章 审计概述

本章要点

通过对本章内容的学习,你应了解和掌握以下知识和技能:
- 了解审计产生的原因以及审计的发展历程
- 理解审计的本质及组成要素
- 掌握审计组织的具体类型和各自的审计人员
- 能够根据实际情况具体判别审计业务
- 能够结合具体事例分析我国经济生活中的审计活动,理解其重要性

导读案例

英国南海股份有限公司审计案[①]

200多年前,英国成立了南海股份有限公司,由于经营无方,公司效益一直不理想。公司董事会为了使股票达到预期价格,不惜采取散布谣言等手法,使股票价格直线上升。事情败露后,英国议会聘请了一位懂会计的人,审核了该公司的账簿,然后据此查处了该公司的主要负责人。于是,审核该公司账簿的人开创了世界注册会计师行业的先河,民间审计从此在英国拉开了序幕。

案例背景: 在18世纪初,随着大英帝国殖民主义的扩张,海外贸易有了很大的发展。英国政府发行中奖债券,并用发行债券所募集到的资金,于1710年创立了南海股份公司。该公司以发展南大西洋贸易为目的,获得了专卖非洲黑奴给西班牙、美洲的30年垄断权,其中公司最大的特权是可以自由地从事海外贸易活动。南海公司虽然经过近10年的惨淡经营,其业绩依然平平。1719年,英国政府允许中奖债券总额的70%,即约1 000万英镑,可与南海公司股票进行转换。该年底,一方面,当时英国政府扫除了殖民地贸易的障碍;另一方面,公司的董事们开始对外散布各种所谓的好消息,即南海公司在年底将有大量利润可实现,并煞有其事地预计,在1720年的圣诞节,公司可能要按面值的60%支付股利。这一消息的宣布,加上公众对股价上扬的预期,促进了债券转换,进而带动了股价上升。1719年中,南海公司股价为114英镑,到了

---

① 参考资料:李若山,《审计案例》,辽宁人民出版社。

1720年3月,股价劲升至300英镑以上。而从1720年4月起,南海公司的股票更是节节攀高,到了1720年7月,股票价格已高达1 050英镑。此时,南海公司老板布伦特又想出了新主意:以数倍于面额的价格,发行可分期付款的新股。同时,南海公司将获取的现金,转贷给购买股票的公众。这样,随着南海股价的扶摇直上,一场投机浪潮席卷全国。由此,170多家新成立的股份公司股票以及原有的公司股票,都成了投机对象,股价暴涨51倍,从事各种职业的人,包括军人和家庭妇女都卷入了这场漩涡。美国经济学家加尔布雷斯在其《大恐慌》一书中这样描绘当时人们购买股票的情形:"政治家忘记了政治,律师放弃了买卖,医生丢弃了病人,店主关闭了铺子,教父离开了圣坛,甚至连高贵的夫人也忘了高傲和虚荣。"

1720年6月,为了制止各类"泡沫公司"的膨胀,英国国会通过了《泡沫公司取缔法》。自此,许多公司被解散,公众开始清醒过来,对一些公司的怀疑逐渐扩展到南海公司身上。从7月份开始,外国投资者首先抛出南海公司股票,撤回资金。随着投机热潮的冷却,南海公司股价一落千丈,从1720年8月25日至9月28日,南海公司的股票价格从900英镑下跌到190英镑,到12月份最终仅为124英镑。当年底,政府对南海公司资产进行清理,发现其实际资本已所剩无几。那些高价买进南海股票的投资者遭受了巨大损失,政府逮捕了布伦特等人,另有一些董事自杀。"南海泡沫"事件使许多地主、商人失去了资产。此后较长一段时间,民众对参股新兴股份公司闻之色变,对股票交易心存疑虑。

对南海公司舞弊案的查处: 1720年名噪一时的"南海公司"倒闭的消息传来,犹如晴天霹雳,惊呆了正陶醉在黄粱美梦中的债权人和投资者。当这些"利害关系者"证实了数百万英镑的损失将由自己承担的时候,他们一致向英国议会发出了严惩欺诈者,并赔偿损失的呼声。迫于舆论压力,1720年9月,英国议会组织了一个由13人参加的特别委员会,对"南海泡沫"事件进行秘密查证。在调查过程中,特别委员会发现该公司的会计记录严重失实,明显存在蓄意篡改数据的舞弊行为,于是特邀了一位名叫查尔斯·斯奈尔(Charles Snell)的资深会计师,对南海公司的分公司"索布里奇商社"的会计账目进行检查。查尔斯·斯奈尔作为伦敦市彻斯特·莱恩学校的习字和会计教师,商业审计实践经验丰富,理论基础扎实,在伦敦地区享有盛誉。

查尔斯·斯奈尔通过对南海公司账目的查询、审核,于1721年提交了一份名为《伦敦市彻斯特·莱恩学校的书法大师兼会计师对索布里奇商社的会计账簿进行检查的意见》。在该份报告中,查尔斯指出了公司存在舞弊行为、会计记录严重不实等问题。但没有对公司为何编制这种虚假的会计记录表明自己的看法。

议会根据这份查账报告,将南海公司董事之一的雅各希·布伦特以及他的合伙人的不动产全部予以没收。其中一位叫乔治·卡斯韦尔的爵士,被关进了著名的伦敦塔监狱。

同时英国政府颁布的《泡沫公司取缔法》对股份公司的成立进行了严格的限制,只有取得国王的御批,才能得到公司的营业执照。事实上,股份公司的形式基本上名存实亡。

直到1828年,英国政府在充分认识到股份有限公司利弊的基础上,通过设立民间审计的方式,将股份公司中因所有权与经营权分离所产生的不足予以制约,才完善了这一现代化的企业制度。据此,英国政府撤销了《泡沫公司取缔法》,重新恢复了股份公司这一现代企业制度的形式。

【讨论】
1. 英国南海股份有限公司能够进行舞弊的根本原因是什么?
2. 查尔斯·斯奈尔在这个事件中起到了什么作用?
3. 从制度设计的角度谈谈如何防止上市公司进行舞弊?

第一节　审计的产生与发展

一、民间审计的起源与发展

民间审计起源于企业所有权和经营权的分离,是市场经济发展到一定阶段的产物。

(一)起源于16世纪的意大利

在16世纪,地中海沿岸的商业城市已经比较繁荣,商业经营规模不断扩大。由于单个的业主难以向企业投入巨额资金,为适应筹集所需大量资金的需要,合伙制企业应运而生。有的合伙人参与企业的经营管理,有的合伙人则不参与,所有权和经营权开始分离,在这种情况下,客观上需要独立的第三者对合伙企业进行监督、检查,从而产生了对民间审计的最初需求。

在民间审计实施过程中,财产的所有者(委托人)、财产的经营管理者(被审计人)和审计者(独立的专职机构和人员)形成了最初的审计三方关系,具体内容如图1-1所示。

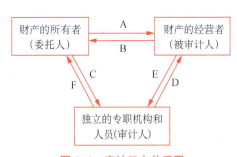

图1-1　审计三方关系图

说明:A. 委托经营管理;B. 履行受托责任;C. 委托审计;D. 进行审计;E. 配合审计;F. 报告审计结果。

(二)形成于18世纪的英国

民间审计虽然起源于意大利,但它对后来审计事业的发展影响不大,工业革命最近成功的英国在创立和传播审计职业的过程中发挥了重要作用。18世纪,英国的资本主义经济得到了迅速发展,生产的社会化程度大大提高。企业的所有权与经营权进一步分离,企业主希望由外部的会计师来检查他们所雇用的管理人员是否存在贪污、盗窃和其他舞弊行为,于是英国出现了第一批以查账为职业的独立会计师,他们受企业主委托,对企业会计账目进行逐笔检查,检查结果也只向企业主报告。

这一时期民间审计的主要特点是审计的法律地位得到了确认;审计的目的是查错防弊,保护企业资产的安全和完整;审计的方法是对会计账目进行详细审计;审计报告使用人主要为企业股东等。

(三) 发展于 20 世纪初的美国

从 20 世纪初开始，全球经济发展重心逐步由欧洲转向美国，审计在美国也得到了大力发展。20 世纪早期的美国，经济形势发生了很大变化，由于金融资本对产业资本更为广泛的渗透，企业同银行的利益关系更加紧密，银行逐渐把企业资产负债表作为了解企业信用的主要依据，于是在美国产生了帮助贷款人及其他债权人了解企业信用的资产负债表审计。之后，从 1929—1933 年，世界主要资本主义国家经历了历史上最严重的经济危机，大批企业倒闭，投资者和债权人蒙受了巨大的经济损失，这在客观上促使企业利益相关者从只关心企业财务状况转变到更加关心企业的盈利水平，产生了对企业利润表进行审计的客观要求，这时，审计的重点已从保护债权人为目的的资产负债表审计，转向以保护投资者为目的的利润表审计。

直到现阶段，随着世界经济的发展，现代审计主要是向银行、投资者等社会公众服务的，社会公众既关心企业的资产负债情况，又关心企业的盈利能力等情况，因此，现代审计是在风险导向审计模式下的财务报表审计。

二、我国审计的演进与发展

我国的民间审计是在 20 世纪初从国外演进过来的。中华民国时期，封建帝制被推翻，我国民间审计的发展进入了近代的改良时期。1912 年北洋政府设立审计处，过了两年颁布了我国历史上第一部审计法典《审计法》。1918 年 9 月，北洋政府颁布了我国第一部民间审计法规《会计师暂行章程》，并于同年批准著名会计学家谢霖先生为中国的第一位注册会计师，谢霖先生创办的中国第一家会计师事务所"正则会计师事务所"也获准成立。此后，又逐步批准了一批注册会计师，建立了一批会计师事务所，包括潘序伦先生创办的"潘序伦会计师事务所"（后改称"立信会计师事务所"）等。1930 年，国民政府颁布了《会计师条例》，确立了会计师的法律地位，之后，上海、天津、广州等地也相继成立了多家会计师事务所。在组织方面，1925 年在上海成立了"全国会计师公会"，1933 年成立了"全国会计师协会"，至 1947 年，全国已拥有注册会计师 2 619 人，并建立了一批会计师事务所，主要集中在上海、天津、广州等沿海城市。当时，民间审计的业务主要是为企业设计会计制度、代理申报纳税、培训会计人才和提供其他会计咨询服务。但是，在半封建、半殖民地的旧中国，注册会计师职业未能得到很大的发展，民间审计也未能充分发挥应有的作用。

新中国成立以后，根据当时的国情，国家没有设置独立的审计机构。直到 20 世纪 80 年代，为适应改革开放和经济建设的需要，我国全面开展了审计工作。

在民间审计方面，1980 年恢复重建了注册会计师制度，1981 年 1 月 1 日，"上海会计师事务所"宣告成立，成为新中国第一家由财政部批准独立承办民间审计业务的会计师事务所。1986 年 7 月 3 日，国务院颁布《中华人民共和国注册会计师条例》，同年 10 月 1 日起实施。1988 年 11 月 15 日，财政部借鉴国际惯例成立了中国注册会计师协会，随后各地方相继组建省级注册会计师协会。1993 年 10 月 31 日，第八届全国人大常委会第四次会议审议通过了《中华人民共和国注册会计师法》(以下简称《注册会计师法》),自1994年1月1日起实施。自1996年起至2006年,中国注册会计师协会已经发布、修订了48项执业准则及指南,注册会计师审计在我国得到了蓬勃发展。

在政府审计方面,我国把建立政府审计机构、实行审计监督,载入我国1982年修改的《中华人民共和国宪法》;1983年成立了我国最高国家审计机关——审计署,并先后在地方设置各级审计机关;1985年发布《国务院关于审计工作的暂行规定》;1988年颁发了《中华人民共和国审计条例》;1994年颁布了《中华人民共和国审计法》,并在2006年作了较大修订,至此,我国政府审计逐步走上了法治化、制度化、规范化的轨道。

在内部审计方面,为加强我国组织内部的经济监督和管理作用,我国于1964年在各组织内部建立审计职能部门,实行内部审计监督制度。1985年、1995年、2003年先后几次发布并修订了《审计署关于内部审计工作的规定》,中国内部审计协会依据《中华人民共和国审计法》《审计署关于内部审计工作的规定》及相关法律法规,颁布了内部审计准则,截至目前,陆续颁布了《中国内部审计基本准则》、29项《内部审计具体准则》和5项《内部审计实务指南》,规范了我国内部审计工作,内部审计在我国得到了迅速发展。

至此,我国已经形成了政府审计、民间审计和内部审计三位一体的审计监督体系,三者各自独立、各司其职,我国的审计工作进入了前所未有的振兴时期。

读一读

据考证,早在奴隶制度下的古罗马、古埃及和古希腊时代,就已建立了官厅审计机构,并设有监督官一职。法国在资产阶级大革命前就设立了审计厅。英国于1314年任命了第一任国库审计长。美国则于1921年就公布了《预算及会计条例》,并依据该条例设立了美国联邦总会计(审计)署。

我国政府审计产生于西周初期,西周设立的"宰夫",秦汉设立的"御史大夫",隋唐设立的"比部"等都与审计职责有关。宋代设有审计司(院)并最早提出"审计"一词,元、明、清的封建政权中同样也设有监管审计部门。民国时期则先后设有审计处、审计院、审计部等政府审计部门,新中国成立以后的较长时期内,我国一直没有设置独立的审计机构。党的十一届三中全会以后,1983年9月,我国政府审计的最高机关——审计署成立,并且县级以上各级人民政府均设立审计机关。

三、审计产生与发展历程的启示

从审计的起源和发展历程可以看出,审计的产生和发展有其历史必然性,从中我们可以得出以下几点启示:

(1) 审计是商品经济发展到一定阶段的产物,其产生的直接原因是财产所有权与经营权的分离。特别是公司逐渐成为商品社会的重要经济组织后,由于所有者主要根据经营者提交的财务报表了解企业的经营情况,因此,客观上需要有一个来自企业外部的持独立、客观、公正立场的第三者对企业财务报表的真实性和公允性做出判断,审计便应运而生。

(2) 审计将随着商品经济的发展而不断发展。商品经济的发展,促使审计由初期的详细审计发展为资产负债表审计、利润表审计,进而发展到财务报表审计;审计目标也由最初的查错防弊发展到对财务报表发表审计意见。

(3) 审计具有独立、客观、公正的特征。这种特征,一方面保证了审计具有鉴证职能;另一方面也使其在社会上享有较高的权威性。

第二节 审计的本质

审计是一种社会经济现象,是随着社会生产力的提高和社会经济的发展,社会财富日益增多,剩余的生产产品逐渐集中到少数人手中,当财产所有者不能直接经营和管理其所拥有的财产时,就需要委托他人代为经营和管理,于是财产所有者与经营管理者出现了分离,形成委托和受托经济责任关系。财产所有者为了保护其财产的安全、完整并有所增值,就需要定期或不定期地了解受托管理者是否忠于职守、尽职尽责地从事管理和经营,有无徇私舞弊和提供虚假财务报告等行为。为了达到这一目的,财产所有者只有要求与责任双方不存在任何经济利益关系的独立的第三方对财产管理者的经济责任进行审查和评价,才能维护自己的正当权益和解除财产管理者的经济责任。如果不这样,是财产所有者自身对财产管理者进行监督,由于彼此之间存在着直接的经济利益关系,那么这种监督难免会带有一定的主观性和片面性。因此,对财产管理者的监督检查,客观上要求由与财产所有者和财产管理者都无利害关系的第三者来进行。这种由第三者所进行的监督、检查,就是审计工作。

一、审计的定义

审计的定义是指对审计的本质特征或其内涵与外延所做的高度概括。世界各国的审计界都对审计概念进行了深入的研究,美国会计学会(AAA)颁布的《基本审计概念说明》(ASOBAC)的公告中,把审计概念描述为:"为确定关于经济行为及经济现象的结论和所制定的标准之间的一致程度,而对于这种结论有关的证据进行客观收集、评定,并将结果传达给利害关系人的有系统的过程。"

国际会计师联合会(IFAC)下设的国际审计与鉴证准则理事会将注册会计师审计概念定义为:"会计报表审计的目标是,使审计师能够对会计报表是否在所有重大方面按照确定的财务报告框架编制发表意见。"

《中国注册会计师审计准则第1101号——注册会计师的总体目标和审计工作的基本要求》对审计概念的描述为:"审计的目的是提高财务报表预期使用者对财务报表的信赖程度,可以通过注册会计师对财务报表是否在所有重大方面按照适用的财务报告框架编制发表审计意见得以实现。"

我们可以将其通俗表述为：审计是指注册会计师对财务报表是否不存在重大错报提供合理保证，以积极方式提出意见，增强除管理层之外的预期使用者对财务报表信赖的程度。具体可以从以下几个方面加以理解：

一是审计的用户是财务报表的预期使用者，即审计可以用来有效满足财务报表预期使用者的需求。

二是审计的目的是提高财务报表的质量或内涵，增强预期使用者对财务报表的信赖程度，即以合理保证的方式提高财务报表的质量，而不涉及为如何利用信息提供建议。

三是合理保证是一种高水平保证。当注册会计师获取充分、适当的审计证据将审计风险降至可接受的低水平时，就获取了合理保证。由于审计存在固有限制，注册会计师据以得出结论和形成审计意见的大多数审计证据是说服性而非结论性的，因此，审计只能提供合理保证，不能提供绝对保证。

四是审计的基础是独立性和专业性，通常由具备专业胜任能力和独立性的注册会计师来执行，注册会计师应当独立于被审计单位和预期使用者。

五是审计的最终产品是审计报告。注册会计师针对财务报表是否在所有重大方面按照财务报告编制基础编制并实现公允反映发表审计意见，并以审计报告的形式予以传达。注册会计师按照审计准则和相关职业道德要求执行审计工作，能够形成这样的意见。

二、审计的要素

审计旨在增进某一鉴证对象信息的可信性。比如财务报表审计就是注册会计师通过收集充分、适当的证据来评价财务报表是否在所有重大方面符合会计准则，并出具审计报告，从而提高财务报表的可信性。因此，审计包括审计业务的三方关系、鉴证对象（财务报表）、标准（财务报表编制基础）、审计证据和审计报告共五个要素。

(一) 审计业务的三方关系

三方关系人分别是注册会计师、被审计单位管理层（责任方）、财务报表预期使用者。

1. 注册会计师

注册会计师是指取得注册会计师证书并在会计师事务所执业的人员，通常是指项目合伙人或项目组其他成员，有时也指其所在的会计师事务所。

按照审计准则的规定对财务报表发表审计意见是注册会计师的责任。为履行这一职责，注册会计师应当遵守相关职业道德要求，按照审计准则的规定计划和实施审计工作，获取充分、适当的审计证据，并根据获取的审计证据得出合理的审计结论，发表恰当的审计意见。注册会计师通过签署审计报告确认其责任。

如果审计业务涉及的特殊知识和技能超出了注册会计师的能力，注册会计师可以利用专家协助执行审计业务。在这种情况下，注册会计师应当确信包括专家在内的项目组整体已具备执行该项审计业务所需的知识和技能。并充分参与该项审计业务和了解专家所承担的工作。

2. 被审计单位管理层（责任方）

责任方是指对财务报表负责的组织或人员，即被审计单位管理层。管理层是指对被审计单位经营活动的执行负有经营管理责任的人员。在某些被审计单位,管理层包括部分或全部的治理层成员,如治理层中负有经营管理责任的人员,或参与日常经营管理的业主(以下简称业主兼经理)。治理层是指对被审计单位战略方向以及管理层履行经营管理责任负有监督责任的人员或组织。治理层的责任包括监督财务报告过程。在某些被审计单位,治理层可能包括管理层,如治理层中负有经营管理责任的人员,或业主兼经理。

被审计单位管理层和治理层对财务报表应当承担下列责任,这些责任也是构成注册会计师按照审计准则的规定执行审计工作的基础:第一,按照适用的财务报告编制基础编制财务报表,并使其实现公允反映(如适用);第二,设计、执行和维护必要的内部控制,以使财务报表不存在由于舞弊或错误导致的重大错报;第三,向注册会计师提供必要的工作条件,包括允许注册会计师接触与编制财务报表相关的所有信息(如记录、文件和其他事项),向注册会计师提供审计所需的其他信息,允许注册会计师在获取审计证据时不受限制地接触其认为必要的内部人员和其他相关人员。

要注意,财务报表审计并不减轻管理层或治理层的责任。财务报表编制和财务报表审计是财务信息生成链条上的不同环节。两者各司其职。法律法规要求管理层和治理层对编制财务报表承担责任,有利于从源头上保证财务信息质量。同时,在某些方面,注册会计师与管理层和治理层之间可能存在信息不对称。管理层和治理层作为内部人员,对企业的情况更为了解。更能做出适合企业特点的会计处理决策和判断,因此,管理层和治理层理应对编制财务报表承担完全责任。尽管在审计过程中,注册会计师可能向管理层和治理层提出调整建议,甚至在不违反独立性的前提下为管理层编制财务报表提供协助,但管理层仍然对编制财务报表承担责任,并通过签署财务报表确认这一责任。如果财务报表存在重大错报,而注册会计师通过审计没有能够发现,也不能因为财务报表已经注册会计师审计这一事实而减轻管理层和治理层对财务报表的责任。

3. 预期使用者

预期使用者是指预期使用审计报告和财务报表的组织或人员。如果审计业务服务于特定的使用者或具有特殊目的,注册会计师可以很容易地识别预期使用者。例如,企业向银行贷款,银行要求企业提供一份反映财务状况的财务报表,那么,银行就是该审计报告的预期使用者。

注册会计师可能无法识别使用审计报告的所有组织和人员,尤其在各种可能的预期使用者对财务报表(鉴证对象)存在不同的利益需求时。此时,预期使用者主要是指那些与财务报表(鉴证对象)有重要和共同利益的主要利益相关者,例如,在上市公司财务报表审计中,预期使用者主要是指上市公司的股东。注册会计师应当根据法律法规的规定或与委托人签订的协议识别预期使用者。

出具审计报告时,收件人应当尽可能地明确为所有的预期使用者,但在实务中往往很难做到这一点。原因很简单,有时审计报告并不向某些特定组织或人员提供,但这些组织或人员也有可能使用审计报告。例如,注册会计师为上市公司提供财务报表审计服务,其审计报告的收件人为"××股份有限公司全体股东",但除了股东之外,公司债权人、证券监管机构等显然也是预期使用者。

三方关系人的关系是注册会计师对由被审计单位管理层负责的财务报表发表审计意

见,以增强除管理层之外的预期使用者对财务报表的信赖程度。由于财务报表是由被审计单位管理层负责的,因此,注册会计师的审计意见主要是向除管理层之外的预期使用者提供的。在某些情况下,管理层和预期使用者可能来自同一企业,但并不意味着两者就是同一方。例如,某公司同时设有董事会和监事会,监事会需要对董事会和管理层负责编制的财务报表进行监督。

由于审计意见有利于提高财务报表的可信性,有可能对管理层有用,因此,在这种情况下,管理层也会成为预期使用者之一,但不是唯一的预期使用者。例如,管理层是审计报告的预期使用者之一,但同时预期使用者还包括企业的股东、债权人、监管机构等。因此,是否存在三方关系是判断某项业务是否属于审计业务或其他鉴证业务的重要标准之一。如果某项业务不存在除责任方之外的其他预期使用者,那么,该业务不构成一项审计业务或其他鉴证业务。

(二) 鉴证对象(财务报表)

鉴证对象是鉴证业务工作的对象,鉴证对象首先要考虑是否适当,因为这是注册会计师能否将一项业务作为审计业务或其他鉴证业务予以承接的前提条件。适当的鉴证对象应当同时具备下列条件:①鉴证对象可以识别;②不同的组织或人员对鉴证对象按照既定标准进行评价或计量的结果合理一致;③注册会计师能够收集与鉴证对象有关的信息,获取充分、适当的证据,以支持其提出适当的鉴证结论。

在财务报表审计中,鉴证对象就是财务报表。财务报表是指依据某一财务报告编制基础对被审计单位历史财务信息做出的结构性表述,包括相关附注,旨在反映某一时点的经济资源或义务或者某一时期经济资源或义务的变化。相关附注通常包括重要会计政策概要和其他解释性信息。财务报表通常是指整套财务报表,有时也指单一财务报表。整套财务报表的构成应当根据适用的财务报告编制基础的规定确定。

管理层和治理层(如适用)在编制财务报表时需要:①根据相关法律法规的规定确定适用的财务报告编制基础;②根据适用的财务报告编制基础编制财务报表;③在财务报表中对适用的财务报告编制基础做出恰当的说明。编制财务报表要求管理层根据适用的财务报告编制基础运用判断做出合理的会计估计,选择和运用恰当的会计政策。

财务报表可以按照某一财务报告编制基础编制,旨在满足下列需求之一:①广大财务报表使用者共同的财务信息需求(即通用目的财务报表的目标);②财务报表特定使用者的财务信息需求(即特殊目的财务报表的目标)。就许多财务报告编制基础而言,财务报表旨在提供有关被审计单位财务状况、经营成果和现金流量的信息。对这些财务报告编制基础,整套财务报表通常包括资产负债表、利润表、现金流量表、所有者权益(或股东权益)变动表和相关附注。

(三) 标准(财务报表编制基础)

标准是指用于评价或计量鉴证对象的基准,当涉及列报时,还包括列报的基准。标准是审计业务和其他鉴证业务中不可或缺的一项要素。运用职业判断对鉴证对象作出评价或计量,离不开适当的标准。如果没有适当的标准提供指引,任何个人的解释甚至误解都可能对结论产生影响,这样一来,结论必然缺乏可信性。也就是说,标准是对所要发表意见的鉴证对象进行"度量"的"尺子",责任方和注册会计师可以根据这把"尺子"对鉴证对象进行"度量"。

注册会计师在运用职业判断对鉴证对象做出合理一致的评价或计量时,首先也要考虑标准是否适当。适当的标准应当具备下列所有特征:①相关性:相关的标准有助于得出结论,便于预期使用者作出决策;②完整性:完整的标准不应忽略业务环境中可能影响得出结论的相关因素,当涉及列报时,还包括列报的基准;③可靠性:可靠的标准能够使能力相近的注册会计师在相似的业务环境中,对鉴证对象做出合理一致的评价或计量;④中立性:中立的标准有助于得出无偏向的结论;⑤可理解性:可理解的标准有助于得出清晰、易于理解、不会产生重大歧义的结论。注册会计师基于自身的预期、判断和个人经验对鉴证对象进行的评价和计量,不构成适当的标准。

在财务报表审计中,财务报告编制基础即是标准。适用的财务报告编制基础,是指法律法规要求采用的财务报告编制基础;或者管理层和治理层(如适用)在编制财务报表时,就被审计单位性质和财务报表目标而言,采用的可接受的财务报告编制基础。

财务报告编制基础分为通用目的编制基础和特殊目的编制基础。通用目的编制基础,是指旨在满足广大财务报表使用者共同的财务信息需求的财务报告编制基础,主要是指会计准则和会计制度。特殊目的编制基础,是指旨在满足财务报表特定使用者对财务信息需求的财务报告编制基础。包括计税核算基础、监管机构的报告要求和合同的约定等。

(四) 审计证据

注册会计师对财务报表提供合理保证是建立在获取充分、适当证据的基础上的。审计证据是指注册会计师为了得出审计结论和形成审计意见而使用的必要信息。

审计证据在性质上具有累积性,主要是在审计过程中通过实施审计程序获取的。然而,审计证据还可能包括从其他来源获取的信息,如以前审计中获取的信息(前提是注册会计师已确定自上次审计后是否已发生变化,这些变化可能影响这些信息与本期审计的相关性)或会计师事务所接受与保持客户或业务时实施质量控制程序获取的信息。除从被审计单位内部其他来源和外部来源获取的信息外,会计记录也是重要的审计证据来源。同样,被审计单位雇用或聘请的专家编制的信息也可以作为审计证据。审计证据既包括支持和佐证管理层认定的信息,也包括与这些认定相矛盾的信息。在某些情况下,信息的缺乏(如管理层拒绝提供注册会计师要求的声明)本身也构成审计证据,可以被注册会计师利用。在形成审计意见的过程中,注册会计师的大部分工作是获取和评价审计证据。

(五) 审计报告

注册会计师应当针对财务报表(鉴证对象)在所有重大方面是否符合适当的财务报表编制基础(标准),以书面报告的形式发表能够提供合理保证程度的意见。

如果对财务报表发表无保留意见。除非法律法规另有规定,注册会计师应当在审计意见中使用"财务报表在所有重大方面按照[适用的财务报告编制基础(如企业会计准则等)]编制,公允反映了……"的措辞。

如果存在下列情形之一时,注册会计师应当对财务报表清楚地发表恰当的非无保留意见:①根据获取的审计证据,得出财务报表整体存在重大错报的结论;②无法获取充分、适当的审计证据,不能得出财务报表整体不存在重大错报的结论。

除审计准则规定的注册会计师对财务报表出具审计报告的责任外,相关法律法规可能对注册会计师设定了其他报告责任。如果注册会计师在对财务报表出具的审计报告中履行其他报告责任,应当在审计报告中将其单独作为一部分。并以"按照相关法律法规的要求报告的事项"为标题。

课内实训1-1

【目标】 训练对审计业务的判定

【资料】 联大公司为弥补2023年第一季度流动资金不足,拟向民生银行申请一笔短期借款,民和银行要求其出具一份2022年度的简要财务报表(包括2022年12月31日的简要资产负债表和2022年度的简要利润表)的审计报告。联大公司委托联合会计师事务所承接该业务,并出具相应的审计报告,联合会计师事务所派注册会计师王成担任该项业务的项目合伙人。在实施该项业务中,王成考虑到审计资源不足,借调了联大公司设计内部控制的一名员工作为审计项目组成员,并由其负责风险评估中的了解内部控制工作。

【要求】 请回答下列相关的问题:
(1) 当拟承接的审计业务具备哪些特征时,联合会计师事务所才能承接。
(2) 指出联合会计师事务所在业务执行过程中的不合理之处,并简要说明理由。

第三节 审 计 的 种 类

对审计进行科学地分类,可以帮助人们从不同角度深入了解各种审计的内容和特点,加深对审计的认识,以便有效地组织和运用各种类型的审计,充分发挥审计的作用。我们的审计大致划分为基本分类和其他分类两大类。

一、审计的基本分类

审计的基本分类包括按审计目的和内容分类、按审计主体分类。

(一) 按审计目的和内容分类

按目的和内容不同,审计划分为三大类:财务报表审计、经营审计和合规性审计。

1. 财务报表审计

财务报表审计是对财务报表进行审查以确定其是否符合既定标准,是否公允反映了企业的财务状况、经营成果与现金流量。这些既定标准可能是国际财务报告准则(IFRS)、美国公认会计准则(GAAP)、中国的企业会计准则等。

2. 经营审计

经营审计是为了衡量组织经营绩效而进行的特殊项目审计。在经营审计结束后,注册会计师一般要向被审计单位管理当局提出经营管理的建议。在经营审计中,审计对象不仅限于会计,还包括对组织机构、计算机信息系统、生产方法、市场营销,以及注册会计师能够胜任的其他领域。在某种意义上,经营审计更像是管理咨询。

3. 合规性审计

合规性审计是对组织的运作过程进行审查以确定企业是否遵循了由更高的权威机构制定的既定程序、规则和法律。合规性审计的结果通常报送给被审计单位管理当局或外部特定使用者。

(二) 按审计主体分类

按审计主体不同,审计划分为政府审计(国家审计)、民间审计(注册会计师审计、社会审计)和内部审计,并相应地形成了三类审计组织机构,共同构成审计监督体系。

1. 政府审计

政府审计是由政府审计机关代表政府依法对各级政府及其部门的财政收支及公共资金的收支、运用情况进行的审计。

2. 内部审计

内部审计是由各部门、各单位内部设置的专门机构或人员对本部门、本单位的财务收支和经营管理活动实施的审计。

3. 注册会计师审计

注册会计师审计是由经政府有关部门审核批准的注册会计师组成的会计师事务所接受委托对所有营利或非营利组织进行的审计。

在审计监督体系中,政府审计、内部审计和注册会计师审计既相互联系,又各自独立、各司其职,泾渭分明地在不同的领域实施审计。它们各有特点,相互不可替代,因此不存在主导和从属的关系。从发展的观点来看,随着政治的逐步民主化,以监督国家经济活动为主要特征的政府审计将会得到加强;随着企业规模的逐步扩大和内部管理的科学化,内部审计将得到更大的发展;随着经济的逐步市场化,注册会计师审计将在整个审计监督体系中占据日益重要的地位。

 比一比

表1-1 政府审计、内部审计以及注册会计师审计的对比

种类	审计主体	审计对象	审计目标	监督的性质	方式	独立性	经费或收入来源	遵循的准则
政府审计	政府审计机关	政府及其部门的财政收支及公共资金的收支、运用情况	对单位的财政收支或者财务收支的真实、合法和效益依法进行审计	行政性监督	强制执行	单向	经费列入预算,由本级人民政府予以保证	《审计法》和审计署制定的国家审计准则
内部审计	各单位内设的审计部门	本单位的财务收支及经营管理活动	对组织内部的经营活动和内部控制的适当性、合法性和有效性进行审计	内部监督	自行安排	相对	无偿	审计署制定的内部审计准则

(续表)

种类	审计主体	审计对象	审计目标	监督的性质	方式	独立性	经费或收入来源	遵循的准则
注册会计师审计	注册会计师	所有的营利性或非营利企业	对财务报表的合法性和公允性依法进行审计	民间监督	受托	双向	审计收入来源于客户	《注册会计师法》和审计准则

二、审计的其他分类

审计的其他分类包括按审计范围分类、按审计的法律义务分类、按审计时间分类和按审计的执行地点分类。审计按其范围可分为全部审计、局部审计和专项审计；审计按法律义务可分为法定审计和自愿审计；审计按时间可分为事前审计、事中审计和事后审计；审计按执行地点分为就地审计和送达审计。

课内实训1-2

【目标】 认识不同类型的审计业务

【资料】 联合会计师事务所在2024年3月，接受以下三种不同业务的委托，具体内容如下：

(1) 接受甲公司监事会委托，对甲公司提供内部审计；

(2) 接受乙公司股东委托对乙公司2023年度财务报表进行审计；

(3) 接受审计署委派，对某大型工程的资金运用情况进行审计。

【要求】 请指出联合会计师事务所在承办以上三种业务的不同之处及相同之处（至少三处）。

第四节　审计组织和审计人员

当今世界上大多数国家的审计组织大体相同，都是由政府审计机关、内部审计机构和注册会计师审计组织组成。健全的审计组织，并配备合格的审计人员，这是各国实行审计制度的必要前提和组织基础。

一、我国政府审计机关及其人员

（一）我国政府审计机关的设置

我国国家审计机关机构设置，是根据《中华人民共和国宪法》和《中华人民共和国审计法》的规定确立的行政审计模式。我国的国家审计机关分为最高审计机关和地方审计机关。我国的最高审计机关——审计署设立在国务院,在国务院总理领导下,组织领导全国的政府审计工作,向国务院负责并报告审计工作;我国在县级以上地方各级政府设立审计机关,负责本行政区域内的审计工作。地方各级审计机关实行双重领导体制,对本级人民政府和上一级审计机关负责并报告工作,审计业务以上级审计机关领导为主。地方各级审计机关的隶属关系在地方,其负责人的任免由各级地方人民代表大会决定。审计署及地方各级审计机关根据工作需要,可以在其审计管辖范围内派出审计特派员,建立特派员办事处。此外,中国人民解放军系统也设置了审计机构。

(二)我国政府审计机关的审计人员

我国国家审计机关审计人员也称政府审计人员,是指在各级国家审计机关中从事审计工作的领导人员和审计专业人员。按照《中华人民共和国宪法》及其他有关规定,审计署的审计长是国务院的组成人员,由国务院总理提名,全国人民代表大会决定人选,由国家主席进行任免;地方各级审计机关领导人员,是本级人民政府的组成人员,由本级人民代表大会任免;国家审计工作人员属于国家公务员编制,其聘用按照国家对公务员聘用的有关规定进行。国家审计工作人员的职称有:审计员、助理审计师、审计师、高级审计师。助理审计师和审计师采用考试的形式评定。高级审计师则采取考评结合的方式评定。

读一读

目前世界各国建立的政府审计机关从隶属关系上看,主要分为三种类型:

(1) 立法型

立法型是指国家审计机关隶属于立法机构,向立法机构负责并报告工作,不受行政当局的控制和干涉。立法型审计机关地位高、独立性强。目前世界上大多数国家的最高审计机关都属于立法型审计机构,如美国审计总署、英国审计署、加拿大审计公署、奥地利审计院等。

(2) 司法型

司法型的政府审计机关隶属于司法机构,拥有很强的司法权。这种模式下的审计机关一般以审计法院的形式存在,具有审计和经济审判的职能,有很高的权威性。与立法体制相比,司法体制特别强调审计机关的权威性,并以法律形式来强化这种权威性,审计人员大多享有司法职权。如意大利的审计法院对公共财务案件和法律规定的其他案件有裁判权,审计法院直接向两院报告审查结果;西班牙审计法院拥有自己的司法权;法国审计法院也具有一定的审判权。

(3) 行政型

行政型的审计机关隶属于政府行政部门,它是政府行政部门的一个职能部门,根据国家赋予的权限,对政府所属各级、各部门、各单位的财政预算和财务收支活动进行审计。它们对政府负责,保证政府财经政策、法令、计划、预算等的正常实施。这种体制的特点是审计机关依据政府法规进行审计工作,其独立性相对较低。如泰王国审计公署、瑞士联邦审计局等,它们都是向政府、内阁总理负责。

二、内部审计机构及其人员

(一) 内部审计机构的设置

内部审计机构是指在部门或单位内部设立的,对本部门、本单位的财务收支的真实性、合法性和效益性进行审计的机构。它独立于会计部门和其他职能部门,主要包括部门内部审计机构和单位内部审计机构两种类型。

(1) 部门内部审计机构是指由国务院和县级以上地方各级政府按行业划分的业务主管部门设置的专门审计机构,部门内部审计机构在本部门主要负责人的直接领导下独立行使审计监督权,业务上受同级国家审计机关指导,并向本部门及同级国家审计机关报告工作。

(2) 单位内部审计是指由财政、金融机构、企业事业单位等设置的专门审计机构。它在本单位主要负责人的领导下独立行使审计监督权,业务上受上一级主管部门审计机构的指导,向本单位和上一级主管部门审计机构报告工作。

(二) 内部审计人员

内部审计人员是指在部门、单位内部审计机构从事审计业务的人员,以及在部门单位设置的专职从事审计事务的人员。

三、会计师事务所及其人员

(一) 会计师事务所的组织形式

纵观注册会计师行业在各国的发展,会计师事务所主要有独资、普通合伙制、有限责任公司制、特殊普通合伙制(有限责任合伙制)四种组织形式。

1. 独资会计师事务所

独资会计师事务所由具有注册会计师执业资格的个人独立开业,承担无限责任。它的优点是:对执业人员的需求不多,容易设立,执业灵活,能够在代理记账、代理纳税等方面很好地满足小型企业对注册会计师服务的需求,虽承担无限责任,但实际发生风险的程度相对较低。缺点是:由于个人拥有的资本有限,且融资较为困难,无力承担大型业务,缺乏发展后劲;由于承担无限责任,难以通过其他途径分散风险。

2. 普通合伙制会计师事务所

普通合伙制会计师事务所是由两位或两位以上注册会计师组成的合伙组织,合伙人以各自的财产对事务所的债务承担无限连带责任。它的优点是:在风险的牵制和共同利益的驱动下,促使事务所强化专业发展,扩大规模,提高规避风险的能力。缺点是:建立一个跨地区、跨国界的大型会计师事务所要经历一个漫长的过程;同时,任何一个合伙人执业中的失误或舞弊行为,都可能给整个会计师事务所带来灭顶之灾,使之一日之间土崩瓦解。

3. 有限责任公司制会计师事务所

有限责任公司制会计师事务所是由注册会计师认购会计师事务所股份,并以其所认购股份对会计师事务所承担有限责任。会计师事务所以其全部资产对其债务承担有限责任。它的优点是:可以通过公司制形式迅速聚集一批注册会计师,建立规模型大所,承办大型业务。缺点是:降低了风险责任对执业行为的高度制约,弱化了注册会计师的个人责任。

4. 特殊普通合伙制(有限责任合伙制)会计师事务所

特殊普通合伙制会计师事务所是指一个合伙人或者数个合伙人在执业活动中因故意或者重大过失造成合伙企业债务的,应当承担无限责任或者无限连带责任,其他合伙人以其在合伙企业中的财产份额为限承担责任。合伙人在执业活动中非因故意或者重大过失造成的合伙企业债务以及合伙企业的其他债务,由全体合伙人承担无限连带责任。这与国际上的"有限责任合伙制"事务所在产生背景、法律规定、责任分担、适用范围等方面不完全等同,但两者的要义和核心是一致的,即在会计师事务所规模较大、合伙人人数众多且分工细化的条件下,最大限度地保护无过错合伙人,避免因某一或某些合伙人的不当执业行为对其他合伙人的合法权益造成重大损害,从而促进会计师事务所健康、稳定发展。

从国际惯例来看,会计师事务所的执业登记都由注册会计师行业主管机构统一负责。会计师事务所必须经过行业主管机关或注册会计师协会的批准登记并由注册会计师协会予以公告。独资会计师事务所和合伙制会计师事务所经过这个程序即可开业,有限责任公司制会计师事务所一般还应当进行公司登记。

读一读

会计师事务所是注册会计师依法承办业务的机构。目前,世界上最大的四家会计师事务所(简称"四大")影响着世界的审计,因为它们在许多国家开展日常的审计工作,并且拥有世界上大多数会计职业团体的会员资格,年收入高达数十亿美元。"四大"分别指的是普华永道(Price Water House Coopers)、安永(Ernst & Young)、毕马威(KPMG)和德勤(Deloitte Touche Tohmatsu),许多事务所加入某一网络,成为网络事务所。网络,是指由多个实体组成,旨在通过合作实现下列一个或多个目的的联合体,共享收益或分担成本;共享所有权、控制权或管理权;共享统一的质量控制政策和程序;共享同一经营战略;使用同一品牌;共享重要的专业资源。

(二) 会计师事务所的审计人员

一个典型的国际会计师事务所的人员包括:合伙人、项目经理、高级审计师和助理审计师。

1. 合伙人/董事

合伙人/董事是公司的所有者,他们广泛参与审计计划的制定、审计结果的评价,以及审计意见类型的决定;负责与客户保持联系、解决可能的争端、出席客户的股东大会、回答任何与财务报表以及与审计报告相关的问题。另外,他们可能对新员工进行培训,检查审计工作底稿,监督审计师签署审计报告等。

2. 项目经理

项目经理监督由高级审计师负责的工作,负责决定对特殊审计项目的针对性审计程序以及保证审计项目符合审计准则和事务所质量控制要求,并将审计客户名录编制成册。项目经理至少要有5年的从业经历,并且具有广泛的、最新的有关税收、会计准则和政府立法等方面的知识,一般专长于某一特殊的行业或领域。

3. 高级审计师

高级审计师对审计现场工作负责,如对审计人员进行指导,检查工作底稿和时间进度,帮助起草审计报告等,通常要求有至少两年审计师审计的从业经验。

4. 助理审计师

开始审计师职业的第一职位就是助理审计师,常常负责一些常规性、细节性的审计工作。

读一读

审计师是经过专业培训达到执业许可要求的人。外部审计师一般由职业团体或政府机构认证,在世界不同的国家和地区,其称谓不同,如在澳大利亚、中国香港、日本、韩国、新加坡、美国等称为"公共审计师"或"注册会计师"(CPA);在加拿大、新西兰、英国、苏格兰等称为"特许会计师"(CA)。不同的国家和地区对外部审计师的年龄、户籍、学历和资格考试的通过等方面的要求,如欧盟要求审计师至少有三年执业经历,而英国只要求有一两年执业经历。

在我国,在会计师事务所从事审计的人员主要是注册会计师。注册会计师是指取得注册会计师资格并在会计师事务所执业的人员,要想取得注册会计师资格必须通过注册会计师全国统一考试,注册会计师还必须具有两年以上在会计师事务所从事审计业务的经验,注册会计师只有加入会计师事务所才能接受委托承办业务。

(三)会计师事务所的业务范围

根据《注册会计师法》的规定,我国注册会计师依法承办审计业务和会计咨询、会计服务业务。具体来讲,我国的会计师事务所根据委托人的委托,主要从事审计业务、审阅业务、其他鉴证业务和相关服务业务,具体的业务范围如图1-2所示。

鉴证业务是指注册会计师对鉴证对象信息提出结论,以增强除责任方之外的预期使用者对鉴证对象信息信任程度的业务。鉴证业务涉及注册会计师、责任方和预期使用者三方关系人,其目的是提高鉴证对象信息的质量,这是建立在注册会计师独立性和专业性的基础之上的,其产品是书面鉴证结论,其用户是预期使用者。鉴证业务按照提供的保证程度和鉴证对象的不同,可分为审计业务、审阅业务和其他鉴证业务。

(1)审计业务。审计业务是指注册会计师综合运用审计方法,对所审计的历史财务信息是否不存在重大错报提供合理保证,并以积极方式提出结论。所谓合理保证,是指注册会计师将审计风险降至该业务环境下可接受的低水平,并对鉴证后的信息提供高水平保证,但注册会计师不能对财务报表整体不存在重大错报提供绝对保证。"以积极的方式

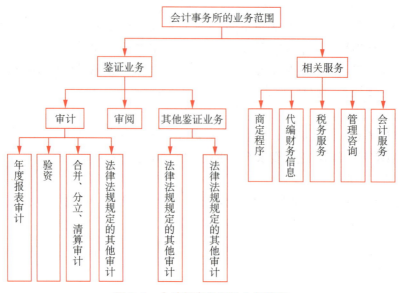

图 1-2 会计师事务所的业务范围

提出结论"就是从正面发表审计意见。

审计业务是注册会计师的法定业务,其他组织或个人不得承办注册会计师的法定审计业务。审计业务的具体类型有审查企业财务报表,出具审计报告;验证企业资本,出具验资报告;办理企业合并、分立、清算事宜中的审计业务,出具有关报告;办理法律、行政法规规定的其他审计业务,出具相应的审计报告。

(2) 审阅业务。审阅业务是指注册会计师主要利用询问和分析程序,对所审阅的历史财务信息是否不存在重大错报提供有限程度的保证,并以消极方式提出结论。所谓有限保证,是指注册会计师将审阅业务的风险降至该业务环境下可接受的水平,对审阅后的信息提供低于审计中的高水平的保证。"以消极方式提出结论"是指不从正面发表意见。

(3) 其他鉴证业务。其他鉴证业务是指注册会计师执行的除了审计和审阅业务以外的鉴证业务,根据鉴证业务的性质和业务约定的要求,其保证程度可能是合理保证,也可能是有限保证。例如,内部控制审核、预测性财务信息审核等业务。

相关服务业务是指非鉴证业务,包括对财务信息执行商定程序、代编财务信息、税务服务、管理咨询和会计服务等。相关服务业务通常不像鉴证业务那样对注册会计师提出独立性要求。在提供相关服务时,注册会计师不能提供任何程度的保证,因为注册会计师不能给自己的行为作出保证。

 本章小结

本章主要介绍了审计的产生和发展,说明了审计的本质,并从不同角度对审计进行了分类,大多数国家均有由国家审计机关、内部审计机构和社会中介组织所构成的完整的审计组织体系,我国也不例外。相应地,我国的审计人员有国家审计人员、内部审计人员和注册会计师审计人员之分。通过本章的学习我们对审计监督体系有了一定的了解，本书主要是讲述注册会计师审计的相关内容，所以从第二章开始，我们将进行注册会计师审计相关内容的学习。

本章复习题

1. 从英国南海公司的舞弊案中分析哪些因素引发了社会对审计的迫切需求？
2. 结合第一例上市公司审计案例的故事，理解审计在社会经济生活中的作用。
3. 结合第一例上市公司审计案例的故事，重新认识注册会计师对揭示被审计单位财务报表舞弊的责任。

课后讨论案例

【目的】 理解审计的本质、作用以及在经济社会生活中的重要作用

【内容】 请课后查找并阅读以下案例的相关信息，并回答相对应的问题，具体内容见下表：

序号	名称	问题
1	审计署全国"审计风暴"	①政府审计与注册会计师审计的作用有何不同？②审计应当怎样更好地维护经济秩序？
2	美国安然公司审计案	①注册会计师审计怎样才能保持独立性？②面对经济社会的发展，审计应当如何创新审计方法？③谈谈审计中审计证据的重要性。

【要求】

1. 分小组进行案例的讨论，小组的每个成员分头查找并阅读上述案例的相关信息，每个小组围绕所提出的问题编写完成案例。
2. 小组在查找资料、编写完成案例的基础上，分析回答所提出的问题，并提出新的疑问。
3. 小组在讨论分析基础上，制作PPT，推选一名同学演讲其讨论分析的问题，重点在于介绍小组在讨论中对审计的本质、作用以及在经济社会生活中的重要作用的理解以及产生的疑问。
4. 小组以外的其他同学提问，小组内的其他成员补充回答问题。
5. 老师点评。

第二章 审计执业规范和法律责任

 本章要点

通过对本章内容的学习,你应了解和掌握以下知识和技能:
- 了解审计准则、职业道德基本原则和质量控制制度的含义
- 理解审计准则、职业道德基本原则和质量控制制度的重要意义
- 掌握审计准则、职业道德基本原则和质量控制制度的基本内容
- 能够具体分析审计人员违反职业道德基本原则的情形
- 能够具体分析审计人员违反会计师事务所质量控制制度的事例

 导读案例

麦克逊·罗宾斯药材公司破产案①

背景介绍: 麦克逊·罗宾斯药材公司是20世纪30年代在纽交所公开上市交易的集团公司,该公司及其子公司十多年来的会计报表均由美国第一流的沃特豪斯会计公司执行审计,沃特豪斯会计公司对麦克逊·罗宾斯药材公司的财务状况及经营成果一直出具无保留意见的审计报告。1938年年末,麦克逊·罗宾斯药材公司突然宣布倒闭。

审计与查处: 1938年,调查人员发现美国的麦克逊·罗宾斯药材公司在1937年12月31日的合并资产负债表总资产8 700万美元中有1 907.5万美元的资产是虚构的,包括存货虚构1 000万美元,销售收入虚构900万美元,银行存款虚构7.5万美元;在1937年度的合并损益表中,虚假的销售收入和毛利分别达到1 820万美元和180万美元。根据调查结果罗宾斯药材公司的实际财务状况早已"资不抵债",应立即宣布破产,而最大的受害者是它的最大债权人汤普森公司,为此汤普森公司指控沃特豪斯会计师事务所。汤普森公司认为其所以给罗宾斯公司贷款,是因为信赖了会计师事务所出具的审计报告,因此,他们要求沃特豪斯会计师事务所赔偿他们的全部损失。但沃特豪斯会计师事务所拒绝了汤普森公司的赔偿请求,他们认为,他们所执行的审计遵循了美国注册会计师协会在1936年颁布的《财务报表检查》中所规定的各项规则。药材公司

---

① 资料来源:杨庆才,《审计案例分析》,首都经济贸易大学出版社。

的欺骗是由于经理部门共同串通合谋所致,审计人员对此不负任何责任。通过罗宾斯药材公司案件也暴露了当时审计程序只重视账册凭证而轻视实物的审核,只重视企业内部的证据而忽视了外部审计证据的取得的不足。在罗宾斯破产案件听证会上,12位专家提供的证词中列举了这两个不足。证券交易委员会根据这个证词,颁布了新的审计程序规则。在规则中,证券交易委员会要求:今后审计人员在审核应收账款时,如应收账款在流动资产中占有较大比例,除了在企业内部要核对有关证据外,还需进一步发函询证,以从外部取得可靠合理的证据。在评价存货时,除了验看有关账单外,还要进行实物盘查,除此之外还要求审计人员对企业的内部控制制度进行评价,并强调了审计人员对公共利益人员负责。与此同时,美国的注册会计师协会所属的审计程序特别委员会,于1939年5月,颁布了《审计程序的扩大》,对审计程序作了上述几个方面的修改,使它成为公认的审计准则。罗宾斯药材公司的案件加速了美国公认审计准则的发展。

【案例讨论题】
1. 审计人员在执业时应遵循什么样的规范?
2. 审计人员应该具有什么样的职业道德?
3. 会计师事务所和注册会计师面对高风险应该如何防范?

第一节 审 计 准 则

一、审计准则的含义与意义

(一) 审计准则的含义

审计准则是审计人员实施审计工作时应遵循的行为规范,是衡量审计工作质量的标准。审计准则是出于审计自身和社会公众的需要而产生的,其完善程度反映了审计的发展水平。审计准则具有权威性,是控制和评价审计工作质量的依据,也是控制审计风险的途径。

审计准则又称审计标准,它是审计理论与审计实践的结合。审计准则是由政府审计部门或会计师执业团体制定的,用以规范审计人员应有的素质和专业资格,规范并指导其执业行为,衡量和评价其工作质量的权威性标准。

 读一读

审计准则的产生是审计发展史上的里程碑,其发展和完善是审计执业水平不断提高的重要标志。在审计发展史上,最早出现的审计准则是独立审计准则。国际审计准则是国际会计师联合会下属的国际审计与鉴证准则理事会负责制定的,属于独立审计准则,其影响最大,美国是颁布独立审计准则最早的国家,无论是国际审计准则的制定,还是其他国家独立审计准则的建立,都深受其影响。

1947年美国注册会计师协会的审计程序委员会发布了《审计准则说明草案——其公

认的意义和范围》,标志着审计准则的诞生。1954年,该委员会在以上草案的基础上发布《公认审计准则——其意义和范围》,标志着审计准则在世界上最终形成。

(二) 审计准则的意义

审计准则的制定和实施,使审计人员执行审计业务时有了规范和指南,使审计人员有章可循。审计准则是充分、有效地发挥审计作用的必要条件和重要保证。具体来说,审计准则的作用主要包括以下几方面:

1. 实施审计准则为评价审计工作质量提供了衡量尺度

审计工作的质量对维护被审计单位、社会公众的利益以及提高审计职业的社会地位都有直接的关系,无论是被审计单位、社会公众还是审计职业界本身都需要有一个衡量评价审计工作质量的标准。审计准则对审计人员的任职条件、业务能力和执行审计业务应遵循的规范都作了全面的规定,这就为对审计人员和审计过程中的专业行为的评价提供了尺度,只要审计人员遵照审计准则的规定去执行业务,审计工作质量就有保证,可以通过对审计人员是否遵守审计准则的检查,进而评价审计工作质量。

2. 实施审计准则有利于维护审计人员的正当权益

审计准则中规定了审计人员的工作范围,审计人员只要能严格按照审计准则的要求执业,就算是尽到了责任。有了审计准则,当审计委托人与审计人员发生纠纷并诉诸法律时,审计准则就成为法庭判明是非、划清责任界限的重要依据。这样既有利于维护委托人的合法权益,也有利于保护审计人员,使他们免受不当或过分的指责。

3. 实施审计准则可以赢得社会公众对审计工作的信赖

审计准则的制定和实施反映着审计职业的成熟。许多国家正式颁布审计准则后,审计职业的声望都大大提高了。审计准则表明审计工作是按一定的规范来进行的,其结论是可以信赖的。

二、我国审计准则的基本内容

我国的审计准则体系包括国家审计准则、内部审计准则和注册会计师审计准则三个方面。

(一) 国家审计准则

我国国家审计准则是中国审计法律规范体系的重要组成部分,是全面落实《审计法》,实现审计工作法治化、制度化和规范化的重要手段,能够起到提高审计质量、规范审计行为、明确审计责任等重要作用。

目前我国最新的国家审计准则是审计署2010年重新修订的《中华人民共和国国家审计准则》(中华人民共和国审计署令第8号),并于2011年1月1日起施行。国家审计准则共分为七章,除了总则和附则以外,主要内容为审计机关和审计人员、审计计划、审计实施、审计报告和审计质量控制和责任。

(二) 内部审计准则

内部审计准则是用来规范内部审计人员执行审计业务、出具审计报告的专业标准,是内部审计人员进行审计的行为规范。内部审计准则有利于提高内部审计质量,维护内部审计人员权益,发挥内部审计的作用。

我国内部审计准则是中国内部审计工作规范体系的重要组成部分,由内部审计基本准则、内部审计具体准则和内部审计实务指南三个层次组成。

(三)注册会计师执业准则体系

为了规范注册会计师的执业行为,提高执业质量,维护社会公众利益,从2006年开始,财政部陆续发文颁布了拟订、修订及废除的注册会计师执业准则,2006年,拟订了22项准则,修订了26项准则,自2007年1月1日起施行,从内容上充分体现了与国际的趋同;2010年,修订了38项准则,废除了35项准则,自2012年1月1日起施行,准则体系更加明晰化;2016年,拟订了12项准则,废止了11项准则,重点对审计报告准则进行了修改。修订后的准则体系分为鉴证业务准则、相关服务准则和会计师事务所质量控制准则三个部分,具体框架详见图2-1。

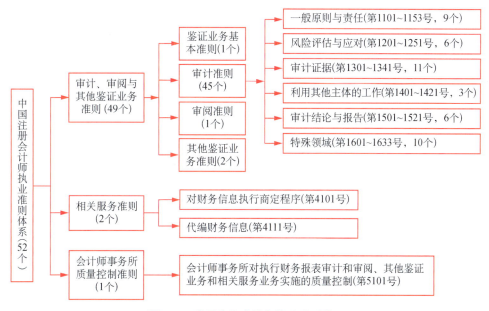

图2-1 中国注册会计师执业准则体系

第二节 职业道德基本原则和概念框架

职业道德是指从事一定职业的人,在履行本职工作过程中所应遵循的职业范围内的特殊道德要求和道德准则,职业道德强调职业特点。注册会计师的职业道德是指注册会计师职业品德、职业纪律、专业胜任能力和对委托人的责任、对同业的责任等方面所应达到的行为标准。

注册会计师尽管接受被审计单位的委托并向被审计单位收取审计费用,但他服务的对象从本质上讲是社会公众,社会公众很大程度上依赖企业管理当局编制的财务报表和注册会计师对财务报表发表的审计意见,并以此作为决策的基础。这就决定了注册会计师所担负的是面对公众的责任,注册会计师事业是一个责任重大的行业。大力加强注册会计师的道德水准,有助于注册会计师切实担负起职责,为社会公众提供高质量、可以信赖的专业服务,在公众中树立良好的职业形象和职业信誉,只有公众的接受和认可,审计工作才能得以开展,而公众接受和认可的前提是对审计人员的信任。审计人员的职业道德就是向公众表明的审计人员的专业品质,制定审计人员的职业道德是希望能以此博得公众的信任与支持。

同时,审计人员的职业道德为审计人员提供精神、道义上的指导和支撑,鞭策他们以明确的信念处理和协调各种关系,做好审计工作。审计法规能够限定审计人员必须做什么和必须不做什么,却不能说明审计人员应该以怎样的精神状态和风貌去工作。审计人员的精神状态只能由审计人员的职业道德提出。审计法规是对审计人员的最低要求,审计人员的职业道德是对审计人员升华了的要求。如同社会生活、家庭生活中需要有社会公德、家庭道德的指导与支撑一样。否则,审计人员便会面对纷乱的现实失去理念,迷失方向,茫然不知所措。

审计法规是最基本的强制执行的,没有法规的制约,审计工作将陷入混乱,但是仅有强制性的法规还不能圆满地做好审计工作,还要有职业道德的维系。人们常说,法律和道德是保证社会之车前进的双轮,审计工作同样如此。

 想一想

审计职业道德准则与审计法规的关系如何?为什么有了审计法规还要有审计职业道德呢?

为了规范中国注册会计师职业行为,提高职业道德水准,维护职业形象,中国注册会计师协会制定了《中国注册会计师职业道德守则》和《中国注册会计师协会非执业会员职业道德守则》。中国注册会计师协会会员职业道德守则规定了职业道德基本原则和职业道德概念框架,会员应当遵守职业道德基本原则,并能够运用职业道德概念框架解决职业道德问题。

 读一读

中国注册会计师协会会员包括注册会计师和非执业会员。非执业会员是指加入中国注册会计师协会但未取得中国注册会计师证书的人员,通常在工业、商业、服务业、公共部门、教育部门、非营利组织、监管机构或职业团体从事专业工作。

一、职业道德基本原则

注册会计师为实现执业目标,必须遵守一些基本原则,具体包括诚信、独立性、客观和公正、专业胜任能力和应有的关注、保密、良好职业行为。

（一）诚信

诚信，是指诚实、守信。也就是说，一个人言行与内心思想一致，不虚假；能够履行与别人的约定而取得对方的信任。诚信原则要求注册会计师应当在所有的职业关系和商业关系中保持正直和诚实，秉公处事、实事求是。

注册会计师如果认为业务报告、申报资料或其他信息存在下列问题，则不得与这些有问题的信息发生牵连：

（1）含有严重虚假或误导性的陈述；

（2）含有缺乏充分依据的陈述或信息；

（3）存在遗漏或含糊其词的信息。

比如，在审计、审阅或其他鉴证业务中，下列事项可能会导致上述问题的出现：

（1）引发重大风险的事项，如舞弊行为；

（2）财务信息存在重大错报而客户未对此做出调整或反映；

（3）导致在实施审计程序时出现重大困难的情况，例如，客户未能提供充分、适当的审计证据，注册会计师难以做出结论性陈述；

（4）与会计准则或其他相关规定的选择、应用和一致性相关的重大发现和问题，而客户未对此在其报告或申报资料中反映；

（5）在出具审计报告时，未解决的重大审计差异。

注册会计师如果注意到已与有问题的信息发生牵连，应当采取措施消除牵连。在鉴证业务中，如果注册会计师依据执业准则出具了恰当的非标准业务报告，不被视为违反上述要求。

（二）独立性

独立性，是指不受外来力量控制、支配，按照一定之规行事。独立性原则通常是对注册会计师而非非执业注册会计师提出的要求。在执行鉴证业务时，注册会计师必须保持独立性。在市场经济条件下，投资者主要依赖财务报表判断投资风险，在投资机会中做出选择。如果注册会计师不能与客户保持独立性，而是存在经济利益、关联关系，或屈从于外界压力，就很难取信于社会公众。

那么，什么是独立性呢？较早给出权威解释的是美国注册会计师协会。美国注册会计师会在1947年发布的《审计暂行标准》中指出："独立性的含义相当于完全诚实、公正无私、无偏见、客观认识事实、不偏袒。"传统观点认为，注册会计师的独立性包括两个方面：实质上的独立和形式上的独立。美国注册会计师协会在职业行为守则中要求："在公共业务领域中的注册会计师（执业注册会计师），在提供审计和其他鉴证业务时应当保持实质上与形式上的独立。"国际会计师联合会职业道德守也要求执行公共业务的职业会计师（执业注册会计师）保持实质上的独立和形式上的独立。

注册会计师执行审计和审阅业务以及其他鉴证业务时，应当从实质上和形式上保持独立性，不得因任何利害关系影响其客观性。

会计师事务所在承办审计和审阅业务以及其他鉴证业务时，应当从整体层面和具体业务层面采取措施，以保持会计师事务所和项目组的独立性。

(三)客观和公正

客观,是指按照事物的本来面目去考察,不添加个人的偏见。公正,指公平,正直,不偏袒。客观和公正原则要求注册会计师应当公正处事、实事求是,不得由于偏见、利益冲突或他人的不当影响而损害自己的职业判断。如果存在导致职业判断出现偏差,或对职业判断产生不当影响的情形,注册会计师不得提供相关专业服务。

(四)专业胜任能力和应有的关注

专业胜任能力和应有的关注原则要求注册会计师通过教育、培训和职业实践获取和保持专业胜任能力。注册会计师应当持续了解并掌握当前法律、技术和实务的发展变化,将专业知识和技能始终保持在应有的水平,确保为客户提供具有专业水准的服务。

注册会计师作为专业人士,在许多方面都要履行相应的责任,保持和提高专业胜任能力就是其中的重要内容。专业胜任能力是指注册会计师具有专业知识、技能和经验,能够经济、有效地完成客户委托的业务。注册会计师如果不能保持和提高专业胜任能力,就难以完成客户委托的业务。事实上,如果注册会计师在缺乏足够的知识、技能和经验的情况下提供专业服务。就构成了一种欺诈。一个合格的注册会计师,不仅要充分认识自己的能力,对自己充满信心,更重要的是,必须清醒地认识到自己在专业胜任能力方面存在的不足。如果注册会计师不能认识到这一点,承接了难以胜任的业务,就可能给客户乃至社会公众带来危害。

注册会计师在应用专业知识和技能时,注册会计师应当合理运用职业判断。专业胜任能力可分为两个独立阶段:①专业胜任能力的获取;②专业胜任能力的保持。注册会计师应当持续了解和掌握相关的专业技术和业务的发展,以保持专业胜任能力。持续职业发展能够使注册会计师发展和保持专业胜任能力,使其能够胜任特定业务环境中的工作。

应有的关注,要求注册会计师遵守执业准则和职业道德规范要求,勤勉尽责。认真、全面、及时地完成工作任务。在审计过程中,注册会计师应当保持职业怀疑态度,运用专业知识、技能和经验,获取和评价审计证据。同时。注册会计师应当采取措施以确保在其授权下工作的人员得到适当的培训和督导。在适当情况下,注册会计师应当使客户、工作单位和专业服务的以及业务报告的其他使用者了解专业服务的固有局限性。

 想一想

事务所委派某注册会计师进行一家企业的合并会计报表审计,此注册会计师从未进行过合并会计报表审计,对合并会计报表的相关知识了解甚少,感到一片茫然,苦闷时想起他的在大学担任会计学教授的舅舅,于是请他的舅舅作为专家来帮助进行审计。请问这位注册会计师的做法符合职业道德吗?

(五)保密

注册会计师能否与客户维持正常的关系,有赖于双方能否自愿而又充分地进行沟通和交流,不掩盖任何重要的事实和情况。只有这样,注册会计师才能有效地完成工作。注册会计师与客户的沟通,必须建立在为客户信息保密的基础上。这里所说的客户信息,通常是指涉密信息。一旦涉密信息被泄露或被利用,往往会给客户造成损失。因此,许多国家规定,在公众领域执业的注册会计师,在没有取得客户同意的情况下,不能泄露任何客户的涉密信息。

保密原则要求注册会计师应当对在职业活动中获知的涉密信息予以保密,不得有下列行为:

(1) 未经客户授权或法律法规允许,向会计师事务所以外的第三方披露其所获知的涉密信息;

(2) 利用所获知的涉密信息为自己或第三方谋取利益。

注册会计师在社会交往中应当履行保密义务。会计应当警惕无意泄密的可能性,特别是警惕无意中向近亲属或关系密切的人员泄密的可能性。近亲属是指配偶、父母、子女、兄弟姐妹、祖父母、外祖父母、孙子女、外孙子女。

另外,注册会计师应当对拟接受的客户或拟受雇的工作单位向其披露的涉密信息保密。在终止与客户或工作单位的关系之后,注册会计师仍然应当对职业关系或商业关系中获知的信息保密。如果变更工作单位或获得新客户,注册会计师可以利用以前的经验,但不应利用或披露以前职业活动中获知的涉密信息。注册会计师应当明确在会计师事务所内部保密的必要性,采取有效措施,确保其下级员工以及为其提供建议和帮助的人员遵循保密义务。

注册会计师在下列情况下可以披露涉密信息:

(1) 法律法规允许披露,并且取得客户或工作单位的授权;

(2) 根据法律法规的要求,为法律诉讼、仲裁准备文件或提供证据,以及向有关监管机构报告发现的违法行为;

(3) 法律法规允许的情况下,在法律诉讼、仲裁中维护自己的合法权益;

(4) 接受注册会计师协会或监管机构的执业质量检查,答复其询问和调查;

(5) 法律法规、执业准则和职业道德规范规定的其他情形。

(六) 良好的职业行为

注册会计师应当遵守相关法律法规,避免发生任何损害职业声誉的行为。注册会计师在向公众传递信息以及推介自己和工作时,应当客观、真实、得体,不得损害职业形象。

注册会计师应当诚实、实事求是,不得有下列行为:

(1) 夸大宣传提供的服务、拥有的资质或获得的经验;

(2) 贬低或无根据地比较其他注册会计师的工作。

想一想

你去参加一个聚会,朋友介绍你认识一位注册会计师,他递上名片,上面写着:李鑫,联合会计师事务所首席注册会计师,中国注册会计师协会注册会计师。你认为这位注册会计师违反职业道德了吗?

二、职业道德概念框架

(一) 职业道德概念框架的内涵

中国注册会计师职业道德守则提出职业道德概念框架,以指导注册会计师遵循职业道德基本原则,履行维护公众利益的职责。职业道德概念框架是指解决职业道德问题的思路和方法,用以指导注册会计师解决以下问题:①识别对职业道德基本原则的不利影响;②评价不利影响的严重程度;③必要时采取防范措施消除不利影响或将其降低至可接受的水平。职业道德概念框架适用于注册会计师处理对职业道德基本原则产生不利影响的各种情形,其目的在于防止注册会计师错误地认为只要守则未明确禁止的情形就是允许的。

在运用职业道德概念框架时,注册会计师应当运用职业判断。如果发现存在可能违反职业道德基本原则的情形,注册会计师应当评价其对职业道德基本原则的不利影响。在评价不利影响的严重程度时,注册会计师应当从性质和数量两个方面予以考虑。如果认为对职业道德基本原则的不利影响超出可接受的水平,注册会计师应当确定是否能够采取防范措施消除不利影响或将其降低至可接受的水平。

在运用职业道德概念框架时,如果某些不利影响是重大的,或者合理的防范措施不可行或无法实施,注册会计师可能面临不能消除不利影响或将其降至可接受水平的情形。如果无法采取适当的防范措施,注册会计师应当拒绝或终止所从事的特定专业服务,必要时与客户解除合约关系,或向其工作单位辞职。

(二) 对遵循职业道德基本原则产生不利影响的因素

注册会计师对职业道德基本原则的遵循可能受到多种因素的不利影响,不利影响的性质和严重程度因注册会计师提供服务类型的不同而不同。一般认为,可能对职业道德基本原则产生不利影响的因素包括自身利益、自我评价、过度推介、密切关系和外在压力。

1. 自身利益

如果经济利益或其他利益对注册会计师的职业判断或行为产生不当影响,将产生自身利益导致的不利影响,具体情形主要包括:

(1) 鉴证业务项目组成员在鉴证客户中拥有直接经济利益;
(2) 会计师事务所的收入过分依赖某一客户;
(3) 鉴证业务项目组成员与鉴证客户存在重要且密切的商业关系;
(4) 会计师事务所担心可能失去某一重要客户;
(5) 鉴证业务项目组成员正在与鉴证客户协商受雇于该客户;
(6) 会计师事务所与客户就鉴证业务达成或有收费的协议;
(7) 注册会计师在评价所在会计师事务所以往提供的专业服务时,发现了重大错误。

想一想

某注册会计师拥有总市价 500 元的被审计单位的股票,有可能影响到此注册会计师的独立性吗?

2. 自我评价

如果注册会计师对其(或者其所在会计师事务所或工作单位的其他人员)以前的判断或服务结果做出不恰当的评价,并且将据此形成的判断作为当前服务的组成部分,将产生自我评价导致的不利影响,具体情形主要包括:

(1) 会计师事务所在对客户提供财务系统的设计或操作服务后,又对系统的运行有效性出具鉴证报告;

(2) 会计师事务所为客户编制原始数据,这些数据构成鉴证业务的对象;

(3) 鉴证业务项目组成员担任或最近曾经担任客户的董事或高级管理人员;

(4) 鉴证业务项目组成员目前或最近曾受雇于客户,并且所处职位能够对鉴证对象施加重大影响;

(5) 会计师事务所为鉴证客户提供直接影响鉴证对象信息的其他服务。

 想一想

被审计单位的内部控制制度是甲注册会计师设计的,这种情形有可能损害甲注册会计师的独立性吗?

3. 过度推介

如果注册会计师过度推介客户或工作单位的某种立场或意见,使其客观性受到损害,将产生过度推介导致的不利影响,具体情形主要包括:

(1) 会计师事务所推介审计客户的股份;

(2) 在审计客户与第三方发生诉讼或纠纷时,注册会计师担任该客户的辩护人。

4. 密切关系

如果注册会计师与客户或工作单位存在长期或亲密的关系,而过于倾向他们的利益,或认可他们的工作,将产生密切关系导致的不利影响,具体情形主要包括:

(1) 项目组成员的近亲属担任客户的董事或高级管理人员;

(2) 项目组成员的近亲属是客户的员工,其所处职位能够对业务对象施加重大影响;

(3) 客户的董事、高级管理人员或所处职位能够对业务对象施加重大影响的员工,最近曾担任会计师事务所的项目合伙人;

(4) 注册会计师接受客户的礼品或款待;

(5) 会计师事务所的合伙人或高级员工与鉴证客户存在长期业务关系。

这里的项目合伙人是指会计师事务所中负责某项业务及其执行,并代表会计师事务所在报告上签字的合伙人。在有限责任制的会计师事务所,项目合伙人是指主任会计师、副主任会计师或具有同等职位的高级管理人员。如果项目合伙人以外的其他注册会计师在业务报告上签字,中国注册会计师职业道德守则对项目合伙人作出的规定也适用于该签字注册会计师。

5. 外在压力

如果注册会计师受到实际的压力或感受到压力(包括对注册会计师实施不当影响的

意图)而无法客观行事,将产生外在压力导致的不利影响,具体情形主要包括:

(1) 会计师事务所受到客户解除业务关系的威胁;

(2) 审计客户表示,如果会计师事务所不同意对某项交易的会计处理,则不再委托其承办拟议中的非鉴证业务;

(3) 客户威胁将起诉会计师事务所;

(4) 会计师事务所受到降低收费的影响而不恰当地缩小工作范围;

(5) 由于客户员工对所讨论的事项更具有专长,注册会计师面临服从其判断的压力;

(6) 会计师事务所合伙人告知注册会计师,除非同意审计客户不恰当的会计处理,否则将影响晋升。

(三) 应对不利影响的防范措施

防范措施是指可以消除不利影响或将其降至可接受水平的行动或其他措施。注册会计师应当运用判断,确定如何应对超出可接受水平的不利影响,包括采取防范措施消除不利影响或将其降低至可接受的水平,或者终止业务约定或拒绝接受业务委托。在运用判断时,注册会计师应当考虑:一个理性且掌握充分信息的第三方,在权衡注册会计师当时可获得的所有具体事实和情况后,是否很可能认为这些防范措施能够消除不利影响或将其降低至可接受的水平,以使职业道德基本原则不受损害。应对不利影响的防范措施包括下列两类:

1. 法律法规和职业规范规定的防范措施

(1) 取得注册会计师资格必需的教育、培训和经验要求;

(2) 持续的职业发展要求;

(3) 公司治理方面的规定;

(4) 执业准则和职业道德规范的规定;

(5) 监管机构或注册会计师协会的监控和惩戒程序;

(6) 由依法授权的第三方对注册会计师编制的业务报告、申报资料或其他信息进行外部复核。

2. 在具体工作中采取的防范措施

在具体工作中,应对不利影响的防范措施包括会计师事务所层面的防范措施和具体业务层面的防范措施。

1) 会计师事务所层面的防范措施

首先,会计师事务所领导层要强调遵循职业道德基本原则的重要性;强调鉴证业务项目组成员应当维护公众利益。

其次,会计师事务所要制定有关政策和程序,实施项目质量控制,监督业务质量;识别对职业道德基本原则的不利影响,评价不利影响的严重程度,采取防范措施消除不利影响或将其降低至可接受的水平;保证遵循职业道德基本原则;识别会计师事务所或项目组成员与客户之间的利益或关系;监控对某一客户收费的依赖程度;防止项目组以外的人员对业务结果施加不当影响;鼓励员工就遵循职业道德基本原则方面的问题与领导层沟通。

另外,会计师事务所向鉴证客户提供非鉴证服务时,指派鉴证业务项目组以外的其他合伙人和项目组,并确保鉴证业务项目组和非鉴证业务项目组分别向各自的业务主管报告工作;及时向所有合伙人和专业人员传达会计师事务所的政策和程序及其变化情况,并就这些政策和程序进行适当的培训;指定高级管理人员负责监督质量控制系统是否有效运行;向合伙人和专业人员提供鉴证客户及其关联实体的名单,并要求合伙人和专业人员与之保持独立;建立惩戒机制,保障相关政策和程序得到遵守。

2) 具体业务层面的防范措施

项目组对已执行的非鉴证业务,由未参与该业务或项目组以外的注册会计师进行复核,或在必要时提供建议;向客户审计委员会、监管机构或注册会计师协会咨询;与客户治理层讨论有关的职业道德问题;向客户治理层说明提供服务的性质和收费的范围;由其他会计师事务所执行或重新执行部分业务;轮换鉴证业务项目组合伙人和高级员工。

课内实训 2-1

【目标】 训练识别对职业道德产生不利影响的因素

【资料】 联合会计师事务所在执业过程中遇到了以下对职业道德基本原则产生不利影响的具体情形:

序号	对职业道德基本原则产生不利影响的具体情形	产生不利影响的因素
(1)	审计项目组成员与审计客户进行雇佣协商	
(2)	会计师事务所与鉴证业务相关的或有收费安排	
(3)	在鉴证客户与第三方发生诉讼或纠纷时,注册会计师担任该客户的辩护人	
(4)	会计师事务所编制用于生成有关记录的原始数据	
(5)	注册会计师接受客户的礼品或享受优惠待遇(价值重大)	
(6)	会计师事务所为鉴证客户提供的其他服务,直接影响鉴证业务中的鉴证对象信息	
(7)	会计师事务所受到客户的起诉威胁	
(8)	注册会计师被会计师事务所合伙人告知,除非同意审计客户的不恰当会计处理,否则将不被提升	

【要求】 (1) 请回答对职业道德基本原则产生不利影响的因素具体可以归纳为哪几类?

(2) 请根据上表中对职业道德基本原则产生不利影响的具体情形,在对应处填写产生不利影响的因素。

第三节 会计师事务所业务质量控制

执业质量是会计师事务所的生命线,是注册会计师行业维护公众利益的专业基础和诚信义务。加强业务质量控制制度建设,制定并实施科学、严谨的质量控制政策和程序,是保障会计师事务所执业质量、实现行业科学健康发展的重要制度保障和长效机制。会计师事务所应当按照《会计师事务所质量控制准则第 5101 号——业务质量控制》的要求,建立健全本所的业务质量控制制度。

一、质量控制制度的目标和要素

(一) 质量控制制度的目标

会计师事务所应当根据会计师事务所质量控制准则,制定质量控制制度,以合理保证会计师事务所及其人员遵守职业准则和适用的法律法规的规定;合理保证会计师事务所和项目合伙人出具适合具体情况的报告。

记一记

项目合伙人,是指会计师事务所中负责某项业务及其执行,并代表会计师事务所在出具的报告上签字的合伙人。

(二) 质量控制制度的要素

会计师事务所应当针对以下几个方面制定质量控制制度:
(1) 对业务质量承担的领导责任;
(2) 相关职业道德要求;
(3) 客户关系和具体业务的接受与保持;
(4) 人力资源;
(5) 业务执行;
(6) 监控。

二、对业务质量承担的领导责任

会计师事务所应当制定政策和程序,培育以质量为导向的内部文化。这些政策和程序首先应当明确会计师事务所主任会计师对质量控制制度承担最终责任,从而在制度上保证质量控制制度的地位和执行力;其次在实务中,会计师事务所需要建立与业务规模相匹配的质量控制部门,以具体落实各项质量控制措施。质量控制措施的实施,一部分可能由专职的质量控制人员执行,一部分可能是由业务人员或职能部门的人员执行。

(一) 行动示范和信息传达

会计师事务所的领导层及其做出的示范对会计师事务所的内部文化有重大影响,在某种程度上比控制制度更有影响力,各级管理层通过培训、研讨会、谈话、发表文章等途径能够清晰、一致地进行行动示范和信息传达,强调质量控制政策和程序的重要性,并明确所有业务要严格按照法律法规、相关职业道德要求和业务准则的规定执行工作,并且要根据具体情况出具恰当的报告。

(二) 树立质量至上的意识

会计师事务所的领导层应当树立质量至上的意识,首先要认识到,其经营策略应当满足会计师事务所执行所有业务都要保证质量这一前提条件;其次,在针对员工设计的有关业绩评价、工薪及晋升(包括激励制度)的政策和程序时,应当表明会计师事务所最重视的是质量,以形成正确的行为导向;而且应当投入足够的资源制定(包括修订)和执行质量控制政策及程序,并形成相关文件记录,这对于实现质量控制目标也有着直接的重大影响。具体的措施包括以下三个方面:

(1) 合理确定管理责任,以避免重商业利益轻业务质量;

(2) 建立以质量为导向的业绩评价、工薪及晋升的政策和程序;

(3) 投入足够的资源制定和执行质量控制政策和程序,并形成相关文件记录。

(三) 委派质量控制制度运作人员

会计师事务所主任会计师对质量控制制度承担最终责任。为保证质量控制制度的具体运作效果,主任会计师必须委派具有足够、适当的经验和能力以及必要权限的人员帮助其正确履行职责。

三、相关职业道德要求

会计师事务所应当制定政策和程序,以合理保证会计师事务所及其人员在执行任何类型的业务时,都要遵守相关职业道德要求,不仅包括遵守职业道德的基本原则,如诚信、独立性、客观和公正、专业胜任能力和应有的关注、保密、良好职业行为等,还包括遵守有关职业道德的具体规定。在执行鉴证业务时,还应当遵守独立性要求。

(一) 具体措施

会计师事务所制定的政策和程序应当强调遵守相关职业道德要求的重要性,并通过必要的途径予以强化。这些途径有:

1. 会计师事务所领导层的示范

领导层应在会计师事务所内形成重视相关职业道德要求的氛围,可通过电子邮件、信件和记录等,在专业发展会议上或在客户关系和具体业务的接受与保持以及业务执行过程中,将相关政策和程序传达给会计师事务所员工,并要强调诚信、独立性、客观和公正等职业道德基本原则的重要性。

2. 教育和培训

会计师事务所应向所有人员提供适用的专业文献和法律文献,并希望熟悉这些文献。会计师事务所还应要求所有人员定期接受职业道德培训,这种培训既可涵盖会计师事务所有关相关职业道德要求的政策和程序,也可涵盖所有适用的法律法规中有关职业道德的要求。

3. 监控

会计师事务所可以通过定期检查,监督会计师事务所有关相关职业道德要求的政策和程序设计是否合理,运行是否有效,并采取适当行动,改进其设计和解决运行中存在的问题。

4. 对违反相关职业道德要求行为的处理

会计师事务所应当制定处理违反相关职业道德要求行为的政策和程序,指出违反相关职业道德要求的后果,并据此对违反相关职业道德要求的个人及时进行处理。会计师事务所可以为每位员工建立职业道德档案,记录个人违反相关职业道德要求的行为及其处理结果。

(二) 满足独立性要求

会计师事务所应当制定政策和程序,以合理保证会计师事务所及其人员,包括雇用的专家和其他需要满足独立性要求的人员,保持相关职业道德要求规定的独立性。具体要求如下:

(1) 项目合伙人向会计师事务所提供与客户委托业务相关的信息,以使会计师事务所能够评价这些信息对保持独立性的总体影响。

(2) 会计师事务所人员及时向会计师事务所报告对独立性产生不利影响的情况和关系,以便会计师事务所采取适当行动。

(3) 会计师事务所收集相关信息,并向适当人员传达。例如。会计师事务所可以编制并保留禁止本所人员与之有商业关系的客户清单,并将清单信息传达给相关人员,以便其评价独立性。会计师事务所还应将清单的任何变更及时告知会计师事务所人员。

同时,会计师事务所还应当制定政策和程序,以合理保证能够获知违反独立性要求的情况,并采取适当行动予以解决,具体包括下列要求:

(1) 会计师事务所人员将注意到的、违反独立性要求的情况立即告知会计师事务所;

(2) 会计师事务所将识别出的违反这些政策和程序的情况,立即传达给需要与会计师事务所共同处理这些情况的项目合伙人。需要采取适当行动的会计师事务所和网络内部的其他相关人员以及受独立性要求约束的人员;

(3) 项目合伙人、会计师事务所和网络内部的其他相关人员以及受独立性约束的其他人员,在必要时立即向会计师事务所报告他们为解决有关问题所采取的行动,以使会计师事务所能够决定是否应当采取进一步的行动。

(三) 获取书面确认函

会计师事务所应当每年至少一次向所有需要按照相关职业道德要求保持独立性的人员获取其遵守独立性政策和程序的书面确认函。

当有其他会计师事务所参与执行部分业务时,会计师事务所也可以考虑向其获取有关独立性的书面确认函。

书面确认函既可以是纸质的,也可以是电子形式的。通过获取确认函以及针对违反独立性的信息采取适当的行动,会计师事务所可以表明,其强调保持独立性的重要性,并使保持独立性的问题清楚地展示在会计师事务所人员面前。

(四) 防范关系密切产生的不利影响

为了防范同一高级人员由于长期执行某一客户的鉴证业务可能造成的亲密关系对独立性会产生的不利影响,会计师事务所应当制定下列政策和程序:

(1) 明确标准,以确定长期委派同一名合伙人或高级员工执行某项鉴证业务时,是否需要采取防范措施,将因密切关系产生的不利影响降至可接受的水平;

(2) 对所有上市实体财务报表审计业务,按照相关职业道德要求和法律法规的规定,在规定期限届满时轮换合伙人、项目质量控制复核人员,以及受轮换要求约束的其他人员。

四、客户关系和具体业务的接受与保持

接受与保持客户关系和具体业务是注册会计师开展业务活动的第一个环节,也是防范业务风险的重要环节。会计师事务所应当制定有关客户关系和具体业务接受与保持的政策和程序,在接受新客户的业务前,或决定是否保持现有业务或考虑接受现有客户的新业务时,安排职位较高的人士,根据具体情况获取下列信息:

(一) 考虑客户的诚信情况

客户的诚信问题虽然不会必然导致财务报表产生重大错报,但绝大多数的审计问题都来源于不诚信的客户。因此注册会计师应当了解客户的诚信,拒绝不诚信的客户,以降低业务风险。

1. 考虑的主要事项

(1) 客户主要股东、关键管理人员及治理层的身份和商业信誉;

(2) 客户的经营性质,包括其业务;

(3) 有关客户主要股东、关键管理人员及治理层对内部控制环境和会计准则等的态度的信息;

(4) 客户是否过分考虑将会计师事务所的收费维持在尽可能低的水平;

(5) 工作范围受到不适当限制的迹象;

(6) 客户可能涉嫌洗钱或其他刑事犯罪行为的迹象;

(7) 变更会计师事务所的理由;

(8) 关联方的名称、特征和商业信誉。

2. 获取相关信息的途径

(1) 与为客户提供专业会计服务的现任或前任人员进行沟通,并与其他第三方讨论。这种沟通包括询问是否存在与客户意见不一致的事项及该事项的性质,客户是否有人为地、错误地影响注册会计师出具恰当的报告的情形及其证据等。

(2) 询问会计师事务所其他人员或金融机构、法律顾问和客户的同行等第三方。询问可以涵盖客户管理层对于遵守法律法规要求的态度。

(3) 从相关数据库中搜索客户的背景信息。例如,通过客户的年报、中期财务报表、向监管机构提交的报告等,获取相关信息。

如果通过上述途径无法充分获取与客户相关的信息，或这些信息可能显示客户不够诚信，会计师事务所应当评估其对业务风险的影响。如认为必要，会计师事务所可以考虑利用调查机构对客户的经营情况、管理人员及其他有问题的人员进行背景检查，并评价获取的与客户诚信相关的信息。

（二）考虑是否具备执行业务的必要素质、专业胜任能力、时间和资源

会计师事务所在接受新业务前，还必须评价自身的执业能力，不得承接不能胜任和无法完成的业务。对自身的执业能力了解非常重要，但是比较困难的是对客户所需要资源进行准确估计。另外，在资源不足的情况下，不接受新的客户更为关键。

因此，在确定是否具有接受新业务所需的必要素质、专业胜任能力、时间和资源时，会计师事务所应当考虑下列事项，以评价新业务的特定要求和所有相关级别的现有人员的基本情况：

（1）会计师事务所人员是否熟悉相关行业或业务对象；

（2）会计师事务所人员是否了解相关监管要求或报告要求，或具备有效获取必要技能和知识的能力；

（3）会计师事务所是否拥有足够的具有必要胜任能力和素质的人员；

（4）需要时是否能够得到专家的帮助；

（5）如果需要项目质量控制复核，是否具备符合标准和资格要求的项目质量控制复核人员；

（6）会计师事务所是否能够在提交报告的最后期限内完成业务。

在确定项目组成员是否具备对特定业务的胜任能力时，项目合伙人可能考虑下列事项：

（1）对业务的了解，以及执行这些业务的经验和培训经历；

（2）对适用于该业务的职业准则和法律法规要求的了解；

（3）会计审计知识和专业知识；

（4）对客户经营性质和特定行业（适用时）的了解；

（5）运用职业判断的能力和专业知识；

（6）对会计师事务所质量控制制度的了解。

如果决定接受或保持客户关系和具体业务，会计师事务所应与客户就相关问题达成一致理解，并形成书面业务约定书，将对业务的性质、范围和局限性产生误解的风险降至最低。

（三）考虑能否遵守相关职业道德要求

在确定是否接受新业务时，会计师事务所还应当考虑接受该业务是否会导致现实或潜在的利益冲突。如果识别出潜在的利益冲突，会计师事务所应当考虑接受该业务是否适当。

（四）考虑其他事项的影响

（1）考虑本期或以前业务执行过程中发现的重大事项的影响。

（2）考虑接受业务后获知重要信息的影响。

（3）解除业务约定或客户关系时的考虑。

五、人力资源

会计师事务所应当制定政策和程序,合理保证拥有足够的具有胜任能力和必要素质并承诺遵守相关职业道德要求的人员,以使会计师事务所和项目合伙人能够按照职业准则和适用的法律法规的规定执行业务,并能够出具适合具体情况的报告。具体内容如下:

(一) 招聘

招聘是人力资源管理的首要环节,为此,会计师事务所应当制定雇用程序,以选择正直的、通过发展能够具备执行业务所需的必要素质和胜任能力,并且有胜任工作的需要的适当特征的人员。

在实务中,会计师事务所通常指定人事管理部门或其他有资格的人员,负责定期或不定期地评价总体人员需求,并根据现有人员的数量及层次结构、现有客户数、业务量、业务结构、预期业务增长率、人员流动率和晋升变化等因素,确定雇用目标和方案。

为了保证整个招聘过程高效规范和被招聘人员符合标准,会计师事务所应当指定人事管理部门负责招聘活动,招聘过程严格按照规定进行。如果工作人员和被招聘人员存在亲属关系,工作人员应当自行回避。会计师事务所应对负责招聘的人员进行必要的培训,使其熟悉招聘政策和程序,了解各层次的人员需求,掌握评价胜任能力和道德品行等标准。以便将合人员招聘进入会计师事务所。

(二) 人员素质、胜任能力和职业发展

由于执业环境和工作要求在不断发生变化,会计师事务所应当采取措施,通过职业教育、培训、工作经验、由经验更丰富的员工(如项目组的其他成员)提供辅导等途径提高人员素质和胜任能力,确保人员持续保持必要的素质和胜任能力。

由于会计师事务所人员持续的胜任能力,在很大程度上取决于持续职业发展的适当水平,因此,会计师事务所应当合理制定人力资源政策和程序,包括制定员工职业教育计划(例如,鼓励员工在职学习深造等)和后续教育计划,提供最新的与执业相关的法律法规信息和其他学习资料,结合执业中遇到的问题进行培训和提供辅导。鼓励员工参加行业协会和有关机构组织的培训等。

(三) 业绩评价、工薪和晋升

业绩评价、工薪和晋升是事关每个人员切身利益的重大问题,为此,会计师事务所应当制定业绩评价、工薪及晋升程序,对发展和保持胜任能力并遵守相关职业道德要求的人员给予应有的肯定和奖励。

业绩评价是决定奖励,包括工薪和晋升的基础。公平、公正的业绩评价对于实现绩效评价的整体目标至关重要。大型会计师事务所人员众多,规范的业绩评价方法是确保评价结果可靠有效的基础。小型会计师事务所人员较少,相互熟悉,业绩评价方法相对简单。

工薪制度应当体现对员工的激励作用。因此,每年的薪金调整应当与对人员当年评估结果直接相关。表现良好的员工在同级别薪金中处于高端,而表现不足的员工处于同级别的低端。

(四) 项目组的委派

在实务中,会计师事务所承接的每项业务都是委派给项目组具体办理的。委派项目组是否得当,直接关系到业务完成的质量。

1. 项目合伙人的委派要求

会计师事务所应当对每项业务委派至少一名项目合伙人,这对于明确每项业务的质量控制责任,确保业务质量有特别重要的作用。具体要求如下:

(1) 将项目合伙人的身份和作用告知客户管理层和治理层的关键成员;

(2) 项目合伙人具有履行职责所要求的适当的胜任能力、必要素质和权限;

(3) 清楚界定项目合伙人的职责,并告知该项目合伙人。

在项目实施过程中,要监控项目合伙人连续服务同一客户的期限及胜任情况;监控项目合伙人的工作负荷及可供调配的项目合伙人数量,以使项目合伙人有足够的时间履行其职责。

2. 项目组其他成员的委派要求

会计师事务所应当委派具有必要素质、胜任能力和时间的员工,按照职业准则和适用的法律法规的规定执行业务,以使会计师事务所和项目合伙人能够出具适合具体情况的报告。委派项目组成员时应考虑下列事项:

(1) 业务类型、规模、重要程度、复杂性和风险;

(2) 需要具备的经验、专业知识和技能;

(3) 对人员的需求,以及在需要时能否获得具备相应素质的人员;

(4) 拟执行工作的时间;

(5) 人员的连续性和轮换要求;

(6) 在职培训的机会;

(7) 需要考虑独立性和客观性的情形。

六、业务执行

业务执行是指会计师事务所委派项目组按照执业准则和适用的法律法规的规定执行业务,使会计师事务所和项目合伙人能够出具适合具体情况的报告。由于业务执行对业务质量有直接的重大影响,是业务质量控制的关键环节,因此,会计师事务所应当要求项目合伙人负责组织对业务执行实施指导、监督与复核。

(一) 指导、监督与复核

会计师事务所通常使用书面或电子手册、软件工具、标准化底稿以及行业和特定业务对象的指南性材料等方式。通过质量控制政策和程序,保持业务执行质量的一致性。

1. 指导的具体要求

(1) 使项目组了解工作目标。让项目组的所有成员都了解拟执行工作的目标,对于有效执行所分派的工作很重要,因此,项目组的所有成员应当了解拟执行工作的目标。

(2) 提供适当的团队工作和培训。适当的团队工作和培训,对于帮助经验较少的项目组成员清楚了解所分派工作的目标十分必要。因此,项目合伙人应当通过适当的团队工作和培训,使经验较少的项目组成员清楚了解所分派工作的目标。

2. 监督的具体要求

监督也是质量控制的一个重要因素。合理有效的监督工作,是提高会计师事务所工作质量,完成各项任务,向客户提供符合质量要求的服务的必要保证。

(1) 跟进审计业务的进程。要求项目合伙人在业务进行中适时实施必要的监督,以检查各成员是否能够顺利完成业务工作。

(2) 考虑项目组各成员的胜任能力和素质,包括是否有足够的时间执行审计工作,是否理解工作指令,是否按照计划的方案执行工作。项目合伙人在考虑这些事项后,可能决定提供进一步的指导,或在各成员之间做适当的工作调整,或要求成员采取补救措施使其执行的工作达到计划方案的要求。

(3) 解决在执行业务过程中出现的重大问题,考虑其重要程度并适当修改原计划的方案。各成员在执行业务过程中可能会遇到各种难以解决的重大问题。项目合伙人在了解到这些情况后,应按照会计师事务所质量控制制度的要求,根据具体情况,运用职业判断,确定是否需要调整工作程序以及如何调整。

(4) 识别在执行业务过程中需要咨询的事项,或需要由经验较丰富的项目组成员考虑的事项。

3. 复核的具体要求

复核范围可能随业务的不同而不同。例如,执行高风险的业务、对金融机构执行的业务和为重要客户执行的业务可能需要进行更详细的复核。

(1) 是否已按照职业准则和适用的法律法规的规定执行工作;
(2) 重大事项是否已提请进一步考虑;
(3) 相关专项是否已进行适当咨询,由此形成的结论是否已得到记录和执行;
(4) 是否需要修改已执行工作的性质、时间安排和范围;
(5) 已执行的工作是否支持形成的结论,并得以适当记录;
(6) 已获取的证据是否充分、适当以支持报告;
(7) 业务程序的目标是否已实现。

复核人员应当拥有适当的经验、专业胜任能力和责任感,因此,确定复核人员的原则是由项目组内经验较多的人员复核经验较少的人员执行的工作,只有这样,复核才能达到目的。

(二) 咨询

项目组在业务执行中时常会遇到各种各样的疑难问题或者争议事项。当这些问题和事项在项目组内不能得到解决时,有必要向项目组之外的适当人员咨询。咨询的具体要求如下:

1. 形成良好的咨询文化

会计师事务所应当形成一种良好的咨询氛围,鼓励会计师事务所人员就疑难问题或争议事项进行咨询。客观而言,一种良好的咨询氛围的形成需要一个较长的过程。

2. 合理确定咨询事项

项目组应当考虑就重大的技术、职业道德及其他事项,向会计师事务所内部或在适当情况下向会计师事务所外部具备适当知识、资历和经验的其他专业人士咨询,并适当记录和执行咨询形成的结论。

如果项目组认为在业务执行中遇到的在技术、职业道德及其他等方面的疑难问题或争议事项不重大,或在项目组内部通过咨询和研讨等方式能够得到解决,可以不向其他专业人士咨询。

例如,会计师事务所可能规定,在遇到下列事项时,需要向内部或外部的专业人士咨询:

(1) 可能的持续经营问题;
(2) 怀疑的或发现的舞弊或其他违反法规行为;
(3) 对管理层诚信产生的疑问;
(4) 需要出具非无保留意见的报告;
(5) 计划重述以前年度的财务报表;
(6) 第三方针对客户和会计师事务所提出的重大索赔;
(7) 重大、复杂或新的会计或审计处理;
(8) 关键管理层成员的变动;
(9) 环境风险导致的会计或审计问题;
(10) 客户经营的重大重组;
(11) 客户有成为上市实体的计划。

3. 适当确定被咨询者

适当确定被咨询者对于保证咨询结论的有效性起着重要的作用。项目组在考虑就重大的技术、职业道德及其他事项进行咨询时,被咨询者既可以是会计师事务所内部的其他专业人士,在适当情况下,也可以是会计师事务所外部的其他专业人士。但值得注意的是,被咨询者应当具备适当的知识、资历和经验。

4. 充分提供相关事实

项目组在向会计师事务所内部或外部的其他专业人士咨询时,应当提供所有相关事实,以使其能够对咨询的事项提出有见地的意见。

5. 考虑利用外部咨询

会计师事务所在因缺乏适当的内部资源等而需要向外部咨询时,按照规定,可以利用其他会计师事务所、职业团体、监管机构或提供相关质量控制服务的商业机构提供的咨询服务,但应当考虑外部咨询提供者是否能够胜任这项工作。

6. 完整记录咨询情况

注册会计师应当完整详细地记录咨询情况,包括记录寻求咨询项,以及咨询的结果,包括做出的决策、决策依据以及决策的执行情况。项目组就疑难问题或争议事项向其他专业人士咨询所形成的记录,应当经被咨询者认可。

(三) 意见分歧

在业务执行中,时常可能会出现项目组内部、项目组与被咨询者之间以及项目合伙人与项目质量控制复核人员之间的意见分歧。会计师事务所应当制定政策和程序,以处理

第二章 审计执业规范和法律责任

和解决意见分歧。

1. 总体要求

注册会计师处理意见分歧应当符合下列两点要求：一是会计师事务所应当制定政策和程序，以处理和解决项目组内部、项目组与被咨询者之间以及项目合伙人与项目质量控制复核人员之间的意见分歧；二是形成的结论应当得以记录和执行。会计师事务所应当认识到对业务问题的意见出现分歧是正常现象，只有经过充分的讨论，才有利于意见分歧的解决。

2. 对出具报告的影响

只有意见分歧问题得到解决，项目合伙人才能出具报告。如果在意见分歧问题得到解决前，项目合伙人就出具报告，不仅有失应有的谨慎，而且容易导致出具不恰当的报告，难以合理保证实现质量控制的目标。

（四）项目质量控制复核

项目质量控制复核，是指会计师事务所挑选不参与该业务的人员，在出具报告前，对项目组做出的重大判断和在准备报告时形成的结论做出客观评价的过程。

为了保证特定业务执行的质量，除了需要项目组实施组内复核外，会计师事务所还应当制定政策和程序，要求对特定业务实施项目质量控制复核，以客观评价项目组做出的重大判断以及在编制报告时得出的结论，并在出具报告前完成项目质量控制复核。充分体现了分类控制、突出重点的质量控制理念。项目质量控制复核并不减轻项目合伙人的责任，更不能替代项目合伙人的责任。

1. 复核对象的确定

会计师事务所制定的项目质量控制复核政策和程序应当包括下列要求：

（1）对所有上市实体财务报表审计实施项目质量控制复核；

（2）明确标准，据此评价所有其他的历史财务信息审计和审阅、其他鉴证和相关服务业务，以确定是否应当实施项目质量控制复核；

（3）对所有符合标准的业务实施项目质量控制复核。

在制定用于确定除上市实体财务报表审计以外的其他业务是否需要实施项目质量控制复核的标准时，会计师事务所应当考虑下列事项：

（1）业务的性质。包括涉及公众利益的程度；

（2）在某项业务或某类业务中识别出的异常情况或风险；

（3）法律法规是否要求实施项目质量控制复核。

2. 复核的具体要求

会计师事务所应当制定政策和程序，以规定：

（1）项目质量控制复核的性质、时间安排和范围；

（2）项目质量控制复核人员的资格标准；

（3）对项目质量控制复核的记录要求。

会计师事务所的质量控制制度应当对上述事项做出明确和适当的规定，这对于保证项目质量控制复核工作的有效进行有着重要作用。如果会计师事务所对项目质量控制复核的性质、时间安排和范围设计不当，或虽设计得当，但委派的项目质量控制复核人员的技术资格和客观性存在问题,就无法实现预期的复核目的。

(五) 业务工作底稿

1. 底稿的归档要求

(1) 遵守及时性原则。会计师事务所在出具业务报告后,及时将工作底稿归整为最终业务档案,不仅有利于保证业务工作底稿的安全完整性,还便于使用和检索业务工作底稿。

(2) 确定适当的归档期限。在遵循及时性原则的前提下,会计师事务所应当根据业务的具体情况,确定适当的业务工作底稿归档期限。由于鉴证业务的职业责任较大,而其工作底稿又对证明会计师事务所是否履行了规定责任起着关键性作用,因此,鉴证业务的工作底稿,包括历史财务信息审计和审阅业务、其他鉴证业务的工作底稿的归档期限为业务报告日后60日内。

(3) 针对客户的同一财务信息执行不同业务时的归档要求。如果针对客户的同一财务信息执行不同的委托业务,出具两个或多个不同的报告,会计师事务所应当将其视为不同的业务,根据制定的政策和程序,在规定的归档期限内分别将业务工作底稿归整为最终业务档案。

2. 底稿的管理要求

会计师事务所应当制定政策和程序,以满足下列要求:

(1) 安全保管业务工作底稿并对业务工作底稿保密;
(2) 保证业务工作底稿的完整性;
(3) 便于使用和检索业务工作底稿;
(4) 按照规定的期限保存业务工作底稿。

3. 底稿的保密

除特定情况外,会计师事务所应当对业务工作底稿包含的信息予以保密。这些特定情况有:

(1) 取得客户的授权。会计师事务所及其人员对客户的信息负有保密的义务,对此,相关职业道德要求和业务约定书都有规定和要求。未经客户的许可,除下述的两种情况外,会计师事务所及其人员不得泄露客户的信息给他人或利用客户信息牟取私利,否则将承担相应的法律后果。

(2) 根据法律法规的规定,会计师事务所为法律诉讼准备文件或提供证据,以及向监管机构报告发现的违反法规行为。

(3) 接受注册会计师协会和监管机构依法进行的质量检查。

4. 底稿的完整性、使用与检索

无论业务工作底稿存在于纸质、电子还是其他介质,会计师事务所都应当针对业务工作底稿设计和实施适当的控制,以实现下列目的:

(1) 使业务工作底稿清晰地显示其生成、修改及复核的时间和人员;
(2) 在业务的所有阶段,尤其是在项目组成员共享信息或通过互联网将信息传递给其他人员时,保护信息的完整性;
(3) 防止未经授权改动业务工作底稿;

(4) 仅允许项目组和其他经授权的人员为适当履行职责而接触业务工作底稿。

如果原纸质记录经电子扫描后存入业务档案,会计师事务所应当实施适当的控制程序,以保证:

(1) 生成与原纸质记录的形式和内容完全相同的扫描复制件,包括人工签名、交叉索引和有关注释。

(2) 将扫描复制件,包括必要时对扫描复制件的索引和签字,归整到业务档案中。

(3) 能够检索和打印扫描复制件。

会计师事务所应当保留已扫描的原纸质记录。

5. 底稿的保存期限

会计师事务所应当制定政策和程序,以使业务工作底稿保存期限满足法律法规的规定和会计师事务所的需要。对鉴证业务,包括历史财务信息审计和审阅业务、其他鉴证业务,会计师事务所应当自业务报告日起,对业务工作底稿至少保存10年。如果法律法规有更高的要求,还应保存更长的时间。

6. 底稿的所有权

业务工作底稿的所有权属于会计师事务所。会计师事务所可自主决定是否允许客户获取业务工作底稿部分内容,或摘录部分工作底稿,但披露这些信息不得损害会计师事务所执行业务的有效性。对鉴证业务,披露这些信息不得损害会计师事务所及其人员的独立性。

在实务中,客户基于某种考虑和需要,可能向会计师事务所提出获取业务工作底稿部分内容,或摘录部分工作底稿。会计师事务所应当在确保遵守相关职业道德要求、业务准则和质量控制制度规定的前提下,考虑具体业务的特点和分析客户要求的合理性,谨慎决定是否满足客户的要求。如果披露这些信息损害会计师事务所执行业务的有效性,就不应当满足客户的要求。尤其要注意的是,对鉴证业务,如果披露这些信息损害会计师事务所及其人员的独立性,就不得向客户提供相关工作底稿信息。

七、监控

监控质量控制制度的有效性,不断修订和完善质量控制制度,对于实现质量控制的两大目标也起着不可替代的作用。为此,会计师事务所应当制定监控政策和程序,以合理保证质量控制制度中的政策和程序是相关、适当的,并正在有效运行。这些监控政策和程序应当包括持续考虑和评价会计师事务所的质量控制制度,如定期选取已完成的业务进行检查。

(一) 监控目的

对质量控制政策和程序遵守情况实施监控的目的,是为了评价:

(1) 遵守职业准则和法律法规的情况;

(2) 质量控制制度设计是否适当,运行是否有效;

(3) 质量控制政策和程序应用是否得当,以便会计师事务所和项目合伙人能够根据具体情况出具恰当的业务报告。

(二) 监控人员

对会计师事务所质量控制制度的监控应当由具有专业胜任能力的人员实施。会计师事务所可以委派主任会计师、副主任会计师或具有足够、适当经验和权限的其他人员履行监控责任。

(三) 监控内容

对会计师事务所质量控制制度实施监控的内容，包括：

(1) 质量控制制度设计的适当性；

(2) 质量控制制度运行的有效性。

会计师事务所应当从下列方面对质量控制制度进行持续考虑和评价：

(1) 确定质量控制制度的完善措施，包括要求对有关教育与培训的政策和程序提供反馈意见；

(2) 与会计师事务所适当人员沟通已识别的质量控制制度在设计、理解或执行方面存在的缺陷；

(3) 由会计师事务所适当人员采取追踪措施，以对质量控制政策和程序及时做出必要的修正。

事务所监控过程可以分成以下两部分：

1. 持续监控（除定期的底稿检查外）

持续地（如每年）考虑和评价事务所的质量控制制度有助于确保所执行的政策和程序是相关的、充分的、运行有效的。当每年实施和记录监控过程时，对于事务所每年向员工沟通其提高业务质量计划这一要求，监控过程可以作为支持证据。持续监控的范围涉及每一质量控制要素，包括评估：

(1) 事务所的质量控制手册已根据最新的要求和发展情况得到更新；

(2) 事务所负责质量控制的人员（如有）已确实履行职责；

(3) 已取得合伙人和员工的书面确认函，以确保每个人都遵守事务所在独立性和道德方面的政策和程序；

(4) 对合伙人和员工有持续的职业发展计划；

(5) 承接和保持客户关系和具体业务的决策遵守了事务所的政策和程序；

(6) 遵守了道德守则；

(7) 指派合格的人员负责项目质量控制复核，并且在签署审计报告前完成复核；

(8) 已向恰当的人员沟通识别出的质量缺陷；

(9) 针对识别出的质量缺陷，采取恰当的跟进措施以确保其得到及时的处理。

2. 定期检查已完成的工作底稿

持续地考虑和评价事务所的质量控制制度包括定期对每位合伙人至少选取一项已完成的业务对其工作底稿进行检查。这要求确保遵守职业和法律要求，出具的鉴证报告符合具体情况。定期检查有助于识别缺陷和培训需求，使事务所能及时地做出必要的改变。

一旦完成复核，监控人员在与合伙人讨论后编写报告，向所有经理和专业人员沟通检查结果以及准备采取的措施。

(四) 实施检查

1. 检查的周期

会计师事务所应当周期性地选取已完成的业务进行检查，周期最长不得超过3年。

在每个周期内,应对每个项目合伙人的业务至少选取一项进行检查。

2. 检查的组织方式

会计师事务所应当根据会计师事务所的规模、分支机构的数量及分布、前期实施监控程序的结果、人员和分支机构的权限、会计师事务所业务和组织结构的性质及复杂程度、与特定客户和业务相关的风险等主要因素,确定周期性检查的组织方式,包括对单项业务检查时间的安排。

在实务中,会计师事务所应当根据具体情况,在综合考虑上述要素的基础上;确定周期性检查的具体组织方式,包括确定检查周期的长短,每个周期内对每个项目合伙人的业务是选取一项还是一项以上进行检查,对单项业务检查时间的安排等。

3. 确定检查的时间、人员与范围

会计师事务所在选取单项业务进行检查时,可以不事先告知相关项目组。参与业务执行或项目质量控制复核的人员不应承担该项业务的检查工作。在确定检查的范围时,会计师事务所可以考虑外部独立检查的范围或结论,但这些检查并不能替代自身的内部监控。

值得说明的是,选取单项业务进行检查只是监控过程的组成部分,会计师事务所还可以采取其他适当形式和方法实施监控。

4. 小型会计师事务所的特殊考虑

考虑到小型会计师事务所可能缺乏适当的内部资源,小型会计师事务所可以利用具有适当资格的外部人员或其他会计师事务所执行业务检查及其他监控程序。

(五) 监控结果的处理

(1) 确定所发现缺陷的影响与性质;

(2) 适时将缺陷及补救措施告知相关人员;

(3) 提出补救措施;

(4) 监控结果表明出具的报告不适当时的处理;

(5) 定期告知监控结果。会计师事务所应当每年至少一次将质量控制制度的监控结果传达给项目合伙人及会计师事务所内部的其他适当人员,以使会计师事务所及其相关人员能够在其职责范围内及时采取适当的行动。

(六) 监控的记录

会计师事务所应当适当记录下列监控事项:

(1) 制定的监控程序。包括选取已完成的业务进行检查的程序;

(2) 对监控程序实施情况的评价;

(3) 识别出的缺陷,对其影响的评价,是否采取行动及采取何种行动的依据。

对监控程序实施情况评价的记录包括下列方面:

(1) 对职业准则和适用的法律法规的遵守情况;

(2) 质量控制制度的设计是否适当,运行是否有效;

(3) 会计师事务所质量控制政策和程序是否已得到恰当运用,以使会计师事务所和项目合伙人能够出具适合具体情况的报告。

课内实训 2-2

【目标】 训练对会计师事务所质量控制政策的理解与运用

【资料】 联合会计师事务所为提高业务质量,修订了原来的质量控制制度。修订后的内容如下:

(1) 会计师事务所应当周期性地选取已完成的业务进行检查,周期最长不得超过五年。在每个周期内,应对每个项目合伙人的业务至少选取一项进行检查。在选取单项业务进行检查时,可以不事先告知相关项目组。

(2) 为了更好地进行项目质量控制复核,参与业务执行中的项目合伙人是项目质量控制复核的人员。

(3) 会计师事务所应当周期性地选取已完成的业务进行检查,参与项目组的项目合伙人和项目质量控制复核负责人可以参加监控的检查。

(4) 可以考虑外部独立检查的范围或结论,并考虑采用外部独立检查能替代自身的内部监控。

(5) 各分所可以自行制定质量控制制度,提交总部备案。

(6) 为了加强业务工作底稿的管理,鉴证业务工作底稿在完成业务后的65天内归档。

【要求】 针对上述(1)至(6)项,分别指出 ABC 会计师事务所业务质量控制制度是否符合会计师事务所质量控制准则的规定,并简要说明理由。

第四节 法律责任

通过前面的学习,我们知道,审计人员在审计过程中,一定要遵守职业道德基本原则,严格遵循审计准则的要求,服从会计师事务所的质量控制制度。如果不按照上述要求进行审计,就有可能出现审计失败,承担审计风险。审计失败是指注册会计师由于没有遵守公认审计准则而形成或提出了错误的审计意见。审计风险是指审计人员遵守了审计准则,但却提出了错误的审计意见。

一、法律责任产生的原因

在现代社会中,注册会计师的法律责任逐步扩大,对注册会计师的法律诉讼也大量增加。注册会计师被控告的原因是多方面的,有的是被审计单位的责任,有的是注册会计师的责任,也有的是双方的责任,还有的是由于使用者误解的原因。如果不是注册会计师的原因给被审计单位或第三者造成损失,注册会计师将不负法律责任。但有时注册会计师及会计师事务所会因为违约、过失和欺诈等行为惹来官司。

(一) 违约

违约是指注册会计师在审计或其他接受委托的工作中,未能履行同委托人签订的合同要求。比如：会计师事务所在合同规定的时间内未能完成预定的合同内容，或违反了与被审计单位订立的保密协议等。当违约给他人造成损失时，注册会计师应负违约责任。

（二）过失

过失是指注册会计师在从事审计业务时，缺少应有的合理的谨慎。当过失给他人造成损失时，注册会计师应负过失责任。按照执业人员所犯过失的严重程度，可以把过失分为普通过失和重大过失。普通过失与重大过失的区别在于注册会计师行为偏离应有的职业谨慎行为的程度。

1. 普通过失（也称一般过失）

当注册会计师没有保持职业上应有的合理谨慎即没有完全遵循专业准则的要求，称为普通过失。比如，注册会计师在执行审计时，发现报表中可能存在错报，但由于其主观判断认为错报的性质可能不严重，而未作深入调查，最终导致审计失败。

2. 重大过失

重大过失是指连起码的职业谨慎都不保持，对业务和事务不加考虑，满不在乎，即注册会计师根本没有遵循专业准则，从而给相关人员造成了过失。比如，没有采用实质性程序。

 比一比

"重要性"和"内部控制"这两个概念有助于区分注册会计师的普通过失和重大过失。

重要性：如果会计报表存在重大错报事项，注册会计师运用常规审计程序通常应能够发现，但由于工作疏忽未能将重大错报事项查出来就很可能在法律诉讼中被解释为重大过失。如果会计报表有多处错报事项，每一处都不重大，但综合起来对会计报表影响却较大，也就是说，会计报表作为一个整体可能严重失实。在这种情况下，法院一般认为注册会计师具有普通过失，而非重大过失，因为常规审计程序发现每处较小错报事项的概率也较小。

内部控制：当发生错报的企业有比较松散的内部控制制度，审计人员没有发现错报时，说明审计人员执行符合性测试不力，或在执行了符合性测试后没有按照审计准则的要求适当地调整实质性测试的性质、时间和范围，导致审计失败，因此注册会计师犯有重大过失。而当发生错报的企业有较好的内部控制制度，注册会计师在审计过程中没有发现错报时，可能是由于企业内部人员采用了串通、勾结等手段逃过了内部控制的监督，这类有预谋的错报往往是标准的审计程序无法发现的，因此审计人员至多承担普通过失责任。学完后面章节的相关内容后你会对此处内容理解得更加深刻。

（三）欺诈

欺诈又称为舞弊，是指以欺骗或坑害他人为目的的一种故意行为。欺诈者的共同特点是有不良动机，注册会计师的欺诈行为往往是为了得到不正当利益，与委托方串通所致。比如在企业上市前，为了帮助企业提高股票的发行价，注册会计师在得知会计报表有重大错报的情况下，发表无保留审计意见，这就构成了对股民的欺诈行为。当法院没有证据确认注册会计师有不良动机或故意的错误行为,但注册会计师却犯有极端或异常过失时,可以被认定为"推定欺诈"。

二、法律责任的种类

注册会计师因违约、过失和欺诈给被审计单位和其他利益相关人造成损失的,要承担相应的法律责任。为了强化注册会计师的责任意识,我国有关法律规定了注册会计师所要承担的法律责任,具体包括行政责任、民事责任和刑事责任,三种责任可单处,也可并处。这些法律责任条款散见于《注册会计师法》《公司法》《证券法》和《刑法》等法律规定中。

(一)行政责任

行政责任是注册会计师或会计师事务所在提供专业服务时,由于违反了法律、职业规范或其他规章制度而由政府主管机关和职业协会等机构给予的行政处罚。行政处罚对注册会计师个人而言包括警告、暂停执业、吊销注册会计师证书;对会计师事务所而言包括警告、没收违法所得、罚款、暂停执业、撤销等。

举例 2-1

大都公司是一家上市公司。自该公司成立以来,诚信会计师事务所一直担任该公司的审计工作,在 3 年内,先后为该公司出具了多份不实的审计报告。2014 年,诚信会计师事务所因此受到行政处罚。具体行政处罚是:会计师事务所停业整顿、冻结一切财产;注销所内 2 人的注册会计师资格。

(二)民事责任

民事责任是指注册会计师、会计师事务所对由于自己违反合同或民事侵权行为所引起的法律后果依法应承担的法律责任。主要表现为赔偿受害人经济损失。

举例 2-2

四川德阳市会计师事务所为四川德阳东方贸易公司出具了一份虚假的验资报告,并称:"……上述情况属实。如果发现验资不实时,由我单位负责承担证明金额内的赔偿责任。"1993 年,四川德阳东方贸易公司在与山西省某化工厂进行交易时,经办人把货骗到手后,即逃之夭夭。之后该化工厂把四川德阳东方贸易公司和四川德阳市会计师事务所告上法庭,结果四川德阳市会计师事务所承担连带责任,赔偿全部经济损失 23 万元。

(三)刑事责任

刑事责任是指注册会计师由于重大过失、欺诈行为违反了刑法所应承担的法律责任。责任形式包括罚金、拘役、有期徒刑。

举例 2-3

原北京市长城机电产业公司是一家所谓的民营高科技企业,以签订"技术开发合同"的形式进行非法集资活动。1993年,广大的投资者对公司的集资行为表示怀疑,要求长城公司退回投资款。于是,长城公司请中诚会计师事务所为其出具虚假验资报告。中诚会计师事务所欣然应允。这份验资报告,对向长城公司索退集资款的投资者起到了搪塞、欺骗作用,造成了严重后果。审计署、财政部和中国证监会对中诚会计师事务所做出行政处罚并对承办长城公司审计业务的两名注册会计师判处有期徒刑。因年龄偏大监外执行。

三、避免法律诉讼的具体措施

(一)严格遵循职业道德和专业标准的要求

不能苛求注册会计师对于会计报表中的所有错报事项都要承担法律责任,注册会计师是否应承担法律责任,关键在于注册会计师是否有过失或欺诈行为。而判别注册会计师是否具有过失的关键在于注册会计师是否遵循专业标准的要求执业。因此,保持良好的职业道德,严格遵循专业标准的要求执行业务、出具报告,对于避免法律诉讼或在提起的诉讼中保护注册会计师具有无比的重要性。

(二)建立、健全会计师事务所质量控制制度

会计师事务所不同于一般的公司、企业,质量管理是会计师事务所各项管理工作的核心和关键。如果一个会计师事务所质量管理不严,很有可能因某一个人或一个部门的原因导致整个会计师事务所遭受灭顶之灾。北京中诚会计师事务所就是其中的一个例子,该所根本没有质量管理措施,各个分所都可以中诚会计师事务所的名义承揽业务、出具报告,致使二分所为长城公司出具虚假报告之事曝光之后,中诚会计师事务所尚不知本所曾为长城公司出过报告。因此,会计师事务所必须建立、健全一套严密、科学的内部质量控制制度,并把这套制度推行到每一个人、每一个部门和每一项业务,迫使注册会计师按照专业标准的要求执业,保证整个会计师事务所的质量。

(三)与委托人签订业务约定书

审计业务约定书是指会计师事务所与委托人共同签署的,以此确定审计业务的委托与受托关系,明确委托目的、审计范围及双方应负责任等事项的书面文件,业务约定书具有法律效力,它是确定注册会计师和委托人责任的一个重要文件。注册会计师在执行审计业务之前必须由会计师事务所与委托人签订审计业务约定书,这样才能在发生法律诉讼时将一切口舌争辩减少到最低限度。

(四)审慎选择被审计单位

注册会计师如欲避免法律诉讼,必须慎重地选择被审计单位。一是要选择正直的被审计单位。如果被审计单位对其顾客、职工、政府部门或其他方面没有正直的品格,也必然会蒙骗注册会计师,使注册会计师落入他们设定的圈套。会计师事务所在接受一个新

客户前,应对其各个方面进行认真的评价;对于老客户应定期进行再评价。这些评价的目的是:确定可能涉及执业责任的相关风险;确定会计师事务所是否具有专业胜任能力;避免潜在的利益冲突。二是对陷入财务或法律困境的被审计单位要尤为注意。中外历史上绝大部分涉及注册会计师的诉讼案,都集中在宣告破产的被审计单位。周转不灵或面临破产的公司的股东或债权人总想为他们的损失寻找替罪羊,注册会计师应深入了解被审计单位的业务,从经营风险、财务风险、行业风险等若干方面多角度、全方位审视企业,对那些已经陷入财务困境的被审计单位要特别注意。例如:北京中诚会计师事务所就是在长城公司非法集资出现危机时轻信长城公司谎言而被卷入的。

(五) 深入了解被审计单位的业务

在很多案件中,注册会计师之所以未能发现错误,一个重要的原因就是他们不了解被审计单位所在行业的情况及被审计单位的业务。会计是经济活动的综合反映,不熟悉被审计单位的经济业务和生产经营业务,仅局限于有关的会计资料,就可能发现不了某些错误。例如:"银广夏"公司"咸鱼翻身"的奇迹,是该公司1999年从国外进口一套二氧化碳超临界萃取设备,对于"银广夏"公司生产经营的上述重大变化,作为主审会计师有必要从各种渠道详细了解二氧化碳超临界萃取设备相关背景知识及从事同类产业相关企业的情况。如果主审注册会计师做到这一点,"银广夏"公司也不至于胆大妄为地造假到如此地步。

(六) 提取风险基金或购买责任保险

在西方国家,投保充分的责任保险是会计师事务所一项极为重要的保护措施,尽管保险不能免除可能受到的法律诉讼,但能防止或减少诉讼失败时会计师事务所发生的财务损失。我国《注册会计师法》也规定了会计师事务所应当按规定建立职业风险基金,办理职业保险。

(七) 聘请熟悉注册会计师法律责任的律师

注册会计师从事的业务有其专业性,一般的法律工作者在不了解业务特性的情况下,很难做出有力的辩护。会计师事务所有条件的话,尽可能聘精通其业务的律师。在执业过程中如遇重大法律问题,注册会计师应同本所的律师或外聘律师详细讨论所有潜在的危险情况,并仔细考虑律师的建议。一旦发生法律诉讼,也应请有经验的律师参与诉讼。

课内实训 2-3

【目标】 训练对审计执业准则体系的理解与运用

【资料】 联合会计师事务所承接了联大公司2014年度财务报表审计业务。项目负责人是注册会计师王成,其妻子是联大公司财务负责人。在制定审计计划时,王成认为对联大公司非常熟悉,无须再了解联大公司及其环境,应将审计资源放在对认定层次实施实质性程序上。审计过程中,项目组成员李鑫发现有迹象表明联大公司存在重大舞弊风险。项目组成员刘娜提出应当针对该舞弊风险实施追加程序,并建议实施项目质量控制复核。王成认为联大公司管理层非常诚信,不会出现舞弊情况,而且联大公司并非上市公司,无须考虑实施项目质量控制复核。最后,王成坚持自己的主张,对联大公司2014年财务报表出具了审计报告。

【要求】 根据中国注册师执业准则的要求,请指出联合会计师事务所在该项业务的业务承接、业务执行和业务质量控制中存在的问题,并简要说明理由。

本章小结

本章主要阐述了审计准则、职业道德基本原则及概念框架、质量控制制度和法律责任,它们共同构成了审计人员在执业过程中应当遵循的规范。审计准则是审计人员在执业过程中应当遵循的技术标准,职业道德基本原则及概念框架是审计人员在执业过程中应当遵守的社会标准,而质量控制制度是审计人员在执业过程中应当服从会计师事务所管理的管理标准。审计准则、职业道德基本原则及概念框架告诉审计人员在执业过程中应该如何做,而法律责任部分则讲述了审计人员如果做得不到位会有什么样的惩罚以及如何避免惩罚。

本章复习题

1. 审计人员在审计过程中为什么要遵循审计准则?
2. 职业道德的基本原则包括哪些内容?
3. 简述质量控制制度的要素。
4. 结合具体事例谈谈注册会计师如何避免法律诉讼?

课后讨论案例

【目的】 理解审计准则、职业道德基本原则以及会计师事务所质量控制制度在审计人员执业过程中的重要性

【内容】 请课后查找并阅读以下案例的相关信息,并回答相对应的问题,具体内容见下表:

序号	名称	问题
1	1 136 租户公司审计案	①注册会计师执行非审计业务时应按什么标准执业?②在执行代理记账业务时注册会计师是否有义务按审计标准进行?
2	北京长城机电产业公司验资案	①从审计独立性来看,中诚会计师事务所的注册会计师有哪些具体失误?②事务所应当如何建立一套适合本所的质量控制制度?
3	月桂山谷地产公司审计案	①结合案例谈谈你对审计人员专业胜任能力的理解;②注册会计师如何避免法律诉讼?

(续表)

序号	名称	问题
4	赞美上帝俱乐部审计案	①结合案例谈谈会计师事务所在选择客户时注意什么？ ②你认为注册会计师职业道德的精髓是什么？
5	琼民源公司审计案	①结合案例谈谈注册会计师遵守执业准则的重要性； ②注册会计师如何能够真正做到独立、客观和公正？

【要求】

1. 分小组进行案例的讨论，小组的每个成员分头查找并阅读上述案例的相关信息，每个小组围绕所提出的问题编写完成案例。

2. 小组在查找资料、编写完成案例的基础上，分析回答所提出的问题，并提出新的疑问。

3. 小组在讨论分析基础上，制作PPT，推选一名同学演讲其讨论分析的问题，重点在于介绍小组在讨论中对审计的本质、作用以及在经济社会生活中的重要作用的理解以及产生的疑问。

4. 小组以外的其他同学提问，小组内的其他成员补充回答问题。

5. 老师点评。

第三章 审计基本流程

 本章要点

通过对本章内容的学习,你应了解和掌握如下知识和技能:
- 了解会计和审计责任、审计工作底稿的要素、内容及管理措施
- 理解审计的目标、管理层认定和具体目标的内容
- 掌握审计证据的定义、分类和性质、审计方法与审计程序的类别与具体内容
- 能够根据审计总目标和管理层认定,制定出各账户层次的具体审计目标
- 能够正确收集和判断审计证据
- 能够正确编制和运用审计工作底稿
- 能够正确运用审计程序

 导读案例

中国证监会行政处罚决定书[①]

背景简介: 依据2005年修订的《中华人民共和国证券法》的有关规定,我会对瑞华所在康得新2015—2017年年报审计中未勤勉尽责行为进行了立案调查、审理,并依法向当事人告知了作出行政处罚的事实、理由、依据及当事人依法享有的权利。应当事人瑞华所、江晓、邱志强、郑龙兴的要求,我会于2023年4月26日举行了听证会,听取了当事人的陈述和申辩意见。

经查明,当事人存在以下违法事实:瑞华所在对康得新2015—2017年度财务报表审计时,未勤勉尽责,出具的报告存在虚假记载:

(一)穿行测试存在的问题

康得新光电销售与收款穿行测试程序中对控制责任人认定错误;康得新光电、康得菲尔、北京功能三家公司销售与收款流程穿行测试中,存在多个关键检查点无证据支持。

(二)控制测试存在的问题

康得新光电、康得菲尔"客户管理控制环节",检查点归纳错误,未发现样本信用额度未经审批;未发现康得新光电"销售发货环节"出货单关键信息部分空白,有关人员签

---

① 资料来源:中国证监会行政处罚决定书(〔2024〕1号)。

字明显不同。

（三）营业收入实质性程序存在的问题

在营业收入截止性测试中，康得新光电的虚假销售客户5家公司，其出货单均没有填列送货地址和联系方式信息，也没有客户签收；在营业收入真实性测试中，康得新光电的虚假销售客户28家公司，其出货单均没有填列送货地址、联系方式信息。

（四）应收账款实质性程序存在的问题

康得菲尔的测试样本中，瑞华所未发现康得新虚假销售客户广东优图、北京科亚达2家公司应收账款余额远大于《信用额度确认表》显示的额度；在康得新光电销售客户函证地址与实际经营地存在大量不一致的情况下，瑞华所未关注某些函证地址明显异常。

行政处罚： 我会认为，瑞华所在审计康得新2015年、2016年、2017年年度财务报表时，违反相关执业准则的规定，未能履行勤勉尽责义务，违反2005年《证券法》第一百七十三条的规定，构成2005年《证券法》第二百二十三条"证券服务机构未勤勉尽责，所制作、出具的文件有虚假记载、误导性陈述或者重大遗漏"的行为。直接负责的主管人员为在相关年度审计报告上签字注册会计师江晓、邱志强、郑龙兴。

根据当事人违法行为的事实、性质、情节与社会危害程度，依据2005年《证券法》第二百二十三条的规定，我会决定：

一、责令瑞华会计师事务所（特殊普通合伙）改正，没收业务收入5 943 396元，并处以罚款11 886 792元；

二、给予江晓、邱志强警告，并分别处以10万元罚款；

三、给予郑龙兴警告，并处以6万元罚款。

【讨论】

1. 结合本案例谈谈现阶段注册会计师审计的总目标应当是什么？
2. 审计人员应当承担什么样的社会责任？
3. 应当怎样有效加强审计监督？

本节主要从理论的角度，介绍审计的基本思路或流程，审计人员首先要根据审计的对象和委托方的总目标，制定出具体的审计目标，然后通过实施一定的审计方法或程序获取相应的审计证据，根据审计证据发表审计意见，从而实现审计的总目标，具体的流程如图3-1。

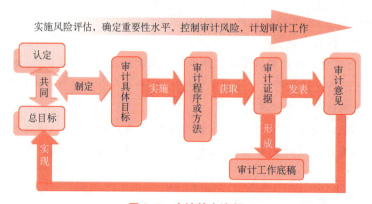

图3-1 审计基本流程

第一节 审 计 目 标

一、财务报表的含义

(一) 财务报表的概念(对象)

财务报表是指依据某一财务报告编制基础对被审计单位历史财务信息作出的结构性表述,包括相关附注,旨在反映某一时点的经济资源或义务或者某一时期经济资源或义务的变化。相关附注通常包括重要会计政策概要和其他解释性信息。财务报表通常是指整套财务报表,有时也指单一财务报表。

(二) 适用的编制基础(标准)

适用的财务报表编制基础,是指法律法规要求采用的财务报表编制基础;或者管理层和治理层(如适用)在编制财务报表时,就被审计单位性质和财务报表目标而言,采用的可接受的财务报表编制基础。

适用的财务报表编制基础通常指会计准则(财务报告准则)和法律法规的规定。此外,其他文件可能对如何应用适用的财务报表编制基础提供指引。在这种情况下,适用的财务报表编制基础可能还包括下列文件:

(1) 与会计事项相关的法律法规、司法判决和职业道德要求准则;
(2) 准则制定机构发布的具有不同权威性的会计解释;
(3) 准则制定机构针对新出现的会计问题发布的具有不同权威性的意见;
(4) 得到广泛认可和普遍使用的一般惯例或行业惯例。

二、财务报表审计总体目标

审计目标是在一定历史环境下,人们通过审计实践活动所期望达到的境地或最终结果,它包括财务报表审计总体目标以及与各类交易、账户余额和披露相关的具体审计目标两个层次。

(一) 总体目标

审计的目的是提高财务报表预期使用者对财务报表的信赖程度,这一目的可以通过注册会计师对财务报表发表审计意见得以实现。因此,执行财务报表审计工作时,注册会计师的总体目标是:一是对财务报表整体是否不存在由于舞弊或错误导致的重大错报获取合理保证,使得注册会计师能够对财务报表是否在所有重大方面按照适用的财务报告编制基础编制发表审计意见;二是按照审计准则的规定,根据审计结果对财务报表出具审计报告,并与管理层和治理层沟通。

读一读

审计总目标是随着审计的发展而不断发生变化的,具体变化过程见下表3-1:

表 3-1 审计总目标变化表

序号	审计发展阶段	审计目标	审计方法
1	CPA审计起源于16世纪意大利地中海沿岸的商业城市	由熟悉会计专业的第三方对合伙企业经济活动鉴证	查账、公证
2	1844年到20世纪初,在英国CPA审计形成	查错防弊,保护企业资产的安全和完整	对会计账目进行详细审计
3	20世纪初,在美国CPA审计迅速发展	帮助债权人了解企业的信用状况为目的	分析、逆查
4	1929~1933年,美国《证券法》《证券交易法》后	保护投资者为目的的利润表审计	抽样审计
5	二战后到现在,跨国公司,国际资本,国际会计师事务所迅速发展	对财务报表发表审计意见	制度基础审计到风险导向审计

(二) 财务报表审计的作用和局限性

注册会计师应当按照审计准则的规定,对财务报表整体是否不存在由于舞弊或错误导致的重大错报获取合理保证,以作为发表审计意见的基础。注册会计师作为独立第三方。运用专业知识、技能和经验对财务报表进行审计并发表审计意见,旨在提高财务报表的可信赖程度。由于审计存在固有限制,注册会计师据此得出结论和形成审计意见的大多数审计证据是说服性而非结论性的,因此,审计只能提供合理保证,不能提供绝对保证。虽然财务报表使用者可以根据财务报表和审计意见对被审计单位未来生存能力或管理层的经营效率、经营效果作出某种判断,但审计意见本身并不是对被审计单位未来生存能力或管理层经营效率、经营效果提供的保证。

三、审计工作前提

法律法规规定了管理层和治理层与财务报表相关的责任,注册会计师按照审计准则的规定执行审计工作的前提是管理层和治理层已认可并理解其应当承担的责任(会计责任)。

(一) 相关概念

管理层是指对被审计单位经营活动的执行负有经营管理责任的人员或组织,管理层通过编制财务报表反映受托责任的履行情况。治理层是指对被审计单位战略方向以及管理层履行经营管理责任负有监督责任的人员或组织,治理层的责任包括监督财务报告过程。在治理层的监督下,管理层作为会计工作的行为人,对编制财务报表负有直接责任。财务会计报告应当由单位负责人和主管会计工作的负责人、会计机构负责人(会计主管人员)签名并盖章;设置总会计师的单位,还须由总会计师签名并盖章。

(二) 具体内容

财务报表是由被审计单位管理层在治理层的监督下编制的。管理层和治理层认可与财务报表相关的责任(会计责任),是注册会计师执行审计工作的前提,构成注册会计师按照审计准则的规定执行审计工作的基础。这些责任主要包括：

（1）按照适用的财务报告编制基础编制财务报表，并使其实现公允反映；

（2）设计、执行和维护必要的内部控制，以使财务报表不存在由于舞弊或错误导致的重大错报；

（3）向注册会计师提供必要的工作条件，包括允许注册会计师接触与编制财务报表相关的所有信息（如记录、文件和其他事项），向注册会计师提供审计所需的其他信息，允许注册会计师在获取审计证据时不受限制地接触其认为必要的内部人员和其他相关人员。

（三）注册会计师的责任

按照中国注册会计师审计准则（以下简称审计准则）的规定对财务报表发表审计意见是注册会计师的责任（审计责任）。注册会计师作为独立的第三方，对财务报表发表审计意见，有利于提高财务报表的可信赖程度。为履行这一职责，注册会计师应当遵守相关职业道德要求，按照审计准则的规定计划和实施审计工作，获取充分、适当的审计证据，并根据获取的审计证据得出合理的审计结论，发表恰当的审计意见。注册会计师通过签署审计报告确认其责任。

注意

审计意见旨在提高财务报表的可信度，但审计意见本身并不是对被审计单位持续经营能力或管理层经营效率、经营效果的保证。

（四）注册会计师责任与管理层和治理层责任之间的关系

（1）财务报表审计不能减轻被审计单位管理层和治理层的责任。财务报表编制和财务报表审计是财务信息生成链条上的不同环节，两者各司其职。法律法规要求管理层和治理层对编制财务报表承担责任，有利于从源头上保证财务信息质量。同时，在某些方面，注册会计师与管理层和治理层之间可能存在信息不对称。管理层和治理层作为内部人员，对企业的情况更为了解，更能作出适合企业特点的会计处理决策和判断。因此，管理层和治理层理应对编制财务报表承担完全责任。尽管在审计过程中，注册会计师可能向管理层和治理层提出调整建议，甚至在不违反独立性的前提下为管理层编制财务报表提供协助，但管理层仍然对编制财务报表承担责任，并通过签署财务报表确认这一责任。

（2）注册会计师只对财务报表承担审计责任。如果财务报表存在重大错报，而注册会计师通过审计没有能够发现，也不能因为财务报表已经被注册会计师审计这一事实而减轻管理层和治理层对财务报表的责任。

四、认定

认定，是指管理层在财务报表中作出的明确或隐含的表达，注册会计师可将其用于考虑可能发生的不同类型的潜在错报。在财务报表审计中，认定与审计目标密切相关，注册会计师的基本职责就是确定被审计单位管理层对其财务报表的认定是否恰当。注册会计师了解了认定，就比较容易确定每个项目的具体审计目标。

当管理层声明财务报表已按照适用的财务报告编制基础进行编制,在所有重大方面作出公允反应时,就意味着管理层对财务报表各组成要素的确认、计量、列报以及相关的披露作出了认定。管理层在财务报表上的认定有些是明确表达的,有些则是隐含表达的。例如,管理层在资产负债表中列报存货及其金额,意味着作出下列明确的认定:①记录的存货是存在的;②存货以恰当的金额包括在财务报表中,与之相关的计价或分摊调整已恰当记录。同时,管理层也作出下列隐含的认定:①所有应当记录的存货均已记录;②记录的存货都由被审计单位拥有。

管理层对财务报表各组成要素均作出了认定,注册会计师的审计工作就是要确定管理层的认定是否恰当,从这个意义上讲,财务报表审计就是注册会计师对管理层认定的再认定。

举例 3-1

假如联大公司 2023 年 12 月 31 日资产负债表中列示货币资金的期末余额为 500 000 元,这意味着联大公司对其货币资金的状况作出以下至少 5 点明确的表达:

(1) 明确地表达:①记录的货币资金是真实的;②记录的货币资金期末余额是 500 000 元。

(2) 隐含的表达:①这一时点,所有应列报的货币资金都包括在财务报表中;②记录的货币资金全部由联大公司所拥有;③货币资金的使用不受任何限制(由联大公司控制)。

一般情况下,从注册会计师的角度来看,所关注的管理层认定通常包括以下两大类别:

(一) 关于所审计期间各类交易、事项及相关披露的认定

关于所审计期间各类交易、事项及相关披露的认定反映的是企业在一定期间内所开展经营活动及其成果的信息,通常分为下列类别:

(1) 发生。记录或披露的交易和事项已发生,且与被审计单位有关。

(2) 完整性。所有应当记录的交易和事项均已记录,所有应当包括在财务报表中的相关披露均已包括。

(3) 准确性。与交易和事项有关的金额及其他数据已恰当记录,相关披露已得到恰当计量和描述。

(4) 截止。交易和事项已记录于正确的会计期间。

(5) 分类。交易和事项已记录于恰当的账户。

(6) 列报。交易和事项被恰当地汇总或分解且表述清楚,相关披露在适用的财务报告编制基础上是相关的、可理解的。

(二) 关于期末账户余额及相关披露的认定

关于期末账户余额及相关披露的认定反映的是企业截至特定时点的账户余额信息,通常分为下列类别:

(1) 存在。记录的资产、负债和所有者权益是存在的。

(2) 权利和义务。记录的资产由被审计单位拥有或控制,记录的负债是被审计单位应当履行的偿还义务。

(3) 完整性。所有应当记录的资产、负债和所有者权益均已记录,所有应当包括在财务报表中的相关披露均已包括。

(4) 准确性、计价和分摊。资产、负债和所有者权益以恰当的金额包括在财务报表中,与之相关的计价或分摊调整已恰当记录,相关披露已得到恰当计量和描述。

(5) 分类。资产、负债和所有者权益已记录于恰当的账户。

(6) 列报。资产、负债和所有者权益已被恰当地汇总或分解且表达清楚,相关披露在适用的财务报告编制基础上是相关的、可理解的。

注册会计师可以按照上述分类运用认定,也可按其他方式表述认定,但应涵盖上述所有方面。例如,注册会计师可以选择将有关交易和事项的认定与有关账户余额的认定综合运用。又如,当发生和完整性认定包含了对交易是否记录于正确会计期间的恰当考虑时,就可能不存在与交易和事项截止相关的单独认定。

比一比

(1) 发生和完整性两者强调的是相反的关注点,发生目标针对潜在的虚记(高估),而完整性目标则针对漏记(低估)。

(2) 准确性与发生之间存在区别。例如,若已记录的销售交易是不应当记录的(如发出的商品是寄销商品),则即使发票金额是准确的,也属于发生认定错报。再如,若已入账的销售交易是对正确发出商品的记录,但金额计算多了,则属于准确性认定错报。但发生认定没有错报。

(3) 完整性与准确性之间也存在区别。例如,若真实的销售交易没有记录,则属完整性认定错报。再如,若真实的销售交易已记录,但金额计算少了,则属于准确性认定错报,但完整性认定没有错报。

五、具体审计目标

注册会计师了解了认定,就很容易确定每个项目的具体审计目标,并以此作为评估重大错报风险以及设计和实施进一步审计程序的基础。

(一) 关于所审计期间各类交易和、事项及相关披露的审计目标

(1) 发生。确认已记录的交易是真实的。例如,如果没有发生销售交易,但在销售日记账中记录了一笔销售,则违反了该目标。发生认定所要解决的问题是管理层是否把那些不曾发生的项目列入财务报表,它主要与财务报表组成要素的高估有关。

(2) 完整性。确认所有已发生的交易均已记录。例如,如果发生了销售交易,但没有在销售明细账和总账中记录,则违反了该目标。发生和完整性两者强调的是相反的关注,发生目标针对潜在的高估,而完整性目标则针对漏记交易(低估)。

(3) 准确性。确认已记录的交易是按正确金额反映的。例如,如果在销售交易中,发出商品的数量与账单上的数量不符,或是开账单时使用了错误的销售价格,或是数量与单价相乘与销售金额不符,或是在销售明细账中记录了错误的金额,则违反了该目标。

(4) 截止。确认接近于资产负债表日的交易记录于恰当的期间。例如,如果本期交易推到下期,或下期交易提到本期,均违反了截止目标。

(5) 分类。确认被审计单位记录的交易经过适当分类。例如,如果将现销记录为赊销,将出售经营性固定资产所得的收入记录为营业收入,则导致交易分类的错误,违反了分类的目标。

(6) 列报。确认被审计单位的交易和事项已被恰当地汇总或分解且表述清楚,相关披露在适用的财务报告编制基础上是相关的、可理解的。

(二) 关于期末账户余额及相关披露的审计目标

(1) 存在。确认记录的金额确实存在。例如,如果不存在某顾客的应收账款,在应收账款明细表中却列入了对该顾客的应收账款,则违反了存在目标。

(2) 权利和义务。确认资产归属于被审计单位所有,负债属于被审计单位的义务。例如,将他人寄销商品列入被审计单位的存货中,违反了权利目标;将不属于被审计单位的债务记入账内,违反了义务目标。

(3) 完整性。确认已存在的金额均已记录。例如,如果存在某顾客的应收账款,在应收账款明细表中却没有列入对该顾客的应收账款,则违反了完整性目标。

(4) 准确性、计价和分摊。确认资产、负债和所有者权益以恰当的金额包括在财务报表中,与之相关的计价或分摊调整已恰当记录。例如,如果某资产项目的资产减值、折旧与摊销不符合企业会计准则的具体要求,则可能违反该目标。

(5) 分类。确认资产、负债和所有者权益已记录于恰当的账户。

(6) 列报。确认资产、负债和所有者权益已被恰当地汇总或分解且表达清楚,相关披露在适用的财务报告编制基础上是相关的、可理解的。

通过上面介绍可知,管理层认定是确定具体审计目标的基础,注册会计师通常应将管理层认定转化为能够通过审计程序予以实现的具体审计目标,然后通过执行一系列审计程序获取充分、适当的审计证据以实现审计目标。管理层认定、审计目标和审计程序之间的关系(以财务报表项目的审计为例)如表3-2所示。

表3-2 管理层认定、审计目标和审计程序之间的关系举例

认定	审计目标	审计程序
存在	确认资产负债表列示的存货存在	实施存货监盘程序
完整性	确认销售收入包括了所有已发生的交易	检查发货单和销售发票的编号以及销售明细账
准确性	确认营业收入反映的销售业务是否基于正确的价格和数量,计算是否正确	比较价格清单与发票上的价格、发货单与销售订购单上的数量是否一致,重新计算发票上的金额

(续表)

认定	审计目标	审计程序
截止	确认销售业务记录在恰当的时间	比较上一年度最后几天和下一年度最初几天的发货单日期与记账日期
权利和义务	确认资产负债表中的固定资产确实为公司拥有	查阅所有权证书、购货合同、结算单和保险单
准确性、计价和分摊	确认以净值记录应收账款	检查应收账款账龄分析表、评估计提的坏账准备是否充足

 课内实训 3-1

【目标】 训练根据具体审计目标或审计程序,指出相关的管理层认定,从而理解管理层认定、具体审计目标和审计程序之间的联系

【资料】 注册会计师王成在审查联大公司年度财务报表时,针对该公司财务报表的不同项目提出了若干具体审计目标或审计程序。下面摘录了其中的一部分,所摘录的审计目标或审计程序对所述项目并不一定是最主要的。

【要求】 请指出与所列示的审计目标或审计程序相对应的管理层认定,填入表内。

具体审计目标或审计程序	管理层的认定
(1) 确定应收票据是否存在漏记的情况	
(2) 检查生产设备的购货发票,核实付款人是否为联大公司	
(3) 固定资产与低值易耗品的金额界限是否明确	
(4) 应收票据明细账余额加计是否与总账余额相符	
(5) 存货的跌价准备已适当计提	
(6) 账龄超过一年的预收账款未予结转的原因	
(7) 确定当年所购商品验收单的最大号码	
(8) 编制或获取营业收入项目的明细表,复核加计是否正确	

第二节　审计方法与程序

一、审计方法

(一) 审计方法的演变

审计方法,是指审计人员为了完成审计任务、达到审计目标所采取的方式、手段和技术的总称。审计方法贯穿于整个审计工作过程,而不只存在于某一审计阶段或某几个环节。

在审计的发展过程中,审计方法实现了从详细检查到抽样检查、从单一技术到综合技术、从手工方式到计算机技术的变革。从审计的发展模式来看,审计方法经历了账项基础审计、制度基础审计和风险导向审计三个阶段。

1. 账项基础审计

在审计发展的早期,由于企业组织结构简单,业务性质单一,审计主要是为了满足财产所有者对会计核算进行独立监督的要求,促使受托责任人在授权经营过程中诚实敬业。这时的审计工作旨在发现错误和舞弊,审计工作的重心是围绕会计资料进行的,审计的方法是对会计资料进行详细检查,这种以检查会计事项为主线的审计方法就是账项基础审计模式,审计的起点是检查账证表。

2. 制度基础审计

随着审计的发展,审计的目的不再是简单的差错防弊,报表的使用者越来越多地将注意力转向了企业的经营管理,这就要求审计人员对企业的内部控制系统有比较全面的认识。审计工作的目标转移到验证财务报表是否公允地反映了企业的财务状况和经营成果上。为了提高审计效率,审计人员采用了审计抽样技术,使得有限的审计资源可以更多地集中在内部控制薄弱的环节,这种以控制测试为基础的抽样审计就是账项基础审计模式,审计的起点是内部控制测试。

3. 风险导向审计

20世纪80年代以后,审计风险时刻摆在审计人员面前,被审计单位的环境、性质、业绩等都可能形成审计的风险因素,降低审计风险已成为审计的头等大事。审计风险模型的出现,从理论上解决了制度基础审计在审计抽样上的随意性,也解决了审计资源不合理的分配问题,这种以审计风险模型为基础进行的审计,称为风险导向审计模式,审计的起点是风险评估,要求将审计资源分配到最容易导致财务报表出现重大错报的领域。

(二) 审计方法的分类

(1) 按照对财务报表项目进行划分的标准不同,分为报表项目法和循环法。

① 报表项目法。报表项目法也称账户法,是按财务报表项目来组织财务报表审计的方法。

② 循环法。循环法是指把紧密相连的报表项目及涉及的交易和账户归入同一业务循环,然后按业务循环来组织财务报表审计的方法。

(2) 按照以什么样的顺序依次进行检查的不同,分为顺查法和逆查法。

① 顺查法。顺查法是按照会计业务处理的先后顺序依次进行检查的方法。顺查法的优点是详细精确,对会计工作中的作弊行为均能揭露无遗,但是费时费力,工作效率低,审计成本高。一般情况下,适用于规模小、业务量少的单位,或管理混乱、存在严重问题的单位,或对审计目标有重大影响且产生错误的可能性大的审计项目。

② 逆查法。逆查法是按照会计业务处理程序完全相反的方向,依次进行检查的方法。逆查法与顺查法相反,逆查法的优点是节省人力和时间,工作效率高,但是审计的内容不全面,很可能存在遗漏。一般的大型企业及内部控制健全的企业适用逆查法。

(3) 根据审计时取证的范围不同,分为详查法和抽查法。

① 详查法是指对被审计单位被查期内的所有活动、工作部门及其经济信息资料,采取精细的审计程序,进行细密周详的审核检查。详查法的优点是详细精确,对会计工作中

的作弊行为均能揭露无遗,缺点是费时费力,工作效率低,审计成本高。

② 抽查法是指从作为特定审计对象的总体中,按照一定方法,有选择地抽出其中一部分资料进行检查,并根据其检查结果来对其余部分的正确性及恰当性进行推断的一种审计方法,也称抽样审计法。抽查法的优点是节省人力和时间,工作效率高;缺点是应用起来不太灵活,抽查方法烦琐,与实际情况往往会发生偏差。

 注意

实际工作中,上述在不同标准下分类的方法通常是结合使用的,只有把两者有机地结合起来,才能既保证质量又保证效率。

二、审计抽样方法

(一) 概述

1. 审计抽样含义

审计抽样是指审计人员从某类交易或账户余额总体中采用抽样方法选取低于百分之百的项目(样本)实施审计程序,获取和评价与样本某些特征有关的审计证据,并根据样本结果推断总体的特征,对审计对象总体得出结论。

2. 审计抽样的特征

审计抽样应当具备三个基本特征:其一,对某类交易或账户余额中低于百分之百的项目实施审计程序;其二,所有抽样单元都有被选取的机会;其三,审计测试的目的是评价该账户余额或交易类型的某一总体特征。

审计抽样方法是审计人员审计时经常采用的审计技术方法,适用于控制测试和细节测试中。一般的,当对认定项目缺乏了解,或者当总体项目数量较大时,可以使用审计抽样。

3. 类型

审计抽样方法分为统计抽样和非统计抽样两大类。

(1) 统计抽样。统计抽样是指同时具备下列特征的抽样方法:A. 随机选取样本项目;B. 运用概率论方法评价样本结果。

(2) 非统计抽样。不同时具备上述两个特征的抽样方法就是非统计抽样。

审计人员应当根据具体情况并运用职业判断,确定使用统计抽样或非统计抽样方法,以最有效率地获取审计证据。

 比一比

表 3-3 统计抽样与非统计抽样的比较

审计抽样的类型	优点	缺点
统计抽样	能够客观地计量抽样风险,并通过调整样本规模精确地控制风险	可能发生额外的成本

(续表)

审计抽样的类型	优点	缺点
非统计抽样	简单、方便,如果设计得当,也能提供与统计抽样方法同样有效的结果	无法精确地测定出抽样风险

4. 抽样风险与非抽样风险

审计人员在进行审计抽样时,检查风险可能受到两方面因素的影响:抽样风险(与抽样有关)和非抽样风险(与抽样无关)。抽样风险是指审计人员依据样本结果得出的结论,与对审计对象总体全部项目实施同样的审计程序得出的结论存在差异的可能性,即样本不能代表总体的风险;非抽样风险是指与审计抽样无关的因素导致审计人员得出不恰当结论的可能性。本章主要关注的是抽样风险。

审计人员在实施控制测试和实质性程序时,都有可能会面临抽样风险。

(1) 控制测试时的抽样风险。控制测试是为了获取关于控制防止或发现并纠正认定层次重大错报的有效性而实施的测试。控制测试时产生的抽样风险有:

① 信赖过度风险。信赖过度风险是指推断的控制有效性高于其实际有效性的风险,会影响审计的效果。

② 信赖不足风险。信赖不足风险是指推断的控制有效性低于其实际有效性的风险,会影响审计的效率。

(2) 细节测试时的抽样风险。细节测试是对各类交易、账户余额、列报的具体细节进行测试,目的在于直接识别财务报表认定是否存在错报。细节测试时产生的抽样风险有:

① 误受风险。误受风险是指推断某一重大错报不存在而实际上存在的风险,会影响审计的效果。

② 误拒风险。误拒风险是指推断某一重大错报存在而实际上不存在的风险,会影响审计的效率。

信赖不足风险与误拒风险会导致审计人员执行额外的审计测试,降低审计效率;信赖过度风险与误受风险很可能导致审计人员得出不正确的审计结论。在审计过程中,审计人员重点要考虑的抽样风险是信赖过度风险和误受风险。

 注意

只要使用了审计抽样方法,就会存在抽样风险。一般地,抽样风险与样本规模呈反向变动,样本规模越小,抽样风险就越大。因此,可以通过扩大样本规模来降低抽样风险。

(3) 非抽样风险。非抽样风险是指由于某些与样本规模无关的因素而导致审计人员得出错误结论的可能性。审计人员即使对项目总体全部实施审计程序,仍然有可能未发现重大错报或控制失效。导致非抽样风险的原因主要有:

① 选择的总体不适合于测试目标;

② 未能适当地定义误差,导致审计人员未能发现样本中存在的误差;

③ 选择了不适于实现特定目标的审计程序；
④ 未能适当地评价审计过程中发现的情况。

非抽样风险对审计工作的效率和效果都有一定的影响。注册会计师可以通过实施质量控制政策和程序，保持应有的职业怀疑态度，对审计工作进行适当的指导、监督和复核以及改进审计计划或实施的审计程序来降低非抽样风险。

(二) 审计抽样的基本步骤

审计抽样主要分为三个阶段进行。

1. 样本设计阶段

在设计审计样本时，审计人员首先应考虑拟实现的具体目标，并根据目标和总体的特点确定能够最好地实现该目标的审计程序组合，以及如何在实施审计程序时运用审计抽样。此阶段的工作主要包括以下几个步骤：

(1) 确定测试目标。审计抽样必须紧紧围绕审计测试的目标展开，因此确定测试目标是样本设计阶段的第一项工作。

(2) 定义总体与抽样单元。在实施抽样之前，审计人员必须仔细定义总体，确定抽样总体的范围。抽样单元，是指构成总体的个体项目，在定义抽样单元时，审计人员应使其与审计测试目标保持一致。审计人员在定义总体时，通常都指明了适当的抽样单元。

如果总体项目存在重大变异性，审计人员可以考虑将总体分层。分层可以降低每一层中项目的变异性，提高审计效率。

(3) 定义误差构成条件。审计人员必须事先准确定义构成误差的条件，否则执行审计程序时就没有识别误差的标准。

2. 选取样本阶段

对样本进行设计之后，就应当通过一定的手段选取样本，此阶段的工作主要包括以下几个步骤：

(1) 确定样本规模。样本规模是指从总体中选取样本项目的数量。审计人员应当确定足够的样本规模，已将抽样风险降至可接受的低水平。影响样本规模的因素主要包括：可接受的抽样风险、可容忍误差、预计总体误差、总体变异性和总体规模。可接受的抽样风险和可容忍误差与样本规模呈反向变动；预计总体误差和总体变异性与样本规模呈同向变动；总体规模对样本规模的影响很小，一定程度上呈同向变动。

(2) 选取样本。不管是统计抽样还是非统计抽样，在选取样本项目时，审计人员都应当使总体中的每个抽样单元都有被选取的机会。在统计抽样中，审计人员选取样本项目时每个抽样单元被选取的概率是已知的；在非统计抽样中，审计人员根据判断选取样本项目。审计人员选取样本的基本方法主要随机选取、系统选样（等距选样）和随意选样。

(3) 对样本实施审计程序。审计人员应当针对选取的每个项目，实施适当的具体审计程序，目的是发现并记录样本中存在的误差。

3. 评价样本结果阶段

审计人员在样本设计、样本选取之后，应当评价样本的结果。此阶段的主要步骤有：

(1) 分析样本误差。审计人员应当调查识别出的所有误差的性质和原因，并评价其对审计程序的目的和审计的其他方面可能产生的影响。对样本结果的定性评估和定量评估一样重要。

(2) 推断总体误差。审计抽样的主要特征是抽取的样本能够代表总体特征。审计人员应当根据样本的误差来推断总体误差,据以形成审计结论。

(3) 形成审计结论。审计人员应当将推断的总体误差与可容忍的误差进行比较,同时考虑抽样风险的存在,最终形成审计结论。

(三) 选取样本的基本方法

审计人员选取样本的基本方法主要有三种:

1. 随机选样

使用随机数选样需以总体中的每一项目都有不同的编号为前提。审计人员可以使用计算机生成的随机数,如电子表格程序、随机数码生成程序、通用审计软件程序等计算机程序产生的随机数,也可以使用随机数表获得所需的随机数。

随机数是一组从长期来看出现概率相同的数码,且不会产生可识别的模式。随机数表也称乱数表,它是由随机生成的从0—9共10个数字所组成的数表,每个数字在表中出现的次数是大致相同的,它们出现在表上的顺序是随机的。表3-4列示了5位随机数表的一部分。

表3-4 随机数表[1]

行	列				
	1	2	3	4	5
1	04734	39426	91035	54939	76873
2	10417	19688	83404	42038	48226
3	07514	48374	35658	38971	53779
4	52305	86925	16223	25946	90222
5	96357	11486	30102	82679	57983
6	92870	05921	65698	27993	86406
7	00500	75924	38803	05286	10072
8	34826	93784	52709	15370	96727
9	25809	21860	36790	76883	20435
10	77487	38419	20631	48694	12638

审计人员在运用随机数表时,首先对总体项目进行编号,建立总体中的项目与表中数字的一一对应关系,然后从随机数表中确定选样的位数,选择一个随机起点和一个选号路线,随机起点和选号路线可以任意选择,但一经选定就不得改变。从随机数表中任选一行或任何一栏开始,按照一定的方向(上下左右均可)依次查找,符合总体项目编号要求的数字,即为选中的号码,与此号码相对应的总体项目即为选取的样本项目,一直到选足所需

---

[1] 资料来源:AICPA:《审计实务公告:审计抽样(1999)》。

的样本量为止。

举例 3-2

假如利用随机数表,从序号为 500—5 000 的转账支票中选取样本,样本量为 10。

具体操作如下:首先,确定只用随机数表所列数字的前 4 位数字来与转账支票号码一一对应。其次,确定第 2 列第 1 个数为起点,选号路线为从上到下,从右到左,依次进行。最后按照规定的一一对应关系和起点及选号路线,选出 10 个数码,依次为:3942、1968、4837、1148、592、2186、3841、3565、1622、3010。

凡前 4 位数在 500 以下或者 5 000 以上的,因为与支票号码没有一一对应关系,均不入选,应予略过。选出 10 个数码后,按此数码选取号码与其对应的 10 张支票作为选定样本进行审计。

课内实训 3-2

【目标】 训练利用随机数表进行随机选样

【资料】 由 40 页、每页 50 行组成的应收账款明细表,可采用 4 位数字编号。前两位由 01—40 的整数组成,表示该记录在明细表中的页数,后两位数字由 01—50 的整数组成,表示该记录的行次。这样,编号 0534 表示第 5 页第 34 行的记录。

【要求】 假设需要从以上应收账款明细表中选取 10 个样本,利用随机数表,判断选中的样本编号是多少?

2. 系统选样

系统选样也称等距选样,是指按照相同的间隔从审计对象总体中等距离地选取样本的一种选样方法。采用系统选样法,首先要计算选样间距,确定选样起点,然后再根据间距顺序地选取样本,使用系统抽样方法要求总体必须是随机排列。选样间距的计算公式如下:

$$选样间距 = 总体规模 \div 样本规模$$

举例 3-3

假如在 5 000 张凭证中选择样本,采用等距抽样,样本量为 100。

具体操作如下:首先,计算间隔数:$M = 5\,000/100 = 50$;其次,从 1~50 中确定一个随机起点,每隔 50 张凭证选取一张,共选取 100 张为样本,如 24 为第一张(抽样起点),则依次选取样本的顺序为 24,74,124,174,224,274,……

课内实训 3-3

【目标】 训练系统选样的方法

【资料】 审计人员要对销售发票进行系统选样。销售发票的总体为 0652 号～3151 号,设定样本量为 125 个。

【要求】 假设抽样的起点为总体中的第 9 张发票,则:(1)抽样的起点是多少? (2)第 9 个样本是多少号? (3)第 125 个样本是多少号?

3. 随意选样

随意选样是指审计人员不带任何偏见地选取样本,即选样时审计人员不考虑项目的性质、大小、外观、位置或其他特征。随意选样的主要缺点是审计人员很难完全无偏见地选取样本项目,因而很可能使样本失去代表性。例如,审计人员在选样时容易回避难以找到的项目,或总是选择或回避每页的第一个或最后一个项目。

注意

通常情况下,这三种方法均可以选出代表性样本,但随机选样和系统选样是对所有项目按随机规则选取样本,因而可以在统计抽样中使用较多,也可以在非统计抽样中使用;随意选样虽然也能代表总体特征,但是属于随意基础选样方法,只能用于非统计抽样。

(四) 审计抽样在控制测试中的应用

1. 样本设计阶段

(1) 确定测试目标。控制测试的目标是为了获取关于某项控制运行有效性的审计证据。

(2) 定义总体和抽样单元。总体应与测试的目标相关,并且具有完整性。抽样单元通常是能够提供控制运行证据的一份文件资料、一个记录或其中一行。如测试的目标是发票的管理控制,就可以将总体定义为所有的发票,那么抽样单元就是每一张发票。

(3) 定义误差。在控制测试中,误差是指控制偏差。审计人员应仔细定义所要测试的控制及可能出现偏差的情况。

(4) 确定审计程序。审计人员要根据之前的调查了解,确定应实施控制测试的具体程序。

2. 选取样本阶段

(1) 确定样本规模。在控制测试中影响样本规模的因素如下:

① 可接受的信赖过度风险。在实施控制测试时,审计人员主要关注抽样风险中的信赖过度风险。可接受的信赖过度风险与样本规模反向变动。控制测试中选取的样本旨在提供关于控制运行有效性的证据。由于控制测试是控制是否有效运行的主要证据来源,因此,可接受的信赖过度风险应确定在相对较低的水平上。通常,相对较低的水平在数量上是指 5%～10%的信赖过度风险。

② 可容忍偏差率。可容忍偏差率与样本规模反向变动。在确定可容忍偏差率时,审计人员应考虑计划评估的控制有效性。计划评估的控制有效性越低,审计人员确定的可容忍偏差率通常越高,所需的样本规模就越小。一个很高的可容忍偏差率通常意味着,控制的运行不会较大降低相关实质性程序的程度。在实务中,审计人员通常认为,当偏差率

为3%～7%时,控制有效性的估计水平较高;可容忍偏差率最高为20%,偏差率超过20%时,由于估计控制运行无效,审计人员不须进行控制测试。可容忍偏差率和计划评估的控制有效性之间的关系。如表3-5所示。

表3-5 控制风险的计划评估水平、可容忍偏差率及样本量的关系表①

控制风险的计划评估水平	可容忍偏差率	样本量
低	2%～7%	多
中	6%～12%	中
较高	13%～20%	少
高	不进行测试	—

③ 预计总体偏差率。对于控制测试,审计人员在考虑总体特征时,需要根据对相关控制的了解或对总体中少量项目的检查来评估预期偏差率。审计人员可以根据上年测试结果和控制环境等因素对预计总体偏差率进行评估。如果预期总体偏差率高,甚至于无法接受,意味着控制有效性很低,审计人员通常决定不实施控制测试,而实施更多的实质性程序。

④ 总体规模。当总体数量很大的情况下,总体规模对样本规模的影响可以忽略。

在使用统计抽样时,应当对影响样本规模的因素进行量化,审计人员可以使用样本量表确定样本规模。表3-6提供了在控制测试中确定的可接受信赖过度风险为10%时所适用的样本量表。

表3-6 10%的信赖过度风险下的样本容量表②

(括号内是可接受的偏差数)

预期总体偏差率(%)	可容忍偏差率%								
	2	3	4	5	6	7	8	9	10
0.0	114(0)	76(0)	57(0)	45(0)	38(0)	32(0)	28(0)	25(0)	22(0)
0.5	194(1)	129(1)	96(1)	77(1)	64(1)	55(1)	48(1)	42(1)	38(1)
1.0		176(2)	96(2)	77(2)	64(1)	55(1)	48(1)	42(1)	38(1)
1.5			132(3)	105(3)	64(1)	55(1)	48(1)	42(1)	38(1)
2.0			198(4)	132(4)	88(1)	75(1)	48(1)	42(1)	38(1)
2.5				158(5)	110(1)	75(1)	65(1)	58(1)	38(1)
3.0					132(2)	94(1)	65(1)	58(1)	52(1)
3.5					194(3)	113(2)	82(1)	73(1)	52(1)
4.0						149(3)	98(2)	73(1)	65(1)

---

① 资料来源:AICPA《审计实务公告:审计抽样(1999)》。
② 资料来源:AICPA《审计实务公告:审计抽样(1999)》。

举例 3-4

假设注册会计师确定的可接受信赖过度风险为 10%,可容忍偏差率为 6%,预计总体偏差为 1.5%,查样本量表中所需的样本规模为 64,括号中的数字 1 代表可以容忍的最大偏差次数。

---

(2) 选取样本和实施审计程序。在控制测试中使用统计抽样方法时,审计人员必须在上述的随机数表选样和系统选样中选择一种方法,原因在于,这两种方法能够产生随机样本,而随意选样方法虽然也可能提供代表性的样本,但却不是随机的。

当样本被选取之后,审计人员就可以对这些样本实施之前计划好的具体审计程序。

3. 评价样本结果阶段

(1) 计算总体偏差率。将样本中发现的偏差数量除以样本规模,就可以计算出样本偏差率。样本偏差率就是审计人员对总体偏差率的最佳估计,因而在控制测试中无须另外推断总体偏差率,但审计人员还必须考虑抽样风险。

(2) 分析偏差的性质与原因。除了评价偏差发生的频率之外,审计人员还要对偏差进行定性分析,即分析偏差的性质和原因,具体包括:是有意的还是无意的?是误解了规定还是粗心大意?是经常发生还是偶然发生?是系统的还是随机的?如果对偏差的分析表明是故意违背了既定的内部控制政策或程序,审计人员应考虑存在重大舞弊的可能性。

(3) 推断总体结论。在实务中,审计人员使用统计抽样方法时通常使用公式、表格或计算机程序直接计算在确定的信赖过度风险水平下可能发生的偏差率上限,即估计的总体偏差率与抽样风险允许限度之和。

如果使用统计公式评价样本结果,审计人员可以先根据样本的偏差数计算出一个考虑了抽样风险的偏差数上限(即风险系数),然后再根据计算公式得出总体的偏差率上限。将总体的偏差率上限与可容忍偏差率进行比较,就可以推断内部控制是否有效运行。表 3-7 列示了在控制测试中常用的风险系数。

表 3-7　控制测试中常用的风险系数表①

样本中发现偏差的数量	信赖过度风险	
	5%	10%
0	3.0	2.3
1	4.8	3.9
2	6.3	5.3
3	7.8	6.7

---

① 资料来源:AICPA;《审计实务公告:审计抽样(1999)》。

(续表)

样本中发现偏差的数量	信赖过度风险	
	5%	10%
4	9.2	8.0
5	10.5	9.3
6	11.9	10.6
7	13.2	11.8
8	14.5	13.0
9	15.7	14.2
10	17.0	15.4

举例 3-5

仍以上述数据为例,注册会计师对 64 个项目实施了既定的审计程序,且未发现偏差。风险系数根据可接受的信赖过度风险为 10%,且偏差数量为 0,查表为 2.3。则在既定的可接受信赖过度风险下,根据样本结果计算总体最大偏差率如下:

总体偏差率上限＝风险系数÷样本量＝2.3÷64＝3.6%

这就意味着,如果样本量为 64 且无一例偏差,总体实际偏差率超过 3.6% 的风险为 10%,即有 90% 的把握保证总体实际偏差率不超过 3.6%。由于注册会计师确定的可容忍偏差率为 7%,因此可以得出结论,总体的实际偏差率超过可容忍偏差率的风险很小,总体可以接受。也就是说,样本结果证实注册会计师对控制运行有效性的估计和评估的重大错报风险水平是适当的。

(五) 审计抽样在细节测试中的应用

1. 样本设计阶段

(1) 确定测试目标。在细节测试中,抽样通常用来为有关财务报表金额的一项或多项认定(如应收账款的存在性)提供特定水平的合理保证。

(2) 定义总体和抽样单元。审计人员应确信抽样总体适合于特定的测试目标。抽样单元可能是一个账户余额、一笔交易或交易中的一个记录,甚至是每个货币单元。例如,如果测试的目标是测试应收账款是否存在,审计人员可能选择所有的应收账款明细账作为抽样的总体,定义各应收账款明细账余额、发票或发票上的单个项目作为抽样单元。

(3) 定义误差。在细节测试中,误差是指错报,审计人员应根据审计目标,确定什么构成错报。例如,在登记明细账时发生的差错如果不导致账户余额合计数发生错误,就不属于错报。

(4) 确定审计程序。审计人员必须确定能够最好地实现实质性程序测试目标的审计程序组合。

2. 选取样本阶段

（1）确定样本规模。在细节测试中影响样本规模的因素有：

① 总体的变异性。在细节测试中确定适当的样本规模时，审计人员应考虑总体特征的变异性。衡量总体变异或分散程度的指标是标准差，总体项目的变异性越低，通常样本规模越小。

② 可接受的误受风险。细节测试中的抽样风险分为误受风险和误拒风险。在细节测试中使用抽样方法时，审计人员主要关注误受风险。

③ 可容忍错报。对特定的账户余额或交易类型而言，当误受风险一定时，如果审计人员确定的可容忍错报降低，为实现审计目标所需的样本规模就增加。

④ 预计总体错报。在确定细节测试所需的样本规模时，审计人员还需要考虑预计在账户余额或交易中存在的错报金额和频率。预计总体错报的规模或频率降低，所需的样本规模也降低。相反，预计总体错报的规模或频率增加，所需的样本规模也增加。如果预期错报很高，审计人员在实施细节测试时对总体进行100%检查或使用较大的样本规模可能较为适当。

⑤ 总体规模。总体中的项目数量在细节测试中对样本规模的影响很小，因此，按总体的固定百分比确定样本规模通常缺乏效率。

标准差是反映个别项目与平均值的离散程度的一个统计指标。它的计算公式如下：

$$\delta = \sqrt{\frac{\sum_{i=1}^{n}(x_i - \bar{x})^2}{n}}$$

式中：δ——标准差；

x_i——各个项目的取值；

$\bar{x}$——所有项目的平均值；

n——项目数量。

在实务中，由于总体的标准差无法取得，通常采用样本的标准差来作为总体的标准差。

一般地，审计抽样为不放回抽样，其样本量的确定可以根据以下的公式来计算：

$$n = \frac{n'}{1 + \frac{n'}{N}}$$

式中：N——总体项目数量；

n'——重复抽样的样本量；

n——不重复抽样的样本量。

可信赖程度系数，如表3-8所示。

表3-8 可信赖程度系数表①

可信赖程度	可信赖程度系数	可信赖程度	可信赖程度系数
80%	1.28	95%	1.96
85%	1.44	99%	2.58
90%	1.65		

(2) 选取样本和实施审计程序。审计人员可以使用随机数表或计算机辅助审计技术选样、系统选样，也可以使用随意选样。审计人员应当仔细选取样本，以使样本能够代表抽样总体的特征。审计人员应对选取的每个样本实施计划的审计程序。

3. 评价样本结果阶段

(1) 分析错报的性质与原因。除了评价错报的频率和金额之外，审计人员还要对错报进行定性分析，分析错报的性质和原因，判断其对财务报表重大错报风险的影响。

(2) 推断总体错报。推断总体错报的技术方法主要有：

① 均值估计抽样。均值估计抽样是通过抽样审查样本平均值，再根据样本平均值推断总体平均值和总值的一种抽样方法。

举例3-6

假设注册会计师从总体规模为1 200个、账面金额为100万元的存货项目中选择了400个作为样本，经过实施审计程序之后，确定样本项目的平均审定金额为800元，则存货项目总体的平均值也估计为800元，总值推断为800×1 200＝960 000元，从而推断总体错报是40 000元。

② 差额估计抽样。差额估计抽样是通过样本实际金额与账面金额的差额来推断总体金额与账面金额的差额，进而对总体价值做出估计的一种抽样方法。其计算公式为：

$$平均差额 = (样本实际金额 - 样本账面金额) \div 样本量$$
$$估计的总体差额 = 平均差额 \times 总体项目个数$$

举例3-7

假设注册会计师从总体规模为1 200个、账面金额为100万元的存货项目中选择了400个作为样本，样本账面金额为400 000元；经过实施审计程序之后，确定样本项目的实际审定金额为420 000元，则存货项目：

平均差额为(420 000－400 000)÷400＝50(元)

估计的总体差额为50×1 200＝60 000(元)

---

① 资料来源：AICPA：《审计实务公告：审计抽样(1999)》。

③ 比率估计抽样。比率估计抽样是通过样本实际金额与账面金额之间的比率关系来推断总体价值与账面价值的比率,进而估计总体价值的一种抽样方法,通常适用于错报金额和账面价值成比例的情况,其计算公式为:

$$比率 = 样本实际金额之和 \div 样本账面余额之和$$
$$估计的总体价值 = 总体账面价值 \times 比率$$
$$估计的错报金额 = 估计的总体价值 - 总体账面价值$$

举例 3-8

假设注册会计师从总体规模为 1 200 个、账面金额为 100 万元的存货项目中选择了 400 个作为样本,样本账面金额为 400 000 元;经过实施审计程序之后,确定样本项目的实际审定金额为 420 000 元,则存货项目:

比率 = 420 000 ÷ 400 000 = 1.05
估计的总体价值 = 1 000 000 × 1.05 = 1 050 000
估计的错报金额 = 1 050 000 - 1 000 000 = 50 000(元)

三、审计程序

审计是由各种存在着内在逻辑关系的工作所组成的一个完整的运动过程,必须按照一定的顺序进行,也是项目审计的工作程序,是从审计项目开始,直到全面完成审计为止全过程中经历的工作步骤。

审计程序与审计方法是有区别的。审计程序是审计工作的运行过程,是按照一定的顺序进行的;审计方法是审计过程中采取的措施、手段等;制定审计程序时要运用到各种审计方法。

(一)总体审计程序

在审计过程中,实施的审计程序可能很多,按照审计流程,总体上可以将其分为三大类:

(1)风险评估程序。实施该程序的目的是了解被审计单位及其环境,进而识别和评估重大错报风险。

(2)控制测试。实施该程序是为了确定内部控制运行的有效性。

(3)实质性程序。实施该程序是为了发现认定层次的重大错报。

(二)具体审计程序

在实施过程中需要运用各种具体审计程序,主要包括以下七种:

1. 检查

检查程序包括检查记录或文件和检查有形资产两部分。

1)检查记录或文件

检查记录或文件是一种重要的审计程序,任何审计都需要运用,可以找出可能存在的问题和疑点,作为进一步审查的线索,主要用于对各种书面资料的审查,以取得书面证据。

常用于证明发生或存在、完整性等认定,可能会用到审阅、核对、复核等技术方法。

2) 检查有形资产

检查有形资产是证明有形资产存在性的重要审计程序,可能会用到盘点法、调节法、核对法等技术方法,主要用来获取实物证据,如现金、有价证券、存货、固定资产等。实物盘点工作只能证实实物的存在性,审计人员还应对实物资产的质量及所有权予以关注。

实务中,有时需要区分检查有形资产与检查记录或文件。如果被检查的对象,如销售发票,其本身没有价值,则这项检查就是文件检查。如果被检查的对象,其本身有价值,则这项检查就是资产检查。例如,支票在签发以前是文件,签发以后变成了资产,核销以后又变成了文件。只有在支票是一项资产时,才是对其进行有形资产检查。

2. 观察

观察是指审计人员察看相关人员正在从事的活动或执行的程序。观察程序提供的审计证据主要为环境证据,仅限于观察发生的时点,本身不足以发现重大错报,需要进一步佐证,最好结合询问程序使用。例如,观察 A 公司的主要生产设备,确定是否均处于良好的运行状态。

穿行测试是一种比较特殊的观察程序,适用于控制测试。

3. 询问

询问是指审计人员以书面或口头方式,向被审计单位内部或外部的知情人员获取财务信息和非财务信息,并对答复进行评价的过程。询问程序提供的审计证据一般是口头证据,询问本身不足以发现认定层次存在的重大错报,也不足以测试内部控制运行的有效性。例如,询问销售人员,以了解各购货方的信用情况和应收账款的可收回性。

询问得到的口头证据一般也需要形成书面记录。

4. 函证

函证是指审计人员为了获取影响财务报表或相关披露认定的项目的信息,通过直接来自第三方的对有关信息和现存状况的声明,获取和评价审计证据的过程。函证程序常用于证明存在性。一般能够获取可靠性较高的审计证据。

函证按要求对方回答方式的不同,可以分为积极式函证和消极式函证两种。积极式函证是指对于函证的内容,不管在什么情况下,都要求对方直接以书面文件的形式向审计人员作出答复的函证方法;消极式函证是指对于函证的内容,只有当对方存有异议时,才要求对方直接以书面文件形式向审计人员作出答复的函证方法。在审计过程中,是运用积极式函证还是消极式函证,一般视具体情况而定。

5. 重新计算

重新计算是指审计人员以人工方式或使用计算机辅助审计技术,对记录或文件中的数据计算的准确性进行核对。被审计单位的很多数据指标都是通过一定公式进行计算而得到的。重新计算常用于证明准确性或计价和分摊认定。

重新计算程序经常用于计算销售发票、存货的收发存金额计算、加总日记账和明细账合计数或余额、检查坏账准备、折旧费用和预付费用的计算、检查应纳税额的计算等情形。

6. 重新执行

重新执行是指审计人员以人工方式或使用计算机辅助审计技术,重新独立执行作为被审计单位内部控制组成部分的程序或控制。例如,审计人员重新编制银行存款余额调节表与被审计单位编制的银行存款余额调节表进行比较就是一种重新执行程序。重新执行程序通常只适用于控制测试当中,一般会结合审阅、核对、询问等技术方法使用。

7. 分析程序

分析程序是指审计人员通过研究不同财务数据之间以及财务数据与非财务数据之间的内在关系对财务信息做出评价。分析程序一般用到的是审计方法中的分析法,往往提供间接证据,只是为了发现问题,仍需进一步确认。

分析程序主要可以用作风险评估程序、实质性程序以及在审计结束时对财务报表进行总体复核。分析程序由于需要计算金额、比率或趋势,以评价财务信息,所以不适用于内部控制的了解与测试。

 比一比

表 3-9 总体审计程序与具体审计程序的关系

环节	目的	具体程序
风险评估程序	用来识别重大错报风险领域	检查、观察、询问、分析程序
控制测试	证明控制运行的有效性	检查、观察、询问、重新计算、重新执行
实质性程序	直接证明管理层认定	检查、函证、重新计算、分析程序等

第三节　审计证据与审计工作底稿

一、审计证据

(一) 含义

审计证据是指审计人员为了得出审计结论、形成审计意见而使用的所有信息,具体包括构成财务报表基础的会计记录所含有的信息和其他信息。证据是一个适用性较广的概念，不仅审计工作需要证据，科学家和律师等也需要证据。在科学实验中，科学家获取证据，以得出关于某项理论的结论；在法律案件中，法官需要根据严密确凿的证据，以提出审判结论；审计人员必须在每项审计工作中获取充分、适当的审计证据，以满足发表审计意见的要求。

1. 会计记录中含有的信息

依据会计记录编制财务报表是被审计单位管理层的责任，审计人员应当测试会计记录以获取审计证据。会计记录主要包括原始凭证、记账凭证、总分类账和明细分类账、未在记账凭证中反映的对财务报表的其他调整，以及支持成本分配、计算、调节和披露的手工计算表和电子数据表等。

2. 其他信息

会计记录中含有的信息本身并不足以提供充分的审计证据作为对财务报表发表审计意见的基础，审计人员还应当获取用作审计证据的其他信息，具体包括审计人员从被审计单位内部或外部获取的会计记录以外的信息，如被审计单位会议记录、内部控制手册、询证函的回函、分析师的报告、与竞争者的比较数据等；通过询问、观察和检查等审计程序获取的信息，如通过检查存货获取存货存在性的证据等；以及自身编制或获取的可以通过合理推断得出结论的信息，如审计人员编制的各种计算表、分析表等。

财务报表依据的会计记录中包含的信息和其他信息共同构成了审计证据，两者缺一不可。如果没有前者，审计工作将无法进行；如果没有后者，可能无法识别重大错报风险。只有将两者结合在一起，才能将审计风险降至可接受的低水平，为审计人员发表审计意见提供合理基础。

(二) 类型

1. 按审计证据的形式分类

审计证据按其形式可以分成实物证据、书面证据、口头证据和环境证据四类。

(1) 实物证据。实物证据是审计人员通过实际观察或盘点取得的，用于确定某些实物资产是否确实存在的审计证据。如对库存现金、有价证券的监盘，对存货、固定资产的盘点及观察等。值得注意的是，实物证据是一种较为可靠的审计证据，但是一般只能证明实物资产的存在性，而不能证明其质量及所有权等。

(2) 书面证据。书面证据是审计人员获取的各种以书面记录为形式的证据。书面证据是审计证据的主要组成部分，是审计人员获取的基本证据，既有外部的，也有内部的。如被审计单位的各种凭证、账簿等会计资料，各种会议记录和文件，各种合同及信函等。

(3) 口头证据。口头证据是与审计事项有关的人员对审计人员的询问做答复所形成的审计证据。口头证据往往具有主观性，因而证明力较差，其本身不足以证明事情的真相，但往往能够帮助审计人员发掘出一些重要的线索，如审计人员询问财务负责人对收回逾期账款可能性的意见，询问结果如果与调查情况出入较大，则应进行进一步详细检查。口头证据通常也需要形成书面记录，并让被询问者签字确认。

(4) 环境证据。环境证据是对被审计单位产生影响的各种环境事实。主要包括行业和宏观经济的运行情况；被审计单位的内部控制情况；被审计单位管理人员的素质；被审计单位的管理条件和管理水平等。环境证据不属于基本证据，但它有助于审计人员了解被审计单位及其环境，被审计单位的环境对财务报表的可靠程度会产生很大影响。

 注意

从证据的可靠性上来看，书面证据和实物证据比较可靠；口头证据和环境证据可靠性相对较弱。

2. 按审计证据的来源分类

审计证据按其来源可以分成外部证据、内部证据和亲历证据三类。

（1）外部证据。外部证据是由被审计单位以外的单位或人士所提供的证据，其证明力较强。具体可以分为两种情形：一是由被审计单位以外的单位或人士出具的，并由审计人员直接获得的审计证据，如应收账款函证的回函；二是由被审计单位以外的单位或人士出具的，但为被审计单位所持有并提交给审计人员的审计证据，如银行对账单。

（2）内部证据。内部证据是由被审计单位内部形成的审计证据，也可以分为两种情形：一是由被审计单位产生，但获得外部确认或认可的证据，如销售发票、付款支票；二是仅在被审计单位内部流转的证据，如出库单、入库单。

（3）亲历证据。亲历证据是审计人员通过观察或亲自在被审计单位执行某些活动而取得的证据。如监盘存货形成的监盘表、各种计算表、分析表。

 注意

一般情况下，亲历证据最可靠，外部证据次之，内部证据的可靠性最弱。

 课内实训 3-4

【目标】 训练对审计的证据进行归类

【资料】 下表是审计人员王成在审计中获取的审计证据。

审计证据	按形式归类	按来源归类
被审计单位的律师声明书		
银行存款对账单		
注册会计师对存货监盘取得的监盘记录		
关于应收账款函证的回函		
被审计单位的销售发票		
被审计单位的出库单		
注册会计师对固定资产折旧重新计算得到的计算表		
注册会计师实地观察被审计单位的内部控制取得的证据		

(续表)

审计证据	按形式归类	按来源归类
注册会计师对被审计单位有关人员的口头询问		
注册会计师对被审计单位管理状况的了解取得的证据		

【要求】 请你将上表中的审计证据，按两种分类进行归类。

(三) 性质

审计人员应当保持职业怀疑态度，运用职业判断，评价审计证据的充分性和适当性。

1. 充分性

审计证据的充分性是对审计证据数量的衡量，主要与审计人员确定的样本量有关。例如，对某个审计项目实施某一特定的审计程序，从 200 个样本中获得的证据要比从 100 个样本中获得的证据更充分。

审计人员需要获取的审计证据的数量还可能受其对重大错报风险的评估和审计证据的质量的影响。评估的重大错报风险越高，需要的审计证据可能越多；审计证据质量越高，需要的审计证据可能越少。例如，审计人员对某电脑公司进行审计，经过分析认为，受被审计单位行业性质的影响，存货陈旧的可能性相当高，存货计价的错报可能性就比较大。为此，审计人员在审计中，就要选取更多的存货样本进行测试，以确定存货陈旧的程度，从而确认存货的价值是否被高估。

2. 适当性

审计证据的适当性，是对审计证据质量的衡量，即审计证据在支持审计意见所依据的结论方面具有的相关性和可靠性。相关性和可靠性是审计证据适当性的核心内容，只有相关且可靠的审计证据才是高质量的。

(1) 相关性。审计证据的相关性是指用作审计证据的信息与审计程序的目的和所考虑的相关认定之间的逻辑联系。用作审计证据的信息的相关性可能受测试方向的影响。例如，如果某审计程序的目的是测试应付账款的计价高估，则测试已记录的应付账款可能是相关的审计程序。相反地，如果某审计程序的目的是测试应付账款的计价低估，则测试已记录的应付账款就不是相关的审计程序，相关的审计程序可能是测试期后支出、未支付发票、供应商结算单以及发票未到的收货报告单等。

实务中，审计人员在确定审计证据的相关性时，应当考虑：

① 特定的审计程序可能只为某些认定提供相关的审计证据，而与其他认定无关。例如，检查期后应收账款收回的记录和文件可以提供有关存在和计价的审计证据，但未必提供与截止测试相关的审计证据。

② 有关某一特定认定（如存货的存在认定）的审计证据，不能替代与其他认定（如该存货的计价认定）相关的审计证据。

③ 不同来源或不同性质的审计证据可能与同一认定相关。例如，监盘现金和检查现金日记账都可以为库存现金的存在性收集审计证据。

(2) 可靠性。审计证据的可靠性是指证据的可信赖程度。例如，审计人员亲自检查存货所获得的证据,就比被审计单位管理层提供给审计人员的存货数据更可靠。

审计证据的可靠性受其来源和性质的影响,并取决于获取审计证据的具体环境。审计人员在判断审计证据的可靠性时,通常会考虑下列原则:

① 从外部独立来源获取的审计证据比从其他来源获取的审计证据更可靠。从外部独立来源获取的审计证据未经被审计单位有关职员之手,从而减少了伪造、更改凭证或业务记录的可能性,因而其证明力最强。此类证据如银行询证函回函、应收账款询证函回函、保险公司或税务部门等机构出具的证明等。相反,从其他来源获取的审计证据,由于证据提供者与被审计单位存在经济或行政关系等原因,其可靠性应受到质疑。此类证据如被审计单位内部的会计记录、会议记录等。

② 内部控制有效时内部生成的审计证据比内部控制薄弱时内部生成的审计证据更可靠。如果被审计单位有着健全的内部控制且在日常管理中得到一贯的执行,会计记录的可信赖程度将会增加;如果被审计单位的内部控制薄弱,甚至不存在任何内部控制,被审计单位内部凭证记录的可靠性就大为降低。例如,如果与销售业务相关的内部控制有效,审计人员就能从销售发票和发货单中取得比内部控制不健全时更加可靠的审计证据。

③ 直接获取的审计证据比间接获取或推论得出的审计证据更可靠。例如,审计人员观察某项内部控制的运行得到的证据比询问被审计单位某项内部控制的运行得到的证据更可靠。间接获取的证据有被涂改及伪造的可能性,降低了可信赖程度。推论得出的审计证据,其主观性较强,人为因素较多,可信赖程度也受到影响。

④ 以文件、记录形式(无论是纸质、电子或其他介质)存在的审计证据比口头形式的审计证据更可靠。例如,会议的同步书面记录比对讨论事项事后的口头表述更可靠。口头证据本身并不足以证明事实的真相,仅仅提供了一些重要线索,为进一步调查确认所用。如审计人员在对应收账款进行账龄分析后,可以向应收账款负责人询问逾期应收账款收回的可能性。如果该负责人的意见与审计人员自行估计的坏账损失基本一致,则这一口头证据就可成为证实审计人员对有关坏账损失判断的重要证据。但在一般情况下,口头证据往往需要得到其他相应证据的支持。

⑤ 从原件获取的审计证据比从传真件或复印件获取的审计证据更可靠。审计人员可审查原件是否有被涂改或伪造的迹象,排除伪证,提高证据的可信赖程度,而传真件或复印件容易是篡改或伪造的结果,可靠性较低。

审计人员在按照上述原则评价审计证据的可靠性时,还应当注意可能出现的重要例外情况。例如,审计证据虽然是从独立的外部来源获得,但如果该证据是由不知情者或不具备资格者提供,或者外部人员有意隐瞒,审计证据也可能是不可靠的。同样,如果审计人员不具备评价证据的专业能力,那么即使是直接获取的证据,也可能不可靠。

3. 充分性和适当性之间的关系

充分性和适当性是审计证据的两个重要特征,两者缺一不可,关系密切,只有充分且适当的审计证据才是有证明力的。

一般而言,审计证据的数量受审计证据质量的影响。审计证据质量越高,需要审计证据的数量可能越少。也就是说,审计证据的适当性会影响审计证据的充分性。但是相反地,如果审计证据的质量存在严重缺陷,那么审计人员仅靠获取更多的审计证据可能无法弥补其质量上的缺陷。例如,审计人员应当获取与销售收入完整性相关的证据,实际获取到的却是有关销售收入真实性的证据,审计证据与完整性目标不相关,即使获取的证据再多,也证明不了收入的完整性。同样地,如果审计人员获取的证据不可靠,那么证据数量再多也难以起到证明作用。

注意

在保证获取充分、适当的审计证据的前提下,注册会计师应考虑控制审计成本。但为了保证得出的审计结论、形成的审计意见是恰当的,注册会计师不应将审计证据获取难和成本高作为减少不可替代的审计证据的理由。例如,存货监盘是证实存货存在认定的不可替代的审计程序,注册会计师在审计中不得以实施成本高和难以实施为由而不执行该程序。

课内实训 3-5

【目标】 训练通过比较,判断审计证据的可靠性

【资料】 注册会计师在对联大公司 2014 年度财务报表进行审计时,收集到以下六组审计证据:

(1) 收料单与购货发票;

(2) 销货发票副本与产品出库单;

(3) 领料单与材料成本计算表;

(4) 工资计算单与工资发放单;

(5) 存货盘点表与存货监盘记录;

(6) 银行询证函回函与银行对账单。

【要求】 请分别说明每组审计证据中哪项审计证据较为可靠,并简要说明理由。

二、审计工作底稿

(一) 含义

审计工作底稿,是指审计人员对制定的审计计划、实施的审计程序、获取的相关审计证据,以及得出的审计结论作出的记录。审计工作底稿是审计证据的载体,是审计人员在审计过程中形成的审计工作记录和获取的资料。它形成于审计过程,也反映整个审计过程。

(二) 编制目的和要求

1. 编制目的

审计工作底稿在计划和执行审计工作中发挥着关键作用,它提供了审计工作实际执行情况的记录,并形成审计报告的基础。审计工作底稿也可用于质量控制复核、监督会计师事务所对审计准则的遵循情况以及第三方的检查等。会计师事务所因执业质量而涉及

诉讼或有关监管机构进行执业质量检查时,审计工作底稿能够提供证据,证明会计师事务所是否按照审计准则的规定执行了审计工作。

2. 编制要求

审计人员编制的审计工作底稿,应当使未曾接触该项审计工作的有经验的专业人士清楚地了解到：

（1）按照审计准则和相关法律法规的规定实施的审计程序的性质、时间安排和范围；

（2）实施审计程序的结果和获取的审计证据；

（3）审计中遇到的重大事项和得出的结论,以及在得出结论时作出的重大职业判断。

（三）内容和存在形式

1. 内容

审计工作底稿按其性质和作用一般可以分成综合类工作底稿、业务类工作底稿和备查类工作底稿三大类。

（1）综合类工作底稿。综合类工作底稿是审计人员在办公室里就可以完成的,是审计人员在审计计划阶段和审计报告阶段为规划、控制和总结整个审计工作,并为最终发表审计意见所形成的审计工作底稿。

具体来讲,计划阶段的工作底稿主要包括业务约定书、审计计划、企业基本情况调查表、风险评估表等；报告阶段的工作底稿主要包括审计总结、试算平衡表、调整分录汇总表、管理当局声明书、管理建议书、审计报告、已审报表等。

（2）业务类工作底稿。业务类工作底稿一般是在外勤工作中完成的,是审计人员在审计实施阶段执行具体审计程序时所编制和取得的工作底稿。

业务类工作底稿可以清楚地展示审计人员收集审计证据的轨迹,主要包括各业务循环的控制测试表,各资产、负债、所有者权益、损益类项目的细节测试和实质性分析程序表等。

（3）备查类工作底稿。备查类工作底稿是审计人员在审计过程中所形成的,对审计工作仅具有备查作用的工作底稿。备查类工作底稿一般具有长期效力,随被审计单位变化而不断更新,通常是由被审计单位或第三方提供或代为编制的,主要包括营业执照、管理规章制度、组织机构图、会议纪要、重要经济合同、内部控制调查和评价记录等。

 注意

审计工作底稿通常不包括已被取代的审计工作底稿的草稿或财务报表的草稿、反映不全面或初步思考的记录、存在印刷错误或其他错误而作废的文本,以及重复的文件记录等。由于这些草稿、错误的文本或重复的文件记录不直接构成审计结论和审计意见的支持性证据,因此,审计人员通常无须保留这些记录。

2. 存在形式

审计工作底稿可以以纸质、电子或其他介质形式存在。随着信息技术的广泛运用,审计工作底稿的形式从传统的纸质形式扩展到电子或其他介质形式。为便于会计师事务所内部进行质量控制和外部执业质量检查或调查，以电子或其他介质形式存在的审计工作底稿，应能通过打印等方式，转换成纸质形式的审计工作底稿，并单独保存这些以电子或其他介质形式存在的审计工作底稿。

（四）要素

通常，审计工作底稿包括审计工作底稿的标题、审计过程记录、审计结论、审计标识及其说明、索引号及编号、编制者姓名及编制日期、复核者姓名及复核日期和其他应说明事项等。

1. 审计工作底稿的标题

每张底稿应当包括被审计单位的名称、审计项目的名称以及资产负债表日或底稿覆盖的会计期间（如果与交易相关）。

2. 审计过程记录

审计过程记录是证明管理层认定的过程。在记录审计过程时，应当特别注意以下几个重点方面：

（1）具体项目或事项的识别特征。识别特征是指被测试的项目或事项表现出的征象或标志，因审计程序的性质和测试的项目或事项不同而不同。例如，在对被审计单位生成的订购单进行细节测试时，审计人员可以以订购单的日期或其唯一编号作为测试订购单的识别特征；对于需要询问被审计单位中特定人员的审计程序，审计人员可能会以询问的时间、被询问人的姓名及职位作为识别特征；对于观察程序，审计人员可以以观察的对象或观察过程、相关规定观察人员及其各自的责任、观察的地点和时间作为识别特征。

（2）重大事项及相关重大职业判断。当审计过程中涉及重大事项和重大职业判断时，审计人员需要编制与运用职业判断相关的审计工作底稿。审计人员应当根据具体情况判断某一事项是否属于重大事项。重大事项通常包括引起特别风险的事项；实施审计程序的结果，该结果表明财务信息可能存在重大错报，或需要修正以前对重大错报风险的评估和针对这些风险拟采取的应对措施；导致审计人员难以实施必要审计程序的情形；导致出具非标准审计报告的事项等。

（3）如何处理针对重大事项不一致的情况。审计人员要记录的不一致事项主要包括审计人员针对该信息执行的审计程序、项目组成员对某事项的职业判断不同而向专业技术部门的咨询情况，以及项目组成员和被咨询人员不同意见（如项目组与专业技术部门的不同意见）的解决情况。记录这些不一致的情况是非常必要的，它有助于审计人员关注这些不一致，并对此执行必要的审计程序以恰当地解决这些不一致。

3. 审计结论

审计人员恰当地记录审计结论非常重要。审计人员需要根据所实施的审计程序及获取的审计证据得出结论，并以此作为对财务报表发表审计意见的基础。在记录审计结论时需注意在审计工作底稿中记录的审计程序和审计证据是否足以支持所得出的审计结论。

4. 审计标识及其说明

审计工作底稿中可使用各种审计标识，但应说明其含义，并保持前后一致。表

3-10列举了审计人员在审计工作底稿中常用的标识及其含义。在实务中,审计人员也可以依据实际情况运用更多的审计标识。

表3-10 审计标识及其含义

审计标识	含义	审计标识	含义
∧	纵加核对	<	横加核对
B	与上年结转数核对一致	T	与原始凭证核对一致
G	与总分类账核对一致	S	与明细账核对一致
C	已发询证函	T/B	与试算平衡表核对一致

5. 索引号及编号

通常,审计工作底稿需要注明索引号及顺序编号,相关审计工作底稿之间需要保持清晰的勾稽关系。为了汇总及便于交叉索引和复核。每个事务所都会制定特定的审计工作底稿归档流程。因此,每张表或记录都应有一个索引号,例如,A1、E8等,以说明其在审计工作底稿中的放置位置。在实务中,审计人员可以按照所记录的审计工作的内容层次进行编号。例如,固定资产汇总表的编号为C1,按类别列示的固定资产明细表的编号为C1-1,房屋建筑物的编号为C1-1-1,机器设备的编号为C1-1-2,运输工具的编号为C1-1-3,其他设备的编号为C1-1-4。相互引用时,需要在审计工作底稿中交叉注明索引号。

6. 编制者姓名、复核者姓名及执行日期

为了明确责任,在完成与特定工作底稿相关的任务之后,通常需要在每一张审计工作底稿上注明执行审计工作的人员和复核人员的姓名、完成该项审计工作的日期以及完成复核的日期。在需要项目质量控制复核的情况下,还需要注明项目质量控制复核人员及复核的日期。

(五)复核

为了确保项目组执行审计业务的质量,减少人为的判断失误,使审计结论更加客观公正,降低审计风险,必须对审计工作底稿进行复核。如图3-2所示。

图3-2 审计工作底稿的三级复核

1. 项目组成员复核

(1)项目经理的复核(详细复核)。项目经理是指具体负责执行某项审计业务并在审计报告上签字的审计人员。项目经理复核的范围是全部工作底稿,是审计工作底稿的第一级复核。一般来说,是由审计项目组内富有经验的人员对经验较少的人员形成的审计工作底稿进行复核,由审计项目经理对其他人员的底稿进行复核,项目经理的工作底稿也由组内富有经验的人员复核。

(2)项目负责人的复核(一般复核)。项目负责人是指会计师事务所中负责某项审计业务,并代表事务所在审计报告上签字的主任会计师或合伙人。项目负责人的复核范围是审计过程中的重大事项,是审计工作底稿的第二级复核。

审计项目负责人应当在审计过程中的适当阶段及时实施复核,并对工作底稿负最终复核责任。

2. 项目质量控制复核(重点复核)

项目质量控制复核是指对重大的审计项目(如上市公司财务报表审计),由会计师事务所委派未参加该业务的有经验的主任会计师或合伙人实施项目质量控制复核。主要工作是在出具审计报告前,对项目组作出的重大判断和在准备审计报告时得出的审计结论进行复核。

注意

项目质量控制复核并不能减轻审计项目负责人的责任。

(六) 管理

1. 所有权

在我国,审计工作底稿的所有权属于会计师事务所。未经会计师事务所批准,不得随意借阅、取出或处理。

2. 归档

审计工作底稿的归档时间为审计报告日后 60 天内。审计工作底稿经过整理归档后就形成了审计档案。

(1)永久性档案。记录内容相对稳定,具有长期使用价值,并对以后审计工作具有重要影响和直接作用的审计档案。如审计项目管理资料。

(2)当期档案。记录内容经常变化,主要供当期和下期审计使用的审计档案。如审计计划、实施、结束阶段的工作底稿。

审计工作底稿的归档只是一项事务性工作,不涉及实施新的审计程序,也不会得出新的审计结论。

3. 保管

自审计报告日起或自终止业务日起,审计工作底稿至少应保存 10 年。前期形成的永久性档案作为后期审计资料使用的,应视为最后一期取得,按照最后使用的年度算起至少保存 10 年。

4. 保密与查阅

会计师事务所及其人员应对工作底稿的信息予以保密,但法院、中注协、前后任审计人员可查阅。

本章小结

审计人员在审计过程中通过了解被审计单位财务报表认定,结合审计总目标,首先要制定出具体的审计目标,包括财务报表中与所审计期间各类交易和事项相关的审计目标、与期末账户余额相关的审计目标和与列报和披露相关的审计目标。明确了审计目标后,通过审计抽样等方法,就要实施相应的审计程序,包括检查、观察、询问、函证、重新计算、重新执行和分析程序。通过实施审计程序能够取得审计证据包括实物证据、书面证据、口头证据和环境证据,将证据按一定的格式要求整理形成审计工作底稿,分为永久性和当期工作底稿。

本章复习题

1. 如何理解管理层、治理层责任与注册会计师责任之间的关系。
2. 简述注册会计师审计总目标。
3. 简述审计证据的种类及性质。
4. 获取审计证据的审计程序有哪些?

课后讨论案例

【目的】 理解审计目标、审计方法与程序以及审计证据与工作底稿的重要性

【内容】 请课后查找并阅读以下案例的相关信息,并回答相对应的问题,具体内容见下表:

序号	名称	问题
1	福森公司的"轿车之谜"	①获取审计证据的方法有哪些?②注册会计师如何有效收集审计证据?
2	长江干堤审计案	结合案例谈谈审计人员在收集审计证据时如何做到有效?
3	行业协会检查中暴露出来的种种问题	①结合案例谈谈审计工作底稿的重要性?②你认为审计人员如何编制好审计工作底稿?

【要求】

1. 分小组进行案例的讨论,小组的每个成员分头查找并阅读上述案例的相关信息,每个小组围绕所提出的问题编写完成案例。

2. 小组在查找资料、编写完成案例的基础上,分析回答所提出的问题,并提出新的疑问。

3. 小组在讨论分析基础上,制作PPT,推选一名同学演讲其讨论分析的问题,重点在于介绍小组在讨论中对审计的本质、作用以及在经济社会生活中的重要作用的理解以及产生的疑问。

4. 小组以外的其他同学提问,小组内的其他成员补充回答问题。

5. 老师点评。

第四章 承接审计业务

本章要点

通过对本章内容的学习,你应了解和掌握以下知识和技能:
- 了解承接审计业务的两大目标及其基本程序
- 理解初步业务活动的目的和质量控制以及审计业务约定书的基本内容与变更
- 掌握客户信息的来源及收集信息的方法以及如何利用专家工作
- 能够按照审计初步业务活动的要求,获取客户信息并记录于审计工作底稿
- 能够正确编制审计业务约定书

 导读案例

*ST 文化更换审计机构案①

背景介绍:有着国内"文化陶瓷第一股"的*ST 文化,早前因并购"踩雷"和实控人资金占用走下坡路。2018 年以来,*ST 文化连续亏损,而且年报被年审会计师事务所出具了非标意见。*ST 文化如今可谓麻烦缠身。因公司涉及"最近一个会计年度经审计的净利润为负值且营业收入低于 1 亿元""最近一个会计年度经审计的期末净资产为负值""被出具无法表示意见的审计报告"的情形,*ST 文化股票已自 2022 年 5 月 5 日开市起被实施退市风险警示。

除基本面堪忧外,公司内部问题突出。在被创始人蔡廷祥夫妇带入泥潭后,孙光亮在 2021 年 3 月末以表决权方式入主,但好景不长,就公司管理权,孙光亮与蔡廷祥爆发冲突。此后,*ST 文化多位股东提起罢免事项,孙光亮于 2022 年 5 月被解除董事长及董事职务。*ST 文化更是在 2022 年 8 月出现高管的频繁变动,董秘上任 5 天后就因"个人原因"辞职,董事长也在上任不到 10 天后被罢免。公司公告称,孙光亮没有配合完成公司交接工作,导致现任管理层无法正常开展工作,带来包括拖欠水电费和员工薪酬等问题。

连续更换审计机构:值得注意的是,*ST 文化近年来频繁更换审计机构。梳理来看,近 4 年时间里,*ST 文化更换了 4 家审计机构,而被替换的审计机构多数对*ST

---

① 资料来源:《中国证券报》,2023 年 1 月 10 日。

文化的年报出具非标意见。*ST文化1月9日披露的深交所关注函显示,公司近期又更换审计机构,新聘审计机构中炘会计师事务所成立不满三年,2021年审计上市公司年报数量为0,而公司此前的审计机构希格玛会计师事务所对公司2021年年报出具无法表示意见,形成无法表示意见的事项包括:公司持续经营存在不确定性;海外销售业务的真实性、应收账款及信用减值的准确性;非经营性占用资金尚未全部归还;失控的子公司无法实施审计程序,相关的股权投资减值金额的准确性无法确认。

对于面临退市风险的客户,新聘审计机构是否明晰背后风险?深交所要求*ST文化详细说明中炘会计师事务所与希格玛会计师事务所沟通的具体内容,是否就上述问题及风险情况进行详细沟通,补充披露希格玛会计师事务所不再担任公司2022年审计机构的原因,与公司2021年度审计意见及面临的相关风险是否存在关联,公司与希格玛会计师事务所的前期沟通是否存在争议事项。

【讨论】
1. 上市公司频繁更换审计机构的深层次原因可能有哪些?
2. 审计机构如何明晰承接审计业务背后的风险?
3. 审计人员如何防止因风险导致的审计失败?

第一节　开展初步业务活动

承接审计业务是事务所生存和发展的基础,也是审计人员进行审计活动的第一步,其目标主要围绕两个方面来进行,一是审查目标客户,确定是否承接业务;二是说服客户聘用审计人员。虽然对于会计师事务所来讲,为了生存与发展,它们必须拥有一定数量的客户群,审计人员通常不会轻易拒绝目标客户,但如果与不诚实的客户合作,对于事务所来说后果将不堪设想。因此,并非凡有委托,事务所一定承接业务。在确定是否承接业务时,审计人员必须保持谨慎,对与缺乏诚信客户打交道而导致的严重后果和昂贵代价保持清醒的认识,拒绝接受高风险客户。但对于一些尚未认识到审计人员能够为其提供什么服务的潜在客户,审计人员应当以自身专业价值能够满足并超越客户期望的方案和实例,说服客户聘用审计人员,把潜在的客户转变为现实的客户。

 读一读

从会计师事务所与客户接触起,审计活动就开始了,习惯上称之为初步业务活动。审计人员执行初步业务活动目的是帮助审计人员确保已对所有可能会影响其审计计划的制定和执行,以将审计风险降至可接受低水平的事项和情况予以考虑。在实务中,审计人员承接业务是在开展下列初步业务活动的过程中进行质量控制的:

(1)针对保持客户关系和具体审计业务实施相应的质量控制程序

无论是连续审计还是首次接受审计委托,审计人员均应当考虑下列主要事项,以确定保持客户关系和具体审计业务的结论是恰当的：
① 被审计单位的主要股东、关键管理人员和治理层是否诚信；
② 项目组是否具备执行审计业务的专业胜任能力以及必要的时间和资源；
③ 会计师事务所和项目组能否遵守职业道德规范。

（2）评价遵守职业道德规范的情况

虽然保持客户关系及具体审计业务和评价审计人员职业道德的工作须贯穿审计业务的全过程，但这两项活动需要安排在其他审计工作之前，以确保审计人员已具备执行业务所需的独立性和专业胜任能力，且不存在因管理层诚信问题而影响审计人员保持该项业务意愿等情况。在连续审计的业务中，这些初步业务活动通常是在上期审计工作结束后不久或将要结束时就已开始了。

（3）及时签订或修改审计业务约定书

在做出接受或保持客户关系及具体审计业务的决策后，审计人员与被审计单位就审计业务约定条款达成一致，签订或修改审计业务约定书，以避免双方对审计业务的理解产生分歧。

承接审计业务的一般流程具体见图 4-1。

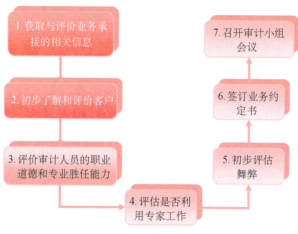

图 4-1　承接审计业务的一般流程图

一、获取与评价承接业务的相关信息

审计人员获取与评价承接业务的相关信息包括两个方面：一是获取哪些方面的信息，二是如何获取相关信息。

（一）影响审计人员承接业务的相关因素

在业务承接中，审计人员应当考虑来自客户和事务所自身两方面的风险，一般会客观地评价影响审计人员承接业务的相关因素，来决定获取哪些方面的信息，从而来决定是否接受客户委托。具体内容见下表 4-1。

表 4-1 影响审计人员承接业务的相关因素

项目	因素
可以控制的因素	1. 专业胜任能力和人员配备：事务所的员工是否具备或能够获取必要的专业知识，可以按照执业准则及时完成审计业务
	2. 独立性：事务所是否独立于客户，能够提供无偏见的结论
必须加以评估的因素	3. 诚信：公司管理层的诚信是否足以让事务所有理由相信管理层不会有意进行重大欺诈或做出违法行为
	4. 声誉和形象：公司的声誉是否良好，事务所接受其作为客户是否会招致损失或麻烦
	5. 会计实务：公司是否积极遵守会计准则，其财务报表能否合法、公允地反映公司的财务状况以及经营业绩
	6. 财务状况：公司是否存在极糟的业绩或其他负面因素导致其近期内面临停业的危险
	7. 盈利情况：接受并完成这项审计业务约定能否给事务所带来合理的利润

(1) 在评价可控因素时审计人员应当注意：审计人员及其会计师事务所不能承接与从事不具有胜任能力的业务；会计师事务所每年要对审计人员职业道德声明与执行情况予以检查，审计人员在被委派执行某项审计业务前应从经济利益、自我评价、关联关系和外部压力四个方面对自身独立性进行评价，并提交关于独立性的声明。

(2) 在评价评估因素时应考虑到：如果管理层缺乏诚信，审计结果就不能合理保证财务报表的公允性。如果客户不能积极坦率地配合审计人员，审计人员对财务报表准确性得出错误结论的风险就相当大。如果客户濒临破产，一方面会导致审计人员受到法律诉讼的风险加大；另一方面会导致审计业务成本无法得到弥补，因为会计师事务所的收入多数来自老客户持续的业务约定，公司的初次审计需要耗费审计人员大的起始成本，以便熟悉客户情况。由于这些起始成本的存在，审计事务所在第一年的审计业务中几乎不能获取任何利润。因此，考虑到收入和起始成本，一次性审计通常并不可取。

(二) 获取相关信息的途径

审计人员如何获取上表中所列七个影响因素的相关信息呢？一般来说，审计人员会通过以下一些途径或方法来获取相关信息：

(1) 通过大众传媒或企业媒体对公司的形象及管理层的声誉进行初步了解。随着互联网信息搜索技术的发展，审计人员通常可以浏览公司网站、公司上报证券交易委员会的文件、有关公司的媒体报道、市场表现和分析人士的评级，了解其产品和竞争特性、产品质量检查、负责人的外事活动以及目前影响公司所处行业的问题。这种收集数据的方法已经被所有大型事务所认可，并作为标准程序普遍采用。

(2) 通过面谈方式获取信息。事务所可以与未来客户的管理层面谈，通过面谈，审计人员可能会发现线索，从而获取更多的其他信息来源；也可以与客户的开户银行和律师面谈，获取客户业务的详细信息；也可以向证券经纪人、其他业务伙伴、事务所的雇员或共同的朋友了解情况等。

（3）有时事务所可能会采用一些更正式的调查，如从数据库中查找出与公司相关的媒体报道、获取具有权威的杜邦分析表和其他形式的信用报告，甚至偶尔也会雇用专业调查人员来深入了解公司关键负责人或股东的个人背景。

（4）如果客户存在前任审计人员，审计人员还需要与前任审计人员联系。当然，在联系前任审计人员之前，新任审计人员应该首先取得未来客户的同意。一旦获得客户许可，前任审计人员必须对后任审计人员提出的合理询问给予答复。如果未来客户全部或部分予以拒绝，那么审计人员应当考虑客户拒绝对审计产生的影响，尤其要想到管理层的诚信问题。在与前任审计人员讨论时，可以围绕以下问题展开：

① 更换审计人员的原因；
② 前任审计人员与管理层发生冲突的性质；
③ 重要风险领域的确定；
④ 在欺诈、违法行为和内部控制等方面与客户交流的情况；
⑤ 沟通获取前一年度审计的工作底稿。

经过以上程序，审计人员能很快得出未来客户是否可以接受的结论。如果决策不能明确做出，审计人员就应根据表4-1中所列的七个方面去考虑是否接受未来客户。

如果未来客户信息从表面看不是很糟糕，那么审计人员通常会接受该项业务。不过，如果上述七个方面中有一个方面存在重大问题，并且不能得到很好解决，审计人员就应拒绝接受委托。

二、初步了解和评价客户

会计师事务所在同意承接审计业务之前，需要对客户进行充分的了解，其主要目的是避免因接受该客户的委托而使事务所遭受损失。这种因与客户合作而使事务所发生损失的可能性通常称为履约风险（区别于审计风险）。

读一读

履约风险是指即使事务所遵循相关执业准则并签发了恰当的审计报告，依然存在因与客户合作而遭受损失的可能性。履约风险可能由以下事项所导致：

（1）被起诉

如果事务所因为客户破产、存在舞弊或违法行为而被起诉，那么即便它打赢了这场官司，也极有可能会遭受损失。因为很多情况下，事务所虽然胜诉了，但它因诉讼而花费的成本会超过承接该审计业务所取得的收入。

（2）职业名誉的损失

如果与一家声名狼藉的客户合作，事务所很可能失去一些潜在的名誉较好的客户，因为这些客户通常会认为与声名败坏的公司有联系的事务所很可能有不诚信的嫌疑。

（3）缺乏营利性

在审计业务完成的时候，事务所可能会发现它所获得的收入尚不足以弥补服务成本，而客户也不愿意再多掏钱。事实上，除非存在一个很好的继续业务合作的理由，否则事务所不会承接没有盈利的业务。

　　审计人员初步了解和评价目标客户的资料来源主要有三部分：一是通过巡视客户的经营场所、检查客户文件资料、与客户的管理层和员工进行讨论等获取来自客户的信息；二是利用搜索客户、行业和政府的网站、媒体，以及政府数据库等获取公共信息；三是利用会计师事务所的经验，如对于老客户，审计人员应当复核其以前年度的工作底稿对于新客户，后任审计人员应当向前任审计人员咨询，对新客户的基本情况进行初步审查。

　　在接受新客户前，会计师事务所应对其进行彻底的调查，必要时可能会聘请专业调查人员或利用司法会计部来获取管理层关键人物的声誉和背景方面的信息。如果不存在前任审计人员，会计师事务所对新客户的调查范围应更加广泛。

　　在与老客户续约前，会计师事务所应对老客户进行重新评价，主要涉及对以前年度中关于审计范围、意见类型和审计费用方面存在的分歧、会计师事务所和客户之间的未决诉讼，以及管理层品行是否正直、诚实等，必要时，还应当执行一些程序以确定上次审计以来发生的重大变化。

三、评估利用专家或其他审计人员的工作

　　在决定是否承接业务或如何承接时，审计人员可能会发现客户的部分财务报表由另一审计人员审计或存在一些不熟悉的领域要利用其他专家（如信息技术、环境或税务等方面的专业人士）的工作，这时，审计人员需要对利用专家或其他审计人员工作进行评价，以决定是否利用以及如何利用。

（一）评估利用专家的工作

　　审计人员评估利用的专家是指在会计或审计以外的某一领域具有专长，并且其工作被审计人员利用，以协助审计人员获取充分、适当的审计证据的个人或组织。专家既可能是会计师事务所内部的专家（如会计师事务所或其网络事务所的合伙人或员工，包括临时员工），也可能是会计师事务所外部的专家。

　　事务所应当评价专家的工作，考虑对专家的利用程度及如何利用，其一般决策过程如图4-2。

　　审计人员对发表的审计意见独立承担责任，这种责任不因利用专家的工作而减轻。如果审计人员按照本准则的规定利用了专家的工作，并得出结论认为专家的工作足以达成审计人员的目的，审计人员可以接受专家在其专业领域的工作结果或结论，并将其作为适当的审计证据。

　　审计人员不应在无保留意见的审计报告中提及专家的工作，除非法律法规另有规定。如果法律法规要求提及专家的工作，审计人员应当在审计报告中指明，这种提及不会减轻审计人员对审计意见承担的责任。

　　如果在审计报告中提及专家的工作，并且这种提及与理解审计报告中的非无保留意见相关，审计人员应当在审计报告中指明，这种提及不会减轻审计人员对审计意见承担的责任。

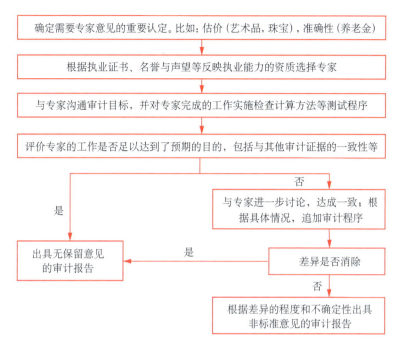

图 4-2 对专家的利用程度及对审计结果的影响

(二) 评估利用其他审计人员的工作

在集团公司审计中,主审审计人员是指当被审计单位财务报表包含由其他审计人员审计的一个或多个组成部分的财务信息时,负责对该财务报表出具审计报告的审计人员。其他审计人员是指除主审审计人员以外的,负责对组成部分(被审计单位的分部、分支机构、子公司、合资公司和联营公司等)财务信息出具审计报告的其他会计师事务所的审计人员。

主审审计人员应当考虑自己对审计工作的参与程度是否足以担当此任:

(1) 主审审计人员审计的财务报表部分的重要性。如果主审审计人员认为其审计的财务报表部分不够重要,不足以获取充分、适当的审计证据将审计风险降至可接受的低水平,就不应当接受委托担任主审审计人员。

(2) 主审审计人员对组成部分业务的了解程度。

(3) 其他审计人员审计的组成部分财务信息的重大错报风险。

(4) 主审审计人员在何种程度上参与对组成部分的审计。如果审计人员认为,其自身对审计工作的参与程度有限,不足以作为主审审计人员对被审计单位的整体财务报表进行审计,可以考虑通过实施追加程序,适当参与对组成部分的审计来解决这一问题。

主审审计人员在利用其他审计人员的工作时,应当确定其他审计人员的工作将如何影响主审审计人员。

主审审计人员首先应当对被审计单位、被审计单位的组成部分及其环境进行了解,以识别重要的组成部分,及可能导致被审计单位财务报表出现重大错报的风险。在此基础上,主审审计人员应当考虑区别对待不同的组成部分,确定是否参与其他审计人员的工作以及需要实施的审计程序。

主审审计人员应当根据其对其他审计人员的了解程度,确定是否参与以及在多大程度上参与其他审计人员对组成部分财务信息重大错报风险的评估。在审计过程中,主审审计师应当与其他审计人员进行充分的沟通,确定其他审计人员对组成部分实施审计程序的性质、时间和范围,考虑参与对组成部分的审计,复核其他审计人员的工作,必要时,对组成部分的财务信息实施追加程序。

如果拟利用其他审计人员的工作和报告,主审审计人员应当在审计的初始计划阶段对双方的配合做出充分安排,并将有关重要事项告知其他审计人员,包括需要特别考虑的审计领域、识别被审计单位与组成部分之间交易的审计程序以及完成审计工作的时间安排等。

此外,在其他审计人员对组成部分财务信息实施重要的审计程序之前,主审审计人员还需要在确定被审计单位整体财务报表重要性水平的基础上,与其他审计人员共同确定一个低于这一水平且适用于组成部分的重要性水平。

主审审计人员通常以商请配合函的形式将有关双方配合的安排告知其他审计人员,商请配合函需要得到其他审计人员书面形式的确认。其他审计人员的确认函中除了说明是否配合主审审计人员的工作外,通常还包括其他方面的声明。例如,遵守与被审计单位和组成部分保持独立性的要求,遵守会计、审计等有关规定和编制报告的要求等。另外,主审审计人员就关联方事项会专门致函其他审计人员,如果此函是在中期发送,应额外说明主审审计人员在年末有可能向其他审计人员提供更新的资料。完成审计工作以前,主审审计人员需要与其他审计人员确定以下事项:交易的描述,包括每个审计期间中没有金额的交易或只有名义金额的交易;每个审计期间的关联方交易的金额,以及与前期相比合同条款变化的影响;按照合同规定的结算方式,截至每个资产负债表日的关联方的应收或应付款项。

值得注意的是,尽管其他审计人员要对组成部分的财务信息进行审计,并对其结论或意见负责,但主审审计人员仍然要对包括组成部分财务信息在内的整体财务报表发表审计意见,并独自对被审计单位财务报表所发表的审计意见承担责任。为此,主审审计师一般不应当在审计报告中提及其他审计人员的工作。如果主审审计人员认为无法利用其他审计人员的工作,且无法对由其他审计人员审计的组成部分财务信息实施充分的追加程序,应当将其视为审计范围受到限制,出具保留意见或无法表示意见的审计报告。如果其他审计人员出具或拟出具非标准审计报告,主审审计人员应当考虑导致其他审计人员出具非标准审计报告事项的性质和重要程度,决定是否需要对财务报表出具非标准审计报告。

四、初步评估舞弊

舞弊往往会导致企业经营失败,这是公众、监管者、企业所有者、董事会和管理层最关心的问题。舞弊也是公司和审计人员遭受诉讼的主要原因,尤其是对负责对外财务报告的那些人员(即高级管理人员,如首席执行官、首席运营官、首席财务官、财务总监)所做的欺诈财务报告,即使不存在诉讼问题,审计人员如果没有发现重大舞弊也会受到严厉处罚。基于以上原因，确认舞弊风险因素（即表明潜在舞弊的条件和事项）应当在审计过程的早期完成（即在承接业务阶段就开始评价舞弊），并且将评价舞弊以及应对舞弊贯穿整个审计过程。

(一) 舞弊的概念及种类

舞弊是指被审计单位的管理层、治理层、员工或第三方故意使用欺骗手段获取不当或非法利益的行为。舞弊行为主体的范围很广，可能是被审计单位的管理层、治理层、员工或第三方。涉及管理层或治理层一个或多个成员的舞弊通常被称为"管理层舞弊"，只涉及被审计单位员工的舞弊通常被称为"员工舞弊"。无论是何种舞弊，都有可能涉及被审计单位内部或与外部第三方的串谋，而舞弊行为的目的则是为特定个人或利益集团获取不当或非法利益。

 读一读

关于舞弊动因的理论很多，比较典型的有GONE理论、冰山理论和舞弊三角理论。

(1) GONE理论

G. Jack Bologna, Robert J. Lindquist 和 Joseph T. Wells 在1933年提出了仔GONE理论，认为影响舞弊发生的因素包括贪婪（greed）、机会（opportunity）、需要（need）和暴露（exposure）。贪婪和需要更大程度上与个体有关，机会和暴露则属于环境因素。四个因素共同作用，决定了舞弊风险的水平。在此基础上，毕马威公司基金会研究发现，舞弊是由环境的压力、舞弊的机会、个人（潜在舞弊者）的品性三个因素共同作用造成的。

(2) 冰山理论

冰山理论形象地把舞弊比作海面上漂浮的冰山，海面上的部分是舞弊结构部分，海平面以下属于舞弊行为部分。舞弊结构部分具有客观性，易被看到；舞弊行为部分更主观、个性化，如果可以掩饰，很难觉察，因此，已识别的舞弊风险远远小于未识别的舞弊导致的重大错报风险。

(3) 舞弊三角理论

舞弊三角理论是由美国舞弊会计学家 W. Steye Albrecht 于1995年提出的，他认为舞弊三角形的三个顶点是"压力、机会和自我合理化"，舞弊是压力、机会和自我合理化的综合结果，压力因素是舞弊者的行为动机，可分为财务压力、恶习、与工作有关的压力、其余压力四种；机会是能够进行舞弊而不被发现或者不被惩罚的时机，包括控制措施的缺乏、无法评价工作质量绩效、缺乏惩罚措施、信息不对称、无能力察觉舞弊行为、无审计轨迹等；自我合理化是指舞弊者能够为自己的行为找到合理的理由，是个人的道德价值判断。AICPA 的 SAS No. 99 根据舞弊三角理论提出了舞弊的三个风险因素，即动机/压力、机会、对舞弊态度行为合理化解释。

(二) 识别与评价舞弊风险

1. 识别与评价舞弊风险的审计程序

识别和评价舞弊风险关系到审计的成败，为此，为了获取用于识别舞弊导致的财务报

表重大错报风险所需的信息,审计人员应当实施的审计程序包括:

(1) 询问被审计单位的管理层、治理层以及内部的其他相关人员,以了解管理层针对舞弊风险设计的内部控制,以及治理层如何监督管理层对舞弊风险的识别和应对过程。

(2) 考虑是否存在舞弊风险因素。审计人员应当运用职业判断,考虑被审计单位的规模、复杂程度、所有权结构及所处行业等,以确定舞弊风险因素的相关性和重要程度。

(3) 考虑在实施分析程序时发现的异常关系或偏离预期的关系。审计人员实施分析程序有助于识别异常的交易或事项,以及对财务报表和审计产生影响的金额、比率和趋势,这些异常情况的出现,可能表明存在舞弊导致的重大错报风险,审计人员应当加以考虑。

(4) 考虑有助于识别舞弊导致的重大错报风险的其他信息。审计人员应当考虑在了解被审计单位及其环境时所获取的其他信息,分析这些信息是否表明被审计单位存在舞弊导致的重大错报风险。

其他信息可能来源于项目组内部的讨论、客户承接或续约过程以及向被审计单位提供其他服务所获得的经验。从这些渠道获取的某些信息,可能表明被审计单位存在舞弊导致的重大错报风险,审计人员应当对其加以考虑。

2. 识别与评价舞弊风险形成的工作底稿

以上程序在审计全过程的每个阶段均应考虑执行,但在承接业务阶段就应当开始,形成的相应的审计工作底稿,具体内容见后。

(三) 应对舞弊风险的决策

应对舞弊风险,审计人员可能会有两种决策,一是不需要修改审计计划。如果存在有效的补充程序,且审计人员对客户高级管理人员的诚信没有严重忧虑,或尽管预期大多数业务都存在某些风险因素,但是这些因素数量不多,该项评估也是适当时,可以不修订审计计划。另一种需要做出审计应对。如果审计人员认为高级管理人员的诚信需要高度关注,或已掌握高级管理人员舞弊行为的证据,应当实施下列步骤:

(1) 向该审计合伙人/审计部负责人(并且在大多数情况下向内部或外部律师)咨询,以考虑取消该项业务。

(2) 与适当级别的管理人员讨论舞弊评估结果,以便确定我们对相关情况的理解;协助评估管理层的态度;识别可能使已确认风险减少的控制;确定管理层是否承诺采取适当行动预防舞弊(即改进控制环境)并开始调查实际舞弊。

只有在管理层接受控制舞弊风险责任并在适当时候开始调查舞弊的情况下,审计人员才应当考虑继续承接此业务。

(3) 讨论审计人员评估结果,及时向管理层和治理层反映。

(4) 在考虑客户的回应之后重新评估是否接受或保留客户。

如果审计人员决定接受或保留客户,应当考虑在所有审计领域大幅扩大测试范围,因为舞弊风险可能很普遍,风险可能不仅限于若干领域。为应对评估的舞弊导致的重大错报风险,审计人员应当保持高度的职业怀疑态度,包括:

① 在对有关重大交易的文件记录进行检查时,对文件记录性质和范围的选择保持敏感,如对管理层提供的重要记录所依赖的信息系统进行测试;

② 就管理层对重大事项作出的解释或声明,有意识地通过其他信息、予以验证。

 课内实训 4-1

【目标】 通过阅读案例资料,了解承接业务前审计人员应当如何初步了解和评价被审计单位,并掌握承接业务时应当考虑的因素,掌握如何进行前后任审计人员沟通,以决定是否承接业务。

【资料】 联大公司主营百货文化用品、五金交电、油墨及印刷器材、家具、食品、针纺织品、日用杂品、烟酒等,自 2019 年上市以来,业务迅速扩张,股价也不断攀升。2022—2023 年各年的会计报表及其前任审计人员的审计报告显示,公司 2022 年和 2023 年分别实现主营业务收入 34.82 亿元和 70.46 亿元,同比增长 152.69% 和 102.35%,同时,总资产也分别增长了 178.25% 和 60.43%,但利润率从 2013 年开始明显下降,由 2013 年的 2% 下降到 2014 年 0.69%,远远低于商贸类上市公司的平均水平 3.77%。2014 年公司利润总额中 40% 为投资收益。

这些投资收益系生化公司利用银行承兑汇票(承兑期长达 3—6 个月)进行账款结算,从回笼贷款到支付贷款之间 3 个月的时间差,把这笔巨额资金委托南方证券进行短期套利所得。

自 2019 年以来,联大公司已经更换了两次会计师事务所。

【要求】 请结合资料分析以下问题:(1)在承接联大公司业务委托前,如何进行初步了解和评估?(2)在承接客户业务委托时,应当关注哪些履约风险?为什么?(3)如果征得联大公司的同意,审计人员在与前任审计人员联系时,应当如何沟通?

在实务中,审计人员通过执行承接业务的一般流程(也就是完成初步业务活动),形成相应的审计工作底稿,一般包括初步业务活动程序表、业务承接评价表和业务保持评价表。初步业务活动程序表是审计人员执行承接业务的初步业务活动中所执行的程序及其实现目标的汇总。业务承接评价表记录了针对新客户承接的风险评价和判断的情况。业务保持评价表记录了针对连续客户,重新考虑是否承接的风险评价和判断的底稿。具体表格参见格式 4-1 到 4-3。

【格式 4-1】

初步业务活动程序表

被审计单位:_____	索引号:_____
项目:_____	所审计会计期间:_____
编制:_____	复核:_____
日期:_____	日期:_____

一、初步业务活动目标
确定是否接受业务委托;如接受业务委托,确保在计划审计工作时达到下列要求:
1. 注册会计师已具备执行业务所需要的独立性和专业胜任能力;
2. 不存在因管理层诚信问题而影响注册会计师承接或保持该项业务意愿的情况;
3. 与被审计单位不存在对业务约定条款的误解。
二、初步业务活动程序

(续表)

具体程序	是否执行	索引号
一、如果首次接受审计委托,实施下列程序:		
(一) 与被审计单位面谈,讨论下列事项:		
1. 审计的目标;		
2. 审计报告的用途;		
3. 管理层对财务报表的责任;		
4. 审计范围;		
5. 执行审计工作的安排,包括出具审计报告的时间要求;		
6. 审计报告格式和对审计结果的其他沟通形式;		
7. 管理层提供必要的工作条件和协助;		
8. 注册会计师不受限制地接触任何与审计有关的记录、文件和所需要的其他信息;		
9. 利用被审计单位专家或内部审计人员(必要时);		
10. 审计收费。		
(二) 初步了解被审计单位及其环境,并予以记录。		
(三) 征得被审计单位书面同意后,与前任注册会计师沟通。		
二、如果是连续审计,实施下列程序:		
(一) 了解审计的目标,审计报告的用途,审计范围和时间安排等;		
(二) 查阅以前年度审计工作底稿,重点关注非标准审计报告涉及的说明事项,管理建议书的具体内容,重大事项概要等;		
(三) 初步了解被审计单位及其环境发生的重大变化,并予以记录;		
(四) 考虑是否需要修改业务约定条款,以及是否需要提醒被审计单位注意现有的业务约定条款。		
三、评价是否具备执行该项审计业务所需要的独立性和专业胜任能力。		
四、完成业务承接评价表或业务保持评价表。		
五、签订审计业务约定书(适用于首次接受业务委托,以及连续审计中修改长期审计业务约定书条款的情况)。		

【格式 4-2】

业务承接评价表

被审计单位:_____ 索引号:_____
项　　目:_____ 所审计会计期间:_____
编　　制:_____ 复　　核:_____
日　　期:_____ 日　　期:_____

一、业务承接评价的内容
在承接新客户时应根据对被审计单位及其环境的初步了解,考虑下列情况:

(续表)

| 1. 初步判断客户的诚信、经营风险、财务状况(根据需要将客户基本情况表作为附件);
2. 考虑项目组的时间资源、专业胜任能力、独立性及预计收费等情况。		
二、业务承接评价具体内容		
项目	是/否/不适用	索引号
1. 客户的诚信		
(1) 基于所获得的信息(通过直接或间接联系),是否对客户主要股东、关键管理人员、治理层的正直或诚信感到怀疑?		
(2) 考虑客户的经营性质,是否使客户诚信度降低?		
(3) 客户主要股东、关键管理人员及治理层对内部控制环境和会计准则等是否重视?		
(4) 客户是否过分考虑将会计师事务所的收费维持在尽可能低的水平?		
(5) 是否存在工作范围受到不适当限制的迹象?		
(6) 客户或其任何高级管理人员是否正在受到任何司法调查?(如客户正接受调查,则必须咨询专业人士)		
(7) 客户的管理层是否曾表示与前任注册会计师有意见的分歧或未解决事项?		
(8) 是否有迹象表明客户可能曾从事舞弊或非法行为?		
(9) 客户所属的行业是否曾有过舞弊或非法行为的曝光?		
(10) 是否有迹象表明客户从事洗钱活动,或客户所属行业曾有过洗钱活动的曝光?		
(11) 客户更换注册会计师的原因,是否足以让事务所考虑拒绝承接该项业务?		
(12) 在询问前任注册会计师后,事务所是否有理由拒绝承接该项业务?		
(13) 经过咨询,前任注册会计师是否对客户管理层的正直及专业技术持怀疑态度?		
(14) 客户的管理层与前任注册会计师之间是否存在未解决的问题或争执?		
(15) 与前任注册会计师沟通时,是否发现对客户某种程度上的可疑事项?		
(16) 关键管理人员是否更换频繁?		
经初步评价客户的诚信,我们认为客户的风险级别为(高/中/低)		
2. 客户的经营风险		
(1) 行业内类似企业的经营业绩是否出现较大的变化?		
(2) 法律环境是否有不利于客户发展的方面?(如果有请大致列示)		
(3) 监管环境是否有不利于客户发展的方面?(如果有请大致列示)		

(续表)

项目	是/否/不适用	索引号
(4) 国家宏观政策的调控是否对客户产生较大的影响？（如果有请大致列示）		
(5) 是否涉及重大法律诉讼或调查？		
(6) 是否计划或有可能进行合并或处置资产？		
(7) 客户是否依赖主要客户（来自该客户的收入占全部收入的大部分）或主要供应商（来自该供应商的采购占全部采购的大部分）？		
(8) 管理层是否倾向于异常或不必要的风险？		
(9) 关键管理人员的薪酬是否基于客户的经营状况确定		
(10) 管理层是否在达到财务目标或降低所得税方面承受不恰当的压力		
经初步评价客户的经营风险，我们认为客户的风险级别为（高/中/低）		
3. 客户的财务状况		
(1) 现金流量或营运资金是否能够满足经营、债务偿付以及分发股利的需要？		
(2) 是否存在对发行新债务和权益的重大需求？		
(3) 贷款是否逾期未清偿，或存在违反贷款协议条款的情况？		
(4) 最近几年销售、毛利率或收入是否存在恶化的趋势？		
(5) 是否涉及重大关联方交易？		
(6) 是否存在复杂的会计处理问题？		
(7) 客户融资后，其财务比率是否恰好达到发行新债务或权益的最低要求？		
(8) 是否使用衍生金融工具？		
(9) 是否经常在年末或临近年末发生重大异常交易？		
(10) 根据初步调查，客户的财务状况及其短、中期之内持续经营的能力，是否有需要留意的事项？		
经初步评价客户的财务状况，我们认为客户的风险级别为（高/中/低）		
4. 项目组的时间和资源		
(1) 是否担心有意参与的合伙人及团队未拥有客户所属行业或者技术上的足够知识？		
(2) 就取得足够的费用以支付预估的工时及相关的费用而言，是否存在任何问题或疑虑？		
5. 独立性评价		
(1) 是否完成独立性评价表？☆		

(续表)

项目	是/否/不适用	索引号
(2) 承接此客户是否违反本所的独立性指导方针?		
6. 专业胜任能力评价		
是否完成专业胜任能力评价表?		
7. 道德上的考虑		
承接此客户是否违反任何中国注册会计师执业道德规范或本所的道德指导方针		
8. 上市公司		
(1) 合伙人是否具备参与审计上市公司的资格?(如不具备,需任命一位上市公司专家)		
(2) 客户是否打算以事务所出具的报告,在未来用于证券交易所或管理机构申请公开发行或向公开市场募集资金等事项?		
经初步评价独立性、专业胜任能力等方面情况,我们认为【具备/不具备】承接客户的条件。		
9. 初步风险评估		
是否完成初步风险评估问卷?		
10. 预计收取的费用及可回收比率		
11. 其他方面意见		
主管合伙人: 　　基于上述方面,我们　　(接受或不接受)此项业务。 　　　　　　　　　　　　　　　　　　签名:　　　　　日期:		
主任会计师: 　　基于上述方面,我们　　(接受或不接受)此项业务。 　　　　　　　　　　　　　　　　　　签名:　　　　　日期:		
最终结论: 　　　　　　　　　　　　　　　　　　　签名:　　　　　日期:		

【格式 4-3】

业务保持评价表

被审计单位:＿＿＿＿＿＿＿＿＿＿＿＿＿＿　　索引号:＿＿＿＿＿＿＿＿＿＿＿＿＿＿
项目:＿＿＿＿＿＿＿＿＿＿＿＿＿＿＿＿　　所审计会计期间:＿＿＿＿＿＿＿＿＿
编制:＿＿＿＿＿＿＿＿＿＿＿＿＿＿＿＿　　复核:＿＿＿＿＿＿＿＿＿＿＿＿＿＿＿
日期:＿＿＿＿＿＿＿＿＿＿＿＿＿＿＿＿　　日期:＿＿＿＿＿＿＿＿＿＿＿＿＿＿＿

一、业务保持评价的内容
如果是连续审计应根据以前年度审计情况和对被审计单位及其环境所发生变化的了解,考虑下列情况:

(续表)

1. 审计范围和执行审计工作的时间安排		
2. 考虑客户的诚信、经营风险、财务状况发生的变化；		
3. 项目组的时间资源、专业胜任能力、独立性及预计收费等情况。		
二、业务保持评价具体内容		
项目	是/否/不适用	索引号
1. 审计范围和执行审计工作的时间安排		
(1) 与以前年度审计范围相比本次审计范围是否发生变化		
(2) 客户对已审计财务报表的预期使用方式和财务报表公布的最后期限是否发生变动		
(3) 本期或前期审计发现的重大事项处理是否妥当		
(4) 审计人员的审计范围是否受到重大限制，以致可能需要对财务报表出具保留意见		
2. 客户的诚信		
(1) 客户的所有者或者关键管理人员是否发生重大变动		
(2) 是否有迹象表明管理层不够诚信		
(3) 客户是否存在舞弊或违法行为，或已受到舞弊方面的指控		
(4) 客户是否不愿意支付所协议的费用		
3. 客户的经营风险		
(1) 客户是否处于本所准备退出服务的行业		
(2) 客户的业务性质是否发生重大变化		
(3) 客户是否难以持续经营		
(4) 客户的法律诉讼形势是否发生重大变化		
4. 客户的财务状况		
(1) 客户经营状况是否发生重大变动以致对其财务状况产生不利影响		
(2) 客户是否存在未披露的重大关联方交易		
(3) 客户的内部控制是否存在重大缺陷		
(4) 是否对客户会计记录的可靠性产生疑问		
(5) 客户是否采用过于激进的会计和纳税政策		
(6) 是否就重大会计问题与客户存在未解决的分歧		
5. 独立性评价		
是否完成独立性评价表		
6. 专业胜任能力评价		
是否完成专业胜任能力评价表？		
7. 业务风险的复核		
(1) 是否完成初步风险评估问卷		
(2) 是否存在任何业务风险转变影响了与客户的持续合作关系？		

(续表)

项目	是/否/不适用	索引号
8. 预计收取的费用及可回收比率		
9. 其他方面意见		
主管合伙人： 　　基于上述方面，我们　　（接受或不接受）此项业务。　　签名：　　日期：		
主任会计师： 　　基于上述方面，我们　　（接受或不接受）此项业务。　　签名：　　日期：		
最终结论：　　　　　　　　　　　　　　　　　　　　签名：　　日期：		

第二节　签订审计业务约定书

一、审计业务约定书的概念及基本内容

（一）概念

审计业务约定书是指会计师事务所与被审计单位签订的，用以记录和确认审计业务的委托与受托关系、审计目标和范围、双方的责任以及报告的格式等事项的书面协议。其参考格式（合同式）如格式4-4。

【格式4-4】

索引号：×××

审计业务约定书

甲方：×××公司

乙方：×××会计师事务所

兹由甲方委托乙方对20××年度财务报表进行审计，经双方协商，达成以下约定：

一、业务范围与审计目标

1. 乙方接受甲方委托，对甲方按照企业会计准则和《××会计制度》编制的20××年12月31日的资产负债表，20××年度的利润表、股东权益变动表和现金流量表以及财务报表附注（以下统称财务报表）进行审计。

2. 乙方通过执行审计工作，对财务报表的下列方面发表审计意见：

（1）财务报表是否按照企业会计准则和《××会计制度》的规定编制；

(2) 财务报表是否在所有重大方面公允反映被审计单位的财务状况、经营成果和现金流量。

二、甲方的责任与义务

(一) 甲方的责任

1. 根据《中华人民共和国会计法》及《企业财务会计报告条例》,甲方及甲方负责人有责任保证会计资料的真实性和完整性。因此,甲方管理层有责任妥善保存和提供会计记录(包括但不限于会计凭证、会计账簿及其他会计资料),这些记录必须真实、完整地反映甲方的财务状况、经营成果和现金流量。

2. 按照企业会计准则和《××会计制度》的规定编制财务报表是甲方管理层的责任,这种责任包括:(1)设计、实施和维护与财务报表编制相关的内部控制,以使财务报表不存在由于舞弊或错误而导致的重大错报;(2)选择和运用恰当的会计政策;(3)作出合理的会计估计。

(二) 甲方的义务

1. 及时为乙方的审计工作提供其所要求的全部会计资料和其他有关资料(在20×2年×月×日之前提供审计所需的全部资料),并保证所提供资料的真实性和完整性。

2. 确保乙方不受限制地接触任何与审计有关的记录、文件和所需的其他信息。

[下段适用于集团财务报表审计业务,使用时需按每位客户/约定项目的特定情况而修改,如果加入此段,应相应修改下面其他条款编号。]

【3. 为乙方对甲方合并财务报表发表审计意见的需要,甲方须确保:

乙方和为组成部分执行审计的其他会计师事务所的注册会计师(以下简称其他注册会计师)之间的沟通不受任何限制。

组成部分是指甲方的子公司、分部、分公司、合营企业、联营企业等。

如果甲方管理层、负责编制组成部分财务信息的管理层(以下简称组成部分管理层)对其他注册会计师的审计范围施加了限制,或客观环境使其他注册会计师的审计范围受到限制,甲方管理层和组成部分管理层应当及时告知乙方。

乙方及时获悉其他注册会计师与组成部分治理层和管理层之间的重要沟通(包括就内部控制重大缺陷进行的沟通);

乙方及时获悉组成部分治理层和管理层与监管机构就财务信息事项进行的重要沟通。

在乙方认为必要时,允许乙方接触组成部分的信息、组成部分管理层或其他注册会计师(包括其他注册会计师的审计工作底稿),并允许乙方对组成部分的财务信息实施审计程序。】

3. 甲方管理层对其作出的与审计有关的声明予以书面确认。

4. 为乙方派出的有关工作人员提供必要的工作条件和协助,主要事项将由乙方于外勤工作开始前提供清单。

5. 按本约定书的约定及时足额支付审计费用以及乙方人员在审计期间的交通、食宿和其他相关费用。

三、乙方的责任和义务

（一）乙方的责任

1. 乙方的责任是在实施审计工作的基础上对甲方财务报表发表审计意见。乙方按照中国注册会计师审计准则(以下简称审计准则)的规定进行审计。审计准则要求注册会计师遵守职业道德规范，计划和实施审计工作，以对财务报表是否不存在重大错报获取合理保证。

［下段适用于集团财务报表审计业务，使用时需按每位客户/约定项目的特定情况而修改，如果加入此段，应相应修改其他条款编号。］

【2. 乙方并不对非由乙方审计的组成部分的财务信息单独出具审计报告；有关的责任由对该组成部分执行审计的其他注册会计师及其所在的会计师事务所承担。】

2. 审计工作涉及实施审计程序，以获取有关财务报表金额和披露的审计证据。选择的审计程序取决于乙方的判断，包括对由于舞弊或错误导致的财务报表重大错报风险的评估。在进行风险评估时，乙方考虑与财务报表编制相关的内部控制，以设计恰当的审计程序，但目的并非对内部控制的有效性发表意见。审计工作还包括评价管理层选用会计政策的恰当性和作出会计估计的合理性，以及评价财务报表的总体列报。

3. 乙方需要合理计划和实施审计工作，以使乙方能够获取充分、适当的审计证据，为甲方财务报表是否不存在重大错报获取合理保证。

4. 乙方有责任在审计报告中指明所发现的甲方在重大方面没有遵循企业会计准则和《××会计制度》编制财务报表且未按乙方的建议进行调整的事项。

5. 由于测试的性质和审计的其他固有限制，以及内部控制的固有局限性，不可避免地存在着某些重大错报在审计后可能仍然未被乙方发现的风险。

6. 在审计过程中，乙方若发现甲方内部控制存在乙方认为的重要缺陷，应向甲方治理层或管理层沟通。但乙方沟通的各种事项，并不代表已全面说明所有可能存在的缺陷或已提出所有可行的改善建议。甲方在实施乙方提出的改善建议前应全面评估其影响。未经乙方书面许可，甲方不得向任何第三方提供乙方出具的沟通文件。

7. 乙方的审计不能减轻甲方及甲方管理层的责任。

（二）乙方的义务

1. 按照约定时间完成审计工作，出具审计报告。乙方应于20××年×月×日前出具审计报告。

2. 除下列情况外，乙方应当对执行业务过程中知悉的甲方信息予以保密：(1)取得甲方的授权；(2)根据法律法规的规定，为法律诉讼准备文件或提供证据，以及向监管机构报告发现的违反法规行为；(3)接受行业协会和监管机构依法进行的质量检查；(4)监管机构对乙方进行行政处罚(包括监管机构处罚前的调查、听证)以及乙方对此提起行政复议。

四、审计收费

1. 本次审计服务的收费是【根据实际计算办法】。乙方预计本次审计服务的费用总额为人民币××万元。

2. 甲方应于本约定书签署之日起×日内支付×%的审计费用,剩余款项于[审计报告草稿完成日]结清。

3. 如果由于无法预见的原因,致使乙方从事本约定书所涉及的审计服务实际时间较本约定书签订时预计的时间有明显的增加或减少时,甲乙双方应通过协商,相应调整本约定书第四条第1项下所述的审计费用。

4. 如果由于无法预见的原因,致使乙方人员抵达甲方的工作现场后,本约定书所涉及的审计服务不再进行,甲方不得要求退还预付的审计费用;如上述情况发生于乙方人员完成现场审计工作,并离开甲方的工作现场之后,甲方应另行向乙方支付人民币××元的补偿费,该补偿费应于甲方收到乙方的收款通知之日起×日内支付。

5. 与本次审计有关的其他费用(包括交通费、食宿费等)由甲方承担。

五、审计报告和审计报告的使用

1. 乙方按照《中国注册会计师审计准则第1501号——审计报告》和《中国注册会计师审计准则第1502号——非标准审计报告》规定的格式和类型出具审计报告。

2. 乙方向甲方出具审计报告一式××份。

3. 甲方在提交或对外公布审计报告时,不得修改乙方出具的审计报告及其后附的已审计财务报表。当甲方认为有必要修改会计数据、报表附注和所作的说明时,应当事先通知乙方,乙方将考虑有关的修改对审计报告的影响,必要时,将重新出具审计报告。

六、本约定书的有效期间

本约定书自签署之日起生效,并在双方履行完毕本约定书约定的所有义务后终止。但其中第三(二)2、四、五、六、八、九、十项并不因本约定书终止而失效。

七、约定事项的变更

如果出现不可预见的情况,影响审计工作如期完成,或需要提前出具审计报告时,甲乙双方均可要求变更约定事项,但应及时通知对方,并由双方协商解决。

八、终止条款

1. 如果根据乙方的职业道德及其他有关专业职责、适用的法律法规或其他任何法定的要求,乙方认为已不适宜继续为甲方提供本约定书约定的审计服务时,乙方可以采取向甲方提出合理通知的方式终止履行本约定书。

2. 在终止业务约定的情况下,乙方有权就其于本约定书终止之日前对约定的审计服务项目所做的工作收取合理的审计费用。

九、违约责任

甲乙双方按照《中华人民共和国合同法》的规定承担违约责任。

十、适用法律和争议解决

本约定书的所有方面均应适用中华人民共和国法律进行解释并受其约束。本约定书履行地为乙方出具审计报告所在地,因本约定书所引起的或与本约定书有关的任何纠纷或争议(包括关于本约定书条款的存在、效力或终止,或无效之后果),双方选择以下第　种解决方式:

> (1) 向有管辖权的人民法院提起诉讼;
> (2) 提交××仲裁委员会仲裁。
> **十一、双方对其他有关事项的约定**
> 本约定书一式两份,甲乙方各执一份,具有同等法律效力。
>
> 甲方:×××公司(盖章)　　　　　　　乙方:×××会计师事务所(盖章)
> 授权代表:(签名并盖章)　　　　　　　授权代表:(签名并签章)
>
> 地址:　　　　　　　　　　　　　　　地址:
>
> 电话:　　　　　　　　　　　　　　　电话:
> 二○××年×月×日　　　　　　　　　二○××年×月×日

(二) 基本内容

审计业务约定书的具体内容可能因被审计单位的不同而存在差异,但基本内容应当包括下列主要方面:

(1) 财务报表审计的目标。财务报表审计的目标是审计人员通过执行审计工作,对财务报表是否按照适用的会计准则和相关会计制度的规定编制,是否在所有重大方面公允反映被审计单位的财务状况、经营成果和现金流量发表审计意见。

(2) 管理层对财务报表的责任。在被审计单位管理层的监督下,按照适用的会计准则和相关会计制度的规定编制财务报表是被审计单位管理层的责任。

(3) 管理层编制财务报表采用的会计准则和相关会计制度。

(4) 审计范围,包括指明在执行财务报表审计业务时遵守的中国注册会计师审计准则(以下简称审计准则)。审计范围是指为实现财务报表审计目标,审计人员根据审计准则和职业判断实施的恰当的审计程序的总和。

(5) 执行审计工作的安排,包括出具审计报告的时间要求。

(6) 审计报告格式和对审计结果的其他沟通形式。

(7) 由于测试的性质和审计的其他固有限制,以及内部控制的固有局限性,不可避免地存在着某些重大错报可能仍然未被发现的风险。

(8) 管理层为审计人员提供必要的工作条件和协助。

(9) 审计人员不受限制地接触任何与审计有关的记录、文件和所需要的其他信息。

(10) 管理层对其做出的与审计有关的声明予以书面确认。

(11) 审计人员对执业过程中获知的信息保密。

(12) 审计收费,包括收费的计算基础和收费安排。在签订审计业务约定书前,审计人员应当与委托人商定审计收费。在确定收费时,审计人员应当考虑以下因素:审计服务所需的知识和技能;所需专业人员的数量、水平和经验;每一专业人员提供服务所需的时间;提供审计服务所承担的责任;各地有关审计收费标准的规定。

(13) 违约责任。
(14) 解决争议的方法。
(15) 签约双方法定代表人或其授权代表的签字盖章,以及签约双方加盖的公章。

上述条款都是审计业务约定书的必备条款,在审计业务约定书中明确上述条款,有助于避免委托人对审计业务的目标和作用等产生误解。

如有需要,审计人员应当考虑在审计业务约定书中列明下列内容:
(1) 在某些方面对聘用其他审计人员和专家工作的安排。
(2) 与审计涉及的内部审计人员和被审计单位其他员工工作的协调。
(3) 向被审计单位提交的其他函件或报告。
(4) 与管理层整体直接沟通。
(5) 在首次接受审计委托时,对与前任审计人员沟通的安排。
(6) 审计人员与被审计单位之间需要达成进一步协议的事项。

二、审计业务约定书的重签与变更

(一) 重签

审计人员可以与被审计单位签订长期审计业务约定书。但如果出现下列情况,应当考虑重新签订审计业务约定书:
(1) 有迹象表明被审计单位误解审计目标和范围。
(2) 需要修改约定条款或增加特别条款。
(3) 高级管理人员、董事会或所有权结构近期发生变动。
(4) 被审计单位业务的性质或规模发生重大变化。
(5) 法律法规的规定。
(6) 管理层编制财务报表采用的会计准则和相关会计制度发生变化。

出现上述第(2)种情况时,审计人员也可以与被审计单位签订补充协议,原审计业务约定书继续有效。

(二) 变更

在完成审计业务前,如果被审计单位要求审计人员将审计业务变更为保证程度较低的鉴证业务或相关服务,审计人员应当考虑变更业务的适当性。

在实务中,可能导致被审计单位要求变更业务的原因有:
(1) 情况变化对审计服务的需求产生影响。
(2) 对原来要求的审计业务的性质存在误解。
(3) 审计范围存在限制。

上述第(1)项和第(2)项通常被认为是变更业务的合理理由,但如果有迹象表明该变更要求与错误的、不完整的或者不能令人满意的信息有关,审计人员不应认为该变更是合理的。

在同意将审计业务变更为其他服务前,审计人员还应当考虑变更业务对法律责任或业务约定条款的影响。

如果变更业务引起业务约定条款的变更，审计人员应当与被审计单位就新条款达成一致。如果认为变更业务具有合理的理由，并且按照审计准则的规定已实施的审计工作也适用于变更后的业务，审计人员可以根据修改后的业务约定条款出具报告。为避免引起报告使用者的误解，报告不应提及原审计业务和在原审计业务中已执行的程序。

只有将审计业务变更为执行商定程序业务，审计人员才可在报告中提及已执行的程序。

如果没有合理的理由，审计人员不应当同意变更业务。如果不同意变更业务，被审计单位又不允许继续执行原审计业务，审计人员应当在适用的法律法规允许的情况下解除业务约定，并考虑是否有义务向治理层、所有者或监管者等方面说明解除业务约定的理由。

三、签署业务约定书的其他注意事项

（1）如果相关部门对涉及财务会计的事项做出补充规定，审计人员在承接审计业务时应当确定该补充规定是否与企业会计准则存在冲突。如果存在冲突，审计人员应当与管理层沟通补充规定的性质，并就下列事项之一达成一致：

① 在财务报表中做出额外披露能否满足补充规定的要求；

② 对财务报表中关于适用的财务报告框架的描述是否可以做出相应修改。如果无法采取上述任何措施，审计人员应当考虑是否有必要发表非无保留意见。

（2）如果相关部门要求采用的财务报告框架不适用于被审计单位的具体情况，只有同时满足下列所有条件，审计人员才能承接审计业务：

① 管理层同意在财务报表中做出额外披露，以避免财务报表产生误导；

② 在审计业务约定条款中明确，审计人员按照《中国注册会计师审计准则第1503号——在审计报告中增加强调事项段和其他事项段》的规定，在审计报告中增加强调事项段，以提醒使用者关注额外披露；审计师在对财务报表发表的审计意见中不使用"财务报表在所有重大方面按照[适用的财务报告框架]编制，公允反映了……"等措辞，除非法律法规另有规定。

如果不具备以上两个条件，但相关部门要求审计人员承接审计业务，审计人员应当：

① 评价财务报表误导的性质对审计报告的影响；

② 在审计业务约定条款中适当提及该事项。

（3）如果相关部门规定的审计报告的结构或措辞与审计准则要求的明显不一致，审计人员应当评价：

① 使用者是否可能误解从财务报表审计中获取的保证；

② 如果可能存在误解，审计报告中作出的补充解释能否减轻这种误解。

如果认为审计报告中做出的补充解释不能减轻可能的误解，除非法律法规另有规定，审计人员不应承接该项审计业务，由于按照相关部门的规定执行的审计工作，并不符合审计准则的要求。因此，审计人员不应在审计报告中提及已按照审计准则的规定执行了审计工作。

签署业务约定书的质量控制

实施签署业务约定书的质量控制,以确保:

(1) 审计业务约定书是根据公司政策/当地事务所的要求起草的。
(2) 审计业务约定书的日期早于外勤工作的日期。
(3) 审计业务约定书在业务承接质量控制已完成并且相关各方都签名后才发出。
(4) 让业务合伙人签署审计业务约定书(两份副本)并将其发给客户以取得签名。
(5) 将原始审计业务约定书归入工作底稿(在取得客户的签名后)。

 课内实训4-2

【目标】 通过训练熟悉并掌握审计业务约定书的主要内容,知道按照审计准则的要求,会计师事务所接受委托从事任何审计与会计服务业务,都必须与委托单位签订业务约定书,并具体掌握审计业务约定书的签订。

【资料】 联合会计师事务所接受联大公司委托就2022年度财务报表审计,相关于2023年3月15日提交审计报告,双方商定审计费用为68万元,联大公司签约之后前期支付50%,审计结束后支付再支付50%。

【要求】 请为联合会计师事务所接受联大公司委托2023年度财务报表审计业务草拟一份业务约定书。

 本章小结

本章主要介绍了承接审计业务时应当完成的主要工作,包括目标、流程和签约。承接审计业务是事务所生存和发展的基础,也是审计人员进行审计活动的第一步,其目标主要围绕审查目标客户,确定是否承接业务和说服客户聘用审计人员两个方面。要实现上述目标,审计人员就要开展承接审计业务时的活动,其一般流程包括获取和评价业务承接的相关信息、初步了解和评价客户、评价审计人员的职业道德和专业胜任能力、评估利用专家工作和初步评估舞弊风险等。最后,如果可以接受委托,就要和客户签订审计业务约定书。

 本章复习题

1. 初步了解和评价客户的信息来源主要有哪些?就新业务来讲,哪个来源是最好的?为什么?
2. 影响承接客户委托的主要因素有哪些?哪些是审计人员可控的因素,哪些是审计人员不可控的因素?

3. 前后任审计人员沟通主要包括哪些内容?

4. 如何考虑对专家工作利用的程度及其影响?

5. 审计的初步业务活动目的及其步骤是什么?

6. 审计业务约定书的主要内容是什么?

课后讨论案例

【目的】 理解审计人员在承接审计业务时了解和评价客户的重要性

【内容】 请课后查找并阅读以下案例的相关信息,并回答相对应的问题,具体内容见下表:

序号	名称	问题
1	亿安科技公司之财务欺诈	①简述亿安科技财务欺诈的具体方法;②审计人员如何能够发现这种欺诈?
2	上市公司造假何时休	①简述我国上市公司财务舞弊的具体方法;②审计人员在接受审计委托时如何能够发现这种舞弊?

【要求】

1. 分小组进行案例的讨论,小组的每个成员分头查找并阅读上述案例的相关信息,每个小组围绕所提出的问题编写完成案例。

2. 小组在查找资料、编写完成案例的基础上,分析回答所提出的问题,并提出新的疑问。

3. 小组在讨论分析基础上,制作PPT,推选一名同学演讲其讨论分析的问题,重点在于介绍小组在讨论中对审计的本质、作用以及在经济社会生活中的重要作用的理解以及产生的疑问。

4. 小组以外的其他同学提问,小组内的其他成员补充回答问题。

5. 老师点评。

第五章 风险评估与计划审计工作

本章要点

通过对本章内容的学习,你应了解和掌握如下知识和技能:
- 了解风险评估过程和如何应对审计风险
- 理解审计重要性、审计风险的概念和意义
- 理解审计计划编制过程和编制要求
- 能较熟练地获取与风险评估有关的信息并记录审计工作底稿
- 掌握审计的测试流程,学会如何进行风险评估及应对工作
- 学会编写制订初步的总体审计策略和具体审计计划

导读案例

中国证监会行政处罚决定书①

依据2005年《中华人民共和国证券法》的有关规定,我会对立信所未勤勉尽责行为进行了立案调查、审理,并依法向当事人告知了作出行政处罚的事实、理由、依据及当事人依法享有的权利,应当事人立信所、王翼初、张锦坤、何军的要求,2023年6月2日举行了听证会,听取了当事人及其代理人的陈述和申辩。本案现已调查、审理终结。

经查明,立信所在对龙力生物2015年、2016年财务报表审计时,存在以下违法事实:立信所风险评估程序存在缺陷,不足以对风险评估程序予以合理保证,无法实现风险评估的审计目的。

(一)立信所执行"了解被审计单位及其环境"审计程序流于形式,未能获取与审计年度相适应的准确信息,审计底稿中的部分记录与公司披露情况不符

1. 2015年、2016年"了解被审计单位及其环境"底稿中,对于宏观经济、行业发展、原材料供应、同业竞争、玉米供需情况等重要内容的信息都引用2010年或更早以前的数据,未能利用审计年报期间相关的最新信息。

2. 2015年、2016年"了解被审计单位及其环境"底稿中,关于行业数据、市场需求、市场容量、主要原材料供应情况、玉米产量、禹城电力公司的年发电量、新源热电的年供

---

① 参考资料:中国证监会行政处罚决定书(〔2024〕25号)

气量、国内GDP、CPI、M2等重要经济数据的大篇幅的描述内容和相关数据,两个年度完全一致。

(二)了解被审计单位内部控制底稿记录不完整,无相应的审计证据

立信所2015年、2016年"了解被审计单位内部控制"部分审计底稿中记录审计人员实施了"询问、观察、检查"的程序,底稿索引号全部为空,底稿中未见询问、观察、检查程序的相关审计证据。

(三)未保持合理的职业怀疑,识别和评估出重大错报风险

在货币资金较为充裕的情况下,龙力生物将借入利率明显偏高的借款用于补充企业流动资金,立信会计师未保持合理的职业怀疑,未予充分关注,在2015年、2016年"风险评估结果汇总表——识别和评估重大错报风险"底稿中"筹资与投资"和"货币资金"中均记录"暂无识别重大错报,但拟关注该领域",未能识别出可能存在重大错报的特别风险。

立信所的上述行为不符合《中国注册会计师审计准则第1101号——注册会计师的总体目标和审计工作的基本要求》(2010年修订)第二十八条、《中国注册会计师审计准则第1141号——财务报表审计中与舞弊相关的责任》(2010年修订)第十三条、《中国注册会计师审计准则第1211号——通过了解被审计单位及其环境识别和评估重大错报风险》(2010年修订)第三十一条、《中国注册会计师审计准则第1131号——审计工作底稿》(2010年修订)第九条、第十条的规定。

【案例讨论题】

1. 什么是风险评估?
2. 为什么要进行风险评估?
3. 审计人员如何进行风险评估?

第一节 审计重要性

一、审计重要性含义

审计重要性是审计的一个基本概念。审计重要性概念的运用贯穿于整个审计过程。

(一)含义

重要性取决于在具体环境下对错报金额和性质的判断。为了更清楚地理解重要性的概念,需要注意以下几点:

(1)如果合理预期错报(包括漏报)单独或汇总起来可能影响财务报表使用者依据财务报表做出的经济决策,则通常认为错报是重大的;

(2)对重要性的判断是根据具体环境做出的,并受错报的金额或性质的影响,或受两者共同作用的影响;

(3) 判断某事项对财务报表使用者是否重大,是在考虑财务报表使用者整体共同的财务信息需求的基础上做出的。由于不同财务报表使用者对财务信息的需求可能差异很大,因此不考虑错报对个别财务报表使用者可能产生的影响。

 读一读

在审计开始时,就必须对重大错报的规模和性质做出一个判断,包括制定财务报表层次的重要性和特定交易类别、账户余额和披露的重要性水平。当错报金额高于整体重要性水平时,就很可能被合理预期将对使用者根据财务报表做出的经济决策产生影响。

审计中可能存在未被发现的错报和不重大错报汇总后就变成重大错报的情况。为允许可能存在的这种情况,审计人员应当制定一个比重要性水平更低的金额,以便评估风险和设计进一步审计程序。审计人员使用整体重要性水平(将财务报表作为整体)的目的有:①决定风险评估程序的性质、时间安排和范围;②识别和评估重大错报风险;③确定进一步审计程序的性质、时间安排和范围。在整个业务过程中,随着审计工作的进展,审计人员应当根据所获得的新信息更新重要性。在形成审计结论阶段,要使用整体重要性水平和为了特定交易类别、账户余额和披露而制定的较低金额的重要性水平来评价已识别的错报对财务报表的影响和对审计报告中审计意见的影响。

(二) 重要性的两个层次

1. 报表层次的重要性水平

报表层次的重要性水平是指总体重要性水平。由于财务报表审计的目标是审计人员通过执行审计工作对财务报表发表审计意见,因此,审计人员应当考虑财务报表层次的重要性。只有这样,才能得出财务报表是否公允反映的结论。

2. 认定层次重要性水平

由于财务报表提供的信息由各类交易、账户余额、列报认定层次的信息汇集加工而成,审计人员只有通过对各类交易、账户余额、列报认定层次实施审计,才能得出财务报表是否公允反映的结论。因此,审计人员还应当考虑各类交易、账户余额、列报认定层次的重要性。

二、计划阶段重要性水平的确定

(一) 目的

在计划审计工作时,审计人员应当确定一个可接受的重要性水平,以发现在金额上重大的错报。

(二) 考虑的因素

(1) 对被审计单位及其环境的了解;
(2) 审计的目标,包括特定报告要求;
(3) 财务报表各项目的性质及其相互关系;

(4) 财务报表项目的金额及其波动幅度;
(5) 错报的性质和错报的金额。

(三) 从数量上考虑重要性水平

审计人员首先为财务报表层次确定重要性水平,即总体重要性水平。财务报表的累计错报金额超过这一重要性水平,就可能造成财务报表使用者改变其经济决策,应当认为是重要的;反之,则认为错报金额不重要。

1. 确定财务报表层次的重要性水平

确定多大错报会影响到财务报表使用者所作决策,是审计人员运用职业判断的结果。在审计实务中,审计人员通常选一个恰当的基准,再选择适当的百分比,二者相乘,得出财务报表层次的重要性水平。

$$报表层次重要性水平 = 恰当的基准 \times 恰当的百分比$$

(1) 基准的选择。在实务中,基准的选择,有许多汇总性财务数据,可以用作确定财务报表层次重要性水平的基准,如总资产、净资产、销售收入、费用总额、毛利、净利润等。

① 对以盈利为目的的企业,为来自经常性业务的税前利润或税后净利润的 5% 或总收入的 0.5%。

② 对非营利组织,为费用总额或总收入的 0.5%。

③ 对共同基金公司,为净资产的 0.5%。通常营业收入和总资产相对稳定、可预测,且能够反映被审计单位正常规模,审计人员经常将其作为确定重要性水平的基准。当同一时期各财务报表的重要性水平不同时,应选取最低的作为报表层次的重要性水平。

(2) 百分比的选择。在确定恰当的基准后,审计人员通常运用职业判断合理选择百分比,通常百分比的参考值如下表 5-1 所示。

表 5-1 判断重要性水平的参考数值

序号	常用的标准	参考比例
1	总资产	0.5%~1%
2	净资产	1%
3	净利润	5%~10%
4	营业收入	0.5%~1%

2. 确定认定层次的重要性水平

各类交易、账户余额、列报认定层次重要性水平称为"可容忍错报"。可容忍错报的确定以对财务报表层次重要性水平的初步评估为基础。它是在不导致财务报表存在重大错报的情况下,审计人员对各类交易、账户余额、列报确定的可接受的最大错报。

确定认定层次的重要性水平时需要考虑的因素:首先,各类交易、账户余额、列报的性质及错报的可能性和审计的难易程度。对那些发生错报可能性大和审计难度大的项目,确定高一些可容忍错报,以降低审计成本;其次,各类交易、账户余额、列报的重要性水平与财务报表层次重要性水平的关系;最后,各类交易、账户余额、列报受关注的程度。对那些受到高度关注的项目,确定低一些可容忍错报,以保证审计质量。

3. 确定认定层次重要性水平的方法

(1) 单独确定法。单独确定法是指将认定层次的重要性水平确定为财务报表层次重要性水平的一定比例。例如,财务报表层次的重要性水平为 10 万元,确定应收账款可容忍错报为 10 万元的 1/5,即 2 万元,则应收账款中超过 2 万元的错报都是重大错报。

(2) 分配法。将财务报表层次重要性水平分配到各交易、账户与列报项目,一般以资产负债表为对象。

(四) 从性质方面考虑重要性

在某些情况下,金额相对较少的错报可能会对财务报表产生重大影响。下列描述了可能构成重要性的因素。

(1) 对财务报表使用者需求的感知。他们对财务报表的哪一方面最感兴趣。
(2) 获利能力趋势、关联方交易、重大或有负债。
(3) 因没有遵守贷款契约、合同约定、法规条款和法定的或常规的报告要求而产生错报的影响。
(4) 通过一个账户处理大量的、复杂的和相同性质的个别交易。
(5) 可能的违法行为、违约和利益冲突。
(6) 个别极其重大但不同的错报抵销产生的影响。

三、实际执行时重要性的确定

(一) 实际执行的重要性含义

实际执行的重要性是指审计人员确定的低于财务报表整体的重要性的一个或多个金额,旨在将未更正和未发现错报的汇总数超过财务报表整体的重要性的可能性降至适当的低水平。如果适用,实际执行的重要性还指审计人员确定的低于特定类别的交易、账户余额或披露的重要性水平的一个或多个金额。

仅为发现单项重大的错报而计划审计工作将忽视这样一个事实,即单项非重大错报的汇总数可能导致财务报表出现重大错报,更不用说还没有考虑可能存在的未发现错报。确定财务报表整体的实际执行的重要性(根据定义可能是一个或多个金额),旨在将财务报表中未更正和未发现错报的汇总数超过财务报表整体的重要性的可能性降至适当的低水平。

与确定特定类别的交易、账户余额或披露的重要性水平相关的实际执行的重要性,旨在将这些交易、账户余额或披露中未更正与未发现错报的汇总数超过这些交易、账户余额或披露的重要性水平的可能性降至适当的低水平。

(二) 确定实际执行重要性时应考虑的因素

(1) 对被审计单位的了解(这些了解在实施风险评估程序的过程中得到更新);
(2) 前期审计工作中识别出的错报的性质和范围;
(3) 根据前期识别出的错报对本期错报作出的预期。

(三) 确定实际执行的重要性水平的经验值

在审计实务中,确定实际执行的重要性水平的经验值如表 5-2 所示。

表 5-2 确定实际执行的重要性水平的经验值

经验值	情形
1. 接近财务报表整体重要性 50% 的情况	(1) 经常性审计； (2) 以前年度审计调整较多项目总体风险较高（如处于高风险行业，经常面临较大市场压力，首次承接的审计项目或者需要出具特殊目的报告等）
2. 接近财务报表整体重要性 75% 的情况	(1) 经常性审计，以前年度审计调整较少； (2) 项目总体风险较低（如处于低风险行业，市场压力较小）

(四) 审计过程中修改重要性水平

1. 基本要求

审计人员可能需要修改财务报表整体的重要性和特定类别的交易、账户余额或披露的认定重要性水平。

2. 重要性水平修改的原因

(1) 审计过程中情况发生重大变化（如决定处置被审计单位的一个重要组成部分）；
(2) 获取新信息；
(3) 通过实施进一步审计程序，审计人员对被审计单位及其经营的了解发生变化。

四、评价审计过程中识别出的错报

(一) 错报的定义

错报是指某一财务报表项目的金额、分类、列报或披露，与按照适用的财务报告编制基础应当列示的金额、分类、列报或披露之间存在的差异，或根据审计人员的判断，为使财务报表在所有重大方面实现公允反映，需要对金额、分类、列报或披露做出的必要调整。错报可能是由于错误或舞弊导致的。

(二) 导致错报的事项

(1) 收集或处理用以编制财务报表的数据时出现错误；
(2) 遗漏某项金额或披露；
(3) 由于疏忽或明显误解有关事实导致作出不正确的会计估计；
(4) 审计人员认为管理层对会计估计作出不合理的判断或对会计政策作出不恰当的选择和运用。

(三) 累积识别出的错报

为了帮助审计人员评价审计过程中累积的错报的影响以及与管理层和治理层沟通错报事项，将错报区分为事实错报、判断错报和推断错报可能是有用的。

1. 事实错报

事实错报是毋庸置疑的错报。这类错报产生于被审计单位收集和处理数据的错误、对事实的忽略或误解，或故意舞弊行为。例如，审计人员在审计测试中发现最近购入存货的实际价值为 15 000 元，但账面记录的金额却为 10 000 元。因此，存货和应付账款分别被低估了 5 000 元。这里被低估的 5 000 元就是已识别的对事实的具体错报。

2. 判断错报

由于审计人员认为管理层对会计估计作出不合理的判断或不恰当地选择和运用会计政策而导致的差异。这类错报产生于两种情况：一是管理层和审计人员对会计估计值的判断差异，例如，由于包含在财务报表中的管理层做出的估计值超出了审计人员确定的一个合理范围，导致出现判断差异；二是管理层和审计人员对选择和运用会计政策的判断差异，由于审计人员认为管理层选用会计政策造成错报，管理层却认为选用会计政策适当，导致出现判断差异。

3. 推断错报

审计人员对总体存在的错报作出的最佳估计数，涉及根据在审计样本中识别出的错报来推断总体的错报。推断错报通常包括：

（1）通过测试样本估计出的总体的错报减去在测试中发现的已经识别的具体错报。例如，应收账款年末余额为 2 000 万元，审计人员抽查 10% 样本发现金额有 100 万元的高估，高估部分为账面金额的 50%，据此审计人员推断总体的错报金额为 1 000 万元（即 2 000×50%），那么上述 100 万元就是已识别的具体错报，其余 900 万元即推断误差。

（2）通过实质性分析程序推断出的会计错报。例如，审计人员根据客户的预算资料及行业趋势等要素，对客户年度销售费用独立做出估计，并与客户账面金额比较，发现两者间有 50% 的差异；考虑到估计的精确性有限，审计人员根据经验认为 10% 的差异通常是可接受的。而剩余 40% 的差异需要有合理解释并取得佐证性证据；假定注册会计师对其中 10% 的差异无法得到立体解释或不能取得佐证，则该部分差异金额即为推断误差。

审计人员在审计过程中需要累积识别出的错报，主要包括以下表 5-3 所示三种情形：

表 5-3　累计识别出的错报

序号	识别出的错报	具体情形
1	事实错报	（1）被审计单位收集和处理数据的错误； （2）对事实的忽略或误解； （3）故意舞弊行为
2	判断错报	（1）管理层和审计人员对会计估计值的判断差异； （2）管理层和审计人员对选择和运用会计政策的判断差异，由于注册会计师认为管理层选用会计政策造成错报，管理层却认为选用会计政策适当，导致出现判断差异
3	推断错报	（1）通过测试样本估计出的总体的错报减去在测试中发现的已经识别的具体错报； （2）通过实质性分析程序推断出的估计错报

（四）对审计过程识别出的错报的考虑

（1）错报可能不会孤立发生，一项错报的发生还可能表明存在其他错报；

（2）抽样风险和非抽样风险可能导致某些错报未被发现。审计过程中累积错报的汇总数接近确定的重要性，则表明存在比可接受的低风险水平更大的风险，即可能未被发现的错报连同审计过程中累积错报的汇总数，可能超过重要性；

(3)审计人员可能要求管理层检查某类交易、账户余额或披露,以使管理层了解注册会计师识别出的错报的发生原因,并要求管理层采取措施以确定这些交易、账户余额或披露实际发生错报的金额,以及对财务报表作出适当的调整。

(五)错报的沟通和更正

(1)及时沟通错报的必要性。及时与适当层级的管理层沟通错报事项是重要的,因为这能使管理层评价这些事项是否为错报,并采取必要行动,如有异议则告知审计人员。

(2)管理层更正错报可以降低错报的累积影响。管理层更正所有错报(包括注册会计师通报的错报),能够保持会计账簿和记录的准确性,降低由于与本期相关的、非重大的且尚未更正的错报的累积影响而导致未来期间财务报表出现重大错报的风险。

(六)评价未更正错报的影响

(1)未更正错报定义。未更正错报是指审计人员在审计过程中累积的且被审计单位未予更正的错报。

(2)对重要性作出修改。在评价未更正错报的影响之前,审计人员可能有必要依据实际的财务结果对重要性作出修改。

(3)考虑审计程序的性质、时间安排和范围的适当性。如果审计人员对重要性水平进行的重新评价导致需要确定较低的金额,则应重新考虑实际执行的重要性和进一步审计程序的性质、时间安排和范围的适当性,以获取充分、适当的审计证据,作为发表审计意见的基础。

(4)考虑某一单项错报。审计人员需要考虑每一单项错报,以评价其对相关类别的交易、账户余额或披露的影响,包括评价该项错报是否超过特定类别的交易、账户余额或披露的重要性水平。

课内实训 5-1

【目标】 训练对审计重要性水平的判断

【资料】 联合会计师事务所承接了联大公司 2023 年度财务报表审计业务,该公司 2023 年度利润总额为 150 万元。联合会计师事务所在审计过程中,关于重要性水平的确定和修订的工作底稿的内容如下:

(1)在确定重要性水平时,注册会计师既要考虑针对具体环境对错报的金额,也要对错报的性质进行判断。同时,要满足个别财务报表使用者对财务信息的特殊需求。

(2)财务报表使用者非常重视公司的盈利能力,注册会计师决定以联大公司税前利润作为确定重要性水平的基准。虽然联大公司本年经营情况不稳定,注册会计师还是决定将本年税前利润作为重要性水平的基准。

(3)审计过程中,发现一些应收账款金额高估的错报,因为每笔金额都接近并小于重要性水平,因为每笔错报单独考虑影响不大,注册会计师认为无须提请联大公司调整,将这些错报视为明显微小错报。

(4)注册会计师将审计过程中确定的重要性水平为 200 万元,发现营业收入高估 100 万元,营业成本低估 80 万元,因为每项错报都低于重要性水平,注册会计师没有将此错报认定为重大错报。

【要求】 针对上述每种情况,请指出注册会计师做出的与重要性有关的决策或结论是否合理,简要说明原因。如认为存在不合理之处,请说明理由并提出改进建议。

第二节 审计风险

审计风险是指财务报表存在重大错报而审计人员发表不恰当审计意见的可能性。财务报表中存在未被查出,导致审计意见错误的可能性既有客户方面的原因,也有审计人员方面的原因,如图5-1所示:

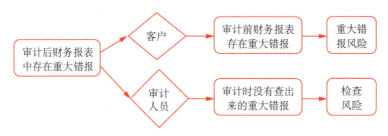

图5-1 审计风险产生的原因

审计业务是一种保证程度高的鉴证业务,可接受的审计风险应当足够低,以使审计人员能够合理保证所审计财务报表不含有重大错报。审计风险取决于重大错报风险和检查风险。

一、重大错报风险

重大错报风险是指财务报表在审计前存在重大错报的可能性。在设计审计程序以确定财务报表整体是否存在重大错报时,审计人员应当从财务报表层次和各类交易、账户余额、列报(包括披露,下同)认定层次考虑重大错报风险。

(一)财务报表层次重大错报风险

财务报表层次重大错报风险与财务报表整体存在广泛联系,它可能影响多项认定。此类风险通常与控制环境有关。例如管理层缺乏诚信、治理层形同虚设而不能对管理层进行有效监督等;但也可能与其他因素有关,如经济萧条、企业所处行业处于衰退期。此类风险增大了一个或多个不同认定发生重大错报的可能性。此类风险与审计人员考虑由舞弊引起的风险特别相关。

(二)认定层次的重大错报风险

认定层次的重大错报风与特定的各类交易、账户余额、列报和披露相关。例如,被审计单位存在复杂的联营或合资。这一事项表明长期股权投资账户的认定可能存在重大错报风险;主要客户经营失败而陷入财务困境,则应收账款计价认定可能存在重大错报风险。

认定层次的重大错报风险又可进一步细分为固有风险和控制风险。

(1) 固有风险和控制风险。固有风险是指假设不存在相关的内部控制,某一认定发生重大错报风险的可能性,无论该错报单独考虑,还是连同其他错报构成重大错报。例如,会计人员在记录金额过程中多写或少写了一个零。复杂的计算比简单的计算更可能出错;受重大计量不确定性影响的会计估计发生错报的可能性较大等等。

(2) 控制风险。控制风险是指某项认定发生了重大错报,无论该错报单独考虑,还是连同其他错报构成重大错报,而该错报没有被单位的内部控制及时防止、发现和纠正的可能性。记录的金额多写或少写了一个零复核人员没有发现。控制风险取决于与财务报表编制有关的内部控制设计和运行的有效性。由于控制的固有局限性,某种程序的控制风险始终存在。

二、检查风险

检查风险是指某一认定存在错报,该错报单独或连同其他错报是重大的,但审计人员未能发现这种错报的可能性。检查风险取决于审计程序设计的合理性和执行的有效性。由于审计人员通常并不对所有的交易、账户余额和列报进行检查,以及其他原因,检查风险不可能降低为零。

其他原因包括审计人员可能选择了不恰当的审计程序、审计程序执行不当,或者错误理解了审计结论。这些其他因素可以通过适当计划、在项目组成员之间进行恰当的职责分配、保持职业怀疑态度,以及监督、指导和复核助理人员所执行的审计工作得以解决。

三、检查风险与重大错报风险的反向关系

在既定的审计风险水平下,可接受的检查风险水平与认定层次重大错报风险的评估结果呈反向关系。评估的重大错报风险越高,可接受的检查风险越低;评估的重大错报风险越低,可接受的检查风险越高。检查风险与重大错报风险的反向关系用数学模型表示如下:

三因素表示法:审计风险(AR)=固有风险(IR)×控制风险(CR)×检查风险(DR);

两因素表示法:审计风险(AR)=重大错报风险(MR)×检查风险(DR)

上述表示也叫审计风险模型。在实务中,审计人员不一定用绝对数量表达这些风险水平,一般可选用"高""中""低"等文字描述。

四、审计风险模型的运用

(一) 计划阶段审计风险模型的运用

在计划阶段,运用审计风险模型确定可接受的检查风险水平。

审计风险模型可以演变为:

可接受的检查风险水平=可接受的审计风险/重大错报风险

即 $y=k/x$，可见检查风险（y）是由重大错报风险（x）确定的。

在计划阶段，在既定的可接受的审计风险水平下，首先评估认定层次重大错报风险，然后利用上述审计风险模型来确定可接受的检查风险水平，并据以设计和实施进一步审计程序(性质、时间与范围)，确定需要的审计证据数量，以将检查风险控制在可接受的水平。

(二) 终结阶段审计风险模型的运用

在终结阶段，运用审计风险模型评估实际审计风险水平，并将实际审计风险水平与可接受的审计风险水平相比较，若前者高于后者，就需要重新考虑所实施的审计程序的性质、时间与范围，可能追加审计程序，或者建议被审计单位调整财务报表以降低审计风险，否则审计人员应谨慎考虑准备发表的审计意见的类型。

五、审计风险各要素的关系

审计风险各要素之间存在如表 5-4 所示的变动关系。在既定的审计风险水平下，可接受的检查风险水平与重大错报风险的评估结果呈反向关系。

表 5-4　审计风险各要素之间的变动关系及与审计证据之间的关系

审计人员对报表层次重大错报风险的评估	审计人员对认定层次重大错报风险的评估			审计证据需要的数量
	高	中	低	
	审计人员可接受的检查风险			
高	最低	较低	中等	多
中	较低	中等	较高	中
低	中等	较高	最高	少

(1) 评估的重大错报风险越高，可接受的检查风险越低，为此必须扩大审计程序的范围，获取更多的审计证据，从而降低检查风险实际水平，以将实际审计风险控制在可接受的水平，确保审计效果。

(2) 评估的重大错报风险越低，可接受的检查风险越高，则可适当缩小审计程序的范围，获取较少的审计证据。以提高审计效率。

(3) 审计人员对重大错报风险估计水平同所需审计证据的数量之间呈同向关系变动。

也就是说，重大错报风险的评估水平不能偏离其实际水平，估计水平偏高或偏低都是不利的。偏高会导致审计成本的加大，偏低则会导致审计风险加大。审计人员应该保持应有的职业怀疑态度，合理地估计重大错报风险水平，从而合理地设计审计程序的性质、时间和范围并有效执行，将检查风险降到可接受的水平。

六、重要性、审计风险和审计证据之间的关系

(一) 重要性与审计风险之间存在反向关系

重要性水平越高，审计风险越低；重要性水平越低，审计风险越高。这里所说的重要

性水平高低指的是金额的大小。通常,4 000元的重要性水平比2 000元的重要性水平高。在理解两者之间的关系时必须注意,重要性水平是审计人员从财务报表使用者的角度进行判断的结果。如果重要性水平是4 000元,则意味着低于4 000元的错报不会影响到财务报表使用者的决策,此时审计人员需要通过执行有关审计程序,合理保证能发现高于4 000元的错报;如果重要性水平是2 000元,则金额在2 000元以上的错报就会影响财务报表使用者的决策,此时审计人员需要通过执行有关审计程序,合理保证能发现金额在2 000元以上的错报。显然,重要性水平为2 000元时审计不出这样的重大错报的可能性即审计风险,要比重要性水平为4 000元时的审计风险高。审计风险越高,越要求审计人员收集更多更有效的审计证据,以将审计风险降至可接受的低水平。因此,重要性和审计证据之间也是反向变动关系。

值得注意的是,审计人员不能通过不合理地人为调高重要性水平,降低审计风险,因为重要性是依据重要性概念中所述的判断标准确定的,而不是由主观期望的审计风险水平决定。

由于重要性和审计风险存在上述反向关系,而且这种关系对审计人员将要执行的审计程序的性质、时间和范围有直接的影响,因此,审计人员应当综合考虑各种因素,合理确定重要性水平。

(二)重要性与审计证据之间呈反向关系

审计重要性与审计风险和审计证据的关系如图5-2所示。

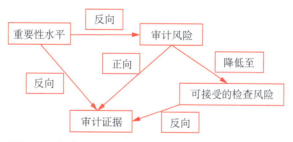

图5-2 审计重要性、审计风险和审计证据之间的关系

重要性水平越低,应获取的审计证据越多。例如为合理保证存货账户的错报不超过30 000元所需获取的审计证据比为了合理保证该账户错报不超过60 000元所需获取的审计证据要多。在理解这一关系时,必须注意,重要性水平不同于重要的审计项目。审计项目越重要,所需获取的审计证据越多。例如,占资产总额40%的审计项目比占10%的审计项目需要更多的审计证据。

第三节 风险评估

风险评估是指实施风险评估程序,了解被审计单位及其环境,包括内部控制,以充分识别和评估财务报表层次和认定层次的重大错报风险。审计人员应当针对评估的重大错报风险实施程序,即针对评估的财务报表层次重大错报风险确定总体应对措施,并针对评估的认定层次重大错报风险设计和实施进一步审计程序，以将审计风险降低到可接受的低水平。

一、实施风险评估程序

审计人员了解被审计单位及其环境，目的是识别和评估财务报表的重大错报风险。为了解被审计单位及其环境而实施的程序称为"风险评估程序"，审计人员应当依据实施这些程序所获取的信息，评估重大错报风险。

审计人员应当实施下列风险评估程序，以了解被审计单位及其环境：①询问被审计单位管理层和内部其他相关人员；②分析程序；③观察和检查。

（一）询问被审计单位管理层和内部其他相关人员

1. 询问被审计单位管理层和财务负责人

首先，管理层所关注的主要问题，如新的竞争对手、主要客户和供应商的流失、新的税收法规的实施以及经营目标或战略的变化等。其次，被审计单位最近的财务状况、经营成果和现金流量。再次，可能影响财务报告的交易和事项，或者目前发生的重大会计处理问题，如重大的购并事宜等。最后，被审计单位发生的其他重要变化，如所有权结构、组织结构的变化，以及内部控制的变化等。

2. 询问被审计单位其他相关人员

（1）询问治理层，有助于审计人员理解财务报表编制的环境；

（2）询问内部审计人员，有助于审计人员了解其针对被审计单位内部控制设计和运行有效性而实施的工作，以及管理层对内部审计发现的问题是否采取适当的措施；

（3）询问参与生成、处理或记录复杂或异常交易的员工，有助于审计人员评估被审计单位选择和运用某项会计政策的适当性；

（4）询问内部法律顾问，有助于审计人员了解有关法律法规的遵循情况、产品保证和售后责任、与业务合作伙伴（如合营企业）的安排、合同条款的含义以及诉讼情况等；

（5）询问营销或销售人员，有助于审计人员了解被审计单位的营销策略及其变化、销售趋势以及与客户的合同安排；

（6）询问采购人员和生产人员，有助于审计人员了解被审计单位的原材料采购和产品生产等情况；

（7）询问仓库人员，有助于审计人员了解原材料、产成品等存货的进出、保管和盘点等情况。

（二）实施分析程序

在了解被审计单位及其环境时通常使用分析程序，分析程序是指审计人员通过研究不同财务数据之间以及财务数据与非财务数据之间的内在关系，对财务信息做出评价。分析程序还包括调查识别出的、与其他相关信息不一致或与预期数据严重偏离的波动和关系。

在实施分析程序时，审计人员应当预期可能存在的合理关系，并与被审计单位记录的金额、依据记录金额计算的比率或趋势相比较;如果发现异常或未预期到的关系,审计人员应当在识别重大错报风险时考虑这些比较结果。

(三) 观察和检查

观察和检查程序可以印证对管理层和其他相关人员的询问结果,并可提供有关被审计单位及其环境的信息,审计人员应当实施下列观察和检查程序。

(1) 观察被审计单位的生产经营活动。例如,观察被审计人员正在从事的生产经营活动和内部控制活动,可以增加审计人员对被审计单位人员如何进行生产经营活动及实施内部控制的了解。

(2) 检查文件、记录和内部控制手册。例如,检查被审计单位的章程,与其他单位签订的合同、协议,各业务流程操作指引和内部控制手册等,了解被审计单位组织结构和内部控制的建立健全情况。

(3) 阅读由管理层和治理层编制的报告。例如,阅读被审计单位年度和中期财务报表、股东大会、董事会会议、高级管理层会议的会议记录或纪要,管理层的讨论和分析资料,经营计划和战略,对重要经营环节和外部因素的评价,被审计单位内部管理报告以及其他特殊目的的报告(如新投资项目的可行性分析报告)等,了解自上一审计结束至本期审计期间被审计单位发生的重大事项。

(4) 实地察看被审计单位的生产经营场所和设备;通过实地查看被审计单位的生产经营场所(如厂房)和设备,了解被审计单位的主要业务及经营活动,并有机会与被审计单位的管理层和担任不同职责的员工进行交流以增强对被审计单位的经营活动及其重大影响因素的了解。

(5) 追踪交易在财务报告信息系统中的处理过程(穿行测试)。这是审计人员了解被审计单位业务流程中如何生成、记录、处理和报告,以及相关内部控制如何执行,审计人员可以确定被审计单位的交易流程和相关控制是否与之前通过其他程序所获得的了解一致,并确定相关控制是否得到执行。例如,报销费用支出;网上购物流程;超市防止商品被盗控制,均可实施穿行测试程序。

(四) 项目组内部的讨论

项目组成员应当交流信息和分享见解,应当讨论被审计单位面临的经营风险。财务报表容易发生错报的领域以及发生错报的方式,特别是由于舞弊导致重大错报的可能性,倾向于高估还是低估收入等。项目组应当根据审计的具体情况,在整个过程中持续交换有关财务报表可能发生重大错报的信息。

二、了解被审计单位及其环境的内容

实务中,了解被审计单位及其环境主要通过收集和记录"了解被审计单位及其环境(不包括内部控制)"工作底稿所列信息来完成,从以下五个方面了解被审计单位及其环境,目的是评估重大错报风险,具体内容见格式5-1所示。

【格式 5-1】

了解被审计单位及其环境(不包括内部控制)

被审计单位：＿＿＿＿＿＿＿＿＿＿＿＿＿＿　　索引号：＿＿＿＿＿＿＿＿＿＿
项　目：＿＿＿＿＿＿＿＿＿＿＿＿＿＿＿　　财务报表截止日/期间：＿＿＿＿＿＿
编　制：＿＿＿＿＿＿＿＿＿＿＿＿＿＿＿　　复　核：＿＿＿＿＿＿＿＿＿＿
日　期：＿＿＿＿＿＿＿＿＿＿＿＿＿＿＿　　日　期：＿＿＿＿＿＿＿＿＿＿

一、审计目标

从以下方面了解被审计单位及其环境，并评估相应重大错报风险：

1. 行业状况、法律环境与监管环境以及其他外部因素；
2. 被审计单位的性质；
3. 被审计单位对会计政策的选择和运用；
4. 被审计单位的目标、战略以及相关经营风险；
5. 被审计单位财务业绩的衡量和评价。

二、行业状况、法律环境与监管环境及其他外部因素

（一）实施的风险评估程序

风险评估程序	执行人	执行时间	索引号
检查			
……			

［注：此处应详细记录了解被审计单位及其环境时实施的风险评估程序，包括询问、观察、检查和分析程序，记录的内容应包括实施审计程序的性质、时间和范围。］

（二）了解的内容和评估出的风险

1. 行业状况

（1）所在行业的市场供求与竞争

（2）生产经营的季节性和周期性

（3）产品生产技术的变化

（4）能源供应与成本

（5）行业的关键指标和统计数据

行业毛利率数据如下：

2. 法律环境及监管环境
(1) 适用的会计准则、会计制度和行业特定惯例

(2) 对经营活动产生重大影响的法律法规及监管活动

(3) 对开展业务产生重大影响的政府政策，包括货币、财政、税收和贸易等政策

(4) 与被审计单位所处行业和所从事经营活动相关的环保要求

3. 其他外部因素
(1) 宏观经济的景气度
(2) 利率和资金供求状况
(3) 通货膨胀水平及币值变动
(4) 国际经济环境和汇率变动

三、被审计单位的性质
(一) 实施的风险评估程序

风险评估程序	执行人	执行时间	索引号
检查			
……			

(二) 了解的内容和评估出的风险
1. 所有权结构
(1) 所有权性质（属于国有企业、外商投资企业、民营企业还是其他类型）：_____
(2) 所有者和其他人员或单位的名称，以及与被审计单位之间的关系

所有者	主要描述（法人/自然人，企业类型，自然人的主要社会职务，企业所属地区、规模等）	与被审计单位之间的关系

（3）控股母公司

2．治理结构
（1）获取或编制被审计单位治理结构图
（2）对图示内容作出详细解释说明

3．组织结构

4．经营活动
（1）主营业务的性质：_____
（2）主要产品及描述

（3）与生产产品或提供劳务相关的市场信息

（4）业务的开展情况

（5）联盟、合营与外包情况

（6）从事电子商务的情况

（7）地区与行业分布

（8）生产设施、仓库的地理位置及办公地点

(9) 关键客户

(10) 重要供应商

(11) 劳动用工情况

(12) 研究与开发活动及其支出

(13) 关联方交易

5. 投资活动
(1) 近期拟实施或已实施的并购活动与资产处置情况

(2) 证券投资、委托贷款的发生与处置

(3) 资本性投资活动

(4) 不纳入合并范围的投资

6. 筹资活动
(1) 债务结构和相关条款,包括担保情况及表外融资

(2) 固定资产的租赁

(3) 关联方融资

(4) 实际受益股东

(5) 衍生金融工具的运用

四、被审计单位对会计政策的选择和运用

(一) 实施的风险评估程序

风险评估程序	执行人	执行时间	索引号
检查			
……			

(二) 了解的内容和评估出的风险

1. 被审计单位选择和运用的会计政策

重要的会计政策	被审计单位选择和运用的会计政策	对会计政策选择和运用的评价

2. 会计政策变更的情况

原会计政策	变更后会计政策	变更日期	变更原因	对变更的处理（调整、列报等）	对变更的评价

3. 披露

五、被审计单位的目标、战略以及相关经营风险

（一）实施的风险评估程序

风险评估程序	执行人	执行时间	索引号
检查			
……			

（二）了解的内容和评估出的风险

1. 目标、战略

2. 相关经营风险

3. 被审计单位的风险评估过程

六、被审计单位财务业绩的衡量和评价

（一）实施的风险评估程序

风险评估程序	执行人	执行时间	索引号
检查			
……			

（二）了解的内容和评估出的风险

1. 关键业绩指标

2. 业绩趋势

3. 预测、预算和差异分析

4. 管理层和员工业绩考核与激励性报酬政策

5. 与竞争对手的业绩比较

6. 外部机构提交的报告

[注：此处评估出的风险，最终应汇总至风险评估结果汇总表。]

三、了解被审计单位的内部控制

（一）内部控制的含义

内部控制是被审计单位为了合理保证财务报告的可靠性、经营的效率和效果以及对法律法规的遵守，由治理层、管理层和其他人员设计和执行的政策和程序。可以从以下几方面理解内部控制：

（1）内部控制的目标是合理保证：①财务报告的可靠性，这一目标与管理层履行财务报告编制责任密切相关；②经营的效率和效果，即经济有效地使用企业资源，以最优方式实现企业的目标；③遵守适用的法律法规的要求，即在法律法规的框架下从事经营活动。

（2）设计和实施内部控制的责任主体是治理层、管理层和其他人员，组织中的每一个人都对内部控制负有责任。

（3）实现内部控制目标的手段是设计和执行控制政策及程序。

内部控制包括5个要素：①控制环境；②风险评估过程；③信息系统与沟通；④控制活动；⑤对控制的监督。内部控制系统包括上述的一项或多项要素，或要素表现出的各个方面。

（4）内部控制存在固有局限性。无论如何设计和执行，只能对财务报告的可靠性提供合理的保证。内部控制存在的固有局限性包括以下两种情况：

① 在决策时人为判断可能出现错误和由于人为失误而导致内部控制失效。例如，企业信息技术工作人员没有完全理解系统如何处理销售交易，为使系统能够处理新型产品的销售，可能错误地对系统进行更改；或者对系统的更改是正确的，但是程序员没能把此次更改转化为正确的程序代码。

② 可能由于两个或更多的人员进行串通或管理层凌驾于内部控制之上而被规避。例如，管理层可能与客户签订背后协议，对标准的销售合同作出变动，从而导致收入确认发生错误；再如，软件中的编辑控制旨在发现和报告超过赊销信用额度的交易，但这一控制可能被逾越或规避。

此外，如果企业内部行使控制职能的人员素质不适应岗位要求，也会影响内部控制功能的正常发挥。企业实施内部控制的成本效益问题也会影响其职能，当实施某项控制成本大于控制效果而发生损失时，就没有必要设置控制环节或控制措施。内部控制一般都是针对经常而重复发生的业务而设置的，如果出现不经常发生或未预计到的业务，原有控制就可能不适用。

(二) 内部控制要素

内部控制要素是为了解内部控制提供的框架。内部控制的要素主要包括：控制环境、风险评估过程、信息系统与沟通、控制活动和对控制的监督五项内容。五要素之间的关系如图 5-3 所示。

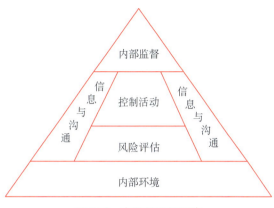

图 5-3　内部控制五要素

审计人员了解内部控制的重点放在被审计单位内部控制是否能够防止或发现并纠正各类交易、账户余额、列报存在重大错报，以及如何防止或发现并纠正各类交易、账户余额、列报存在的重大错报。下面根据五要素的结构说明了解内部控制的主要内容。

(三) 了解控制环境

1. 控制环境的含义

控制环境包括治理职能和管理职能，以及治理层和管理层对内部控制及其重要性的态度、认识和措施。控制环境设定了企业内部控制基调，影响员工对内部控制的认识和态度。良好的控制环境是实施有效内部控制的基础。防止或发现并纠正舞弊和错误是企业治理层和管理层的责任。

2. 控制环境的内容

1) 管理层对诚信和道德价值观念的沟通与落实

诚信和道德价值观念是控制环境的重要组成部分，影响到重要业务流程的设计和运行。内部控制的有效性直接依赖于负责创建、管理和监控内部控制的人员的诚信和道德价值观念。被审计单位是否存在道德行为规范，以及这些规范如何在被审计单位内部得到沟通和落实，决定了是否能产生诚信和道德的行为。对诚信和道德价值观念的沟通与落实，既包括管理层如何处理不诚实、非法或不道德行为，也包括在被审计单位内部，通过行为规范以及高层管理人员的身体力行，对诚信和道德价值观念的塑造和保持。

例如，管理层在行为规范中指出，员工不允许从供货商那里获得超过一定金额的礼品，超过部分都须报告和退回。尽管该行为规范本身并不能绝对保证员工都照此执行，但至少意味着管理层已对此进行明示，它连同其他程序，可能构成一个有效的预防机制。

2) 管理层和员工的胜任能力

胜任能力是指具备完成某一职位的工作所应有的知识和能力。管理层对胜任能力的重视包括对于特定工作所需的胜任能力水平的设定,以及对达到该水平所必需的知识和能力的要求。审计人员应当考虑主要管理人员和其他相关人员是否能够胜任承担的工作和职责,例如,财务人员是否对编报财务报表所适用的会计准则和相关会计制度有足够的了解并能正确运用。

审计人员在就被审计单位对胜任能力的重视情况进行了解和评估时,考虑的主要因素可能包括:财务人员以及信息管理人员是否具备与被审计单位业务性质和复杂程度相称的足够的胜任能力和培训。在发生错误时,是否通过调整人员或系统来加以处理;管理层是否配备足够的财务人员以适应业务发展和有关方面的需要;财务人员是否具备理解和运用会计准则所需的技能。

3) 治理层的参与程度

被审计单位的控制环境在很大程度上受治理层的影响。治理层的职责应在被审计单位的章程和政策中予以规定。审计人员在对被审计单位治理层的参与程度进行了解和评估时,考虑的主要因素可能包括:董事会是否建立了审计委员会或类似机构;董事会、审计委员会是否与内部审计人员以及外部审计人员有联系和沟通;董事会、审计委员会是否具备适当的经验和资历;董事会、审计委员会是否独立于管理层;董事会、审计委员会或类似机构是否充分地参与了监督编制财务报告的过程、是否对经营风险的监控有足够的关注,进而影响被审计单位和管理层的风险评估过程;董事会成员是否保持相对的稳定性。

4) 管理层的理念和经营风格

管理层负责企业的运作以及经营策略和程序的制定、执行与监督。在有效的控制环境中,管理层的理念和经营风格可以创造一个积极的氛围,促进业务流程和内部控制的有效运行,同时创造一个减少错报发生可能性的环境。衡量管理层对内部控制重视程度的重要的标准,是管理层收到有关内部控制缺陷及违规事件的报告时是否做出适当反应。管理层及时下达纠弊措施,表明他们对内部控制的重视,也有利于加强企业内部的控制意识。

5) 组织结构及职权与责任的分配

被审计单位的组织结构为计划、运作、控制及监督经营活动提供了一个整体框架。通过集权或分权决策,可在不同部门间进行适当的职责划分,建立适当层次的报告体系。组织结构将影响权利、责任和工作任务在组织成员中的分配。被审计单位的组织结构在一定程度上取决于被审计单位的规模和经营活动的性质。

审计人员在对被审计单位组织结构和职权与责任的分配进行了解和评估时,考虑的主要因素可能包括:①在被审计单位内部是否有明确的职责划分,是否将业务授权、业务记录、资产保管和维护以及业务执行的责任尽可能地分离;②数据的所有权划分是否合理;③是否已针对授权交易建立适当的政策和程序。

6) 人力资源政策与实务

政策与程序(包括内部控制)的有效性,通常取决于执行人。因此,企业员工的能力与诚信是控制环境中不可缺少的因素。人力资源政策与实务涉及招聘、培训、考核、晋升和薪酬等方面的政策和程序;是否有书面的员工岗位职责手册,或者在没有书面文件的情况下,对于工作职责和期望是否做了适当的沟通和交流;人力资源政策与实务是否清晰,并且定期发布和更新;是否设定适当的程序,对分散在各地区和海外的经营人员建立和沟通人力资源政策与程序。

(四)了解控制活动

1. 控制活动的含义

控制活动是指有助于确保管理层的指令得以执行的政策和程序。包括与授权、业绩评价、信息处理、实物控制和职责分离等相关的活动。

(1)授权。授权的目的在于保证交易在管理层授权范围内进行,包括一般授权和特别授权。一般授权是指管理层制定的要求组织内部遵守的普遍适用于某类交易或活动的政策。特别授权是指管理层针对特定类别的交易或活动逐一设置的授权,如重大资本支出和股票发行等。特别授权也可能用于超过一般授权限制的常规交易。例如,同意因某些特别原因,对某个不符合一般信用条件的客户赊购商品。

(2)业绩评价。企业业绩评价有关的控制活动,主要包括企业分析评价实际业绩与预算(或预测前期业绩)的差异,综合分析财务数据与经营数据的内在关系,将内部数据与外部信息来源相比较,评价职能部门、分支机构或项目活动的业绩(如银行客户信贷经理复核各分行、地区和各种贷款类型的审批和收回),以及对发现的异常差异或关系采取必要的调查与纠正措施。

(3)信息处理。企业通常执行各种措施,检查各种类型信息处理环境下的交易的准确性、完整性和授权。信息处理控制可以是人工的、自动化的,或是基于自动流程的人工控制。信息处理控制分为两类,即信息技术的一般控制和应用控制。

信息技术一般控制是指与多个应用系统有关的政策和程序,有助于保证信息系统持续恰当地运行(包括信息的完整性和数据的安全性),支持应用控制作用的有效发挥。通常包括数据中心和网络运行控制,系统软件的购置、修改及维护控制,接触或访问权限控制,应用系统的购置、开发及维护控制。

信息技术应用控制是指主要在业务流程层次运行的人工或自动化程序,与用于生成、记录、处理、报告交易或其他财务数据的程序相关,通常包括检查数据计算的准确性,审核账户和试算平衡表,设置对输入数据和数字序号的自动检查,以及对例外报告进行人工干预。

(4)实物控制。企业的实物控制,主要包括了解对资产和记录采取适当的安全保护措施,对访问计算机程序和数据文件设置授权,以及定期盘点并将盘点记录与会计记录相核对。例如,现金、有价证券和存货的定期盘点控制。实物控制的效果影响资产的安全,从而对财务报表的可靠性及审计产生影响。

(5)职责分离。企业的职责分离,主要包括了解企业如何将交易授权、交易记录以及资产保管等职责分配给不同员工,以防范同一员工在履行多项职责时可能发生的舞弊或错误。当信息技术运用于信息系统时,职责分离可以通过设置安全控制来实现。

> **注意**
>
> 企业尤其应对关键控制点实施控制。关键控制点是指未加控制就容易发生错误或舞弊的业务环节(即可能错报环节)。

2. 了解控制活动的重点

在了解控制活动时,审计人员应当重点考虑一项控制活动单独或连同其他控制活动,是否能够以及如何防止和发现并纠正各类交易、账户余额、列报存在的重大错报。审计人员了解控制活动的重点是识别和了解针对重大错报可能发生的领域的控制活动。

3. 了解控制活动的主要内容

审计人员对被审计单位整体层面的控制活动进行的了解和评估,主要是针对被审计单位的一般控制活动,特别是信息技术一般控制。在了解和评估一般控制活动时考虑的主要因素可能包括:

(1) 被审计单位的主要经营活动是否都有必要的控制政策和程序;

(2) 管理层在预算、利润和其他财务及经营业绩方面是否都有清晰的目标,在被审计单位内部,是否对这些目标都加以清晰地记录和沟通,并且积极地对其进行监控;

(3) 是否存在计划和报告系统,以识别与目标业绩的差异,并向适当层次的管理层报告该差异;

(4) 是否由适当层次的管理层对差异进行调查,并及时采取适当的纠正措施;

(5) 不同人员的职责应在何种程度上相分离,以降低舞弊和不当行为发生的风险;

(6) 会计系统中的数据是否与实物资产定期核对;

(7) 是否建立了适当的保护措施,以防止未经授权接触文件、记录和资产;

(8) 是否存在信息安全职能部门负责监控信息安全政策和程序。

(五) 在整体层面了解内部控制

1. 了解的人员

对整体层面内部控制的了解是项目组中对被审计单位情况比较了解且较有经验的成员负责,同时需要项目组其他成员的参与和配合。

2. 了解的重点

审计人员可以重点关注整体层面内部控制的变化情况,包括由于被审计单位及其环境的变化而导致内部控制发生的变化以及采取的对策。审计人员还需要特别考虑因舞弊而导致重大错报的可能性及其影响。

3. 了解的方法

审计人员可以考虑将询问被审计单位人员、观察特定控制的应用、检查文件和报告以及执行穿行测试等风险评估程序相结合,以获取审计证据。在了解上述内部控制的构成要素时,审计人员需要特别注意这些要素在实际中是否得到执行。

4. 了解的内容

在了解内部控制的各构成要素时,审计人员应当对被审计单位整体层面的内部控制的设计进行评价,并确定其是否得到执行。

5. 了解的记录

审计人员应当将对被审计单位整体层面内部控制各要素的了解要点和实施的风险评估程序及其结果等形成审计工作记录,并对影响审计人员对整体层面内部控制有效性进行判断的因素加以详细记录。

6. 整体层面的内部控制与控制环境的关系

财务报表层次的重大错报风险很可能源于薄弱的控制环境,因此,审计人员在评估财务报表层次的重大错报风险时,应当将被审计单位整体层面的内部控制状况和了解到的被审计单位及其环境其他方面的情况结合起来考虑。

实务中,在整体层面了解被审计单位的内部控制主要通过收集和记录"了解和评价整体层面内部控制"工作底稿所列信息来完成,具体内容见格式 5-2 至格式 5-6 所示。

【格式 5-2】

了解和评价整体层面内部控制汇总表

被审计单位:_____　　索引号:_____
项目:_____　　所审计会计期间:_____
编制:_____　　复核:_____
日期:_____　　日期:_____

1. 整体层面内部控制要素

整体层面内部控制要素	是否进行了解?
控制环境	
被审计单位的风险评估	
与财务报告相关的信息系统与沟通	
对控制的监督	

2. 了解整体层面内部控制

根据对整体层面内部控制的了解,记录如下:

(1) 是否委托其他服务机构执行主要业务活动? 如果被审计单位使用其他服务机构,将对审计计划产生哪些影响?

(2) 是否制定了相关的政策和程序以保持适当的职责分工? 这些政策和程序是否合理?

(3) 自前次审计后,被审计单位的整体层面内部控制是否发生重大变化? 如果已发生变化,将对审计计划产生哪些影响?

(4) 是否识别出非常规交易或重大事项? 如果已识别出非常规交易或重大事项,将对审计计划产生哪些影响?

(5) 在了解整体层面内部控制过程中是否进一步识别出其他风险？如果已识别出其他风险,将对审计计划产生哪些影响？

3. 信息技术一般控制采用的系统
(1) 应用软件

应用系统的名称	计算机运作环境	来源	初次安装日期

(2) 初次安装后对信息系统进行的任何重大修改、开发与维护

应用系统	修改	修改日期

(3) 拟于将来实施的重大修改、开发与维护计划

(4) 本年度对信息系统进行的重大修改、开发与维护及其影响

4. 在整体层面了解内部控制的结论

控制要素	识别的缺陷	是否属重大缺陷(是/否)	索引号	列入与管理层沟通事项(是/否)	列入与治理层沟通事项(是/否)
控制环境					
被审计单位的风险评估					
控制活动					
与财务报告相关的信息系统与沟通					
对控制的监督					

［注：表明内部控制存在重大缺陷的情形可能包括：注册会计师在审计工作中发现了重大错报,而被审计单位的内部控制没有发现；控制环境薄弱、存在高层管理人员舞弊迹象(无论涉及金额大小)等］

【格式 5-3】

了解和评价控制环境

被审计单位:_____ 索引号:_____
项目:_____ 财务报表截止日/期间:_____
编制:_____ 复核:_____
日期:_____ 日期:_____

一、对诚信和道德价值观念的沟通与落实

序号	控制目标	被审计单位的控制	实施的风险评估程序			结论	存在的缺陷
			询问	观察	检查		
(1)							
……							

二、对胜任能力的重视

序号	控制目标	被审计单位的控制	实施的风险评估程序			结论	存在的缺陷
			询问	观察	检查		
(1)							
……							

三、治理层的参与程度

序号	控制目标	被审计单位的控制	实施的风险评估程序			结论	存在的缺陷
			询问	观察	检查		
(1)							
……							

四、管理层的理念和经营风格

序号	控制目标	被审计单位的控制	实施的风险评估程序			结论	存在的缺陷
			询问	观察	检查		
(1)							
……							

五、组织结构

序号	控制目标	被审计单位的控制	实施的风险评估程序			结论	存在的缺陷
			询问	观察	检查		
(1)							
……							

六、职权与责任的分配

序号	控制目标	被审计单位的控制	实施的风险评估程序			结论	存在的缺陷
			询问	观察	检查		
(1)							
……							

七、人力资源的政策与实务

序号	控制目标	被审计单位的控制	实施的风险评估程序			结论	存在的缺陷
			询问	观察	检查		
(1)							
……							

【格式 5-4】

了解和评价被审计单位风险评估过程

被审计单位：_____　　索引号：_____
项目：_____　　财务报表截止日/期间：_____
编制：_____　　复核：_____
日期：_____　　日期：_____

序号	控制目标	被审计单位的控制	实施的风险评估程序			结论	存在的缺陷
			询问	观察	检查		
(1)							
……							

【格式 5-5】

了解和评价控制信息系统与沟通

被审计单位：_____　　索引号：_____
项目：_____　　所审计会计期间：_____
编制：_____　　复核：_____
日期：_____　　日期：_____

一、与财务报告相关的信息系统

序号	控制目标	被审计单位的控制	实施的风险评估程序			结论	存在的缺陷
			询问	观察	检查		
(1)							
……							

二、沟通

序号	控制目标	被审计单位的控制	实施的风险评估程序			结论	存在的缺陷
			询问	观察	检查		
（1）							
……							

【格式 5-6】

了解和评价被审计单位对控制的监督

被审计单位：_____ 索引号：_____
项目：_____ 所审计会计期间：_____
编制：_____ 复核：_____
日期：_____ 日期：_____

一、持续监督

序号	控制目标	被审计单位的控制	实施的风险评估程序			结论	存在的缺陷
			询问	观察	检查		
（1）							
……							

二、专门评价

序号	控制目标	被审计单位的控制	实施的风险评估程序			结论	存在的缺陷
			询问	观察	检查		
（1）							
……							

[编制说明：1. 上述审计工作底稿（格式 5-3 至 5-6）中列示的被审计单位的控制目标和控制，仅为说明有关表格的使用方法，并非对所有控制目标和控制活动的全面列示。在执行财务报表审计业务时，注册会计师应根据被审计单位的实际情况予以填写。

2. 如果我们拟信赖以前审计获取的审计证据，应通过询问并结合观察或者检查程序，获取控制活动是否已经发生变化的审计证据，并予以记录。

3. "拟实施的风险评估程序"一列，应根据注册会计师针对控制目标计划采取的审计程序，包括询问、观察和检查；"被审计单位的控制"一列应记录被审计单位实际采取的控制活动；"询问"一列应填写该询问对象的姓名、级别、所在部门以及询问日期。

4. 注册会计师对控制的评价结论可能是：(1)控制设计合理，并得到执行；(2)控制设计合理，未得到执行；(3)控制设计无效或缺乏必要的控制。]

（六）在业务流程层面了解内部控制

在初步计划审计工作时，审计人员需要确定在被审计单位财务报表中可能存在重大错报风险的重要账户及其相关认定。为实现此目的，通常采用下列步骤：

（1）确定重要业务流程和重要交易类别。在审计实务中，被审计单位的整个经营活动划分为几个重要的业务循环，有助于审计人员更有效地了解和评估重要业务流程及相关控制。通常对制造业企业,可以划分为销售与收款循环、采购与付款循环、生产与存货循环、投资与筹资循环。

(2) 了解重要交易流程,并进行记录。在确定重要的业务流程和交易类别后,审计人员便可着手了解每一类重要交易在自动化或人工系统中生成、记录、处理及在财务报表中报告的程序,即重要交易流程,并综合运用文字说明、流程图等方法记录所了解到的结果。这是确定在哪个环节或哪些环节可能发生错报的基础。

(3) 确定可能发生错报的环节。审计人员需要确认和了解错报在什么环节发生,即确定被审计单位应在哪些环节设置控制,以防止或发现并纠正整个重要业务流程可能发生的错报。审计人员所关注的控制,是那些能通过错报的发生,或者通过发现和纠正已有错报,从而确保每个流程中业务活动的具体流程能够顺利运转的人工或自动化控制程序。

(4) 识别和了解相关控制。通过对被审计单位的了解,包括在被审计单位整体层面对内部控制各要素的了解,以及在上述程序中对重要业务流程的了解,审计人员可以确定是否有必要了解在业务流程层面的控制。如果审计人员计划对业务流程层面的有关控制进行了解和评价,在了解业务流程中容易发生错报的环节后,审计人员应当确定:①被审计单位是否建立了有效的控制,防止或发现并纠正这些错报;②被审计单位是否遗漏了必要的控制;③是否识别了可以最有效测试的控制。

(5) 执行穿行测试,证实对交易流程和相关控制的了解。

(6) 进行初步评价和风险评估。在识别和了解控制后,审计人员要对内部控制进行初步评价。根据上述执行的程序和获取的审计证据,审计人员需要评价控制的设计并确定其是否得到执行。审计人员对控制的初步评价结论可能是:①内部控制设计合理(即单独或连同其他控制能够有效防止或发现并纠正重大错报),并得到执行;②控制本身的设计是最合理的,但没有得到执行;③控制本身的设计就是无效的或缺乏必要的控制。

(7) 对财务报告流程的了解。

课内实训 5-2

【目标】 训练对内部控制的理解

【资料】 针对下列被审计单位的内部控制,请指出该项控制所用来防范的错报,将序号填在下表中的相应位置。

A. 生成收货报告的计算机程序,同时也更新采购档案

B. 在更新采购档案之前必须先有收货报告

C. 销货发票上的价格根据价格清单上的信息确定

D. 计算机将各凭证上的账户号码与会计科目表对比,然后进行一系列的逻辑测试

E. 计算机每天比较运出货物的数量和开票数量。如果发现差异,产生报告,由开票主管复核和追查

【要求】 根据上述资料内容完成以下表格的填写。

相关控制	用来防范的错报
	防止出现分类错报
	防止记录了未收到购货的情况
	查找没有开票和记录的出库货物,以及与真实发货无关的发票
	防止销货计价错误
	防止出现购货漏记账的情况

实务中,在业务层面了解被审计单位的内部控制主要通过收集和记录"了解和评价各业务循环内部控制"工作底稿所列信息来完成,具体内容见第六章到第十章的相关格式所示。

四、识别与评估重大错报风险

(一)识别与评估重大错报风险的审计程序

(1)在了解被审计单位及其环境的整个过程中识别风险,并考虑各类交易、账户余额、列报。例如被审计单位因相关环境法规的实施需要更新设备,可能使原有设备(固定资产)闲置或贬值;宏观经济不景气可能影响应收账款的可收回性;市场竞争激烈,使产品的市场价格下降,可能导致存货减值。

(2)将已识别风险与认定层次可能发生错报的领域相联系。例如销售困难使产品市场价格下降,可能导致年末存货成本高于其可变现净值而需要计提存货跌价准备,这显示存货的计价认定可能发生错报。

(3)考虑已识别风险的严重程度。上例中,除了要考虑产品的价格下降因素外,审计人员还应当考虑产品市场价格下降的幅度和该产品在被审计单位产品中的比重等,以确定已识别风险对财务报表的影响是否严重。如果产品市场价格大幅下降,导致产品销售收入不能抵偿成本,毛利率为负,那么存货跌价严重,存货计价认定发生错报的影响就是重大的;如果价格下降的产品在被审计单位产品中所占比重很低,被审计单位其他产品毛利率很高。尽管该产品的毛利率为负,但可能不会导致存货发生严重跌价,存货计价认定发生错报的影响也就不严重了。

(4)考虑已识别风险导致财务报表发生重大错报的可能性。在某些情况下,尽管已识别风险的后果严重,但仍不至于导致财务报表发生重大错报。上例中,应考虑存货的账面余额是否很大,存货计价相关的内部控制是否有效,是否已计提存货跌价准备等。如果期末存货的余额较低,尽管已识别的风险严重,但不至于导致财务报表发生重大错报;或者,被审计单位对存货计价实施了有效的控制,已经根据存货的可变现净值计提了相应的跌价准备,则也不大可能导致财务报表发生重大错报。

(二)识别两个层次的重大错报风险

在对重大错报风险进行识别和评估后,审计人员应当确定,识别的重大错报风险是与特定的某类交易、账户余额和披露的认定相关,还是与财务报表整体广泛相关,进而影响多项认定。

1. 识别认定层次的重大错报风险

某些重大错报风险可能与特定的某类交易、账户余额和披露的认定相关。例如,被审计单位存在复杂的联营或合资,这一事项表明长期股权投资账户的认定可能存在重大错报风险。又如,被审计单位存在重大的关联方交易,该事项表明关联方及关联方交易的披露认定可能存在重大错报风险。需要特别注意的是,有效的控制有助于防止或发现并纠正认定层次的重大错报风险。

2. 识别报表层次的重大错报风险

某些重大错报风险可能与财务报表整体广泛相关,进而影响多项认定。例如,在经济不稳定的国家和地区开展业务、资产的流动性出现问题、重要客户流失、融资能力受到限制等。可能导致审计人员对被审计单位的持续经营能力产生重大疑虑。又如,管理层缺乏诚信或承受异常的压力可能引发舞弊风险,这些风险与财务报表整体相关。需要特别注意的是报表层次的重大错报风险很可能源于薄弱的控制环境。例如被审计单位管理层不重视内部控制,没有建立必要的政策和程序;管理层经营理念偏于激进,又缺乏实现激进目标的人力资源;管理缺乏诚信而舞弊,这些表明控制环境薄弱,可能对财务报表产生广泛影响。

(三) 需要特别考虑的重大错报风险

特别风险,是指审计人员识别和评估的、根据判断认为需要特别考虑的重大错报风险。作为风险评估的一部分,审计人员应当运用职业判断,确定识别的风险哪些是需要特别考虑的重大错报风险(简称特别风险)。

1. 确定特别风险应当考虑的事项

风险是否属于舞弊风险;风险是否与近期经济环境、会计处理方法和其他方面的重大变化有关;交易的复杂程度;风险是否涉及重大的关联方交易;财务信息计量的主观程度,特别是对不确定事项的计量存在较大区间;风险是否涉及异常或超出正常经营过程的重大交易。

2. 重大非常规交易和判断事项导致的特别风险

特别风险通常与重大的非常规交易和判断事项有关,日常的、不复杂的、经正规处理的交易不太可能产生特别风险。

(1) 非常规交易是指由于金额或性质异常而不经常发生的交易。例如,企业购并、债务重组、重大或有事项等。与重大非常规交易相关的特别风险可能导致更严重的重大错报,这是因为,对非常规交易管理层更多地介入会计处理;数据收集和处理涉及更多的人工成分;复杂的计算或会计处理方法;非常规交易的性质可能使被审计单位难以对由此产生的特别风险实施有效控制。例如销售产品并负责安装调试,同时又提供技术服务,则收入确认与计量就会很复杂,存在特别风险。

(2) 判断事项通常指作出的会计估计。例如,资产减值准备金额的估计、需要运用复杂估值技术确定的公允价值计量等。与重大判断事项相关的特别风险可能导致更严重的重大错报,这是因为对涉及会计估计、收入确认等方面的会计原则存在不同的理解;所要求的判断可能是主观和复杂的,或需要对未来事项做出假设。

读一读

首先在每次审计中,无论被审计单位规模大小,审计人员首先必须实施风险评估程序。了解被审计单位及其环境,包括内部控制,以评估重大错报风险。这是审计的起点,是必须实施的程序。不得未经过风险评估,直接将重大错报风险设定为高水平。其次识别与评估重大错报风险贯穿于整个审计过程的始终,最后审计人员应当运用职业判断确定需要了解被审计单位及其环境的程度。如果了解被审计单位及其环境所获得的信息足以识别和评估财务报表重大错报风险,那么了解的程度就是恰当的。当然审计人员对被审计单位的了解程度应低于被审计单位管理层管理企业时对自身的了解程度。

课内实训 5-3

【目标】 训练风险评估的基本过程

【资料】 注册会计师王成负责对联大公司 2023 年度财务报表进行审计。在审计底稿中记录了所了解的联大公司的环境及相关情况,请逐项判断联大公司以下资料所述事项是否存在重大错报风险。如果存在,请简要说明理由,并判断该风险属于财务报表层次还是认定层次。如果属于认定层次的风险,请指出所涉及的主要账户以及相关认定。(假定每个事项独立存在且不存在其他条件)

(1)联大公司主导产品 A 产品 2023 年和 2022 年的销售明细账如下,该产品销售无明显淡旺季之分,市场需求稳定,原材料供应充足。

2023 年(未审数)			2022 年(已审数)		
数量(件)	营业收入(万元)	营业成本(万元)	数量(件)	营业收入(万元)	营业成本(万元)
5 000	995 000	746 250	4 000	796 000	676 600

(2)2023 年 6 月 9 日,联大公司购入某上市公司股票 50 万股,每股 19 元,联大公司将该股票划分为交易性金融资产。12 月 31 日,该股票市场收盘价格为 11 元。

(3)2021 年动工的一栋管理用办公楼于 2023 年达到预定可使用状态,因种种原因该办公楼一直没有交付使用。

(4)因竞争者新产品开发上市,导致联大公司生产的 C 产品市场价格大幅下跌,毛利率为-7%,经了解该产品占公司库存商品的 1%,其销售收入所占比例很小。联大公司的其他产品销售毛利率在 15%—25%。

(5)2023 年末因东南亚地区宏观经济持续低迷,联大公司在外的应收账款周转天数由原来的 25 天,延长至 90 天。

(6)因 2024 年起政府将实施新的环境法规,联大公司因此面临更换原有设备。

【要求】 根据上述资料内容完成以下表格的填写。

事项	是否存在重大错报风险	理由	报表层次/认定层次	涉及的主要账户及认定
1				
2				
3				
4				
5				
6				

实务中，在完成上述收集和记录工作底稿进行风险评估的基础上，经过项目组内部讨论，最终汇总出风险评估的结果，具体内容见格式 5-7 和格式 5-8 所示。

【格式 5-7】

项目组讨论纪要——风险评估

被审计单位：＿＿＿＿＿＿＿＿＿＿＿＿＿＿　索引号：＿＿＿＿＿＿＿＿＿＿＿＿＿＿
项目：＿＿＿＿＿＿＿＿＿＿＿＿＿＿＿＿＿　所审计会计期间：＿＿＿＿＿＿＿＿＿＿
编制：＿＿＿＿＿＿＿＿＿＿＿＿＿＿＿＿＿　复核：＿＿＿＿＿＿＿＿＿＿＿＿＿＿＿
日期：＿＿＿＿＿＿＿＿＿＿＿＿＿＿＿＿＿　日期：＿＿＿＿＿＿＿＿＿＿＿＿＿＿＿

会议日期：

会议地点：

参加人员：

讨论内容记录：

【格式 5-8】

风险评估结果汇总表

被审计单位：＿＿＿＿＿＿＿＿＿＿＿＿＿＿　索引号：＿＿＿＿＿＿＿＿＿＿＿＿＿＿
项目：＿＿＿＿＿＿＿＿＿＿＿＿＿＿＿＿＿　所审计会计期间：＿＿＿＿＿＿＿＿＿＿
编制：＿＿＿＿＿＿＿＿＿＿＿＿＿＿＿＿＿　复核：＿＿＿＿＿＿＿＿＿＿＿＿＿＿＿
日期：＿＿＿＿＿＿＿＿＿＿＿＿＿＿＿＿＿　日期：＿＿＿＿＿＿＿＿＿＿＿＿＿＿＿

一、识别的重大错报风险汇总表

识别的重大错报风险	索引号	属于财务报表层次还是认定层次	是否属于特别风险	是否属于仅通过实质性程序无法应对的重大错报风险	受影响的交易类别、账户余额和列报认定

二、财务报表层次风险应对方案表

财务报表层次重大错报风险	索引号	总体应对措施

三、特别风险应对措施及结果汇总表

项目	经营目标	经营风险	特别风险	管理层应对或控制措施	财务报表项目及认定	审计措施	向被审计单位报告的事项

[填写说明:1."经营目标"一栏填写对当期审计有影响的经营目标;

2."经营风险"一栏填写那些对当期审计有影响的经营风险,或注册会计师认为对未来审计产生影响并有必要向被审计单位报告的经营风险;

3."特别风险"一栏填写源自经营风险的特别风险,或在审计过程中发现的并非由经营目标和经营风险导致的特别风险;

4."管理层应对或控制措施"一栏填写管理层认为有助于降低特别风险的控制及其评价。如果评价结果显示注册会计师不能依赖这些内部控制,应相应调整;

5."财务报表项目及认定"一栏填写受特别风险影响的财务报表项目和认定;

6."审计措施"一栏填写应对特别风险的审计措施,即综合性方案或实质性方案。根据控制测试和实质性程序的结果对本栏内容予以更新。]

四、对重要账户和交易采取的进一步审计程序方案(计划矩阵)

重要账户或列报	识别的重大错报风险								相关控制预期是否有效	拟实施的总体方案				索引号
	重大错报风险水平	是否为特别风险	相关认定(注)							总体方案	控制测试	控制测试索引号	实质性程序	
			存在/发生	完整性	权利和义务	计价和分摊/准确性	截止	分类	列报					
货币资金	低	否	低	低	低	低	低	低	低	是	综合	是		是
应收账款	中	否	中	低	低	低	低	低	低	是	综合	是		是
……														

[注:根据账户余额、各类交易和列报选择适用的认定。]

第四节 风险应对

在财务报表重大错报风险的评估过程中,审计人员应当确定,识别的重大错报风险是与特定的某类交易、账户余额、列报的认定相关,还是与财务报表整体广泛相关,进而影响多项认定。如果属于财务报表层次的重大错报风险,审计人员应当针对评估的财务报表层次重大错报风险,运用职业判断确定下列总体应对措施。

一、针对报表层的重大错报风险的总体应对措施

(1) 向项目组强调在收集和评价审计证据过程中保持职业怀疑态度的必要性。比如不能假定管理层是诚信的,不能以获取管理层的声明书代替其他审计证据的收集。

(2) 分派更有经验或具有特殊技能的审计人员,或利用专家的工作。由于各行业在经营业务、经营风险、财务报告、法规要求等方面具有特殊性,审计人员的专业分工细化成为一种趋势。审计项目组成员中应有一定比例的人员曾经参与过被审计单位以前年度的审计,或具有被审单位所处特定行业的相关审计经验。必要时,要考虑利用信息技术、税务、评估、精算师等方面的专家的工作。

(3) 提供更多的督导。对于财务报表层次重大错报风险较高的审计项目,项目组的高级别成员。如项目负责人、项目经理等经验较丰富的人员,要对其他成员提供更详细、更经常、更及时的指导和监督并加强项目质量复核。

(4) 在设计进一步审计程序时,应当注意使某些程序不被管理层预见或事先了解。在实务中。审计人员可以通过以下方式提高审计程序的不可预见性:①对某些未测试过的低于设定的重要性水平或风险较小的账户余额和认定实施实质性程序;②调整实施审计程序的时间,使被审计单位不可预期;③采取不同的审计抽样方法,使当期抽取的测试样本与以前有所不同;④选取不同的地点实施审计程序,或预先不告知被审计单位所选定的测试地点。

(5) 对拟实施审计程序的性质、时间和范围作出总体修改。《中国审计人员审计准则第1211号——了解被审计单位及其环境并评估重大错报风险》第100条指出,财务报表层次的重大错报风险很可能源于薄弱的控制环境。薄弱的控制环境带来的风险可能对财务报表产生广泛影响,难以限于某类交易、账户余额、列报,审计人员应当采取总体应对措施。相应地,本准则第6条指出,审计人员对控制环境的了解影响其对财务报表层次重大错报风险的评估。有效的控制环境可以使审计人员增强对内部控制和被审计单位内部产生的证据的信赖程度。如果控制环境存在缺陷,审计人员在对拟实施审计程序的性质、时间和范围作出总体修改时应当考虑:

① 在期末而非期中实施更多的审计程序。控制环境的缺陷通常会削弱期中获得的审计证据的可信赖程度。

② 主要依赖实质性程序获取审计证据。良好的控制环境是其他控制要素发挥作用的基础。控制环境存在缺陷通常会削弱其他控制要素的作用,导致审计人员可能无法信赖内部控制,而主要依赖实施实质性程序获取审计证据。

③ 修改审计程序的性质,获取更具说服力的审计证据。修改审计程序的性质主要是指调整拟实施审计程序的类别及组合,比如原先可能主要限于检查某项资产的账面记录或相关文件,而调整审计程序的性质后可能意味着更加重视实地检查该项资产。

④ 扩大审计程序的范围。例如扩大样本规模,或采用更详细的数据实施分析程序(如对收入按细类进行分析)。

二、针对认定层次重大错报风险的进一步审计程序

审计人员针对评估的各类交易、账户余额、列报认定层次重大错报风险实施的审计程序,包括控制测试和实质性程序,这是具体战术上的应对。审计人员应考虑进一步修改审计程序的性质、时间和范围,使审计程序具有目的性和针对性,即审计程序的性质、时间与范围与评估的认定层次的重大错报具备明确的对应关系,以便获取充分适当的审计证据。例如,若要确定存货完整性,要先对存货进行盘点,再追查相关的存货账目就是有效的,而先检查存货账目,再盘点存货则没有用处。若要确定存货存在,先检查存货的账目,再盘点存货则是有效的,先选取存货进行盘点,再追查相关的存货账就是无效的。

(一) 进一步审计程序的总体方案

审计人员针对认定层次重大错报风险拟实施的进一步审计程序的总体方案包括实质性方案和综合方案。实质性方案是指审计人员实施的进一步审计程序以实质性程序为主。综合性方案是指审计人员实施的进一步审计程序将控制测试和实质性程序结合使用。审计人员应当根据对认定层次重大错报风险的评价结果,恰当地选用实质性方案或综合方案。通常情况下,审计人员出于成本效益的考虑可以采用综合性方案设计进一步审计程序,即将测试控制运行的有效性与实质性程序结合使用。

在某些情况下(如仅通过实质性程序无法应对重大错报风险),审计人员必须通过实施控制测试,才可能有效应对评估出的某一认定的重大错报风险;而在另一些情况下(如审计人员的风险评估程序未能识别出与认定相关的任何控制,或审计人员认为控制测试很可能不符合成本效益原则),审计人员可能认为仅实施实质性程序就是适当的。但是,审计人员始终应当考虑在缺乏控制的情况下,仅通过实施实质性程序是否能够获取充分、适当的审计证据。

读一读

(1) 如果选择了综合性方案,审计人员应合理确定控制测试的性质、时间和范围。充分关注测试的结果能否支持风险评估的结论,以便将审计资源投入到高风险领域。

(2) 审计人员对重大错报风险的评估毕竟是一种主观判断,可能无法充分识别所有的重大错报风险,同时内部控制存在固有的局限性(特别是存在管理层凌驾于内部控制之上的可能性),因此,无论选择何种方案,审计人员都应当对所有重大的各类交易、账户余额、列报设计和实施实质性程序,并合理确定其性质、时间和范围。

(二) 进一步审计程序的性质

进一步审计程序的性质是指进一步审计程序的目的和类型。

(1) 目的。进一步审计程序的目的包括通过实施控制测试以确定内部控制运行的有效性和通过实施实质性程序以发现认定层次的重大错报。

(2) 类型。进一步审计程序的类型包括检查、观察、询问、函证、重新计算、重新执行和分析程序。

合理确定进一步审计程序性质是应对认定层次重大错报风险最重要的方面。审计人员应当根据重大错报风险的评估结果来选择审计程序。不同的审计程序应对特定认定错报风险的效力不同。例如，对于与收入完整性认定相类的重大错报风险，控制测试通常更能有效应对；对于与收入发生认定相关的重大错报风险，实质性程序通常更能有效应对；实施应收账款的函证程序可以为应收账款在某一时点存在的认定提供审计证据，但通常不能为应收账款的计价认定提供审计证据；对应收账款的计价认定，审计人员通常需要实施其他更为有效的审计程序，如审查应收账款账龄和期后收款情况，了解欠款客户的信用情况等。

(三) 进一步审计程序的时间

进一步审计程序的时间是指审计人员何时实施进一步审计程序，或审计证据适用的期间或时点。审计人员可以在期中或期末及期后实施进一步审计程序。

进一步审计程序时间的选择需要审计人员根据审计的具体情况，运用职业判断来确定。例如，审计人员评估的重大错报风险较高时，应当考虑在期末或接近期末实施实质性程序。或采用不通知的方式，或在管理层不能预见的时间实施审计程序；要确定资产负债表日存货存在认定，最好选在资产负债表日或接近资产负债表日前后不长的时间内实施监盘；检查财务报表的列报，只能在期末或期后实施；某些控制活动只在期中发生，所以只能在期中对其观察。如果在期中实施了进一步审计程序，审计人员还应当针对剩余期间获取审计证据。

(四) 进一步审计程序的范围

进一步审计程序的范围是指实施进一步审计程序的数量，对于控制测试，范围是指对某项控制活动的观察次数；对于细节测试，范围是指对某认定测试的样本量大小。确定进一步审计程序的范围时考虑的因素如下：

(1) 确定的重要性水平（可容忍错报）。确定的重要性水平越低，审计人员实施进一步审计程序的范围越广。

(2) 评估的重大错报风险。评估的重大错报风险越高，对拟获取审计证据的相关性、可靠性的要求越高，因此审计人员实施的进一步审计程序的范围也越广。随着重大错报风险的增加，审计人员应当考虑扩大审计程序的范围。但是，只有当审计程序本身与特定风险相关时，扩大审计程序的范围才是有效的。

(3) 如果审计人员使用计算机辅助审计技术对电子化交易和账户文档进行测试，可以扩大测试的范围，甚至对全部项目进行测试。

三、重大错报风险对进一步审计程序的影响

重大错报风险对进一步审计程序的影响见表5-5。

表 5-5　重大错报风险与进一步审计程序的关系

重大错报风险评估结果	可接受的检查风险	审计程序性质	审计程序的范围	审计程序的时间
低	高	综合性方案	小样本少证据	期中审计为主
高	低	实质性方案	大样本多证据	期末审计为主

审计人员应该保持应有的职业怀疑态度,合理地评估重大错报风险,以便设计恰当的审计程序的性质、时间和范围并有效执行,将检查风险降到可接受的水平。例如审计人员对其IT公司进行审计,经过分析认为受被审计单位行业性质的影响,存货陈旧的可能性相当高,存货计价发生错报的可能性就比较大。为此,审计人员就要在期末选取更多的存货样本进行测试,确定存货减值的程度,检查存货的可变现净值的确定是否正确,从而确定存货的价值是否高估。

四、针对特别风险实施的程序

如果评估的认定层次重大错报风险是特别风险,审计人员应当实施下列程序:

(1) 了解被审计单位是否针对特别风险设计和实施了控制,评价相关控制设计是否合理、是否得到执行。例如,做出会计估计所依据的假设是否由管理层或专家进行复核,是否建立做出会计估计的正式程序,重大会计估计结果是否由管理层批准。

(2) 如果拟信赖针对特别风险的内部控制,审计人员应进行控制测试,以确定控制运行是否有效。

(3) 审计人员应当专门针对特别风险实施实质性程序。例如如果认为管理层面临实现盈利指标的压力而可能提前确认收入,审计人员在设计询证函时不仅应当考虑函证应收账款的账户余额,还应当考虑询证销售协议的细节条款(如交货、结算及退货条款);审计人员还可考虑在实施函证的基础上针对销售协议及其变动情况询问被审计单位的非财务人员。

(4) 如果针对特别风险仅实施实质性程序,审计人员应当使用细节测试,或将细节测试和实质性分析程序结合使用,以获取充分适当的审计证据。因为仅实施实质性分析程序时不足以获取针对特别风险的充分适当的审计证据。

五、控制测试

(一) 控制测试的含义和条件

1. 含义

控制测试指的是测试控制运行的有效性,这一概念需要与"了解内部控制"进行区分。"了解内部控制"包含两层含义:一是评价控制的设计;二是确定控制是否得到执行。测试控制运行的有效性与确定控制是否得到执行所需获取的审计证据是不同的。在实施风险评估程序以获取控制是否得到执行的审计证据时,审计人员应当确定某项控制是否存在,被审计单位是否正在使用。作为进一步审计程序的类型之一,控制测试并非在任何情况下都需要实施。

2. 条件

当存在下列情形之一时,审计人员应当实施控制测试:其一,在评估认定层次重大错报风险时,预期控制的运行是有效的;其二,仅实施实质性程序不足以提供认定层次充分、适当的审计证据。

 比一比

表 5-6 了解内部控制与测试内部控制的区别

区别	了解内部控制	控制测试
目的不同	(1) 评价控制的设计; (2) 确定控制是否得到执行	测试控制运行的有效性
重点不同	控制得到执行	控制运行的有效性
过程不同	风险评估程序	进一步审计程序时
证据质量不同 (适当性)	(1) 某项控制是否存在; (2) 被审计单位是否正在使用某项控制	从下面四个方面来看,控制能够在各个不同时点按照既定设计得以一贯执行: (1) 控制在所审计期间的不同时点是如何运行的; (2) 控制是否得到一贯执行; (3) 控制由谁执行; (4) 控制以何种方式运行(如人工控制或自动化控制)
证据数量不同 (充分性)	(1) 只需要抽取少量的交易进行抽查; (2) 观察某几个时点	(1) 需要抽取足够数量的交易进行检查; (2) 对多个不同时点进行检查
性质不同	(1) 询问被审计单位的员工; (2) 观察特定控制的运行; (3) 检查文件与报告; (4) 穿行测试	(1) 询问以获取与内部控制运行情况相关的信息; (2) 观察以获取控制(如职责分离)的运行情况; (3) 检查以获取控制的运行情况; (4) 穿行测试; (5) 重新执行
要求不同	必须要做	控制测试并非在任何情况下都需要实施,当存在下列情形之一时,审计人员应当实施控制测试: (1) 在评估认定层次重大错报风险时,预期控制的运行是有效的; (2) 仅实施实质性程序不足以提供认定层次充分、适当的审计证据

(二)控制测试的性质

控制测试的程序包括:①询问;②观察;③检查;④重新执行;⑤穿行测试。穿行测试是通过追踪交易在财务报告信息系统中的处理过程,来证实审计人员对控制的了解、评价控制设计的有效性以及确定控制是否得到执行。穿行测试不是单独的一种程序,而是将多种程序按特定审计需要进行结合运用的方法。可见,穿行测试更多地在了解内部控制时运用。

(三)控制测试的时间

控制测试的时间包含两层含义:一是何时实施控制测试;二是测试所针对的控制适用的时点或期间。一个基本的原理是,如果测试特定时点的控制,审计人员可获取控制在该期间有效运行的审计证据。因此,审计人员应当根据控制测试的目的确定控制测试的时间,并确定拟信赖的相关控制的时点或期间。

(四)控制测试的范围

对于控制测试的范围,其含义主要是指某项控制活动的测试次数。审计人员应当设计控制测试,以获取控制在整个拟信赖的期间有效运行的充分、适当的审计证据。

审计人员在确定某项控制的测试范围时通常考虑下列因素:

(1)在整个拟信赖的期间,被审计单位执行控制的频率。控制执行的频率越高,控制测试的范围越大。

(2)在所审计期间,审计人员拟信赖控制运行有效性的时间长度。拟信赖控制运行有效性的时间长度不同,在该时间长度内发生的控制活动次数也不同。审计人员需要根据拟信赖控制的时间长度确定控制测试的范围。拟信赖期间越长,控制测试的范围越大。

(3)为证实控制能够防止或发现并纠正认定层次的重大错报,所需获取审计证据的相关性和可靠性。对审计证据的相关性和可靠性要求越高,控制测试的范围越大。

(4)通过测试与认定相关的其他控制获取的审计证据的范围。针对同一认定,可能有不同的控制。当针对其他控制获取审计证据的充分性和适当性较高时,测试该控制的范围可适当缩小。

(5)在风险评估时拟信赖控制运行有效性的程度。审计人员在风险评估时对控制运行有效性的拟信赖度程度越高,需要实施控制测试的范围越大。

(6)控制的预期偏差。预期偏差可以用控制未得到执行的预期次数占控制应当得到执行次数的比率加以衡量(也可称为预期偏差率)。控制的预期偏差率越高,需要实施控制测试的范围越大。如果控制的预期偏差率过高,审计人员应当考虑控制可能不足以将认定层次的重大错报风险降至可接受的低水平,从而针对某一认定实施的控制测试可能是无效的。

六、实质性程序

(一)含义和要求

实质性程序是指审计人员针对评估的重大错报风险实施的直接用以发现认定层次重大错报的审计程序。因此,审计人员应当针对评估的重大错报风险设计和实施实质性程序,以发现认定层次的重大错报。实质性程序包括对各类交易、账户余额、列报的细节测试以及实质性分析程序。

审计人员实施的实质性程序,应当包括下列与财务报表编制完成阶段相关的审计程序:

(1) 将财务报表与其所依据的会计记录相核对;

(2) 检查财务报表编制过程中做出的重大会计分录和其他会计调整。审计人员对会计分录和其他会计调整检查的性质和范围,取决于被审计单位财务报告过程的性质和复杂程度。以及由此产生的重大错报风险。

由于审计人员对重大错报风险的评估是一种判断,可能无法充分识别所有的重大错报风险,并且由于内部控制存在固有局限性,无论评估的重大错报风险结果如何,审计人员都应当针对所有重大的各类交易、账户余额、列报实施实质性程序。

(二) 实质性程序的性质

实质性程序的性质是指实质性程序的类型及其组合。实质性程序的两个基本类型如下:

(1) 细节测试。细节测试是对各类交易、账户余额、列报的具体细节进行测试,尤其是对存在或发生、计价认定的测试。目的在于直接识别财务报表认定是否存在错报。

(2) 实质性分析程序。实质性分析程序从技术特征上仍然是分析程序,主要是通过研究数据间关系评价信息,只是将该技术方法用作实质性程序,即用以识别各类交易、账户余额、列报及相关认定是否存在错报。实质性分析程序通常更适用于在一段时间内存在可预期关系的大量交易。

(三) 实质性程序的时间

1. 期中测试

在期中实施实质性程序,并针对剩余期间实施相关的实质性程序,或将实质性程序和控制测试结合使用,以将期中测试的得出的结论合理延伸至期末,降低期末存在错报而未被发现的风险,而且在期中实施实质性程序时更需要考虑成本效益。否则,不宜在期中实施实质性程序。

2. 期末测试

绝大多数情况下,审计人员应在期末或接近期末实施实质性程序,尤其是评估的重大错报风险较高时。

只有当以前获取的审计证据及其相关事项未发生重大变动时(例如,以前审计通过实质性程序测试过的某项诉讼在本期没有任何实质性进展),以前获取的审计证据才可能用作本期的有效审计证据。即便如此,如果拟利用以前审计中实施实质性程序获取的审计证据,审计人员应当在本期实施审计程序,以确定这些审计证据是否具有持续相关性。

(四) 实质性程序的范围

实质性程序范围的影响因素。实质性程序的范围取决于评估的认定层次重大错报风险和实施控制测试的结果。审计人员评估的认定层次的重大错报风险越高,需要实施实质性程序的范围越广。如果对控制测试结果不满意,审计人员应当考虑扩大实质性程序的范围。

课内实训 5-4

【目的】 训练双重目的的测试

【资料】 联大公司对银行存款设计了内部控制:由会计人员刘娜每月核对银行存款日记账与银行对账单,并编制银行存款余额调节表;由内部审计人员李晨不定期抽查银行存款余额调节表。

审计人员王成实施了如下审计程序:

(1)向被审计单位会计询问是否按月编制银行存款余额调节表,并抽取三个开户行各自最近两个月的银行存款余额调节表,被审计单位按要求拿来了 6 份银行存款余额调节表。

(2)王成又从这 6 份表中抽取 3 份,并取得相应的银行存款日记账和银行对账单,重新编制银行存款余额调节表,和被审计单位编制的银行存款余额调节表校对。

(3)王成又复核计算了银行存款余额调节表中的数字,检查未达账项。

【要求】 讨论王成实施审计程序的类型和为实现何种审计目标而获取的审计证据。

第五节　编制审计计划

审计计划是指审计人员为了高效地完成某项审计业务,达到预期审计目标而对审计工作的安排。合理的审计计划有助于审计人员关注重点审计领域、及时发现和解决潜在问题及恰当地组织和管理审计工作。以使审计工作更加有效。编制与实施审计计划,并对审计计划执行情况进行检查,有利于合理利用审计资源。需要关注的是:项目负责人和项目组其他关键成员都应参与审计计划工作,利用其经验和见解,以提高计划过程的效率和效果。

一、制定总体审计策略

审计计划分为总体审计策略和具体审计计划两个层次,总体审计策略用以确定审计范围、时间和方向,并指导具体审计计划。在制订总体审计策略时,审计人员应考虑以下主要事项。

(一)确定审计范围

在确定审计工作范围时,审计人员需要考虑下列情况:

(1)被审计单位编制财务报表适用的会计准则和相关会计制度;

(2)特定行业的报告要求,如某些行业监管部门要求提交的报告;

(3)预期的审计涵盖范围,包括所审计的集团内各组成部分的数量及所在地点;

(4)内部审计工作的可利用性及对内部审计工作的可依赖程度。例如,内部审计部门对各仓库的存货每半年至少盘点一次。在中期审计时,项目组已经对内部审计部门盘

点步骤进行观察,其结果满意,因此项目组将查阅其年底的盘点结果,并缩小存货监盘的范围;

(5) 与被审计单位提供其他服务的会计师事务所人员讨论可能影响审计的事项;

(6) 信息技术对审计程序的影响,包括数据的可获得性和预期使用计算机辅助审计技术的情况;

(7) 被审计单位的人员和相关数据的可利用性。

(二) 确定审计业务时间安排

在确定审计业务时间安排时,审计人员需要考虑下列情况:

(1) 被审计单位提交财务报表的时间要求;

(2) 执行审计的时间安排,包括期中审计执行时间和期末审计执行时间;

(3) 沟通的时间安排,包括首先是与管理层和治理层沟通的重要日期(主要就审计工作性质、范围和时间的会议组织工作,讨论预期签发报告和其他沟通文件的类型及提交时间。如审计报告、管理建议书和与治理层沟通函);其次是项目组成员之间预期沟通的时间安排、复核工作的时间安排;最后是与前任审计人员的沟通时间及是否需要跟第三方沟通等。

(三) 确定审计工作方向

在确定审计工作方向时,审计人员需要考虑下列情况:

(1) 确定适当的重要性水平;

(2) 初步识别可能存在较高的重大错报风险的领域;

(3) 识别重要的组成部分和账户(包括本身具有重要性的账户,如存货,以及评估出存在重大错报风险较的账户);

(4) 项目时间预算,包括考虑为重大错报风险可能较高的审计领域分配适当的工作时间;

(5) 以往审计中对内部控制运行有效性评价结果,以及管理层重视内部控制的相关证据;业务交易量规模,以基于审计效率的考虑确定是否依赖内部控制;

(6) 项目组人员选择。项目预算和如何向项目组成员强调在收集和评价审计证据过程中保持职业怀疑态度必要性的方式;

(7) 影响被审计单位经营的重大变化,包括信息技术和业务流程的变化、关键管理人员变化,以及收购、兼并和分立的情况;

(8) 重大的行业发展情况,如行业法规变化;

(9) 会计准则和会计制度的变化。

(四) 调配审计资源

在总体审计策略中审计人员应当清楚地说明审计资源的规划和调配。在调配审计资源时,需要考虑下列情况:

(1) 向具体审计领域调配的资源,包括向高风险领域分派有适当经验的项目组成员,就复杂的问题利用专家工作等;

(2) 向具体审计领域分配资源的数量,包括安排到重要存货存放地观察存货盘点的项目组成员的数量,对其他审计人员工作的复核范围,对高风险领域安排的审计时间预算等；

（3）何时调配这些资源，包括是在期中审计阶段还是在关键的截止日期调配资源等；

（4）如何管理、指导、监督这些资源的利用，包括预期何时召开项目组预备会和总结会。预期项目负责人和经理如何进行复核，是否需要实施项目质量控制复核等。总体审计策略的详略程度因被审计单位的规模及该项审计业务的复杂程度而异，比如，在小型企业的审计中。总体审计策略可以相对简单。而且审计人员应当根据实施风险评估程序的结果对上述内容进行调整。

在实务中，审计人员通过完成总体审计策略工作底稿完成审计总体计划的制订，具体内容见格式5-9所示。

【格式 5-9】

总体审计策略

被审计单位：_____ 索引号：_____
项目：_____ 所审计会计期间：_____
编制：_____ 复核：_____
日期：_____ 日期：_____

一、审计范围

适用的会计准则和相关会计制度	企业会计准则
适用的审计准则	中国注册会计师审计准则
与财务报告相关的行业特别规定	
需审计的集团内组成部分的数量及所在地点	
需要阅读的含有已审计财务报表的文件中的其他信息	
制定审计策略需考虑的其他事项	

二、审计业务时间安排

（一）对外报告时间安排：_____

（二）执行审计时间安排

执行审计时间安排	时间
1. 期中审计	
（1）制定总体审计策略	
（2）制定具体审计计划	
……	
2. 期末审计	
（1）应收账款函证	
……	

（三）沟通的时间安排

所需沟通	时间
与管理层及治理层的会议	
项目组预备会	
项目组总结会	
与专家或有关人士的沟通	
与前任注册会计师沟通	
……	

三、影响审计业务的重要因素

（一）重要性

确定的重要性水平	索引号

（二）可能存在较高重大错报风险的领域

可能存在较高重大错报风险的领域	索引号
营业收入	
应收账款	
……	

（三）重要的组成部分和账户余额

重要的组成部分和账户余额	索引号
1. 重要的组成部分	
2. 重要的账户余额	
应收账款	
存货	
营业收入	

［填写说明：1.记录所审计的集团内重要的组成部分；2.记录重要的账户余额，包括本身具有重要性的账户余额（如存货），以及评估出存在重大错报风险的账户余额。］

四、人员安排
（一）项目组主要成员的责任

职位	姓名	主要职责
项目负责人		
项目经理		
……		

[注：在分配职责时可以根据被审计单位的不同情况按会计科目划分，或按交易类别划分。]

（二）与项目质量控制复核人的沟通（如适用）

沟通内容	负责沟通的项目组成员	计划沟通时间
风险评估、对审计计划的讨论		
对财务报表的复核		
……		

二、制定具体审计计划

审计人员应当针对总体审计策略中所识别的不同事项，制定具体审计计划，并考虑通过有效利用审计资源以实现审计目标。总体审计策略是具体审计计划的指导。具体审计计划比总体审计策略更加详细，其内容包括为获取充分、适当的审计证据以将审计风险降至可接受的低水平，确定审计程序的性质、时间和范围的决策是具体审计计划的核心。

具体审计计划应当包括风险评估程序、计划实施的进一步审计程序和其他审计程序。

（一）风险评估程序

风险评估程序是审计人员为了足够识别和评估财务报表重大错报风险，审计人员计划实施的风险评估程序的性质、时间和范围。

（二）计划实施的进一步审计程序

针对评估的认定层次的重大错报风险，审计人员计划实施的进一步审计程序的性质、时间和范围，包括控制测试和实质性程序。

进一步审计程序分为进一步审计程序总体方案和拟实施的具体审计程序两个层次。进一步审计程序总体方案主要是指审计人员针对各类交易、账户余额和列报决定采用的实质性方案和综合性方案。具体审计程序则是对进一步审计程序总体方案的延伸与细化。在审计实务中，审计人员通常单独编制一套包括具体程序的"进一步审计程序表"来体现，待具体实施审计程序时，审计人员将基于所计划的具体审计计划，进一步记录所实施的审计程序及结果，并最终形成有关进一步审计程序的审计工作底稿。

（三）计划实施其他审计程序

计划实施的其他审计程序即审计人员针对审计业务需要实施的其他审计程序。包括上述进一步程序的计划中没有涵盖的、根据其他审计准则的要求，审计人员应当执行的既定程序。例如,寻求与被审计单位律师的直接沟通等。

(四) 具体审计计划举例

具体审计计划的制定一般通过"具体审计计划表"来完成,其格式见格式 5-10 所示。

【格式 5-10】

具体审计计划表

被审计单位:_____　　索引号:_____
项　　目:_____　　所审计会计期间:_____
编　　制:_____　　复　　核:_____
日　　期:_____　　日　　期:_____

序号	内容	执行否	执行人	执行时间
一、	风险评估程序			
1.	一般风险评估程序			
2.	针对特定项目实施的程序			
二、	了解被审计单位及其环境(不包括内部控制)			
1.	行业状况、法律环境与监管环境以及其他外部因素			
2.	被审计单位的性质			
3.	会计政策的选择和运用			
4.	目标、战略及相关经营风险			
5.	财务业绩的衡量和评价			
三、	了解内部控制			
1.	控制环境			
2.	被审计单位的风险评估过程			
3.	信息系统与沟通			
4.	控制活动			
5.	控制监督			
四、	对风险评估及审计计划的讨论			
五、	评估的重大错报风险			
1.	评估的财务报表层次的重大错报风险			
2.	评估的认定层次的重大错报风险			
六、	计划的进一步审计程序			
1.	重要账户和列报的计划总体方案			
2.	进一步审计程序(单独编制)			
七、	其他审计程序			

三、审计过程中对计划的更改

计划审计工作并非审计业务的一个孤立阶段,而是一个持续的、不断修正的过程,贯穿于整个审计业务的始终。了解被审计单位及其环境是一个连续和动态地收集、更新与分析信息的过程,贯穿于整个审计过程的始终。审计人员应记录对审计计划作出的重大更改及其理由,以及采取的应对措施。例如重要性水平的修改,对某类交易、账户余额和列报的重大错报风险的评估和进一步审计程序(包括总体审计方案和拟实施的具体审计程序)的更新和修改等。一旦计划被更新和修改,审计工作也就应当进行相应修正。

四、指导、监督与复核

审计人员围绕下列四个方面对项目组成员的工作进行指导、监督与复核:
(1) 被审计单位的规模和复杂程度;
(2) 审计领域;
(3) 重大错报风险;
(4) 项目组成员的素质和专业胜任能力。

本章小结

本章主要围绕计划审计工作介绍了审计重要性、审计风险、风险评估与应对以及如何编制审计计划的基本内容。审计重要性是对报表中存在的错报是否重大的一个判断,在审计开始时,就必须对重大错报的规模和性质做出一个判断,包括财务报表层次的重要性和特定交易类别、账户余额和披露的重要性水平。审计风险是指财务报表存在重大错报而审计人员发表不恰当审计意见的可能性,一般包括重大错报风险和检查风险。风险评估是指实施风险评估程序,了解被审计单位及其环境,包括内部控制,以充分识别和评估财务报表层次和认定层次的重大错报风险,审计人员应当针对评估的重大错报风险实施程序,即针对评估的财务报表层次重大错报风险确定总体应对措施,并针对评估的认定层次重大错报风险设计和实施进一步审计程序,以将审计风险降低到可接受的低水平,也就是风险应对。在实务中,只有明确了上述问题之后,才可能编写好审计计划。审计计划是指审计人员为了高效地完成某项审计业务,达到预期审计目标而对审计工作的安排。合理的审计计划有助于审计人员关注重点审计领域、及时发现和解决潜在问题及恰当地组织和管理审计工作,以使审计工作更加有效,编制与实施审计计划,并对审计计划执行情况进行检查,有利于合理利用审计资源。本章内容中讲述的审计重要性、审计风险、风险评估与应对以及编制审计计划等共同体现了现代风险导向审计的基本思想。

本章复习题

1. 什么是审计重要性?注册会计师对审计重要性如何运用?
2. 什么是审计风险?其构成要素有哪些?
3. 试分析审计重要性、审计风险与审计证据的关系。
4. 什么是内部控制?内部控制有什么作用和局限性?
5. 简述了解内部控制与控制测试的关系。
6. 什么是实质性程序?什么是双重目的测试?
7. 针对识别出来的重大错报风险,如何应对?
8. 总体审计策略一般包括哪些内容?

 课后讨论案例

【目的】 理解上市公司建立内部控制和审计人员计划审计工作的重要性

【内容】 请课后查找并阅读以下案例的相关信息,并回答相对应的问题,具体内容见下表:

序号	名称	问题
1	美国联区金融集团租赁公司审计案	①一份合格的总体审计策略需要哪些要素?在编制总体审计策略时为什么要考虑审计重要性水平问题?②本案例中的审计总体策略存在哪些问题?怎样解决?
2	巴克雷斯建筑公司审计案	①该案例对我国注册会计师审计有什么指导意义?②您怎样理解本案例中涉及的重要性水平?
3	"湘缆"公司破产案	①该案例中审计人员可以运用哪些审计程序来对其内容控制进行了解与测试?②如果您给该公司写管理建议书,应该从哪几个方面入手?
4	兰花岗矿务局内部控制系统评价案	①该案例中审计人员运用了哪些审计程序?其目的是什么?②测试中发现的问题对下一步实质性程序有何影响?

【要求】

1. 分小组进行案例的讨论,小组的每个成员分头查找并阅读上述案例的相关信息,每个小组围绕所提出的问题编写完成案例。
2. 小组在查找资料、编写完成案例的基础上,分析回答所提出的问题,并提出新的疑问。
3. 小组在讨论分析基础上,制作PPT,推选一名同学演讲其讨论分析的问题,重点在于介绍小组在讨论中对审计的本质、作用以及在经济社会生活中的重要作用的理解以及产生的疑问。
4. 小组以外的其他同学提问,小组内的其他成员补充回答问题。
5. 老师点评。

第六章 销售与收款循环审计

 本章要点

通过对本章内容的学习,你应了解和掌握如下知识和技能:
- 了解销售与收款循环的业务活动
- 理解销售与收款循环的风险识别与评估方法
- 掌握主营业务收入、应收账款和坏账准备的审计目标及其实质性程序
- 能够制定销售与收款循环各账户的审计目标
- 能够根据制定的审计目标确认审计范围和设计与执行控制测试与实质性程序
- 能够较熟练地完成销售与收款循环的所有工作底稿

 导读案例

康得新公司财务造假案例①

背景介绍:

康得新复合材料集团股份有限公司(以下简称康得新)成立于2001年,深圳中小板上市公司(股票代码:002450),是一家在先进高分子材料领域耕耘多年的高科技企业,致力于高分子复合膜材料的研发、生产和销售。

2019年1月,康得新因无力按期兑付15亿短期融资券本息,业绩真实性存疑,引起市场的广泛关注和高度质疑。证监会迅速反应,果断出击,决定对康得新涉嫌信息披露违法行为立案调查。

造假过程:

2015—2018年,康得新通过虚构销售业务、虚构采购、生产、研发费用、产品运输费用等方式,虚增营业收入、营业成本、研发费用和销售费用,导致2015年财务报告中虚增利润总额 2 242 745 642.37 元,占当期披露的经审计的利润总额的 136.22%;2016年财务报告中虚增利润总额 2 943 420 778.01 元,占当期披露的经审计的利润总额的 127.85%;2017年财务报告中虚增利润总额 3 908 205 906.90 元,占当期披露的经审计

---

① 参考资料:根据中国证监会官网资料整理。

的利润总额的134.19%;2018年财务报告中虚增利润总额2 436 193 525.40元,占当期披露的经审计的利润总额的711.29%。

此外,康得新还涉嫌未在相关年度报告中披露控股股东非经营性占用资金的关联交易和为控股股东提供担保,以及未如实披露募集资金使用情况等违法行为。上述行为导致康得新披露的相关年度报告存在虚假记载和重大遗漏。

年报审计:

瑞华会计师事务所为康得新2015—2017年年度财务报表提供审计服务时,均出具了标准无保留意见的审计报告。瑞华会计师事务所在销售与收款流程穿行测试、控制测试程序中,在营业收入、应收账款实质性程序中,未保持职业怀疑,未获取充分、适当的审计证据。

监管处罚:

康得新所涉及的信息披露违法行为持续时间长、涉案金额巨大、手段极其恶劣、违法情节特别严重。2020年9月,证监会发布行政处罚决定书,对康得新复合材料集团股份有限公司责令改正,给予警告,并处以60万元罚款;对钟玉等责任人给予警告,并处罚款。2021年4月6日,深交所发布公告宣布,对康得新实施重大违法强制退市,该公司股票终止上市。

为康得新提供审计服务的瑞华会计师事务所,在对康得新2015—2017年年度财务报表审计时,违反相关执业准则的规定,未能履行勤勉尽责义务,出具的报告存在虚假记载。2024年1月,中国证监会官网刊登了2024年第一份行政处罚决定书,主要涉及瑞华会计师事务所及相关责任人员,瑞华会计师事务所因为康得新财务造假事件被罚没1 783万元。

案例启示:

康得新的财务造假案,在我国的资本市场中并非个案,如果仅依靠资本市场自身的纠错机制,往往需要一个代价高昂的漫长过程。一方面,上市公司应实施外部审计机构强制轮换制度,保证外部审计机构的独立性。另一方面,各级监管部门要密切关注上市公司的异常现象,探索建立上市公司财务预警机制,将高风险企业作为重点监管对象,尽量提前预警,防止财务造假行为的发生。同时,新闻媒体和社会公众应积极参与外部监管,只有多管齐下才能减少公司造假的外部机会,有效提高公司治理水平。

【案例讨论题】

1. 结合本案例谈谈虚构销售业务对财务报表的影响表现在哪些方面?
2. 审计人员如何对营业收入、应收账款账户进行审计?

读一读

本教材第六章至第十章,我们将以执行企业会计准则、企业的财务报表审计为例。介绍业务循环的具体内容,以及对各业务循环中重要的财务报表项目如何进行审计测试。审计测试包括控制测试和对各类交易、账户余额实施实质性程序。

控制测试是在了解被审计单位内部控制、实施风险评估程序的基础上进行的,而了解内部控制主要是评价控制的设计以及是否得到执行,与被审计单位的业务流程关系密切,因此,对控制测试通常按照业务循环来实施,业务循环是指把紧密联系的交易种类和账户余额归入同一循环中,按照循环组织实施审计。一般而言,在财务报表审计中可将被审计单位的所有交易和账户余额划分为多个业务循环。由于各被审计单位的业务性质和规模不同,其业务循环的划分也应有所不同。我们将交易和账户余额划分为销售与收款循环、采购与付款循环、生产与存货循环、投资与筹资循环。分项目阐述各业务循环的审计。由于货币资金与上述多个业务循环和其他财务报表均密切相关。并且货币资金的业务和内部控制又有着不同于其他业务循环和其他财务报表项目的鲜明特征。所以将货币资金也视作一个业务循环来审计。

在审计实务中,对交易和账户余额的实质性程序,只可按财务报表的每个账户余额单独进行审计的称为账户法,也可按业务循环组织实施审计的称为循环法。一般而言,账户法与多数被审计单位账户设置体系及财务报表格式相吻合,具有操作方便的优点,但它将紧密联系的相关账户(存货和营业成本)人为地予以分割,容易造成整个审计工作的脱节和重复,使得审计效率低下;而循环法更符合被审计单位业务流程和内部控制设计的实际情况,不仅可以加深审计人员对被审计单位经济业务的理解,而且由于特定业务循环所涉及的财务报表项目分配给一组审计人员,便于审计人员的合理分工,能够提高审计工作效率与效果。

按照各财务报表项目与业务循环的相关程度,可以建立起各业务循环与其所涉及的主要财务报表项目(本教材不涉及特殊行业的财务报表项目)之间的对应关系,如表6-1所示。

表6-1 业务循环与主要财务报表项目对照表

业务循环	资产负债表项目	利润表项目
销售与收款循环	应收票据、应收账款、长期应收款、预收账款、应交税费	营业收入、营业税金及附加、销售费用
采购与付款循环	预付账款、固定资产、在建工程、工程物资、固定资产清理、无形资产、开发支出、商誉、长期待摊费用、应付票据、应付账款、长期应付款	管理费用
生产与存货循环	存货(包括材料采购和在途物资、原材料、材料成本差异、库存商品、发出商品、商品进销差价、委托加工物资、委托代销商品、受托代销商品、周转材料、生产成本、制造费用、劳务成本、存货跌价准备、受托代销商品款、包装物、低值易耗品、自制半成品等)、应付职工薪酬	营业成本
投资与筹资循环	交易性金融资产、应收股利、应收利息、其他应收款、其他流动资产、可供出售金融资产、持有至到期投资、长期股权投资、投资性房地产、递延所得税资产、其他非流动资产、短期借款、交易性金融负债、应付利息、应付股利、其他应付款、其他流动负债、长期借款、应付债券、专项应付款、预计负债、递延所得税负债、其他非流动负债、实收资本(股本)、资本公积、盈余公积、未分配利润	财务费用、资产减值损失、公允价值变动损益、投资收益、补贴收入、营业外收入、营业外支出、所得税费用

审计人员在划分业务循环时应注意各业务循环之间有一定联系,比如投资与筹资循环同采购与付款循环(也称支出循环)紧密联系,生产与存货循环则同其他所有业务循环均紧密联系。各业务循环之间的流转关系如图 6-1 所示。

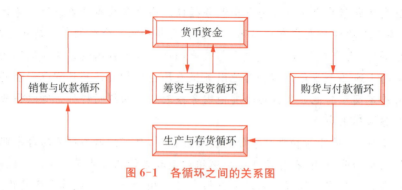

图 6-1　各循环之间的关系图

第一节　销售与收款循环的风险评估

一、本循环的主要业务活动

销售与收款业务是指企业对外销售商品、产品或提供劳务等收取货币资金的经营业务活动。一般来讲,其主要业务活动如图 6-2。

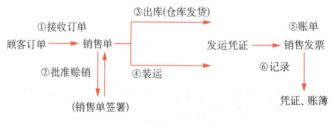

图 6-2　销售业务活动图

(一)销售部门接收订单

顾客提出订货单要求是整个销售与收款循环的起点。首先,销售部门的业务员接收顾客订单,其次,顾客订单要经销售经理授权审批,审批订单是否符合企业的销售政策,比如是否符合该产品的销售单价、运费支付方式、交货地点、三包承诺等;最后,销售单管理部门根据审批后的顾客订单编制连续编号的销售单,销售单是证明销售交易发生的有效凭据。在接受批准了客户订单之后,应编制一式多联的销售单。销售单是证明管理层有关销售交易的"发生"认定的凭据之一,也是此笔销售的交易轨迹的起点。

(二)信用部门批准赊销

信用管理经理按照企业赊销政策进行信用批准,复核顾客订单,并在销售单上签字;

对于超过单位既定信用政策规定范围的特殊销售交易,企业应当进行集体决策;信用批准的目的是降低坏账风险,由信用管理部门负责;信用管理部门与销售部门不能是同一个部门,要实施职责分离。设计信用批准控制的目的是降低坏账风险。因此,这些控制与应收账款账面余额"计价与分摊"认定有关。

(三) 仓库部门组织发货

仓库部门根据已批准的销售单供货,并编制连续编号的出库单,目的是为防止仓库在未经授权的情况下擅自发货。因此已批准销售单的其中一联通常要送达仓库,作为仓库按销售单供货和发货给装运部门的授权依据。

(四) 运输部门装运货物

运输部门(应与仓库部门分离)按销售单装运货物,在装运之前,要进行独立验证,以确定从仓库提取的商品都附有经批准的销售单,并且所提取商品的内容与销售单一致。装运凭证是指一式多联、连续编号的提货单,可由电脑和人工编制。装运凭证是证明销售交易是否发生的另一有效凭据(与"发生"认定有关)。

(五) 财务部门开具账单

开具账单包括编制和向顾客寄送事先连续编号的销售发票。目的是降低开具账单过程中出现遗漏、重复、错误计价或其他差错的风险,应设立以下的控制程序:

(1) 开具账单部门职员在编制每张销售发票之前,独立检查是否存在装运凭证和相应的经批准的销售单,目的是控制"发生"认定的错误,即确保只对实际装运的货物才开具账单,无重复开具账单或虚构交易。

(2) 依据已授权批准的商品价目表编制销售发票,目的是控制"准确性"认定的错误,即确保按已授权批准的商品价目表所列价格计价开具账单。

(3) 独立检查销售发票计价和计算的正确性,目的是控制"准确性"认定的错误。

(4) 将装运凭证上的商品总数与相对应的销售发票上的商品总数进行比较。目的是控制"完整性"认定的错误,即确保所有装运的货物都开具了账单。

上述的控制程序有助于确保用于记录销售交易的销售发票的正确性。因此,这些控制与销售交易的"发生""完整性"以及"准确性"认定有关。销售发票副联通常由开具账单部门保管。

(六) 会计部门记录销售

在手工会计系统中,记录销售的过程包括区分赊销、现销,按销售发票编制转账凭证、记账凭证或库存现金、银行存款收款凭证,再据以登记销售明细账和应收账款明细账或库存现金、银行存款日记账。审计人员主要关心的问题是销售发票是否记录正确,并归属适当的会计期间(对上市公司担心多记资产和业绩)。记录销售的控制程序包括以下内容:

(1) 只依据附有有效装运凭证和销售单的销售发票记录销售。这些装运凭证和销售单应能证明销售交易的发生及其发生的日期。能证明"发生"认定。

(2) 控制所有事先连续编号的销售发票。能证明"完整性"认定。

(3) 独立检查已处理销售发票上的销售金额同会计记录金额的一致性。能证明"准确性"和"计价和分摊"认定。

(4) 记录销售的职责应与处理销售交易的其他功能相分离。

(5) 对记录过程中所涉及的有关记录的接触予以限制，以减少未经授权批准的记录发生。能证明"发生"和"完整性"认定。

(6) 定期独立检查应收账款的明细账与总账的一致性。能证明"计价和分摊"认定。

(7) 定期向顾客寄送对账单，并要求顾客将任何例外情况直接向指定的未执行或记录销售交易的会计主管报告。

以上这些控制与"发生""完整性""准确性"以及"计价和分摊"认定有关。对这项职能，审计人员主要关心的问题是销售发票是否记录正确，并归属适当的会计期间。

（七）办理和记录现金、银行存款收入

这一活动涉及现销业务中库存现金和银行存款收入、赊销业务中应收账款收回记录。在办理和记录库存现金、银行存款收入时，最应关心的是货币资金失窃的可能性，因此，处理货币资金收入时最重要的是要保证全部货币资金都必须如数、及时地记入库存现金、银行存款日记账或应收账款明细账，并如数及时地将现金存入银行。在这方面汇款通知单起着很重要的作用。

（八）办理和记录销货退回、销货折扣与折让

客户如果对商品不满意，销售企业一般都会同意接受退货，或给予一定的销售折让；客户如果提前付款，销售企业则可能给予一定销售折扣。发生此类事项时，必须经过授权批准，严格使用贷项通知单。

（九）注销坏账情况

如果有确凿证据表明某项应收账款无法收回，经适当审批后注销这笔应收款项，注销坏账要登记备查登记簿。同时影响"计价和分摊"认定。

（十）提取坏账准备

合理估计可能发生的坏账损失，计提坏账准备。坏账准备提取的数额必须能够抵补企业以后无法收回的销货款。

二、了解本循环主要凭证和会计记录

在内部控制比较健全的企业，处理销售与收款业务通常需要使用很多凭证和会计记录。典型的销售与收款循环所涉及的主要凭证和会计记录有以下几种，见表6-2所示。

表6-2 销售与收款循环的主要凭证与会计记录

主要业务活动	原始凭证	记账凭证与账簿
接受订单	顾客订货单、销售单	生产指令
批准赊销	销售单	领发料凭证
按销售单发货及装运、向顾客开具销售发票	销售单、发运凭证、商品价目表、销售发票	记账凭证、营业收入明细账

(续表)

主要业务活动	原始凭证	记账凭证与账簿
记录销售业务、办理和记录货币资金收入	销售发票及附件、顾客月末对账单、汇款通知单、收款凭证	转账凭证、库存现金、银行存款收款凭证、应收账款明细账、销售明细账及现金日记账、银行存款日记账
办理和记录销货退回、折扣与折让、注销坏账与提取坏账准备	贷项通知单、应收账款账龄分析表、坏账审批表、董事会(管理层)决议	折扣与折让明细账

销售与收款循环涉及到的主要账户及其关系如图 6-3 所示。

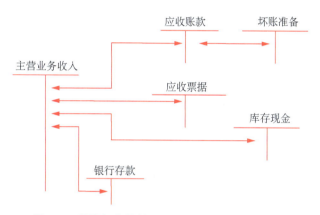

图 6-3　销售与收款循环涉及的主要账户及其关系

三、了解和描述相关的内部控制

审计人员通过检查被审计单位相关控制手册和其他书面指引，询问各部门的相关人员，观察操作流程等方式，并利用文字表述法、调查表法、流程图法等对销售与收款的交易流程进行了解。

(一) 关键控制活动

(1) 适当的职责分离。①赊销批准与销售职责要分离；②发货、开票、收款、记账的职责要分离；③坏账应由销售、记账和收款之外的其他人员确认。适当的职责分离有助于防止各种有意的或无意的错误。例如，主营业务收入账如果系由记录应收账款账之外的职员独立登记，并由另一位不负责账簿记录的职员定期调节总账和明细账，就构成了一项自动交互牵制；规定负责主营业务收入和应收账款记账的职员不得经手货币资金，也是防止舞弊的一项重要控制。另外，销售人员通常有一种乐观地对待销货数量的自然倾向，而不问它是否将以巨额坏账损失为代价，赊销的审批在一定程度上可以抑制这种倾向。因此，赊销批准职能与销货职能的分离也是一种理想的控制。审计人员通常通过观察有关人员的活动，以及与这些人员进行讨论，来实施职责分离的控制测试。

(2) 正确的授权审批。①赊销要经过有关部门或人员的批准。目的在于确保赊销业务符合企业的赊销政策,降低坏账损失发生的可能性。企业的信用部门或专门人员应负责建立并及时更新有关客户信用的记录,对信用额度内的赊销信用部门有权批准,超过这一额度则应由更高级别的主管人员负责审批;②货物的发出需要经过有关部门或人员的批准。企业的有关负责部门和人员必须在销售发票和发运凭证上作出恰当的审批;③销售价格、销售折扣与折让的确定须经有关部门或人员批准。目的是保证销货业务按照企业定价政策规定的价格开票收款;④坏账发生须经有关人员确认,坏账损失的处理须经授权批准。

(3) 充分的凭证和记录。①建立和健全各环节的凭证,比如,销货通知单、提货单、销售发票等;②各种凭证应顺序编号;③建立和健全各种账簿,并及时登账。例如,有的企业在收到顾客订货单后,就立即编制一份预先编号的一式多联的销售单,分别用于批准赊销、审批发货、记录发货数量及向顾客开具账单等。在这种制度下,只要定期清点销售发票,漏开账单的情形几乎就不会发生。相反的情况是,有的企业只在发货以后才开具账单,如果没有其他控制措施,这种制度下漏开账单的情况就很可能会发生。审计人员审计时从主营业务收入明细账中选出销售发票的存根,看其编号是否连续,有无不正常的缺号发票和重号发票。这种测试程序可同时提供有关真实性和完整性目标的证据。

(4) 定期核对账簿及记录。①定期核对各相关账户的总账和明细账,包括应收账款、主营业务收入等账户的总账与明细账等。②应按月向客户寄送对账单,核对应收账款余额。对不符的情况,应及时处理。核对工作应由出纳、登记销售和应收账款账以外的人进行。

(5) 独立复核。由独立的人员对销售与收款业务的记录过程和各种凭证进行复核,是实现内部控制目标不可缺少的一项控制措施。独立的复核人员应在他们核查的凭证上签字确认。

(二) 描述内部控制

审计人员可以通过文字说明法、调查表法和流程图法把被审计单位的内部控制描述出来,并记录于审计工作底稿。销售与收款循环的内部控制调查表如表6-3所示。

表6-3 销售与收款循环内部控制调查表(参考)

调查问题	回答			备注
	是	否	不适用	
一、控制环境 1. 信用部门与销售部门是分离的吗? 2. 发货、开票、收款、记账的职责是分离的吗? 3. 坏账是由销售、记账之外的人确认吗? 二、发生目标 1. 销货记录是否都有经批准的销货通知单和提货单? 2. 销货通知单、出库单是否连续编号? 三、完整性目标 1. 所有的发货是否均编制提货单? 2. 提货单是否连续编号? 3. 是否所有已开具的提货单都已开发票?				

(续表)

调查问题	回答			备注
	是	否	不适用	
四、授权目标				
1. 所有的销售是否都经过信用部门批准？				
2. 所有的价格和条款是否符合价目表和授权？				
3. 销货退回、折让与折扣、坏账注销是否都经过授权批准？				
五、准确性目标				
1. 是否核对提货单、销货通知单与销售发票？				
2. 是否核对销货发票与客户订单？				
3. 是否定期核对总账与明细账？				
4. 是否定期与客户对账？				
5. 是否有独立的人员对该循环过程及各种凭证进行复核？				
六、分类目标				
销售业务的记录是否采用恰当的会计科目？				
七、及时性				
销售业务是否及时入账？				
八、过账和汇总目标				
销售业务是否正确地计入明细账和总账？				

常用的工作底稿参考格式如 6-1 所示。

【格式 6-1】

了解和评价销售与收款循环的内部控制

被审计单位：_____   索引号：_____
项目：_____   财务报表截止日/期间：_____
编制：_____ 日期：_____   复核：_____ 日期：_____

1. 受本循环影响的相关交易和账户
   应收账款、营业收入、应交税费、预收款项
2. 主要业务活动

主要业务活动	是否在本循环中进行了解
接收及处理销售订单	
开具发票、销售退回和调整	
现金收款的处理	
顾客档案的维护	

3. 了解交易流程
   根据对交易流程的了解，记录如下：

(1) 被审计单位是否委托其他服务机构执行主要业务活动？如果被审计单位使用其他服务机构，请列示其他服务机构的名称地址及将对审计计划产生哪些影响？
_____
_____

(续表)

(2) 是否制定了相关的政策和程序以保持适当的职责分工？这些政策和程序是否合理？
_____
_____

(3) 自前次审计后,被审计单位的业务流程和控制活动是否发生重大变化？如果已发生变化,将对审计计划产生哪些影响？
_____
_____

(4) 是否识别出控制设计的不足或缺陷？是否识别出本期交易过程中发生的控制偏差？如果已识别出设计的不足(或缺陷)、控制偏差,产生的原因是什么,将对审计计划产生哪些影响？
_____
_____

(5) 是否识别出非常规交易或重大事项？如果已识别出非常规交易或重大事项,将对审计计划产生哪些影响？
_____
_____

(6) 是否进一步识别出其他风险？如果已识别出其他风险,将对审计计划产生哪些影响？
_____
_____

(7) 关键控制活动的描述

业务活动	关键控制点

(8) 了解对关联方的交易的控制活动
_____
_____

(9) 了解对会计分录的控制活动
_____
_____

(10) 界定主要交易循环及原因
_____
_____

4. 信息系统
　　应用软件

信息系统名称	计算机运作环境	来源

(续表)

初次安装后对信息系统进行的任何重大修改、开发与维护		
信息系统名称	重大修改、开发与维护的描述	修改日期

描述拟于未来实施的重大修改、开发与维护计划
_____
_____

本年度对信息系统进行的重大修改、开发与维护及其影响
_____
_____

5. 初步结论
_____
_____

6. 识别出重大的错报风险以及拟采取的应对措施
_____
_____

7. 沟通事项
是否需要就已识别出的内部控制设计或执行方面的见解、意见或建设性建议,与适当层次的管理层或治理层进行沟通?
_____
_____

编制说明:
一、本循环的内部控制的主要工作
1. 了解被审计单位销售与收款循环和财务报告相关的内部控制的设计,并记录获得的了解。
2. 针对销售与收款循环的控制目标,记录相关控制活动。
3. 执行穿行测试,证实对交易流程和相关控制的了解,并确定相关控制是否得到执行。
4. 记录在了解和评价销售与收款循环的控制设计和执行过程中识别的风险,以及拟采取的应对措施。
二、主要项目编制说明
1. 受本循环影响的相关交易和账户
此项仅列示主要交易和账户余,项目组应当根据被审计单位的实际情况确定受本循环影响的交易和账户。
2. 主要业务活动
此项项目组通常应在本循环中了解与上述业务活动相关的内部控制,如果计划在其他业务循环中对上述一项或多项业务活动的控制进行了解,应在此处说明原因。
3. 了解交易流程
(1) 了解对关联方的交易的控制活动
此项描述对关联方交易的授权、记录和披露的程序,识别并记录相关的关键控制。
(2) 了解对会计分录的控制活动
此项描述对本业务活动相关的会计处理过程,记录系统化和非系统化处理交易的会计分录控制活动,保证正确列示财务报表)
(3) 界定主要交易循环及原因
此项描述该交易循环是否为被审计单位的主要交易循环,并说明原因。
4. 沟通事项
此项描述见解、意见及建设性建议及与管理层、治理层的沟通详情。

四、穿行测试

审计人员应当选一笔或几笔销售与收款交易进行穿行测试。例如针对销售交易,追踪从订单处理、核准信息状况,填写订单并准备发货、开具销售发票,复核发票的准确性,生成记账凭证,并过账至应收账款、主营业务收入明细账和总账的整个交易流程,以证实对交易流程和相关控制的了解是否正确和完整,并确定相关控制是否得到执行。具体的工作底稿参考格式如 6-2 所示。

【格式 6-2】

销售与收款循环控制执行测试表(穿行测试)

被审计单位:_____ 索引号:_____
项目:_____ 财务报表截止日/期间:_____
编制:_____ 日期:_____ 复核:_____ 日期:_____

样本序号	业务内容	金额	凭证编号	测试内容	测试结果

初步评价结论:
_____
_____

五、确定本循环可能发生的错报风险

审计人员需要确定和了解销售与收款循环的错报容易在什么环节发生,即确定被审计单位应在哪些环节设置控制,以防止或发现并纠正各重要交易活动可能发生的错报。在销售与收款循环中可能发生错报的环节见表 6-4 所示。

表 6-4 销售与收款循环可能发生错报的环节

交易活动	可能发生的错报	关键控制点
接收订单	(1) 可能把商品销售给了未经授权的顾客; (2) 虚构销售交易	(1) 确定每位顾客都在已批准的顾客清单上; (2) 每次销售都有已批准的销售单; (3) 特殊销售的审批应得到特别授权
批准赊销	承接了不适当的信用风险而蒙受损失	(1) 信用部门须对所有新顾客做信用调查; (2) 在销售前,检查顾客的信用额度; (3) 要求被授权的信用部门人员在销售单上签字

(续表)

交易活动	可能发生的错报	关键控制点
发货及装运	(1) 可能有未经授权发出、装运的货物； (2) 发出、装运的货物可能与订购货物不符	(1) 按照经批准的销售单发货、装运货物； (2) 装运部门与发货部门职责要分离
开具发票	(1) 可能对虚构的交易开发票或重复开发票； (2) 销售发票可能计价错误	(1) 每张销售发票要有与之相匹配的销售单； (2) 有独立人员对销售发票进行内部核查
记录销售	(1) 发票可能未入账； (2) 可能未记入恰当的账户； (3) 可能未记入恰当会计期间	(1) 销售发票与销售明细账金额一致； (2) 赊销单据与应收账款明细账金额一致； (3) 每月定期向顾客寄对账单

在实务中，被审计单位常见的发生重大错报风险的情形如下：

(1) 隐瞒、转移或虚构销售收入，调节利润；

(2) 把自制产品用于本单位基建工程或福利部门时，未作销售处理。

(3) 把属于销售收入的金额纳入"折让""折扣"名义转移至"营业外收入"账户或截留纳入"小金库"。

(4) 将已经支出的不正当费用（如公费旅游、私人室内装潢等）直接用红字冲减销售收入或计入销售费用。

(5) 销售退回时，虚冲销售收入或把销售退回发生的运杂费混入销售一并冲销。

(6) 销售凭证保管不严或任意涂改，偷逃税金。

(7) 少提或多提坏账准备，人为调节利润。

六、初步进行风险评估

审计人员在对内部控制了解的基础上，通过评估各关键控制点和薄弱环节，来估计各控制目标的控制风险水平。评估控制风险的目的在于确定进行实质性测试对该内部控制的依赖程度。控制风险水平一般以高、中、低表示。审计人员据以评价控制风险的依据如表6-5所示：

表6-5 控制风险评价表

控制风险水平	确定理由	对下一步审计的影响
高	(1) 销售业务没有恰当的授权和审批程序； (2) 发运凭证和销售发票没有事先连续编号或未按顺序使用； (3) 应收账款明细账记录与总账不一致； (4) 销售业务记录严重滞后，或干脆漏计； (5) 许多应收账款长期挂账，而没有有效的催收制度。	在这种情况下，审计人员如果想确定所有资产负债表日已列示的应收账款均是由确实发生的销售业务引起的，就必须进行详细的测试工作。根据控制风险水平确定检查风险，不对内部控制进行控制测试而直接进入实质性阶段。

（续表）

控制风险水平	确定理由	对下一步审计的影响
中或低	(1) 客户的赊销业务经过适当的授权审批； (2) 客户及时地为每一项已批准的赊销业务编制了连续编号的销货通知单； (3) 商品发运是按照经批准的销货通知单进行的，并已开具连续编号的出库单和提货单； (4) 客户及时地向顾客开具连续编号的销售发票，并及时地将销售业务登记入账； (5) 主营业务明细账与销售发票的金额、日期均一致； (6) 客户每月定期给顾客寄送对账单； (7) 款项的收回及时登记入账，并定期编制银行存款余额调节表； (8) 每月月末，都会由一位没有参与赊销业务处理的职员核对月内发生的各种凭证，同时也核对明细账合计数与总账是否一致。	根据较低的控制风险水平，确定较高的检查风险，并计划实施必要的控制测试。 (1) 如果该控制测试能证明所确定的控制风险水平，则根据较高的检查风险水平计划较小规模的实质性测试； (2) 如果不能证明所确定的控制风险水平，则仍根据较高的控制风险水平计划实质性测试。

需要注意的是，如果被审计单位的相关内部控制不存在，或者被审计单位的相关内部控制未得到有效执行，则审计人员不应再继续实施控制测试，而应直接实施实质性程序。

第二节　销售与收款循环的控制测试

一、控制测试内容

在审计人员取得了内部控制的相关描述并进行了初步的控制风险评估之后，就需要确认被审计单位是否真正采用了其所描述的内部控制，也就是说，需要确定内部控制执行得是否有效。有关销货交易内部控制目标、内部控制和控制测试的关系如表6-6所示。

表6-6　销售交易的控制目标、关键内部控制和测试一览表

内部控制目标	关键内部控制	常用的控制测试	常用的交易实质性程序
1. 登记入账的销售交易确系已经发货给真实的客户（发生）	① 销售交易是以经过审核的发运凭证及经过批准的客户订购单为依据登记入账的。 ② 在发货前，客户的赊购已经被授权批准。 ③ 每月向客户寄送对账单，对客户提出的意见做专门追查。	① 检查销售发票副联是否附有发运凭证（或提货单）及销售单（或客户订购单）。 ② 检查客户的赊购是否经授权批准。 ③ 询问是否寄发对账单，并检查客户回函档案。	① 复核主营业务收入总账、明细账以及应收账款明细账中的大额或异常项目。 ② 追查主营业务收入明细账中的分录至销售单、销售发票副联及发运凭证。 ③ 将发运凭证与存货永续记录中的发运分录进行核对。

(续表)

内部控制目标	关键内部控制	常用的控制测试	常用的交易实质性程序
2. 所有销售交易均已登记入账（完整性）（主要通过原始凭证的连续编号完成）	① 发运凭证（或提货单）均经事先编号并已经登记入账。② 销售发票均经事先编号，并已登记入账。	① 检查发运凭证连续编号的完整性。② 检查销售发票连续编号的完整性。	将发运凭证与相关的销售发票和主营业务收入明细账及应收账款明细账中的分录进行核对。
3. 登记入账的销售数量确系已发货的数量，已正确开具账单并登记入账（计价和分摊）	① 销售有经批准的装运凭证和客户订购单支持将装运数量与开具账单的数量进行核对。② 从价格销售清单主文档获取销售单价。	① 检查销售发票有无支持凭证。② 检查比对留下的证据。③ 检查价格清单的准确性以及是否经过批准。	① 复算销售发票上的数据。② 追查主营业务收入明细账中的分录至销售发票。③ 追查销售发票上的详细信息至发运凭证、经批准的商品价目表和客户订购单。
4. 销售交易的分类恰当（分类）	① 采用适当的会计科目表。② 内部复核和核查。	① 检查会计科目表是否适当。② 检查有关凭证上内部复核和核查的标记。	检查证明销售交易分类正确的原始证据。
5. 销售交易的记录及时（截止）	① 采用尽量能在销售发生时开具收款账单和登记入账的控制方法。② 每月末由独立人员对销售部门的销售记录、发运部门的发运记录、财务部门的销售交易入账情况作内部核查。	① 检查尚未开具收款账单的发货和尚未登记入账的销售交易。② 检查有关凭证上内部核查的标记。	比较核对销售交易登记入账日期与发运凭证的日期。
6. 销售交易已经正确地记入明细账，并经正确汇总（准确性、计价和分摊）	① 每月定期给客户寄送对账单。② 由独立人员对应收账款明细账作内部核查。③ 将应收款明细账余额合计数与其总账余额进行比较。	① 观察对账单是否已经寄出。② 检查内部核查标记。③ 检查将应收账款明细账余额合计数与其总账余额进行比较的标记。	将主营业务收入明细账加总，追查其至总账的过账。

本循环常用的控制测试方式如下：

（1）从主营业务明细账中抽取部分业务记录，并与销货通知单、提货单、销售发票进行核对，确定它们的摘要、金额、日期等是否一致。目的在于检查销货业务是否全部、及时、正确地入账，账簿记录中的销售业务是否确实发生。如果主营业务明细账中载明的销售业务找不到对应的原始凭证，则表明该笔销售业务可能是虚构的。

（2）抽取部分发票副本进行检查。检查以下内容：①检查是否附有销货通知单、提货单和客户订单，并核对销售发票与客户订单、销货通知单、提货单所载明的品名、规格、数量、价格、日期是否一致;②检查销售发票是否连续编号,作废发票的处理是否正确;③检查销售发票上的价格等是否经过批准,以及数量、单价、金额是否正确。

(3) 核对销售发票与客户订单、销货通知单、提货单。主要核对它们所记载的品名、数量等是否一致。

(4) 抽取一定数量的出库单或提货单,与相关的销售发票核对。通过此核对检查可以发现是否存在已发出的商品未开发票和未记账的情况。

(5) 抽取一定数量的销售调整业务的会计凭证,复核有关销货退回、销售折扣与折让及坏账的核准与会计处理。主要复核:①有关销货退回、销售折扣与折让及坏账的业务有无授权审批手续;②有关凭证中的计算及金额是否正确。

(6) 检查是否定期核对应收账款。观察对账单的寄送情况,并检查顾客回函档案。

(7) 观察并询问职责分工情况。审计人员通过实地观察和询问了解该循环中的职责分工情况。

二、重新评估控制风险

审计人员完成上述程序后,将根据控制测试结果,对初步确定的控制风险水平进行修正,并在此基础上重新评估关于应收账款和收入的每一项财务报表认定的控制风险水平,确定其是否存在重大的薄弱环节。审计人员将根据重新评估的结果确定应收账款和收入的实质性测试计划,从而确定实质性测试的性质、范围和时间。同时,对测试过程中发现的问题,应在工作底稿中作出记录,并以适当的方式告知客户的管理当局。

课堂训练 6-1

【目标】 训练对销售与收款环节内部控制的了解和评价

【资料】 ABC 会计师事务所的 A 和 B 审计人员接受委派,对红星公司 2023 年度会计报表进行审计。甲公司尚未采用计算机记账。A 和 B 审计人员于 2023 年 11 月 1 日至 7 日对甲公司的内部控制制度进行了了解和测试,并在相关审计工作底稿中记录了了解和测试的事项,摘要如下:

(1) 红星公司产成品发出时,由销售部填制一式四联的出库单。仓库发出产成品后,将第一联出库单留存登记产成品卡片,第二联交销售部留存,第三、四联交会计部会计人员乙登记产成品总账和明细账。

(2) 会计人员戊负责开具销售发票。在开具销售发票之前,先核对装运凭证和相应的经批准的销售单,并根据已授权批准的商品价目填写销售发票的价格,根据装运凭证上的数量填写销售发票的数量。

【要求】 ①根据上述摘录,假定未描述其他内部控制未存在缺陷,请指出红星公司内部控制在设计与运行方面的缺陷,并提出改进建议。②根据对甲公司内部控制的了解和测试,请分别指出上述内部控制缺陷与哪些会计报表项目或科目的何种认定相关。

本循环控制测试的具体工作底稿参考格式如 6-3 所示。

【格式 6-3】

销售与收款循环的控制测试表

被审计单位：_____　　索引号：_____
项目：_____　　　　　财务报表截止日/期间：_____
编制：_____　　　　　复核：_____
日期：_____　　　　　日期：_____

1. 了解内部控制的初步结论

2. 控制测试结论

主要业务活动	控制目标	被审计单位的控制活动	相关的交易、账户余额	控制活动对实现控制目标是否有效（是/否）	控制活动是否得到执行（是/否）	控制活动是否有效运行（是/否）	控制测试结果是否支持风险评估结论（支持/不支持）	备注
管理及处理销售订单	仅接受在信用额度内的订单		应收账款					
	管理层核准销售订单的价格及销售条款		应收账款 主营业务收入					
	已记录的销售订单的内容准确		应收账款 主营业务收入					
	订单及取消的订单已准确输入		应收账款 主营业务收入					
	销售订单均已完整且准确地转入发货及开具发票活动		应收账款 主营业务收入					
开具发票、销售退回和调整	已记录的销售均确已发出货物		应收账款 主营业务收入					
	已记录的销售交易计价准确		应收账款 主营业务收入					
	使用经核准的交易条款及价格开具发票		应收账款 主营业务收入					
	发票已经准确地计算并记录		应收账款 主营业务收入					
	所有已发货的货物均已开具发票		应收账款 主营业务收入					

（续表）

主要业务活动	控制目标	被审计单位的控制活动	相关的交易、账户余额	控制活动对实现控制目标是否有效（是/否）	控制活动是否得到执行（是/否）	控制活动是否有效运行（是/否）	控制测试结果是否支持风险评估结论（支持/不支持）	备注
开具发票、销售退回和调整	所有开具的发票都已记录		应收账款					
	销售货物交易及发票均已记录于适当期间		主营业务收入					
	已记录的销售退回、折扣与折让及应收账款的调整等均已经按照政策执行		应收账款 主营业务收入					
	已记录的销售退回、折扣与折让均已业经核准		应收账款					
	已发生的销售退回、折扣与折让均确已记录		应收账款及主营业务收入					
	已发生的销售退回、折扣与折让均记录于恰当期间		应收账款					
	已发生的销售退回、折扣与折让均确已准确记录		应收账款 主营业务收入					
	适当列报销售和应收账款信息，且已列报所有公允列报所必需的及遵循职业准则或法规要求的信息		应收账款					
收款的处理	收款是真实发生的且仅输入一次		应收账款 主营业务收入					
	准确记录收款		应收账款					
	收款均已记录		应收账款					
	收款均已记录于收到的期间内		应收账款					
	监督应收账款及时收回		应收账款					
	准确计提坏账准备和核销坏账，并记录于恰当期间		应收账款					
	应收账款采用的会计政策反映现存的营业环境及经济情况		应收账款					
顾客档案的维护	对顾客档案的变更均为真实有效的		应收账款 主营业务收入					

(续表)

主要业务活动	控制目标	被审计单位的控制活动	相关的交易、账户余额	控制活动对实现控制目标是否有效（是/否）	控制活动是否得到执行（是/否）	控制活动是否有效运行（是/否）	控制测试结果是否支持风险评估结论（支持/不支持）	备注
顾客档案的维护	所有的顾客档案的真实变更已输入及处理		应收账款 主营业务收入					
	对顾客档案变更的记录均为准确的		应收账款 主营业务收入					
	确保顾客档案数据及时更新		应收账款 主营业务收入					

编制说明：1. 表中了解内部控制的初步结论应当根据了解本循环控制的设计并评估其执行情况所获取的审计证据，来评价控制设计是否合理，并得到执行。

2. 表中主要业务活动及对应的控制目标、常用控制活动等内容仅为参考，需根据被审计单位的实际情况进行调整。

3. 表中"控制活动对实现控制目标是否有效"和"控制活动是否得到执行"的结论来源于了解程序。

4. 表中"控制活动是否有效运行"的结论来源于控制测试过程。

第三节 主要账户的实质性程序

根据会计报表项目与业务循环的相关程度，销售与收款循环涉及的资产负债表项目主要包括应收票据、应收账款、预收账款、应交税费，所涉及的利润表项目主要包括营业收入、营业税金及附加、销售费用等。本节我们重点介绍营业收入与应收账款的审计，其他项目的审计与此类似。

一、营业收入的实质性程序

营业收入审计目标与财务报表的认定、审计程序的对应关系如表6-7和6-8所示。

表6-7 营业收入审计目标与财务报表认定对应关系表

审计目标	财务报表认定					
	发生	完整性	准确性	截止	分类	与列报相关的认定
① 利润表中记录的营业收入已发生，且与被审计单位有关	√					
② 所有应当记录的营业收入均已记录		√				

(续表)

审计目标	财务报表认定					
	发生	完整性	准确性	截止	分类	与列报相关的认定
③与营业收入有关的金额及其他数据已恰当记录			√			
④营业收入已记录于正确的会计期间				√		
⑤营业收入已记录于恰当的账户					√	
⑥营业收入已按照企业会计准则的规定在财务报表中作出恰当的列报						√

表6-8　主营业务收入审计目标与审计程序对应关系表

审计目标	可供选择的审计程序
③	1. 获取或编制主营业务收入明细表
①②③	2. 实质性分析程序(必要时,因为前提是有预期关系)
①②③④	3. 检查主营业务收入的确认条件、方法是否符合企业会计准则,前后期是否一致;关注周期性、偶然性的收入是否符合既定的收入确认原则、方法(正查、反查)
①③	4. 结合对应收账款的审计,选择主要客户函证本期销售额
④	5. 销售的截止测试
①②③④⑤	6. 检查有无特殊的销售行为,如:委托代销、分期收款销售、商品需要安装和检验的销售、附有退回条件的销售、售后租回、售后回购、以旧换新、出口销售等,选择恰当的审计程序进行审核
⑥	7. 检查营业收入是否已按照企业会计准则的规定在财务报表中作出恰当列报
③	8. 获取产品价目目录,抽查售价是否符合价格政策,并注意销售给关联方或关系密切的重要客户价格是否合理,有无以高价或低价结算相互之间转移利润的现象
①②③④	9. 抽取本期一定数量的发运凭证,审查存货出库日期、品名、数量是否与销售发票、销售合同、记账凭证等相一致
①③④	10. 抽查本期一定数量的记账凭证,审查入账日期、品名、数量、单价、金额等是否与销售发票、销售合同、发运凭证等一致
①	11. 对于出口销售,应当将销售记录与报关单、货物提单、销售发票等出口销售单据进行核对,必要时向海关函证
①	12. 存在销售退回的,检查相关手续是否符合规定,结合原始销售凭证检查其会计处理是否正确,结合存货项目审查其真实性
③	13. 销售折扣与折让的检查

(一)取得或编制主营业务收入明细表

审计人员取得或编制主营业务收入明细表,与总账、明细账核对是否一致,并作为实施分析程序的基本资料。

(二)检查主营业务收入的确认条件、方法

审计人员要查明主营业务收入的确认条件、方法,注意是否符合企业会计准则,前后期是否一致;关注周期性、偶然性的收入是否符合既定的收入确认原则、方法。

(三)实施以下实质性分析程序(必要时)

(1)针对已识别需要运用分析程序的有关项目,并基于对被审计单位及其环境的了解,通过进行以下比较,同时考虑有关数据间关系的影响,以建立有关数据的期望值:

① 将本期的主营业务收入与上期的主营业务收入、销售预算或预测数等进行比较,分析主营业务收入及其构成的变动是否异常,并分析异常变动的原因;

② 计算本期重要产品的毛利率,与上期或预算或预测数据比较,检查是否存在异常,各期之间是否存在重大波动,查明原因;

③ 比较本期各月各类主营业务收入的波动情况,分析其变动趋势是否正常,是否符合被审计单位季节性、周期性的经营规律,查明异常现象和重大波动的原因;

④ 将本期重要产品的毛利率与同行业企业进行对比分析,检查是否存在异常;

⑤ 根据增值税发票申报表或普通发票,估算全年收入,与实际收入金额比较。

(2)确定可接受的差异额;

(3)将实际的情况与期望值相比较,识别需要进一步调查的差异;

(4)如果其差额超过可接受的差异额,调查并获取充分的解释和恰当的佐证审计证据;

(5)评估分析程序的测试结果。

(四)实施销售的截止测试

(1)目的。确定被审计单位主营业务收入业务的会计记录归属期是否正确,即是否有应计入本期被推迟至下期,或者应计入下期的是否提前至本期。

(2)关键日期。发票开具日期或者收款日期、记账日期和发货日期。

(3)检查关键。检查三个日期是否归属于同一适当会计期间是主营业务收入截止测试的关键。

(4)三条审计线路。销售的截止测试的三条路线比较及优缺点如表 6-9 所示。

表 6-9 销售的截止测试的三条路线对比表

起点	方法	路线	目的	优点	缺点
以账簿记录为起点	逆差法	从报表日前后若干天的账簿记录查至记账凭证,检查发票存根与发运凭证	证实已入账收入是否在同一期间已开具发票并发货,有无多记收入。使用这种方法主要是为了防止多计主营业务收入	比较直观,容易追查至相关凭证记录	缺乏全面性和连贯性,只能查多记,无法查漏记
以销售发票为起点	顺差法	抽取在报表日前后使用的若干张发票存根,追查至发运凭证和账簿记录	确定已开具发票的货物是否已发货并于同一会计期间确认收入。防止低估收入	较全面、连贯,容易发现漏记收入	较费时费力,尤其难以查找相应的发货及账簿记录,不易发现多计收入

(续表)

起点	方法	路线	目的	优点	缺点
以发运凭证为起点	顺差法	从报表日前后若干天的发运凭证,查至发票与账簿记录	确定主营业务收入是否已计入恰当的会计期间。使用这种方法主要也是为了防止少计主营业务收入	较全面,连贯,容易发现漏记的收入	较费时费力,尤其难以查找相应的发货及账簿记录不易发现多计收入

营业收入实质性程序常用的工作底稿参考格式 6-4 到 6-6。

【格式 6-4】

营业收入审定表

被审计单位:_____ 索引号:_____
项目:_____ 财务报表截止日/期间:_____
编制:_____ 复核:_____
日期:_____ 日期:_____

项目类别	本期未审数	账项调整		本期审定数	上期审定数	索引号
		借方	贷方			
一、主营业务收入						
二、其他业务收入						
营业收入合计						

调整分录:

内容	科目	金额	金额	金额	金额	

审计结论:

【格式 6-5】

主营业务收入明细表

被审计单位：_____　　　　索引号：_____
项目：_____　　　　　　　财务报表截止日/期间：_____
编制：_____　　　　　　　复核：_____
日期：_____　　　　　　　日期：_____

月份	主营业务收入明细项目					
	合计	产品A	产品B	产品C	…	
1						
2						
…						
12						
合计						
上期数						
变动额						
变动比例						

审计结论：

【格式 6-6】

主营业务收入截止测试

被审计单位：_____　　　　索引号：_____
项目：_____　　　　　　　财务报表截止日/期间：_____
编制：_____　　　　　　　复核：_____
日期：_____　　　　　　　日期：_____

从发货单到明细账

编号	发货单		发票内容					明细账				是否跨期 √(×)
	日期	号码	日期	客户名称	货物名称	销售额	税额	日期	凭证号	主营业务收入	应交税费	

(续表)

截止日前 截止日期：××××年12月31日 截止日后								

审计说明：
1. 抽取样本数量为不少于××笔，检查发现跨期事项存在则扩大样本量进行审计。2. 结合函证（索引号××××），以及检查销售合同进行审计。
审计结论：

二、应收账款的实质性程序

应收账款审计目标与财务报表的认定、审计程序的对应关系如表6-10和6-11所示。

表6-10 应收账款审计目标与财务报表认定对应关系表

审计目标	财务报表认定				
	存在	完整性	权利和义务	计价和分摊	与列报相关的认定
① 资产负债表中记录的应收账款是存在的	√				
② 所有应当记录的应收账款均已记录		√			
③ 记录的应收账款由被审计单位拥有或控制			√		
④ 确定应收账款及其坏账准备余额是否正确				√	
⑤ 应收账款已按照企业会计准则的规定在财务报表中作出恰当列报					√

表6-11 应收账款审计目标与审计程序对应关系表

审计目标	可供选择的审计程序
①②④	1. 检查涉及应收账款的相关财务指标（即做实质性分析）
④	2. 获取或编制应收账款账龄分析表
①③④	3. 对应收账款进行函证（难以实现"完整性"）
①	4. 对未函证应收账款实施替代审计程序，以验证应收账款的真实性
④	5. 检查坏账的确认与处理
①	6. 复核应收账款和相关总分类账、明细分类账和现金日记账，调查异常项目。对大额或异常、关联方应收账款，即使回函相符，仍应抽查其原始凭证

(续表)

审计目标	可供选择的审计程序
①②③④	7. 标明应收关联方[包括持股5%以上(含5%)股东]的款项,执行关联方及其交易审计程序,并注明合并报表时应予抵销的金额;对关联企业、有密切关系的主要客户的交易事项作专门核查
③	8. 检查银行存款和银行借款等询证函的回函、会议纪要、借款协议和其他文件,确定应收账款是否已被质押或出售,应收账款的贴现业务是否满足金融资产转移终止确认条件,其会计处理是否正确
④	9. 取得或编制应收账款明细表
①	10. 确定已经收回的应收账款金额
①	11. 抽查有无不属于结算业务的债权
⑤	12. 确定应收账款的列报是否恰当

(一)取得或编制应收账款明细表,分析有贷方余额的项目,查明原因,必要时,建议做重分类调整

在企业会计核算中,应收账款明细账的余额一般在借方,表示被审计单位应收而未收的债权。如果某一应收账款明细账的余额在贷方,此时其性质不是应收债权,而是预收款项。对于出现贷方余额的项目,应查明原因,必要时作重分类调整。大额的贷方余额,必须查验相关合同和凭证,确认是预收账款,方可重分类调整。

(二)检查涉及应收账款的相关财务指标

(1)复核应收账款借方累计发生额与主营业务收入是否合理,并将当期应收账款借方发生额占销售收入净额的百分比与管理层考核指标比较和被审计相关赊销政策比较,如存在异常应查明原因;(一般与信用政策和市场行情等有关,若没有变,则存在一定的规律性)(间接查出是否有虚构的收入)

(2)计算应收账款周转率、应收账款周转天数等指标,并与被审计单位相关赊销政策、被审计单位以前年度指标、同行业同期相关指标对比分析,检查是否存在重大异常。

(三)获取或编制应收账款账龄分析表,检查应收账款账龄分析是否正确

账龄是指从销售实现、产生应收账款之日起,至资产负债表日止所经历的时间。审计人员应获取或编制应收账款账龄及坏账准备分析表,同时结合上年底稿对一年以上的应收账款的账龄进行分析,找出差异原因,以便了解应收账款的可收回性、坏账准备计提的充分性。应收账款账龄及坏账准备分析表如表6-12所示。

表6-12 应收账款账龄与坏账准备分析表
年 月 日

货币单位:

账龄	期末余额			
	金额	占总额的比例	坏账准备的计提比例	坏账准备
1年以内				

(续表)

账龄	期末余额			
	金额	占总额的比例	坏账准备的计提比例	坏账准备
1—2年				
2—3年				
3年以上				
合计				

（四）向债务人函证应收账款

函证是指审计人员为了获取影响财务报表或者相关披露认定的项目的信息，通过直接来自第三方对有关信息和现存状况的声明，获取和评价审计证据的过程。函证应收账款的目的在于证实应收账款账户余额的存在、正确性，防止或发现被审计单位及其有关人员在销售交易中发生错误或舞弊行为。通过函证应收账款，可以比较有效地证明被询证者（即债务人）的存在或被审计的记录的可靠性。

审计人员应当考虑被审计单位的经营环境、内部控制的有效性、应收账款账户的性质、被询证者处理询证函的习惯做法及回函的可能性等，以确定应收账款函证的范围、对象、方式和时间。

1. 函证的范围和对象

除非有充分证据表明应收账款对被审计单位财务报表而言不重要或函证很可能无效，否则，审计人员必须对应收账款进行函证。如果不对应收账款进行函证，应在工作底稿中说明理由。如果认为函证很可能无效，审计人员应当实施替代审计程序获取充分、适当的审计证据。函证数量的多少、范围是由诸多因素决定的。主要包括：

（1）应收账款在全部资产中的重要性。如果应收账款在全部资产中所占的比重较大，则函证的范围应相应大一些。

（2）被审计单位内部控制的强弱。如果内部控制制度较健全，则可以减少函证范围；反之，则应扩大函证范围。

（3）以前年度的函证结果。如果以前期间函证中发现过重大差异，或者欠款纠纷较多，则函证范围应相应扩大些。

一般情况下，审计人员应选择以下项目作为函证对象：

（1）大额或账龄较长的项目；
（2）与债务人发生纠纷的项目；
（3）关联方项目；
（4）主要客户（包括关系密切的客户）项目；
（5）交易频繁但期末余额较小甚至为零的项目；
（6）可能产生重大错报或舞弊的非正常的项目。

2. 函证方式的选择

如果采用积极式的函证方式，则可以相应减少函证量；若采用消极式的函证方式，则要相应增加函证量。

(1) 积极式函证方式。采用积极式函证方式,审计人员要求被询证者在所有情况下必须回函,确认询证函中列示信息是否正确,或填列询证函要求的信息。积极式询证函方式的种类及特点,如表 6-13 所示;积极式询证函见参考格式 6-7、6-8、6-9 所示。

表 6-13　积极式函证方式种类及特点

积极式函证的两种方式	特点
在询证函中列明拟函证的账户余额或其他信息,要求被询证者确认所函证的款项是否正确	询证函的回复能够提供可靠的审计证据,但被询证者可能对所列示信息根本就不加以验证就予以回函确认
在询证函中不列明账户余额或其他信息,而要求被询证者填写有关信息或提供进一步信息	可能会导致回函率降低,进而导致审计人员执行更多的替代程序

【格式 6-7】　积极式询证函(1)

企业询证函

_____ 公司：　　　　　　　　　　　　　　　　　　　　编号：

　　本公司聘请的____会计师事务所有限公司正在对本公司 20XX 年度财务报表进行审计,按照中国注册会计师审计准则的要求,应当询证本公司与贵公司的往来账项等事项。下列信息出自本公司账簿记录,如与贵公司记录相符,请在本函下端"信息证明无误"处签章证明;如有不符,请在"信息不符"处列明不符项目。如存在与本公司有关的未列入本函的其他项目,也请在"信息不符"处列出这些项目的金额及详细资料。回函请直接寄至____会计师事务所有限公司_____项目组_____(姓名)。

回函地址：　　　　　　　　　　　邮编：

电　话：　　　　传真：　　　　联系人：

　　1. 本公司与贵公司的往来账项列示如下：

单位:元

截止日期	贵公司欠	欠贵公司	备注

　　2. 其他事项。

　　本函仅为复核账目之用,并非催款结算。若款项在上述日期之后已经付清,仍请及时函复为盼。

(被审计单位盖章)

年　月　日

结论:	
1. 信息证明无误。 （被询证公司盖章） 年 月 日 经办人：	2. 信息不符,请列明不符项目及具体内容。 （被询证公司盖章） 年 月 日 经办人：

【格式6-8】 积极式询证函(2)

企业询证函

_____公司：　　　　　　　　　　　　　　　　　　　　　　编号：

　　本公司聘请的____会计师事务所有限公司正在对本公司20XX年度财务报表进行审计,按照中国注册会计师审计准则的要求,应当询证本公司与贵公司的往来账项等事项。请列示截至____年____月____日贵公司与本公司往来款项余额。回函请直接寄至____会计师事务所有限公司_____项目组_____（姓名）。

回函地址：　　　　　　　　　　　　邮编：

电话：　　　　　传真：　　　　　联系人：

　　本函仅为复核账目之用,并非催款结算。若款项在上述日期之后已经付清,仍请及时函复为盼。

（被审计单位盖章）
年 月 日

1. 本公司与贵公司的往来账项列示如下：

单位:元

截止日期	贵公司欠	欠贵公司	备注

2. 其他事项。

　　本函仅为复核账目之用,并非催款结算。若款项在上述日期之后已经付清,仍请及时函复为盼。

（被询证公司盖章）
年 月 日
经办人：

(2) 消极式函证方式。采用这种函证方式，审计人员要求被询证者仅在不同意询证函列示信息的情况下才予以回函。消极式询证函，如格式 6-9 所示。

(3) 函证方式的选择。在审计实务中，审计人员可单独采用积极或消极的函证方式实施函证，也可将两种方式结合起来使用。积极式函证方式通常比消极式函证方式提供的审计证据可靠。当同时存在以下情况时，审计人员可以考虑采用消极函证方式：重大错报风险评估为低水平；涉及大量余额较小的账户；预期不存在大量的错误；没有理由相信被询证者不认真对待函证。

【格式 6-9】 消极式询证函

企业询证函

_____公司： 编号：

本公司聘请的____会计师事务所有限公司正在对本公司 20XX 年度财务报表进行审计，按照中国注册会计师审计准则的要求，应当询证本公司与贵公司的往来账项等事项。下列信息出自本公司账簿记录，如与贵公司记录相符，则无需回复；如有不符，直接回函寄至____会计师事务所有限公司_____项目组_____（姓名），并在空白处列明贵公司认为正确的信息。

回函地址：　　　　　　　　　　邮编：
电话：　　　　　传真：　　　　联系人：

本函仅为复核账目之用，并非催款结算。若款项在上述日期之后已经付清，仍请及时函复为盼。

（被审计单位盖章）
年　月　日

1. 本公司与贵公司的往来账项列示如下：

单位：元

截止日期	贵公司欠	欠贵公司	备注

2. 其他事项。

本函仅为复核账目之用，并非催款结算。若款项在上述日期之后已经付清，仍请及时函复为盼。

（被询证公司盖章）
年　月　日
经办人：

3. 函证时间的选择

为了充分发挥函证的作用,应恰当选择函证的实施时间。审计人员通常以资产负债表日为截止日,在资产负债表日后适当时间实施函证。如果重大错报风险评估为低水平,审计人员可选择资产负债表日前适当的日期为截止日实施函证,并对所函证项目自该截止日起至资产负债表日止发生的变动实施实质性程序。

4. 函证的控制

审计人员通常利用被审计单位提供的应收账款明细账户名称及客户地址等资料编制询证函,但审计人员应当对选择被询证者、设计询证函以及发出和收回询证函保持控制。具体的控制措施有:将被询证者的名称、地址与被审计单位有关记录核对;将询证函中列示的账户金额或其他信息与被审计单位有关资料核对;询证经被审计单位盖章后,由审计人员直接发出;在询证函中指明直接向接受审计业务委托的会计师事务所回函;将发出询证函的情况记录于工作底稿;将收到的回函形成工作底稿并汇总统计函证结果等。实务中,审计人员一般通过完成函证结果汇总表的方式对询证函的收回情况加以控制。应收账款函证结果汇总表如表6-14所示。

表6-14 函证结果汇总表

函证编号	债务人名称	债务人地址	函证日期		账面金额	函证结果	差异金额及说明	审定金额
			第一次	第二次				

5. 函证结果差异的分析

收回的询证函若有差异,即函证出现了不符事项,审计人员应当首先提请被审计单位查明原因,并作进一步分析和核实。不符事项的原因可能是由于双方登记入账的时间不同,或是由于一方或双方结账错误,也可能是被审计单位的舞弊行为。对应收账款而言,登记入账的时间不同而产生的不符事项主要表现为:①询证函发出时,债务人已经付款,而被审计单位尚未收到货款;②询证函发出时,被审计单位的货物已经发出并已作销售记录,但货物仍在途中,债务人尚未收到货物;③债务人由于某种原因将货物退回,而被审计单位尚未收到;④债务人对收到的货物的数量、质量及价格等方面有异议而全部或部分拒付货款的。如果不符事项构成错误,审计人员应当重新考虑所实施审计程序的性质、时间和范围。

6. 对函证结果的总结和评价

审计人员对函证结果可进行如下评价:

(1)审计人员应重新考虑:对内部控制的原有评价是否适当;控制测试的结果是否适当;分析程序的结果是否适当;相关的风险评价是否适当等。

(2)如果函证结果表明没有审计差异,则审计人员可以合理地推论,全部应收账款总体是正确的。

(3)如果函证结果表明存在审计差异,审计人员则应当估算应收账款总额中可能出现的累计差错是多少,估算未被选中进行函证的应收账款的累计差错是多少。为取得对应收账款累计差错更加准确的估计,也可以进一步扩大函证范围。

需要指出的是审计人员应当将询证函回函作为审计证据,纳入审计工作底稿管理,询证函回函的所有权归属所在会计师事务所。除法院、检察院及其他有关部门依法查阅审计工作底稿、注册会计师协会对执业情况进行检查以及前后任注册会计师沟通等情况外,会计师事务所不得将询证函回函提供给被审计单位作为法律诉讼证据。

课堂训练 6-2

【目标】 训练询证函的填写

【资料】 联合会计师事务所注册会计师王成 2024 年 1 月 28 日在对联大公司 2023 年应收账款进行审计时了解到,应收账款明细账中的部分情况如下:

序号	客户名称	年末余额	账龄	本年度交易额
(1)	广东富豪公司	150 万元	2 个月	350 万元
(2)	上海光大公司	40 万元	3 个月	100 万元
(3)	浙江耀华公司	8 万元	2 年零 3 个月	0
(4)	北京宇天公司	0 元	—	400 万元

联大公司本年销售总额 1 200 万元。

联合会计师事务所地址:北京市朝阳区垡头西里 3 区 18 号,邮政编码:100023,联系电话:010-52072037,联系人:王成。

【要求】 请回答审计人员对上述四家公司是否均需要函证?如果需要,你认为对他们应分别采用何种方式函证?为什么?并请为所选择函证对象填写相应询证函(询证函参见格式 6-7、6-8、6-9)

课堂训练 6-3

【目标】 训练对应收账款是否存在进行测试。

【资料】 审计人员王东于 2024 年 2 月 10 日对东方公司 2023 年 12 月 31 日资产负债表中的"应收账款"进行了审计,东方公司应收账款总账余额为 14 600 000 元。鉴于该单位应收账款金额较大,于是决定对该单位应收账款进行函证。该公司应收账款共 50 户,其中,大额应收账款明细 9 户,总金额为 13 578 000 元。具体资料如下:

应收账款明细账余额:

序号	公司名称	方向	金额	序号	公司名称	方向	金额
(1)	大地公司	借方	3 250 000	(6)	长城公司	借方	1 436 000
(2)	东华公司	借方	2 734 000	(7)	泰和公司	借方	1 900 000
(3)	大明公司	借方	2 530 000	(8)	宏基公司	贷方	1 096 000

(续表)

序号	公司名称	方向	金额	序号	公司名称	方向	金额
(4)	明日公司	借方	2 500 000	(9)	嘉禾公司	贷方	1 476 000
(5)	南方公司	借方	1 800 000	—			

上述函证信已于2月27日全部按规定回函,王东发现除下列单位回函不符外,其他均无误。"函证结果汇总表"的索引号为A4-2。大明公司称有2 300 000元的货款根本不存在。南方公司称1 800 000元的货款已于2023年12月28日付讫。长城公司称1 230 000元的货款已于2023年9月8日付讫。

对于上述问题王东实施了以下审计程序:

(1) 采用替代审计程序,证实大明公司货款没有原始凭证支持,货款系虚构,并同时虚构收入。

(2) 检查审阅东方公司2023年的有关凭证,证实南方公司的货款已于2024年1月2日收讫。

(3) 经过询问和检查证实长城公司的货款已被出纳挪用。

(4) 检查东方公司未审财务报表应收账款项目金额为14 600 000元,应收账款总账金额为14 600 000元。

【要求】

(1) 根据资料选择恰当的函证方式对东方公司应收账款进行函证。

(2) 根据资料对大额应收账款编制"函证结果汇总表"(参见格式6-12),并进行相关账务调整。

(3) 根据资料填制"应收账款审定表"(参见格式6-10)。

三、坏账准备的实质性程序

企业会计准则规定,企业应当在期末对应收款项进行检查,并合理预计可能产生的坏账损失。应收款项包括应收票据、应收账款、预付款项、其他应收款和长期应收款等。下面以应收账款相关的坏账准备为例,阐述坏账准备审计常用的实质性程序。

(1) 取得或编制坏账准备明细表,复核加计是否正确,与坏账准备总账数、明细账合计数核对是否相符。

(2) 将应收账款坏账准备本期计提数与资产减值损失相应明细项目的发生额核对是否相符。

(3) 检查应收账款坏账准备计提和核销的批准程序,取得书面报告等证明文件,评价计提坏账准备所依据的资料、假设及方法。

企业应根据所持应收账款的实际可收回情况。合理计提坏账准备,不得多提或少提,否则应视为滥用会计估计,按照重大会计差错更正的方法进行会计处理。

在确定坏账准备的计提比例时,企业应当在综合考虑以往的经验、债务单位的实际财务状况和预计未来现金流量(不包括尚未发生的未来信用损失)等因素,以及其他相关信息的基础上做出合理估计。

(4) 实际发生坏账损失的,检查转销依据是否符合有关规定,会计处理是否正确。对于被审计单位在被审计期间内发生的坏账损失,审计人员应检查其原因是否清楚。是否符合有关规定,有无授权批准,有无已作坏账处理后又重新收回的应收账款,相应的会计处理是否正确。对有确凿证据表明确实无法收回的应收账款,如债务单位已撤销、破产、资不抵债、现金流量严重不足等,企业应根据管理权限,经股东(大)会或董事会,或经理(厂长)办公会或类似机构批准作为坏账损失,冲销提取的坏账准备。

(5) 已经确认并转销的坏账重新收回的,检查其会计处理是否正确。

(6) 检查函证结果。对债务人回函中反映的例外事项及存在争议的余额,审计人员应查明原因并作记录。必要时,应建议被审计单位作相应的调整。

(7) 实施分析程序。通过比较前期坏账准备计提数和实际发生数,以及检查期后事项,评价应收账款坏账准备计提的合理性。

(8) 确定应收账款坏账准备的披露是否恰当。企业应当在财务报表附注中清晰地说明坏账的确认标准、坏账准备的计提方法和计提比例。

课堂训练 6-4

【目标】 训练坏账准备的测试

【资料】 联合会计师事务所注册会计师王成 2024 年 1 月 28 日在对联大公司 2023 年应收账款进行审计时了解到,应收账款明细账中的部分情况如下:

(1) 联大公司坏账准备本期期末账面金额为 248 万元。

(2) 期末应收账款中账龄 9 个月应收 Z 公司的货款 60 万元,有确凿证据表明只能收回 30%。

(3) 联大公司董事会决定的坏账计提比例及该公司年末应收款项的具体情况为:

年限划分	1 年以内(含 1 年)	1~2 年(含 2 年)	2~3 年(含 3 年)	3 年以上
计提比例	3%	5%	10%	20%
年末余额	1 800 万元	780 万元	560 万元	340 万元

(4) 坏账准备上期审定数 189 万元。

(5) 坏账准备本期转出(核销)金额:华朔公司 1.2 万元;海钢公司 2.5 万元。

【要求】

(1) 审计人员王成对联大公司 2023 年坏账准备的报表数能否认可?

(2) 完成"应收账款坏账准备计算表"(工作底稿参见格式 6-15)。

应收账款及坏账准备审计常用的工作底稿参见格式 6-10 至 6-15。

【格式6-10】

应收账款审定表

被审计单位：_____　　索引号：_____
项目：_____　　财务报表截止日/期间：_____
编制：_____　　复核：_____
日期：_____　　日期：_____

项目名称	期末未审数	账项调整		重分类调整		期末审定数	上期末审定数	索引号
		借方	贷方	借方	贷方			
应收账款账面余额								
坏账准备								
账面价值								
调整分录：								
内容	科目	金额	金额	金额	金额			
1.								
……								
审计结论：								

【格式6-11】

应收账款明细表

被审计单位：_____　　索引号：_____
项目：_____　　所审计会计期间：_____
编制：_____　　复核：_____
日期：_____　　日期：_____

项目名称	期末未审数					账项调整		重分类调整		期末审定数				
	合计	1年以内	1年至2年	2年至3年	3年以上	借方	贷方	借方	贷方	合计	1年以内	1年至2年	2年至3年	3年以上
一、关联方														
1.														

（续表）

项目名称	期末未审数					账项调整		重分类调整		期末审定数				
	合计	1年以内	1年至2年	2年至3年	3年以上	借方	贷方	借方	贷方	合计	1年以内	1年至2年	2年至3年	3年以上
……														
二、非关联方														
1.														
……														
合计														

审计结论：

【格式 6-12】

应收账款函证结果汇总表

被审计单位：_____　　　索引号：_____
项目：_____　　　　　　财务报表截止日/期间：_____
编制：_____　　　　　　复核：_____
日期：_____　　　　　　日期：_____

项目 / 单位名称	询函编号	函证方式	函证日期		回函日期	账面金额	回函金额	经调节后是否存在差异	调节表索引号
			第一次	第二次					
1.									
……									

审计结论：

【格式 6-13】

应收账款函证结果调节表

被审计单位：＿＿＿＿＿＿＿＿＿＿＿＿＿＿＿　　索引号：＿＿＿＿＿＿＿＿＿＿＿＿＿＿＿
项目：＿＿＿＿＿＿＿＿＿＿＿＿＿＿＿＿＿＿　　财务报表截止日/期间：＿＿＿＿＿＿＿＿
编制：＿＿＿＿＿＿＿＿＿＿＿＿＿＿＿＿＿＿　　复核：＿＿＿＿＿＿＿＿＿＿＿＿＿＿＿＿
日期：＿＿＿＿＿＿＿＿＿＿＿＿＿＿＿＿＿＿　　日期：＿＿＿＿＿＿＿＿＿＿＿＿＿＿＿＿

被询证单位：＿＿＿＿＿＿＿＿＿＿＿＿＿
回函日期：＿＿＿＿＿＿＿＿＿＿＿＿＿＿

1. 被询证单位回函余额： ＿＿＿＿＿＿＿＿				
2. 减：被询证单位已记录项目				
序号	日期	摘要（运输途中、存在争议的项目等）	凭证号	金额
1.				
……				
合计				

3. 加：被审计单位已记录项目				
序号	日期	摘要（运输途中、存在争议的项目等）	凭证号	金额
1.				
……				
合计				

4. 调节后金额 ＿＿＿＿＿＿＿＿
5. 被审计单位账面金额 ＿＿＿＿＿＿＿＿
6. 调节后是否存在差异，差异金额 ＿＿＿＿＿＿＿＿
审计结论：

【格式 6-14】

应收账款替代测试表

被审计单位：＿＿＿＿＿＿＿＿＿＿＿＿＿＿＿　　索引号：＿＿＿＿＿＿＿＿＿＿＿＿＿＿＿
项目：＿＿＿＿＿＿＿＿＿＿＿＿＿＿＿＿＿＿　　所审计会计期间：＿＿＿＿＿＿＿＿＿＿
编制：＿＿＿＿＿＿＿＿＿＿＿＿＿＿＿＿＿＿　　复核：＿＿＿＿＿＿＿＿＿＿＿＿＿＿＿＿
日期：＿＿＿＿＿＿＿＿＿＿＿＿＿＿＿＿＿＿　　日期：＿＿＿＿＿＿＿＿＿＿＿＿＿＿＿＿

一、期初余额							
二、借方发生额							
入账金额				检查内容（用"√""×"表示）			
序号	日期	凭证号	金额	①	②	③	④
1							

(续表)

序号	入账金额			检查内容(用"√""×"表示)			
	日期	凭证号	金额	①	②	③	④
……							
小计							
全年借方发生额合计：							
测试金额占全年借方发生额的比例：XX%							
三、贷方发生额							

序号	入账金额			检查内容(用"√""×"表示)			
	日期	凭证号	金额	①	②	③	④
1							
……							
小计							

全年贷方发生额合计
测试金额占全年贷方发生额的比例
四、期末余额
五、期后收款检查
检查内容说明：①原始凭证是否齐全；②记账凭证与原始凭证是否相符；③账务处理是否正确；④是否记录于恰当的会计期间；⑤……
审计结论：

【格式6-15】

应收账款坏账准备计算表

被审计单位：_____ 　　索引号：_____
项目：_____ 　　所审计会计期间：_____
编制：_____ 　　复核：_____
日期：_____ 　　日期：_____

计算过程	索引号
一、坏账准备本期期末应有金额①＝②＋③　　①	
1. 个别认定法坏账准备应有余额	

单位名称	应收金额	计提比例	坏账准备应有金额	
……				

(续表)

计算过程				索引号
合计	—	—	②	
2. 余额百分比法坏账准备应有余额				
项目	账龄	应收账款余额	计提比例	坏账准备应有余额
……				
合计				③
二、坏账准备上期审定数			④	
三、坏账准备本期转出(核销)金额				
单位名称		金额		
……				
合 计		—	⑤	
四、计算坏账准备本期全部应计提金额⑥＝①－④＋⑤			⑥	
账面计提		金额		⑦
差异：⑧＝⑥－⑦		金额		
审计结论：				

本章小结

本章主要介绍了销售与收款循环业务层面的风险评估、控制测试和主要账户的实质性程序。风险评估时首先要了解被审计单位的业务活动，一般包括接受顾客订单、批准赊销等十个方面，重点关注会计记录的凭证和账务处理过程；其次要了解和评价被审计单位的内部控制设计是否合理，并通过穿行测试程序验证其是否得到执行；最后要结合被审计单位整体层面的风险评估结果初步评价重大错报风险的水平。在上述风险评估的基础上，审计人员要通过控制测试来验证被审计单位的内部控制是否有效，重新评估重大错报风险的水平，从而决定实施实质性程序的性质和范围。本循环的主要账户只介绍了营业收入和应收账款，从学习的角度讲，营业收入的实质性程序重点掌介绍了主营业务收入的分析程序、确认方法和截止测试，应收账款的实质性程序重点介绍函证和账龄分析，结合具体案例，通过对这两个账户进行审计的讲解，介绍分析程序、截止测试、函证以及账龄分析等审计基本方法在实务中的具体运用。

本章复习题

1. 销售与收款循环主要有哪些业务活动？
2. 被审计单位销售交易中可能出现错报的环节有哪些？
3. 如何对主营业务收入实施分析程序？
4. 主营业务收入的截止测试有哪三条审计路线？其目的分别是什么？
5. 应收账款函证结果与被审计单位会计记录不一致的主要原因有哪些？审计人员应相应实施哪些必要的审计程序？

 课后讨论案例

【目的】 理解销售与收款循环审计的基本方法。

【内容】 请课后查找并阅读以下案例的相关信息，并回答相对应的问题，具体内容见下表：

序号	名称	问题
1	东方股份有限公司销售与收款循环内部控制测试	①您认为会计师事务所进行的控制测试是否将关键的内部控制环节都测试到了？②除了资料中提到的几种控制测试程序，还可以采用哪些程序？
2	达成公司应收账款审计案	①怎样确定应收账款的函证范围？②对应收账款进行审计时，应重点关注的账户有哪些？
3	长兴公司年度利润审计案	①长兴公司在虚假利润时涉及了哪些账户？在审计时如何能根据其关系来发现其作假的痕迹；②长兴公司设"小金库"的目的是什么？
4	康成公司审计案	①对主营业务收入的确认进行审计时，应注意审查哪些问题？②如何在审计中正确运用分析程序？

【要求】

1. 分小组进行案例的讨论，小组的每个成员分头查找并阅读上述案例的相关信息，每个小组围绕所提出的问题编写完成案例。
2. 小组在查找资料、编写完成案例的基础上，分析回答所提出的问题，并提出新的疑问。
3. 小组在讨论分析基础上，制作PPT，推选一名同学演讲其讨论分析的问题，重点在于介绍小组在讨论中对审计的本质、作用以及在经济社会生活中的重要作用的理解以及产生的疑问。
4. 小组以外的其他同学提问，小组内的其他成员补充回答问题。
5. 老师点评。

第七章 采购与付款循环审计

 本章要点

通过对本章内容的学习,你应了解和掌握如下知识和技能:
- 了解采购与付款循环的业务活动
- 理解采购与付款循环的风险识别与评估方法
- 掌握应付账款、固定资产和累计折旧的审计目标及其实质性程序
- 能够制定采购与付款循环各账户的审计目标
- 能够根据制定的审计目标确认审计范围和设计与执行控制测试与实质性程序
- 能够较熟练地完成采购与付款的所有工作底稿

 导读案例

东方金钰公司财务造假案例①

背景介绍:

东方金钰股份有限公司(以下简称东方金钰)主要从事珠宝首饰产品的设计、采购和销售,是一家大型翡翠珠宝行业的上市公司(股票代码:600086)。东方金钰在行业内有较高的知名度,曾获得过中国珠宝玉石首饰行业驰名品牌、中国翡翠业第一家等称号,也有"翡翠第一股"的美誉。

2019年1月16日,东方金钰因涉嫌信息披露违法违规,受中国证券监督管理委员会调查。2020年9月,证监会对东方金钰及涉案人员在2016—2018年5月期间,利用资金闭环违规操作,虚构营业收入、营业成本、净利润等财务造假、信息披露违规行为下发行政处罚决定书,受盈利能力下降、财务造假行为、债务危机等影响,2021年3月12日,上交所发布公告,东方金钰退市整理期结束,按相关规定于3月17日摘牌。

造假过程:

瑞丽市姐告宏宁珠宝有限公司(简称"宏宁珠宝")是东方金钰全资子公司。2016年东方金钰通过控制宏宁珠宝伪造销售和采购交易现金流水,通过操纵19个银行账户将4.79亿资金进行闭环操作,销售合同和采购合同均为虚假合同。为使涉案资

---

① 参考资料:根据中国证监会官网资料整理。

金顺利从东方金钰及其控制的公司转入名义客户账户,宏宁珠宝在2016年至2017年伪造与李某退等6名名义供应商之间的采购合同,虚构采购交易。宏宁珠宝向李某退等6名名义供应商支付了8.18亿元采购款,其中3.98亿元通过中转方账户转入名义客户账户,通过伪造销售和采购交易现金流水,相关资金来源于东方金钰及其控制的公司或银行账户,最终作为六人支付的销售款流入宏宁珠宝,构成一个完整的资金链闭环。如此一来,东方金钰通过其控制的宏宁珠宝虚构上述采购交易的资金流及采购合同。

经证监会查明,东方金钰2016年、2017年、2018年年度报告的营业收入、营业成本、利润总额均存在虚假记载。

年报审计:

2017年,大华所接受东方金钰的委托,对其当年财务报告实施审计,尽管东方金钰虚增利润比例高达59.7%,在这种大规模舞弊环境下,大华所仍对外提供了一份无保留意见的审计报告。根据证监会的裁定,大华所在审计工作中未能尽职尽责,审计报告中出现错误,最终审计失败。直到东方金钰受到证监会调查,证监会确认东方金钰违规事实后,大华所才关注到其2018年的财务报表中存在的漏洞,最终出具了保留意见。因为性质恶劣,证券交易所也多次要求大华会计事务所回复社会公众疑问,回答其为何在监管机构和媒体多次问询报道的情况下,仍未发现被审计单位的舞弊行为。因为此事件,大华所声誉严重受损。

监管处罚:

2020年9月,中国证监会发布了对东方金钰及相关责任人员的行政处罚决定书(〔2020〕62号),责令东方金钰整改的同时,对其处以60万元的罚款,对相关责任人员分别处以不同金额的罚款。除此之外,对违反规定的董事长和三名副总经理分别对其处以十年和五年的市场禁入处罚。

2022年6月,中国证监会发布了对大华的行政处罚决定书(〔2022〕32号),证监会认为大华所审计不规范,并指出其在审计东方金钰2017年财务报告时未尽职尽责,报告中存在大量错误记录。经过严格审查大华所被责令整改,同时没收其审计东方金钰2017年财务报表的业务收入110万元和对其罚款220万元。此外,两位签字注册审计师也被警告,并各自处以5万元的罚款。

案例启示:

当前国内审计失败案例频发,东方金钰作为当时的中国翡翠第一股引发了很多人的关注,其造假手段和标的物的特殊性值得我们关注,对以后此类行业的审计有一定的参考价值。上市公司的财务舞弊与审计失败对企业自身、投资者、利益相关者及行业都有非常恶劣的影响,所以多部门应共同作用,防止审计失败的发生。

【案例讨论题】

1. 在审计过程中,如何查找未入账的应付账款?
2. 在应付账款审计报告中,在何种情况下需要对应付账款进行函证?具体函证哪些内容?

读一读

企业的采购与付款循环包括购买商品、劳务和固定资产,以及企业在经营活动中为获取收入而发生的直接或间接的支付款项的过程。一个企业的支出从性质、数量和发生频率上看是多种多样的。本章主要关注与购买货物和劳务以及应付账款的支付有关的控制活动以及重大交易。

第一节 采购与付款循环的风险评估

一、本循环的主要业务活动

现代企业的一个主要业务循环是从外界购入所需的各种生产资源,由于商业信用关系,大多数企业处于赊购与赊销过程,通过采购活动先获取资源,在一定信用期之后才支付货款。所以,采购与付款交易通常要经过"请购—订货—验收—付款"这样的程序,具体包括购货业务和付款业务两个部分,其主要业务活动见图7-1和图7-2所示。

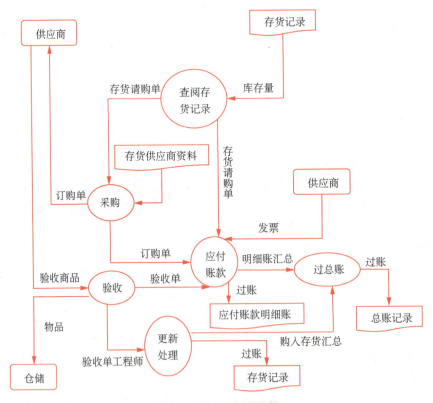

图7-1 采购业务流程图

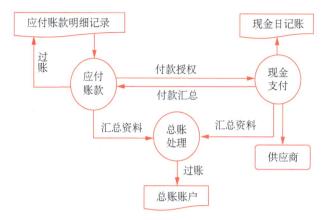

图 7-2 付款业务流程图

(一)请购商品和劳务

了解仓库或其他需求部门编制请购单情况,请购与审批岗位分离,根据请购单进行授权审批,每张请购单必须经过负预算责任的主管人员签字批准。大多数企业对正常业务经营所需物资的购买均作一般授权,如仓库在现有库存达到再订购点时就可直接提出采购申请。但是对资本支出和租赁合同,企业政策则通常要求作特别授权,只允许指定人员提出请购。请购单可由手工或计算机编制。由于企业内不少部门都可以填列请购单,不便事先编号,为加强控制,每张请购单必须经过对这类支出预算负责的主管人员签字批准。

请购单是证明有关采购交易的"发生"认定的凭据之一,也是采购交易轨迹的起点。

(二)编制订购单

了解采购部门编制订购单情况,采购部门对经过批准的请购单发出订购单,询价后对每张订购单确定最佳供应商,但询价与确定供应商的职能要分离。订购单应正确填写所需要的商品的品名、数量、价格、厂商名称和地址等,预先予以顺序编号并经过被授权的采购人员签名。其正联应送交供应商,副联则送至企业内部的验收部门、应付凭单部门和编制请购单的部门。随后,应独立检查订购单的处理,以确定是否确实收到商品并正确入账。这项检查与采购交易的"完整性"认定有关。

(三)验收商品

(1)验收部门先比较所收商品与订购单上的要求是否相符,然后再盘点商品并检查商品有无损坏。验收部门验收后编制一式多联、预先编号的验收单,作为验收和检验商品的依据。

(2)验收人员将商品送交仓库或其他请购部门时应取得经过签字的收据,或在验收单上签收,以确定其对资产负有保管责任。验收单是支持资产或费用以及与采购有关的负债的"存在或发生"认定的重要凭证。定期独立检查验收单顺序编号与采购交易的"完整性"认定有关。

(四)储存已验收的商品

将已验收商品的保管与采购的其他职责相分离,可减少未经授权采购和盗用商品的风险。存放商品的仓储区应相对独立,限制无关人员接近。这些控制与商品的"存在"认定有关。

(五) 编制付款凭单

记录采购交易之前,应付凭单部门应编制付款凭单。这项功能的控制包括:

(1) 确定供应商发票的内容与相关的验收单、订购单的一致性;
(2) 确定供应商发票计算的正确性;
(3) 编制有预先编号的付款凭单,并附上支持性凭证;
(4) 独立检查付款凭单计算的正确性;
(5) 在付款凭单上填入应借记的资产或费用账户名称;
(6) 由被授权人员在凭单上签字,以示批准照此凭单要求付款。所有未付凭单的副联应保存在未付凭单档案中,以待日后付款。经适当批准和有预先编号的凭单为记录采购交易提供了依据,因此,这些控制与"存在""发生""完整性""权利和义务"和"计价和分摊"等认定有关。

(六) 确认与记录负债

正确确认已验收货物和已接受劳务的债务,要求准确、及时地记录负债。该记录对企业财务报表和实际现金支出有重大影响。因此,必须特别注意,按正确的数额记载企业确实已发生的购货和接受劳务事项。应付账款确认与记录的一项重要控制是要求记录现金支出的人员不得经手现金、有价证券和其他资产。恰当的凭证、记录与恰当的记账手续,对业绩的独立考核和应付账款职能而言是必不可少的控制。

了解会计部门确认与记录负债情况:

(1) 应付账款确认与记录相关部门一般有责任核查购置的财产,并在应付凭单登记簿或应付账款明细账中加以记录。在收到供应商发票时,应付账款部门应将发票上所记载的品名、规格、价格、数量、条件及运费与订购单上的有关资料核对。如有可能,还应与验收单上的资料进行比较。

(2) 记录现金支出的人员不得经手现金、有价证券和其他资产。①在手工系统下,应将已批准的未付款凭单送达会计部门,据以编制有关记账凭证和登记有关账簿;②会计主管应监督为采购交易而编制的记账凭证中账户分类的适当性;③通过定期核对编制记账凭证的日期与凭单副联的日期,监督入账的及时性;④独立检查会计人员则应核对所记录的凭单总数与应付凭单部门送来的每日凭单汇总表是否一致,并定期独立检查应付账款总账余额与应付凭单部门未付款凭单档案中的总金额是否一致。

(七) 付款

通常是由应付凭单部门负责确定未付凭单在到期日付款。企业有多种款项结算方式,以支票结算方式为例,编制和签署支票的有关控制包括:

(1) 独立检查已签发支票的总额与所处理的付款凭单的总额的一致性;
(2) 应由被授权的财务部门的人员负责签署支票;
(3) 被授权签署支票的人员应确定每张支票都附有一张已经适当批准的未付款凭单,并确定支票收款人姓名和金额与凭单内容的一致;
(4) 支票一经签署就应在其凭单和支持性凭证上用加盖印戳或打洞等方式将其注

销,以免重复付款;

(5) 支票签署人不应签发无记名甚至空白的支票;

(6) 支票应预先连续编号,保证支出支票存根的完整性和作废支票处理的恰当性;

(7) 应确保只有被授权的人员才能接近未经使用的空白支票。

(八) 记录现金、银行存款支出

以记录银行存款支出为例,有关控制包括:

(1) 检查记入银行存款日记账和应付账款明细账的金额的一致性;

(2) 比较银行存款日记账记录的日期与支票副本的日期;

(3) 独立编制银行存款余额调节表。

二、了解本循环主要凭证和会计记录

与销售与收款交易一样,在内部控制比较健全的企业,处理采购与付款业务通常需要使用很多凭证和会计记录。典型的采购与付款循环所涉及的主要凭证和会计记录见表 7-1 所示。

表 7-1　采购与付款的主要凭证与会计记录

主要业务	原始凭证	记账凭证与账簿
填写请购单	订购单、购货合同、购货发票	记账凭证、在途物资明细账与总账、应交税费明细账与总账;应付账款明细账与总账
验收入库	入库单	记账凭证、在途物资明细账与总账;原材料明细账与总账
支付货款	应付凭单	银行存款日记账与总账、应付账款明细账与总账

本循环涉及主要账户及其关系如图 7-3 所示。

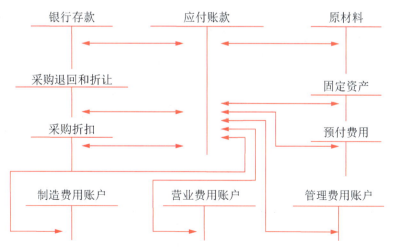

图 7-3　本循环涉及的主要账户及其关系

三、了解和描述相关的内部控制

审计人员通过检查被审计单位相关控制手册和其他书面指引,询问各部门的相关人员,观察操作流程等方式,并利用文字表述法、调查表法、流程图法等对采购与付款的交易流程进行了解。

(一) 采购交易的内部控制

采购与付款循环包括应付账款、固定资产等财务报表项目。在正常的审计中如果忽视采购与付款循环的控制测试及相应的交易实质性程序,仅仅依赖对这些具体财务报表项目的余额实施实质性程序,则审计不仅费时费力,而且质量难以保证。如果被审计单位具有健全并且运行良好的相关内部控制,审计人员把审计重点放在控制测试和交易的实质性程序上则既可以降低审计风险,又可大大减少报表项目实质性程序的工作量,提高审计效率。

1. 适当的职责分离

如前所述,适当的职责分离有助于防止各种有意或无意的错误。与销售与收款交易一样,采购与付款交易也需要适当的职责分离。企业应建立采购与付款交易的岗位责任制,明确相关部门和岗位的职责、权限,确保办理采购与付款的不相容岗位相互分离、制约和监督。采购与付款交易不相容岗位至少包括:①请购与预算审批;②询价与确定供应商;③采购合同的订立与采购合同审批;④采购与验收;⑤采购、验收与相关会计记录;⑥付款审批与付款执行。公司不得由同一部门或个人办理采购与付款业务的全过程。

2. 内部核查程序

企业应当建立采购与付款交易内部控制的监督检查制度。采购与付款交易内部控制监督检查的主要内容包括:

(1) 采购与付款交易相关岗位及人员的设置情况。重点检查是否存在采购与付款交易不相容职务混岗的现象。

(2) 采购与付款交易授权批准制度的执行情况。重点检查大宗采购与付款交易的授权批准手续是否健全,是否存在越权审批的行为。

(3) 应付账款和预付账款的管理。重点审查应付账款和预付账款支付的正确性、时效性和合法性。

(4) 有关单据、凭证和文件的使用和保管情况。重点检查凭证的登记、领用、传递、保管、注销手续是否健全,使用和保管制度是否存在漏洞。

(二) 付款交易的内部控制

(1) 企业应当按照《现金管理暂行条例》《支付结算办法》等有关货币资金内部控制的规定办理采购付款交易。

(2) 企业财会部门在办理付款交易时,应当对采购发票、结算凭证、验收证明等相关凭证的真实性、完整性、合法性及合规性进行严格审核。

(3) 企业应当建立预付账款和定金的授权批准制度,加强预付账款和定金的管理。

(4) 企业应当加强应付账款和应付票据的管理,由专人按照约定的付款日期、折扣条件等管理应付款项。已到期的应付款项需经有关授权人员审批后方可办理结算与支付。

(5) 企业应当建立退货管理制度,对退货条件、退货手续、货物出库、退货货款回收等做出明确规定,及时收回退货款。

(6) 企业应当定期与供应商核对应付账款、应付票据、预付款项等往来款项。如有不符,应查明原因,及时处理。

(三) 固定资产的内部控制

固定资产归属采购与付款循环,固定资产与一般的商品在内部控制和控制测试问题上固然有许多共性的地方。但固定资产还具有不少特殊性,有必要对其单独加以说明。

1. 固定资产的预算制度

预算制度是固定资产内部控制中最重要的部分。通常,大中型企业应编制旨在预测与控制固定资产增减和合理运用资金的年度预算;小规模企业即使没有正规的预算,对固定资产的购建也要事先加以计划。

2. 授权批准制度

完善的授权批准制度包括:企业的资本性预算只有经过董事会等高层管理机构批准方可生效;所有固定资产的取得和处置均需经企业管理层书面认可。

3. 账簿记录制度

除固定资产总账外,被审计单位还需设置固定资产明细分类账和固定资产登记卡,按固定资产类别、使用部门和每项固定资产进行明细分类核算。固定资产的增减变化均应有充分的原始凭证。

4. 职责分工制度

对固定资产的取得、记录、保管、使用、维修、处置等,均应明确划分责任,由专门部门和专人负责。

5. 资本性支出和收益性支出的区分制度

企业应制订区分资本性支出和收益性支出的书面标准。通常需明确资本性支出的范围和最低金额,凡不属于资本性支出的范围、金额低于下限的任何支出,均应列作费用并抵减当期收益。

6. 固定资产的处置制度

固定资产的处置,包括投资转出、报废、出售等,均要有一定的申请报批程序。

7. 固定资产的定期盘点制度

对固定资产的定期盘点,是验证账面各项固定资产是否真实存在、了解固定资产放置地点和使用状况以及发现是否存在未入账固定资产的必要手段。

8. 固定资产的维护保养制度

固定资产应有严密的维护保养制度,以防止其因各种自然和人为的因素而遭受损失,并应建立日常维护和定期检修制度,以延长其使用寿命。

严格地讲,固定资产的保险不属于企业固定资产的内部控制范围,但它作为一项针对企业重要资产的特别保障,往往对企业非常重要。

(四) 描述内部控制

审计人员可以通过文字说明法、调查表法和流程图法把被审计单位的内部控制描述出来,并记录于审计工作底稿。采购与付款循环的内部控制调查表如表 7-2 所示。

表 7-2 采购与付款循环内部控制调查表

调查问题	回答			备注
	是	否	不适用	
一、控制环境 1. 采购部门是否独立于会计部门? 2. 验收报告是否传递到请购部门、仓储部门、付款部门? 3. 发票的审批职责与付款职责是否分离? 二、存在性目标 在记录业务之前是否把购货发票与订购单、验收单核对? 三、完整性目标 1. 所有的订购单是否连续编号? 2. 所有的验收单是否连续编号? 3. 所有的购货发票是否连续编号? 四、授权目标 1. 所有的购货业务是否都经过批准? 2. 购货审批是否符合授权级别? 3. 购货价格是否经过批准? 4. 付款是否经过批准? 五、准确性目标 1. 购货质量和数量是否由验收部门的独立人员核对? 2. 付款部门是否把购货发票与订购单、验收报告中的数量、价格和条件相核对? 3. 是否定期核对总账与明细账? 4. 是否定期与被审计单位对账? 六、分类目标 购货与付款业务的记录是否采用恰当的会计科目? 七、及时性 购货业务是否及时入账? 八、过账和汇总目标 采购业务是否正确地计入明细账和总账?				

在审计实务中,审计人员通过上述对被审计单位的了解,形成了解和评价采购与付款循环的工作底稿。常用的工作底稿参考格式如 7-1 所示。

【格式 7-1】

了解和评价采购与付款循环的内部控制

被审计单位:＿＿＿＿＿＿＿＿＿＿＿＿ 索引号:＿＿＿＿＿＿＿＿＿＿＿＿
项目:＿＿＿＿＿＿＿＿＿＿＿＿＿＿ 财务报表截止日/期间:＿＿＿＿＿＿＿＿＿
编制:＿＿＿＿＿＿ 日期:＿＿＿＿＿＿ 复核:＿＿＿＿＿＿ 日期:＿＿＿＿＿＿

1. 受本循环影响的相关交易和账户
   应付账款、预付款项、管理费用、销售费用
2. 主要业务活动

(续表)

主要业务活动	是否在本循环中进行了解
采购	
处理应付账款	
付款	
维护供应商档案	

3. 了解交易流程

根据对交易流程的了解,记录如下:
_____

(1) 被审计单位是否委托其他服务机构执行主要业务活动？如果被审计单位使用其他服务机构,请列示其他服务机构的名称地址及将对审计计划产生哪些影响？
_____

(2) 是否制定了相关的政策和程序以保持适当的职责分工？这些政策和程序是否合理？
_____

(3) 自前次审计后,被审计单位的业务流程和控制活动是否发生重大变化？如果已发生变化,将对审计计划产生哪些影响？
_____

(4) 是否识别出控制设计的不足或缺陷？是否识别出本期交易过程中发生的控制偏差？如果已识别出设计的不足(或缺陷)、控制偏差,产生的原因是什么,将对审计计划产生哪些影响？
_____

(5) 是否识别出非常规交易或重大事项？如果已识别出非常规交易或重大事项,将对审计计划产生哪些影响？
_____

(6) 是否进一步识别出其他风险？如果已识别出其他风险,将对审计计划产生哪些影响？
_____

(7) 关键控制活动的描述

业务活动	关键控制点

(续表)

(8) 了解对关联方的交易的控制活动
_____
_____

(9) 了解对会计分录的控制活动
_____
_____

(10) 界定主要交易循环及原因
_____
_____

4. 信息系统
   应用软件

信息系统名称	计算机运作环境	来源

初次安装后对信息系统进行的任何重大修改、开发与维护

信息系统名称	重大修改、开发与维护的描述	修改日期

描述拟于未来实施的重大修改、开发与维护计划
_____
_____

本年度对信息系统进行的重大修改、开发与维护及其影响
_____
_____

5. 初步结论
_____
_____

6. 识别出重大的错报风险以及拟采取的应对措施
_____
_____

7. 沟通事项
   是否需要就已识别出的内部控制设计或执行方面的见解、意见或建设性建议,与适当层次的管理层或治理层进行沟通?
_____
_____

编制说明:
一、本循环的内部控制的主要工作

1. 了解被审计单位采购与付款循环和财务报告相关的内部控制的设计,并记录获得的了解。
2. 针对采购与付款循环的控制目标,记录相关控制活动。
3. 执行穿行测试,证实对交易流程和相关控制的了解,并确定相关控制是否得到执行。
4. 记录在了解和评价采购与付款循环的控制设计和执行过程中识别的风险,以及拟采取的应对措施。

二、主要项目编制说明

1. 受本循环影响的相关交易和账户

此项仅列示主要交易和账户余,项目组应当根据被审计单位的实际情况确定受本循环影响的交易和账户。

2. 主要业务活动

此项项目组通常应在本循环中了解与上述业务活动相关的内部控制,如果计划在其他业务循环中对上述一项或多项业务活动的控制进行了解,应在此处说明原因。

3. 了解交易流程

(1) 了解对关联方的交易的控制活动

此项描述对关联方交易的授权、记录和披露的程序,识别并记录相关的关键控制。

(2) 了解对会计分录的控制活动

此项描述对本业务活动相关的会计处理过程,记录系统化和非系统化处理交易的会计分录控制活动,保证正确列示财务报表。

(3) 界定主要交易循环及原因

此项描述该交易循环是否为被审计单位的主要交易循环,并说明原因。

4. 沟通事项

此项描述见解、意见及建设性建议及与管理层、治理层的沟通详情。

四、穿行测试

审计人员应当选择一笔或几笔交易进行穿行测试,以证实对交易流程和相关控制的了解是否正确和完整。例如针对采购交易,追踪从请购单的处理、编制订购单、验收商品并储存、编制付款凭单、记录购货与负债、生成记账凭证,到过账至应付账款明细账和总账的整个交易流程,并确定相关控制是否得到执行。具体的工作底稿见参考格式7-2所示。

【格式7-2】

采购与付款循环控制执行测试表(穿行测试)

被审计单位:_____ 索引号:_____
项目:_____ 财务报表截止日/期间:_____
编制:_____ 日期:_____ 复核:_____ 日期:_____

样本序号	业务内容	金额	凭证编号	测试内容	测试结果
1.					
2.					
……					

初步评价结论:

五、确定本循环可能发生的错报风险

审计人员需要确定和了解采购与付款循环的错报环节在什么环节发生,即确定被审计单位应在哪些环节设置控制,以防止或发现并纠正各重要交易活动可能发生的错报。部分在销售与收款循环中可能发生错报的环节见表7-3所示。

表7-3 采购与付款循环可能发生错报的环节

交易活动	可能的错报	关键控制点
请购商品和劳务	可能请购过多商品、固定资产;购置没有预算	由经授权的专门机构或人员填制请购单;每张请购单应经过预算管理部门签字批准
编制订购单	可能有未经授权的采购	订购单一式多联,并预先连续编号,由经授权的采购人员签字
验收商品	可能收到未订购的商品;收到商品的品种、数量、质量可能不符合要求	收到货物时应由独立于采购、仓储、运输的职能部门或人员点收,根据订购单验收商品,并编制一式多联的验收单
储存已验收的商品	商品可能被盗走	将保管与采购的其他职责相分离;只有经过授权的人员才能接近被保管的财产
编制付款凭单	可能对未订购或未收到的商品编制付款凭单	每张付款凭单应当与订购单、验收单和供应商发票相匹配
记录负债	付款凭单可能未入账	独立检查付款凭单汇总表和有关记账凭证上的金额的一致性
支付货款	可能对一张凭证重复付款;支票金额可能开错	支票签发后应立即注销付款凭单和支付性凭证;独立检查支票金额和付款凭单的一致性
记录现金、银行存款支出	支票可能未入账;记录支票数额错误	适用和控制预先连续编号的支票;定期独立编制银行存款余额调节表

在实务中,被审计单位常见的发生重大错报风险的情形如下:
(1) 预算或计划外盲目采购或购建,造成资金积压与低效使用。
(2) 收受回扣、中饱私囊、虚报损耗、中途转移、违规结算、资金流失等贪污舞弊行为造成企业资金的损失。
(3) 混淆采购成本、资本性支出挤占生产成本等行为,造成成本核算的差错,等等。
(4) 保管不善,变质报废。
(5) 固定资产与低值易耗品核算混淆。
(6) 固定资产闲置不处理,造成报废损耗。
(7) 多提或少提折旧与减值准备,虚列维修费用支出。

六、初步进行风险评估

审计人员在对内部控制了解的基础上,通过评估各关键控制点和薄弱环节,来估计各控制目标的控制风险水平。评估控制风险的目的在于确定进行实质性测试对该内部控制的依赖程度。控制风险水平一般以高、中、低表示。审计人员据以评价控制风险的依据如表7-4所示:

表7-4 控制风险评价表

控制风险水平	确定理由	对下一步审计的影响
高	1. 应付账款明细账记录与总账不一致; 2. 验收报告和凭单没有事先编号且使用毫无计划; 3. 采购业务经常在付款时才被记录入账; 4. 许多应付账款长期挂账。	根据控制风险水平确定检查风险,不对内部控制进行控制测试而直接进入实质性阶段。
中或低	1. 及时地为所收到的货物编制了按顺序编号的验收单; 2. 及时地编制按顺序编号的凭单并在凭单登记簿中记录; 3. 在到期日及时付款并立即在现金或银行存款日记账和应付账款明细账中记录; 4. 在每个月末,都会由一位没有参与应付账款处理的职员将应付账款明细账中的每个账户与卖方对账单核对,同时核对明细账合计数与总账是否一致。	根据较低的控制风险水平,确定较高的检查风险,并计划实施必要的控制测试: 1. 如果该控制测试能证明所确定的控制风险水平,则根据较高的检查风险水平计划较小规模的实质性测试; 2. 如果不能证明所确定的控制风险水平,则仍根据较高的控制风险水平计划实质性测试。

需要注意的是,如果被审计单位的相关内部控制不存在,或者被审计单位的相关内部控制未得到有效执行,则审计人员不应再继续实施控制测试,而应直接实施实质性程序。

第二节 采购与付款循环的控制测试

一、控制测试内容

在审计人员取得了内部控制的相关描述并进行了初步的控制风险评估之后,就需要确认被审计单位是否真正采用了其所描述的内部控制,也就是说,需要确定内部控制执行得是否有效。有关销货交易内部控制目标、内部控制和控制测试的关系如表7-5所示。

表 7-5　采购交易的控制目标、关键内部控制和测试一览表

内部控制目标	关键的内部控制	常用的内部控制测试
1. 所记录的采购都已收到物品或已接受劳务,并符合采购方的最大利益（存在或发生）	1. 请购单、订货单、验收单和卖方发票一应俱全,并附在付款凭单后； 2. 采购按正确的级别批准； 3. 注销凭证以防止重复使用； 4. 对卖方发票、验收单、订货单和请购单作内部核查	1. 查验付款凭单后是否附有单据 2. 检查核准采购标记 3. 检查注销凭证的标记 4. 检查内部核查的标记
2. 已发生的采购业务均已记录（完整性）	1. 订货单均经事先编号并已登记入账； 2. 验收单均经事先编号并已登记入账； 3. 卖方发票均经事先编号并已登记入账	1. 检查订货单连续编号的完整性； 2. 检查验收单连续编号的完整性； 3. 检查卖方发票连续编号的完整性
3. 所记录的采购业务估价正确（准确性、计价或分摊）	1. 计算和金额的内部核查； 2. 采购价格和折扣的批准	1. 检查内部核查的标记； 2. 审核批准采购价格和折扣的标记
4. 采购业务的分类正确（分类）	1. 采用适当的会计科目表； 2. 分类的内部核查	1. 检查工作手册和会计科目表； 2. 检查有关凭证上内部核查的标记
5. 采购业务按正确的日期记录（截止）	1. 要求收到商品或接受劳务就记录采购业务； 2. 内部核查	1. 检查工作手册并观察有无未记录的卖方发票存在； 2. 检查内部核查的标记
6. 采购业务被正确记入应付账款和存货等明细账中,并被正确汇总（准确性、披露）	应付账款明细账内容的内部核查	检查内部核查的标记

二、重新评估控制风险

完成控制测试后,审计人员应对被审计单位的采购和付款循环的内部控制设计的合理性、运行的有效性进行评价,重新评估控制风险水平,确定其是否存在重大的薄弱环节。若有重大的薄弱环节,则应确定其对应付账款实质性程序的影响,并以此为基础制定实质性程序方案。

课堂训练 7-1

【目标】　训练对采购与付款环节内部控制的了解和评价

【资料】　A 和 B 审计人员接受委派,对红星公司 2023 年度财务报表进行审计。红星公司尚未采用计算机记账。A 和 B 审计人员于 2023 年 11 月 1 日至 7 日对红星公司的内部控制制度进行了解和测试,并在相关审计工作底稿中记录了了解和测试的事项,摘要

如下:

(1) 红星公司的材料采购需要经授权批准后方可进行。采购部根据经批准的请购单发出订购单。货物运达后,验收部根据订购单的要求验收货物,并编制一式多联的未连续编号的验收单。仓库根据验收单验收货物,在验收单上签字后,将货物移入仓库加以保管。验收单上有数量、品名、单价等要素。验收单一联交采购部登记采购明细账和编制付款凭单,付款凭单经批准后,月末交会计部;一联交会计部登记明细账;一联由仓库保留并登记材料明细账。会计部根据只附验收单的付款凭单登记有关账簿。

(2) 会计部审核付款凭单后,支付采购款项。红星公司授权会计部的经理签署支票,经理将其授权给会计人员丁负责,但保留了支票印章。丁根据已适当批准的凭单,在确定支票收款人名称与凭单内容一致后签署支票,并在凭单上加盖"已支付"的印章。对付款控制程序的穿行测试表明,审计人员 A 和 B 未发现与公司规定有不一致之处。

【要求】 ① 根据上述摘录,假定未描述其他内部控制未存在缺陷,请指出红星公司内部控制在设计与运行方面的缺陷,并提出改进建议。

② 根据对红星公司内部控制的了解和测试,请分别指出上述内部控制缺陷与哪些财务报表项目或科目的何种认定相关。

本循环控制测试的具体工作底稿参考格式如 7-3 所示。

【格式 7-3】

采购与付款循环控制测试表

被审计单位:_____ 索引号:_____
项目:_____ 财务报表截止日/期间:_____
编制:_____ 复核:_____
日期:_____ 日期:_____

1. 了解内部控制的初步结论

2. 控制测试结论

主要业务活动	控制目标	被审计单位的控制活动	受影响的相关交易、账户余额及其认定	控制活动对实现控制目标是否有效(是/否)	控制活动是否得到执行(是/否)	控制活动是否有效运行(是/否)	控制测试结果是否支持风险评估结论(支持/不支持)
采购	只有经过核准的采购订单才能发给供应商		应付账款 管理费用 销售费用				
	已输入的采购订单内容准确		应付账款 管理费用 销售费用				

（续表）

主要业务活动	控制目标	被审计单位的控制活动	受影响的相关交易、账户余额及其认定	控制活动对实现控制目标是否有效（是/否）	控制活动是否得到执行（是/否）	控制活动是否有效运行（是/否）	控制测试结果是否支持风险评估结论（支持/不支持）
采购	采购订单均已输入及处理		应付账款 管理费用 销售费用				
记录应付账款	记录到应付账款的金额代表已收到物品或已接受服务		应付账款				
	已记录的采购（收受服务）交易计价正确		应付账款 管理费用 销售费用				
	与采购物品相关的义务均已确认并记录至应付账款		应付账款 管理费用 销售费用				
	与收受劳务相关的义务均已确认并记录至应付账款		应付账款 管理费用 销售费用				
	采购物品（收受服务）交易记录于适当时期		应付账款 管理费用 销售费用				
	调整应付账款应有真实合理的理由		应付账款				
	准确列报财务信息，且披露所有公允列报所必需的资料，并遵循专业标准及法律规定		应付账款				
付款	对收受的货物或劳务的应付账款办理支付		应付账款				
	付款给正确的供应商		应付账款				
	准确计算及记录付款		应付账款				
	付款均已记录		应付账款				
	付款记录于发生期间之内		应付账款				
维护供应商档案	只将真实有效的变更记入供应商档案		应付账款 管理费用 销售费用				

(续表)

主要业务活动	控制目标	被审计单位的控制活动	受影响的相关交易、账户余额及其认定	控制活动对实现控制目标是否有效（是/否）	控制活动是否得到执行（是/否）	控制活动是否有效运行（是/否）	控制测试结果是否支持风险评估结论（支持/不支持）
维护供应商档案	所有供应商档案变更均已进行输入及处理		应付账款 管理费用 销售费用				
	对供应商档案变更为准确的		应付账款 管理费用 销售费用				
	对供应商档案变更均已于适当期间进行处理		应付账款 管理费用 销售费用				
	确保供应商档案数据及时更新		应付账款 管理费用 销售费用				

第三节 主要账户的实质性程序

根据会计报表项目与业务循环的相关程度，采购与付款循环涉及的财务报表项目主要包括应付账款、固定资产、累计折旧、固定资产减值准备、工程物资、在建工程、固定资产清理和应付票据等。本节我们重点介绍应付账款和固定资产及累计折旧的审计，其他项目的审计与此类似。

一、应付账款的实质性程序

应付账款是企业在正常经营过程中，因购买材料、商品和接受劳务供应等经营活动而应付给供应商的款项。可见，应付账款是随着企业赊购交易的发生而发生的，审计人员应结合赊购交易进行应付账款的审计。应付账款审计目标与财务报表的认定、审计程序的对应关系如表7-6和7-7所示。

表7-6 应付账款审计目标与财务报表认定对应关系表

审计目标	财务报表认定				
	存在	完整性	权利和义务	计价和分摊	与列报和披露相关的认定
① 资产负债表中记录的应付账款是存在的	√				

(续表)

审计目标	财务报表认定				
	存在	完整性	权利和义务	计价和分摊	与列报和披露相关的认定
② 所有应当记录的应付账款均已记录		√			
③ 资产负债表中记录的应付账款是被审计单位应当履行的现时义务			√		
④ 应付账款以恰当的金额包括在财务报表中,与之相关的计价或分摊已恰当记录				√	
⑤ 应付账款已按照企业会计准则的规定在财务报表中作出恰当的列报					√

表7-7 应付账款审计目标与审计程序对应关系表

审计目标	可供选择的审计程序
②④	1. 获取被审计单位与其供应商之间的对账单,并将对账单和被审计单位财务记录之间的差异进行调节,查找有无未入账的应付账款,确定应付账款金额的准确性
②④	2. 检查债务形成的相关原始凭证,如供应商发票、验收报告或入库单等,查找有无未及时入账的应付账款,确定应付账款期末余额的完整性(从原始凭证查找到账簿记录)
②	3. 针对资产负债表日后付款项目,检查银行对账单及有关付款凭证,询问被审计单位内部或外部的知情人员,查找有无未及时入账的应付账款(拖延入账)
②	4. 结合存货监盘程序,检查被审计单位在资产负债日前后的存货入库资料(验收报告或入库单),检查是否有大额货到单未到的情况,确认相关负债是否计入了正确的会计期间
②	5. 检查资产负债表日后应付账款明细账贷方发生额的相应凭证,关注其购货发票的日期,确认其入账时间是否合理
①③	6. 选择应付账款的重要项目函证其余额和交易条款,对未回函的再次发函或实施替代的检查程序(函证不能实现"完整性"目标)
②	7. 针对已偿付的应付账款,追查至银行对账单、银行付款单据和其他原始凭证,检查其是否在资产负债表日前真实偿付
①②	8. 针对异常或大额交易及重大调整事项(如大额的购货折扣或退回,会计处理异常的交易,未经授权的交易,或缺乏支持性凭证的交易等),检查相关原始凭证和会计记录,以分析交易的真实性、合理性
④	9. 获取或编制应付账款明细表
①④	10. 对应付账款实施实质性分析程序
①②③④	11. 被审计单位对债权人进行债务重组的,检查不同债务重组方式下的会计处理是否正确
①②③④	12. 检查应付关联款项的真实性、完整性
⑤	13. 检查应付账款是否按照企业会计准则的规定在财务报表中作出恰当列报

应付账款的主要实质性程序如下:

1. 获取或编制应付账款明细表

(1) 复核加计正确,并与报表数、总账数和明细账合计数核对是否相符;

(2) 检查非记账本位币应付账款的折算汇率及折算是否正确;

(3) 分析出现借方余额的项目。查明原因,必要时,作重分类调整;

(4) 结合预付账款等往来项目的明细余额,调查有无同一业务项目在两个账户中重复记录,有无异常余额或与购货无关的其他款项(如关联方账户或雇员账户),如有,应做出记录,必要时建议调整。

2. 应付账款的实质性分析程序

根据被审计单位实际情况,选择以下方法对应付账款执行实质性分析程序:

(1) 将期末应付账款余额与期初余额进行比较,分析波动原因;

(2) 分析长期挂账的应付账款,要求被审计单位做出解释,判断被审计单位是否缺乏偿债能力或利用应付账款隐瞒利润;并注意其是否可能无需支付。对确实无需支付的应付账款的会计处理是否正确,依据是否充分;关注账龄超过 3 年的大额应付账款在资产负债表日后是否偿还,检查偿还记录、单据及披露情况。

(3) 计算应付账款与存货的比率,应付账款与流动负债的比率,并与以前年度相关比率对比分析,评价应付账款整体的合理性;

(4) 分析存货和营业成本等项目的增减变动,判断应付账款增减变动的合理性。

3. 函证应付账款

函证应付账款的必要性、情形、对象、方式和内容等如表 7-8 所示。

表 7-8 函证应付账款

事项	内容
(1) 函证的必要性	一般情况下,并不必函证应付账款,因为函证不能保证查出未记录的应付账款,况且审计人员能够取得采购发票等外部凭证来证实应付账款的余额
(2) 函证应付账款情形	如果控制风险较高。某应付账款明细账户金额较大或被审计单位处于财务困难阶段,则应进行应付账款的函证
(3) 函证对象	较大金额的债权人的账户;资产负债表日金额不大、甚至为零,但为企业重要供货人的债权人的账户
(4) 函证方式	最好采用积极函证方式,并具体说明应付金额
(5) 函证控制	对函证的过程(包括选取需要函证的账户、询证函的起草、寄发和收回)进行控制,要求债权人直接回函,并根据回函情况编制与分析函证结果汇总表,对未回函的,应考虑是否再次函证
(6) 函证的替代程序	检查决算日后应付账款明细账及库存现金和银行存款日记账,核实其是否已支付,同时检查该笔债务的相关凭证资料,核实交易事项的真实性

读一读

对于重要的原材料供应商和关联方账户余额应进行重点审查。一般采取的替代程序为:①抽查应付账款余额形成的相关凭证,核对购货合同、购货发票、入库单和付款记录等原始资料,核实交易事项的真实性;②抽查决算日后应付账款明细账及现金、银行存款日记账。核实是否已支付货款并转销。

4. 检查应付账款是否计入了正确的会计期间,是否存在未入账的应付账款

(1) 检查债务形成的相关原始凭证,如供应商发票、验收报告或入库单等,查找有无未及时入账的应付账款,确认应付账款期末余额的完整性。

(2) 检查资产负债表日后应付账款明细账贷方发生额的相应凭证,关注其购货发票的日期,确认其入账时间是否合理。

(3) 获取被审计单位与其供应商之间的对账单(应从非财务部门,如采购部门获取),并将对账单和被审计单位财务记录之间的差异进行调节(如在途款项、在途商品、付款折扣、未记录的负债等),查找有无未入账的应付账款,确定应付账款金额的准确性。

(4) 针对资产负债表日后付款项目,检查银行对账单及有关付款凭证(如银行汇款通知、供应商收据等),询问被审计单位内部或外部的知情人员,查找有无未及时入账的应付账款。

(5) 结合存货监盘程序,检查被审计单位在资产负债日前后的存货入库资料(验收报告或入库单),检查是否有大额料到单未到的情况,确认相关负债是否计入了正确的会计期间。

如果通过这些审计程序发现某些未入账的应付账款,应将有关情况详细记入审计工作底稿。并根据其重要性确定是否需建议被审计单位进行相应的调整。

5. 确定应付账款是否已按照企业会计准则的规定在财务报表中做出恰当列报

检查应付账款是否已按照企业会计准则的规定在财务报表中做出恰当列报。一般来说,"应付账款"项目应根据"应付账款"和"预付账款"科目所属明细科目的期末贷方余额的合计数填列。

审计实务中,完成应付账款工作底稿的具体内容参见格式7-4、7-5、7-6。

【格式7-4】

应付账款审定表

被审计单位:_____   索引号:_____
项目:_____   财务报表截止日/期间:_____
编制:_____   复核:_____
日期:_____   日期:_____

项目名称	期末未审数	账项调整		重分类调整		期末审定数	上期末审定数	索引号
		借方	贷方	借方	贷方			
应收账款账面余额								

(续表)

项目名称	期末未审数	账项调整		重分类调整		期末审定数	上期末审定数	索引号
		借方	贷方	借方	贷方			
调整分录：								
内容	科目	金额	金额	金额	金额			
1.								
……								
审计结论：								

【格式 7-5】

应付账款明细表

被审计单位：_____　　索引号：_____
项　　目：_____　　所审计会计期间：_____
编　　制：_____　　复　核：_____
日　　期：_____　　日　期：_____

明细账户	期初余额		本期发生额		期末余额	
	借方	贷方	借方	贷方	借方	贷方
一、关联方						
1.						
……						
二、非关联方						
1.						
……						
合计						
审计结论：						

【格式 7-6】

应付账款核对表

被审计单位：＿＿＿＿＿＿＿＿＿＿＿＿　　索引号：＿＿＿＿＿＿＿＿＿＿
项目：＿＿＿＿＿＿＿＿＿＿＿＿＿＿　　所审计会计期间：＿＿＿＿＿＿＿＿
编制：＿＿＿＿＿＿＿＿＿＿＿＿＿＿　　复核：＿＿＿＿＿＿＿＿＿＿＿＿
日期：＿＿＿＿＿＿＿＿＿＿＿＿＿＿　　日期：＿＿＿＿＿＿＿＿＿＿＿＿

序号	明细账凭证			摘要	入库单日期			购货发票			入库单与发票核对情况	明细账与发票核对情况
	编号	日期	金额		编号	日期	金额	日期	供应商名称	金额		
1												

核对要点：
1. 入库单中的货物名称、数量、单价及金额与购货发票核对是否一致；
2. 记账凭证内容与购货发票核对是否一致。

审计结论：

二、固定资产的实质性程序

固定资产审计目标与财务报表的认定、审计程序的对应关系如表 7-9 和 7-10 所示。

表 7-9　固定资产审计目标与财务报表认定对应关系表

审计目标	财务报表认定				
	存在	完整性	权利和义务	计价和分摊	与列报和披露相关的认定
① 资产负债表中记录的固定资产是存在的	√				
② 所有应记录的固定资产均已记录		√			
③ 记录的固定资产由被审计单位拥有或控制			√		
④ 固定资产以恰当的金额包括在财务报表中，与之相关的计价或分摊已恰当记录				√	
⑤ 固定资产已按照企业会计准则的规定在财务报表中作出恰当列报					√

表 7-10　固定资产审计目标与审计程序对应关系表

审计目标	可供选择的审计程序
①②④	1. 实质性分析程序
①	2. 实地检查重要固定资产(如为首次接受审计,应适当扩大检查范围),确定其是否存在,关注是否存在已报废但仍未核销的固定资产
③	3. 检查固定资产的所有权或控制权
①②③④	4. 检查本期固定资产的增加
①②④	5. 检查本期固定资产的减少
①②	6. 检查固定资产的后续支出
②	7. 检查固定资产保险情况,复核保险范围是否足够
③⑤	8. 检查固定资产的抵押、担保情况
④	9. 检查累计折旧
④	10. 检查固定资产的减值准备
④	11. 获取或编制固定资产和累计折旧分类汇总表,检查固定资产的分类是否正确并与总账和明细账的合计数核对是否相符,结合累计折旧、减值准备科目与报表数核对是否相符
①②③④	12. 检查固定资产的租赁
④	13. 获取暂时闲置的固定资产的证明文件,并观察其实际状况,检查是否按规定计提折旧,相关的会计处理是否正确
④	14. 获取已提足折旧仍继续使用的固定资产的相关证明文件,并作相应记录
④	15. 获取持有待售固定资产的相关证明文件,并作相应记录,检查对其预计净残值调整是否正确,会计处理是否正确
①②④	16. 检查有无与关联方的固定资产购售活动,是否经适当授权,交易价格是否公允。对于合并范围内的购售活动,记录应予合并抵消的金额
④	17. 对应计入固定资产的借款费用,应根据企业会计准则的规定,结合长短期借款、应付债券或长期应付款的审计,检查借款费用(借款利息、折溢价摊销、汇兑差额、辅助费用)资本化的计算方法和资本化金额,以及会计处理是否正确
④⑤	18. 检查购置固定资产时是否存在与资本性支出有关的财务承诺
⑤	19. 确定固定资产是否已按照企业会计准则的规定在财务报表中作出恰当列报

1. 获取或编制固定资产和累计折旧分类汇总表

检查固定资产分类是否正确并与总账明细账合计数核对是否相符,结合累计折旧、减值准备科目与报表数核对是否相符。固定资产及累计折旧分类汇总表是审计固定资产和累计折旧的重要的工作底稿(参考格式 7-7)。

2. 固定资产及累计折旧实施实质性分析程序

(1) 基于对被审计单位及其环境的了解。通过进行以下比较,并考虑有关数据间关系的影响,建立有关数据的期望值:首先,分类计算本期计提折旧额与固定资产原值的比率,并与上期比较;其次,计算固定资产修理及维护费用占固定资产原值的比例,并进行本期各月、本期与以前各期的比较。

(2) 确定可接受的差异额。

(3) 将实际情况与期望值相比较,识别需要进一步调查的差异。

(4) 如果其差额超过可接受的差异额,调查并获取充分的解释和恰当的佐证审计证据,如检查相关的凭证。

(5) 评估实质性分析程序的测试结果。

3. 检查固定资产的所有权或控制权

(1) 对外购的机器设备等固定资产,通常经审核采购发票、采购合同等予以确定;

(2) 对于房地产类固定资产,须查阅有关的合同、产权证明、财产税单、抵押借款的还款凭据、保险单等书面文件;

(3) 对融资租入的固定资产,应验证有关融资租赁合同,证实其并非经营租赁;

(4) 对汽车等运输设备,应验证有关运营证件等;

(5) 对受留置权限制的固定资产,通常还应审核被审计单位的有关负债项目等予以证实。

4. 检查固定资产的各项后续支出

对于固定资产发生的各项后续支出通常的处理方法有:

(1) 固定资产修理费用,应当直接计入当期费用;

(2) 固定资产改良支出,应当计入固定资产账面价值,其增加后的金额不应超过该固定资产的可收回金额;

(3) 如果不能区分是固定资产修理还是固定资产改良,或固定资产修理和固定资产改良结合在一起,则企业应按上述原则进行判断,其发生的后续支出,分别计入固定资产价值或计入当期费用。

(4) 固定资产装修费用,符合上述原则可予资本化的,在两次装修期间与固定资产尚可使用年限两者中较短的期间内,采用合理的方法单独计提折旧。如果在下次装修时,该固定资产相关的固定资产装修项目仍有余额,应将该余额一次全部计入当期营业外支出。

5. 确定固定资产是否已按照企业会计准则的规定在财务报表中做出恰当列报

(1) 财务报表附注通常应说明固定资产的标准、分类、计价方法和折旧方法;

(2) 融资注入固定资产的计价方法;

(3) 固定资产的预计使用寿命和预计净残值;

(4) 对固定资产所有权的限制及其金额(这一披露要求是指,企业因贷款或其他原因而以固定资产进行抵押、质押或担保的类别、金额、时间等情况);

(5) 已承诺将为购买固定资产支付的金额;

(6) 暂时闲置的固定资产账面价值(这一披露要求是指,企业应披露暂时闲置的固定资产账面价值,导致固定资产暂时闲置的原因,如开工不足、自然灾害或其他情况等);

(7) 已提足折旧仍继续使用的固定资产账面价值;

(8) 已报废和准备处置的固定资产账面价值;

(9) 固定资产因使用磨损或其他原因而需报废时,企业应及时对其处置,如果其已处于处置状态而尚未转销时,企业应披露这些固定资产的账面价值;

(10) 如果被审计单位是上市公司,则通常应在其财务报表附注中按类别分项列示固定资产期初余额、本期增加额、本期减少额及期末余额;说明固定资产中存在的在建工程转入、出售、置换、抵押或担保等情况;披露通过融资租赁租入的固定资产每类租入资产的账面原值、累计折旧、账面净值;披露通过经营租赁租出的固定资产每类租出资产的账面价值。

6. 重新计算累计折旧

(1) 获取或编制累计折旧分类汇总表,复核加计正确,并与总账数和明细账合计数核对;

(2) 检查被审计单位制定的折旧政策和方法是否符合相关会计准则的规定,确定其所采用的折旧方法能否在固定资产预计使用寿命内合理分摊其成本,前后期是否一致,预计使用寿命和预计净残值是否合理;

(3) 复核本期折旧费用的计提和分配:了解被审计单位的折旧政策是否符合规定,计提折旧范围是否正确,确定的使用寿命、预计净残值和折旧方法是否合理;如采用加速折旧法,是否取得批准文件;检查被审计单位折旧政策前后期是否一致;复核本期折旧费用的计提是否正确,尤其关注已计提减值准备的固定资产的折旧;检查折旧费用的分配方法是否合理,是否与上期一致;分配计入各项目的金额占本期全部折旧计提额的比例与上期比较是否有重大差异;注意固定资产增减变动时,有关折旧的会计处理是否符合规定,查明通过更新改造、接受捐赠或融资注入而增加的固定资产的折旧费用计算是否正确;

(4) 将"累计折旧"账户贷方的本期计提折旧额与相应的成本费用中的折旧费用明细账户的借方相比较,检查本期所计提折旧金额是否已全部摊入本期产品成本或费用。若存在差异,应追查原因,并考虑是否应建议作适当调整;

(5) 检查累计折旧的减少是否合理、会计处理是否正确。

7. 检查固定资产减值准备

固定资产的可收回金额低于其账面价值称为固定资产减值。这里的可收回金额应当根据固定资产的公允价值减去处置费用后的净额与资产预计未来现金流量的现值两者之间的较高者确定。这里的处置费用包括与固定资产处置有关的法律费用、相关税费、搬运费以及为使固定资产达到可销售状态所发生的直接费用等。固定资产减值准备的实质性程序一般包括:

(1) 获取或编制固定资产减值准备明细表,复核加计是否正确,并与总账数和明细账合计数核对是否相符;

(2) 检查被审计单位计提固定资产减值准备的依据是否充分,会计处理是否正确;

(3) 获取闲置固定资产的清单,并观察其实际状况,识别是否存在减值迹象;

(4) 检查资产组的认定是否恰当,计提固定资产减值准备的依据是否充分,会计处理是否正确;

(5) 计算本期末固定资产减值准备占期末固定资产原值的比率,并与期初该比率比较分析固定资产的质量状况;

(6) 检查被审计单位处置固定资产时原计提的减值准备是否同时结转,会计处理是否正确;

(7) 检查是否存在转回固定资产减值准备的情况。按照企业会计准则的规定,固定资产减值损失一经确认，在以后会计期间不得转回；

(8) 确定固定资产减值准备的披露是否恰当。

如果企业计提了固定资产减值准备，企业应当在财务报表附注中披露：其一，当期确认的固定资产减值损失金额；其二，企业计提的固定资产减值准备累计金额。如果发生重大固定资产减值损失，还应当说明导致重大固定资产减值损失的原因，固定资产可收回金额的确定方法，以及当期确认的重大固定资产减值损失的金额。

如果被审计单位是上市公司，其财务报表附注中通常还应分项列示计提的固定资产减值准备金额、增减变动情况以及计提的原因。

固定资产审计常用的工作底稿参见格式 7-7 至 7-12。

【格式 7-7】

固定资产审定表

被审计单位：＿＿＿＿＿＿＿＿＿＿＿＿ 索引号：＿＿＿＿＿＿＿＿＿＿＿＿
项目：＿＿＿＿＿＿＿＿＿＿＿＿＿＿＿ 财务报表截止日/期间：＿＿＿＿
编制：＿＿＿＿＿＿＿＿＿＿＿＿＿＿＿ 复核：＿＿＿＿＿＿＿＿＿＿＿＿
日期：＿＿＿＿＿＿＿＿＿＿＿＿＿＿＿ 日期：＿＿＿＿＿＿＿＿＿＿＿＿

项目名称	期末未审数	账项调整		重分类调整		期末审定数	索引号
		借方	贷方	借方	贷方		
一、固定资产原值合计							
其中：房屋建筑物							
……							
二、累计折旧合计							
其中：房屋建筑物							
……							
三、减值准备合计							
其中：房屋建筑物							
……							
四、账面价值合计							
其中：房屋建筑物							
……							
调整分录							
内容	科目	金额	金额	金额	金额		
1.							
……							
审计结论：							

【格式 7-8】

固定资产、累计折旧及减值准备明细表

被审计单位：＿＿＿＿＿＿＿＿＿＿＿＿＿　　索引号：＿＿＿＿＿＿＿＿＿＿＿＿＿＿＿
项目：＿＿＿＿＿＿＿＿＿＿＿＿＿＿＿＿　　所审计会计期间：＿＿＿＿＿＿＿＿＿＿＿
编制：＿＿＿＿＿＿＿＿＿＿＿＿＿＿＿＿　　复核：＿＿＿＿＿＿＿＿＿＿＿＿＿＿＿＿
日期：＿＿＿＿＿＿＿＿＿＿＿＿＿＿＿＿　　日期：＿＿＿＿＿＿＿＿＿＿＿＿＿＿＿＿

项目名称	期初余额	本期增加	本期减少	期末余额	备注
一、原价合计					
其中：房屋、建筑物					
……					
二、累计折旧合计					
其中：房屋、建筑物					
……					
三、固定资产减值准备合计					
其中：房屋、建筑物					
……					
四、固定资产账面价值合计					
其中：房屋、建筑物					
……					

审计结论：

【格式 7-9】

固定资产盘点检查情况表

被审计单位：＿＿＿＿＿＿＿＿＿＿＿＿＿　　索引号：＿＿＿＿＿＿＿＿＿＿＿＿＿＿＿
项目：＿＿＿＿＿＿＿＿＿＿＿＿＿＿＿＿　　财务报表截止日／期间：＿＿＿＿＿＿＿＿
编制：＿＿＿＿＿＿＿＿＿＿＿＿＿＿＿＿　　复核：＿＿＿＿＿＿＿＿＿＿＿＿＿＿＿＿
日期：＿＿＿＿＿＿＿＿＿＿＿＿＿＿＿＿　　日期：＿＿＿＿＿＿＿＿＿＿＿＿＿＿＿＿

序号	名称	计量单位	账面结存		实际盘点		盈亏（＋－）		备注
			数量	金额	数量	金额	数量	金额	
	房屋及建筑物								
1	办公楼								
2	……								

(续表)

序号	名称	计量单位	账面结存		实际盘点		盈亏(＋－)		备注
			数量	金额	数量	金额	数量	金额	
	机器设备								
3	高频疏散机								
4	……								
	办公设备								
5	联想扬天台式电脑								
6	……								
	交通设备								
7	奥迪 A6 轿车								
8	……								

检查时间： 　　　检查地点： 　　　　　检查人： 　　　　　盘点检查比例：50％
审计结论：

【格式 7-10】

固定资产增加检查表

被审计单位：_____　　　　　索引号：_____
项目：_____　　　　　财务报表截止日/期间：_____
编制：_____　　　　　复核：_____
日期：_____　　　　　日期：_____

固定资产名称	取得日期	取得方式	固定资产类别	增加情况		凭证号	核对内容(用"×""√"表示)						
				数量	原价		1	2	3	4	5	6	7

核对内容说明：①与发票是否内容一致；②与付款单据是否一致；③与购买合同是否一致；④与验收报告或评估报告等是否一致；⑤与在建工程转出数核对是否一致；⑥审批手续是否齐全；⑦入账日期和入账金额是否正确

审计结论：

【格式 7-11】

固定资产减少检查表

被审计单位：_____　　索引号：_____
项目：_____　　所审计会计期间：_____
编制：_____　　复核：_____
日期：_____　　日期：_____

固定资产名称	取得日期	固定资产原值	累计折旧	账面价值	处置方式	处置日期	处置收入	净损益	核对内容（用"×""√"表示）						
									1	2	3	4	5	6	7

核对内容说明：①与发票是否内容一致；②与收款单据是否一致；③与出售合同是否一致；④……

审计结论：

【格式 7-12】

折旧计算与分配检查表

被审计单位：_____　　索引号：_____
项目：_____　　所审计会计期间：_____
编制：_____　　复核：_____
日期：_____　　日期：_____

固定资产名称	预计使用寿命（年）	已使用年限（月）	应计折旧的固定资产原值	残值率%	累计折旧期初余额	减值准备期初余额	本期应提折旧	本期已提折旧	差异
房屋及建筑物									
机器设备									
……									
合计									
折旧费用分配									
制造费用	A产品								
	……								
管理费用									
合计									

审计结论：

本章小结

本章主要介绍了采购与付款循环业务层面的风险评估、控制测试和主要账户的实质性程序。风险评估时首先要了解被审计单位的业务活动,包括申请与批准采购、订购商品或劳务、验收与储存商品或劳务和记录与支付负债,有效的采购与付款循环内部控制要求将上述活动分配给不同的部门,固定资产的关键内部控制包括建立预算制度、授权批准制度、账簿记录制度、职责分工制度、处置制度、定期盘点制度和维护保养制度;其次要了解和评价被审计单位的内部控制设计是否合理,并通过穿行测试程序验证其是否得到执行;最后要结合被审计单位整体层面的风险评估结果初步评价重大错报风险的水平。在上述风险评估的基础上,审计人员要通过控制测试来验证被审计单位的内部控制是否有效,重新评估重大错报风险的水平,从而决定实施实质性程序的性质和范围。本循环的主要账户只介绍了应付账款和固定资产,从学习的角度讲,在应付款项及相关负债审计中,低估负债与高估资产一样,都可以夸大被审计单位的财务状况,因此,审计人员实施的实质性测试程序集中在确认负债记录的完整性,为此,应检查期后发生的相关交易的记录,确认其是否应该属于资产负债表目前的负债。固定资产实质性测试的重点是其整个年度的交易测试,而不是期末余额测试;固定资产减值测试时通常采用计算或分析性复核。结合具体案例,通过对这两个账户进行审计的讲解,介绍查找未入账的负债、资产的增加和减少等审计基本方法在实务中的具体运用。

 本章复习题

1. 采购与付款循环主要有哪些交易流程?
2. 采购与付款循环中可能出现错报的环节有哪些?
3. 试述如何进行应付账款的实质性分析程序?
4. 如何查找未入账的应付账款?
5. 你认为审计人员函证应付账款同函证应收账款一样吗?为什么?

 课后讨论案例

【目的】 理解购货与付款循环审计的基本方法
【内容】 请课后查找并阅读以下案例的相关信息,并回答相对应的问题,具体内容见下表:

序号	名称	问题
1	长恒集团股份有限公司内部控制制度审计案	①您认为会计师事务所进行的控制测试应将哪几个环节的测试作为重点?②除了资料中提到的几种控制测试程序,还可以采用哪些程序?

(续表)

序号	名称	问题
2	星辰股份有限公司审计案	①对于长期挂账的应付账款,注册会计师应如何判断其真实性?②注册会计师审查未入账债务,除了通过账簿检查,还可以通过哪些途径实现?
3	光宇股份有限位公司审计案	①固定资产应当存在哪些控制环节?②在累计折旧中出现的会计估计差错应如何调整?
4	蓝田股份公司审计案	①农业企业固定资产的投入与其他行业有何不同?②如何评价农业企业固定资产的总体合理性和效益性?
5	亨通公司审计案	①审计时应当从哪些方面判断固定资产减值准备的真实性?②试归纳相关制度对企业提取固定资产减值准备规定的发展变化?

【要求】

1. 分小组进行案例的讨论,小组的每个成员分头查找并阅读上述案例的相关信息,每个小组围绕所提出的问题编写完成案例。

2. 小组在查找资料、编写完成案例的基础上,分析回答所提出的问题,并提出新的疑问。

3. 小组在讨论分析基础上,制作PPT,推选一名同学演讲其讨论分析的问题,重点在于介绍小组在讨论中对审计的本质、作用以及在经济社会生活中的重要作用的理解以及产生的疑问。

4. 小组以外的其他同学提问,小组内的其他成员补充回答问题。

5. 老师点评。

第八章 生产与存货循环审计

本章要点

通过对本章内容的学习,你应了解和掌握如下知识和技能:
- 了解生产与存货循环的业务活动
- 理解生产与存货循环的风险识别与评估方法
- 掌握存货的审计目标及其实质性程序
- 能够制定生产与存货循环各账户的审计目标
- 能够根据制定的审计目标确认审计范围和设计与执行控制测试与实质性程序
- 能够较熟练地完成生产与存货的所有工作底稿

 导读案例

獐子岛公司财务造假案例[①]

背景介绍:

獐子岛集团股份有限公司(以下简称獐子岛)位于辽宁省大连市,2006年9月在深圳证券交易所挂牌上市(股票代码:002069)。獐子岛公司养殖虾夷扇贝、海参等水产品,养殖区域很大,在黄海北部建立了海洋牧场,在山东、大连、福建等地区建立了养殖基地,其中虾夷扇贝占企业收入的三分之一。

2014—2019年,獐子岛公司发生了四次"扇贝跑路"事件。分别是:2014年10月,獐子岛公司扇贝首次"跑路",公司发布公告称因受水温异常波动影响,100多万亩扇贝绝收,造成公司股价大跌,当年亏损11.95亿元;2018年初,獐子岛公司突然发布公告称海洋生物饵料减少,造成扇贝大面积死亡,公司2017年实际亏损4.47亿元;2019年4月,獐子岛公司发布一季度报告,称受自然灾害影响,扇贝歉收,一季度亏损0.43亿元;2019年底,獐子岛公司发布公告称对虾夷扇贝等存货进行抽查,发现大比例死亡,当年亏损3.85亿元。

造假过程:

獐子岛公司财务舞弊的手段主要是通过虚假记录生物资产存货盘点记录表的方式

---

① 参考资料:根据中国证监会官网资料整理。

虚构营业外支出。獐子岛公司的存货以生物资产为主,其中占比最高的是虾夷扇贝,由于其生长在20米深的水域中,且具有流动性,即便在聘请专家与寻求专业人士配合盘点的情况下,也难以估计其准确数量,此外目前獐子岛公司的捕捞区域是人工填报的还缺少逐日的采捕区域记录,这就导致在记录生物资产盘点记录表方面獐子岛公司有较大的舞弊空间。

经证监会调查,在2014年、2015年已连续亏损的情况下,獐子岛客观上利用海底库存及采捕情况难发现、难调查、难核实的特点,不以实际采捕海域为依据进行成本结转,导致财务报告严重失真,2016年通过少记录成本、营业外支出的方法将利润由亏损披露为盈利,2017年将以前年度已采捕海域列入核销海域或减值海域,夸大亏损幅度。此外,獐子岛还涉及《年终盘点报告》和《核销公告》披露不真实、秋测披露不真实、不及时披露业绩变化情况等多项违法事实。

年报审计:

獐子岛公司2014—2018年的审计报告都是由大华会计事务所出具的,大华会计事务所认为獐子岛公司2014年、2015年、2016年的财务报表在所有重大方面按照企业会计准则的规定编制,公允反映了獐子岛公司的财务状况以及经营成果和现金流量,2017年、2018年大华会计事务所发表保留意见。自2019年开始獐子岛公司年报审计改聘亚太会计师事务所,2019年、2020年亚太会计师事务所出具了保留意见审计报告。

大华所执行分析程序时主要依靠獐子岛提供的历年财报和内部原始管理等信息进而做出分析。此外,大华所对深交所问询函的专项说明中表示,自身对于獐子岛采取了有效的审计程序,主要使用检查法进行测试;在对獐子岛存货检测时表明受客观条件限制,没有足够能力对控制的实际运行情况做深入了解。最后,大华所和亚太所都采取审计抽样技术进行抽测,选用非系统抽样的方法在各年底播的海域抽取一定比例的海域进行抽测。这种抽样方法样本可能过小,抽样误差可能较大,难以充分地对獐子岛生物资产数量进行详细监盘。

监管处罚:

2020年6月24日,证监会发布消息对獐子岛披违法违规案作出行政处罚及市场禁入决定,对獐子岛公司给予警告,并处以60万元罚款,对15名责任人员处以3万元至30万元不等罚款,对4名主要责任人采取5年至终身市场禁入。

案例启示:

獐子岛公司违法情节特别严重,严重扰乱证券市场秩序、严重损害投资者利益,社会影响极其恶劣。对于像獐子岛这样的存货多为生物性资产的农业类上市公司,存货审计一直是难题,因此需要更多地关注。基于其利用存货盘点的特殊性来进行财务造假,更应该制定科学的审计流程。深入了解獐子岛事件后,发现獐子岛集团内部贪腐严重,员工的盗窃事件屡见不鲜,想必这和虾夷扇贝的绝收有着很大的联系,因此,加强内外部监管尤为必要。

【案例讨论题】

1. 结合本案例谈谈存货审计对于查找重大舞弊有哪些重要意义?
2. 实施存货审计除了进行监盘以外,还有哪些办法?

第一节　生产与存货循环的风险评估

生产与存货循环涉及的内容是存货的管理及生产成本的计算等。存货的计价和相关销售成本都会对利润表和财务状况产生重大的影响。审计人员应当确认在财务报表中列示的存货金额,存货在财务报表日是否实际存在和归被审计单位所有(满足完整性、存在性、权利和义务认定),金额是否符合计价认定。期末库存价值的高估虚增税前净利润,若低估则相反。期末存货单位成本核算不准确,很有可能导致销售价格低于实际成本,长此以往,企业将很难持续经营。

一、本循环的主要业务活动

生产与存货循环同其他业务循环的联系非常密切,生产资料经过采购与付款循环进入生产与存货循环,生产与存货循环又随着销售与收款循环中产成品、商品的销售环节而结束。它们之间的具体关系如图8-1所示。

图8-1　生产循环示意图

审计人员只有了解生产与存货循环涉及的主要活动及相关凭证和记录,才能对相关账户的审计风险予以把握,进而提高审计效率。以制造业为例,生产与存货循环活动所涉及的主要业务活动见图8-2所示。上述业务活动通常涉及到生产计划部门、仓库部门、生产部门、销售部门和会计部门等。

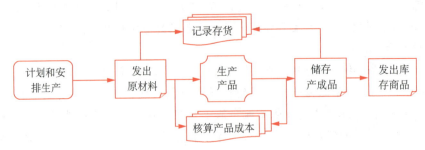

图8-2　生产与存货循环的主要业务活动图

(一) 计划和安排生产

生产计划部门根据客户订购单或者对销售预测和产品需求的分析来决定生产授权,签发预先编号的生产通知单,该部门通常应将发出的所有生产通知单编号并加以记录控制。此外还需要编制一份材料需求报告,列示所需要的材料和零件及其库存。计划和安排生产与"发生"认定有关。

(二) 发出原材料

仓库部门的责任是根据从生产部门收到的领料单发出原材料。领料单上必须列示所需的材料数量和种类,以及领料部门的名称。领料单可以一料一单,也可以多料一单,通常需一式多联。仓库发料后,将其中一联连同材料交给领料部门,其余两联经仓库登记材料明细账后,送会计部门进行材料收发核算和成本核算。

(三) 生产产品

生产部门在收到生产通知单及领取原材料后,便将生产任务分解到每一个生产工人,并将所领取的原材料交给生产工人,据以执行生产任务。

(四) 核算产品成本

生产过程中的各种记录、生产通知单、领料单、计工单、入库单等文件资料都要汇集到会计部门,由会计部门对其进行审查和核对,了解和控制生产过程中存货的实物流转;同时,会计部门要设置相应的会计账户,会同有关部门对生产过程中的成本进行核算和控制。

(五) 储存产成品

产成品入库,须由仓库部门先行点验和检查,然后签收;签收后,将实际入库数量通知会计部门。

(六) 发出库存商品

库存商品的发出须由独立的发运部门进行。装运库存商品时必须持有经有关部门核准的发运通知单,并据此编制出库单,出库单一式四联单,一联交仓库部门;一联发运部门留存;一联送交顾客;一联作为给顾客开发票的依据。

二、了解本循环主要凭证和会计记录

以制造业为例,生产与存货循环由将生产资料转化为产成品的有关活动组成,涉及领料、生产加工、销售产成品等主要环节,具体所涉及的凭证和会计记录如表8-1所示。

表8-1 生产循环的主要凭证与会计记录

主要业务	原始凭证	记账凭证和账簿
1. 计划和安排生产	生产通知单	
2. 领用原材料	领料单	记账凭证、生产成本明细账与总账、制造费用明细账与总账
3. 生产产品	工资费用分配表、制造费用分配表、产品成本计算单等	记账凭证、生产成本明细账与总账、制造费用明细账与总账等
4. 产品完工	入库单	记账凭证、生产成本明细账与总账、库存商品明细账与总账
5. 存货的销售	出库单(或提货单)	记账凭证、主营业务成本明细账与总账、库存商品明细账与总账

本循环涉及主要账户及其关系如图8-3所示。

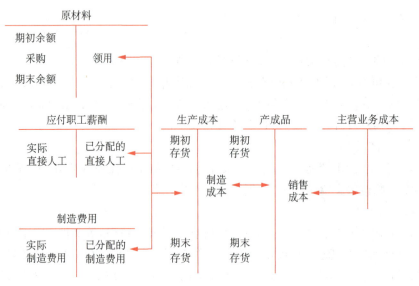

图 8-3 本循环涉及的主要账户及其关系

三、了解和描述相关的内部控制

审计人员通过检查被审计单位相关控制手册和其他书面指引,询问各部门的相关人员,观察操作流程等方式,并利用文字表述法、调查表法、流程图法等对生产与存货的交易流程进行了解。

(一) 生产与存货循环的关键控制

无论是从审计人员还是从管理当局的角度看,对生产和存货循环进行完善的控制都是极其重要的。生产循环的关键控制主要包括:

1. 职责分工

生产循环涉及的部门主要有:领料、审批、生产、验收、保管与记账等。对于该循环的员工来说,了解其在控制环境中的责任尤其重要。职责划分可以减少个人在同一岗位正常的工作过程中进行欺骗或掩盖差错和异常的机会。在该循环中需要明确以下分工:

(1) 存货生产计划的编制与审批要分离;
(2) 存货的验收与生产部门要分离;
(3) 存货的保管与记录要分离;
(4) 存货的盘点人员应独立于存货的保管、使用与记录人员。

2. 授权审批

对于生产循环来说,较常见的授权审批程序包括:

(1) 生产通知单须经过授权批准;
(2) 领料须经过授权批准;
(3) 工资须经授权批准;
(4) 成本和费用分配方法采用和变更须经授权批准;

(5) 存货计价方法的采用和变更须经授权批准;
(6) 存货的盘盈、盘亏、毁损等的处置须经批准。

3. 成本会计制度和会计记录

健全的成本会计制度对于核算原材料、物料的领用,确定在产品存货的构成和价值以及计算完工产品成本都是必要的。该制度包括了正确核算材料的加工过程——从进入生产流程成为在产品到最终变成产成品——所需要的所有记录和领料单等。成本会计制度还能为在产品和产成品存货归集人工成本和间接成本。因此,它构成了存货内部控制不可或缺的一部分。一个完善的成本会计制度应包括以下内容:

(1) 采用适当的成本核算方法,且前后各期保持一致;
(2) 采用适当的费用分配方法,且前后各期保持一致;
(3) 成本核算要以经过审核的生产通知单、领料单、人工费用分配表和制造费用分配表等原始凭证为依据;
(4) 尽可能采取永续盘存制进行存货管理;
(5) 领料单、生产通知单、工资费用分配表和制造费用分配表等应顺序编号。

4. 实物控制

对存货必须进行实物控制,以免由于误用和偷窃而造成损失。将原材料、在产品和产成品分开并限制接触是保证安全、完整的非常重要的控制,具体包括以下政策或程序:

(1) 建立产成品、在产品等的保管和移交制度;
(2) 按类别存放存货,并定期巡视;
(3) 只有经过授权的人才能接触存货实物及相关文件;
(4) 存货的入库须经过验收,存货的出库须有经批准的提货单。

5. 定期盘点

不管企业的存货记录采用何种方法,它都必须对存货进行定期盘点,以保证账实相符。盘点日可以是结账日或接近结账日,也可以是预先确定的日子。此外,对盘点过程也要建立必要的控制。

(二) 描述内部控制

审计人员在了解生产循环的内部控制之后,就需要对内部控制进行描述。描述内部控制可以根据具体情况决定采用文字说明法、调查表法和流程图法中的某种方法。在使用调查表法描述该循环的内部控制时,一般需要编制两个调查表:一是存货内部控制调查表,另一个是生产业务与成本会计制度内部控制调查表。存货内部控制调查表的具体格式如表8-2所示。

表8-2 存货内部控制调查表

问题	回答			备注
	是	否	不适用	
一、控制环境 1. 存货的验收与生产部门是否分离? 2. 存货的保管与记录是否分离?				

(续表)

问题	回答			备注
	是	否	不适用	
3. 存货的盘点人员是否独立于存货的保管、使用与记录人员？				
4. 存货的记录账簿是否健全？是否记录了存货的数量和价格？				
5. 委托保管存货与被审计单位的存货是否分离？				
二、存在性目标				
1. 是否只有在收到验收报告后才记录存货的增加？				
2. 存货管理人员是否把存货的增加通知会计部门？				
三、完整性目标				
1. 是否只有在收到存货发出凭证时才记录存货的减少？				
2. 存货管理人员是否把存货的减少通知会计部门？				
四、授权目标				
1. 是否只有经过授权的人才能进入仓库？				
2. 存货的增加是否经过批准？				
3. 存货的领用和发出是否经过审批？				
五、准确性目标				
1. 是否定期盘点存货，并将盘点结果与相应的账簿核对？				
2. 是否核对存货登记簿和相应的会计记录？				
六、分类目标				
存货是否分类保管和记录？				
七、截止目标				
发生存货业务是否计入了恰当的期间？				
八、表述与披露目标				
存货业务是否正确地计入总账和明细账？				

在审计实务中，审计人员通过上述对被审计单位的了解，形成了解和评价生产与存货循环的工作底稿。常用的工作底稿见参考格式 8-1 所示。

【格式 8-1】

了解和评价生产与存货循环的内部控制

被审计单位：＿＿＿＿＿＿＿＿＿＿＿＿＿＿＿ 索引号：＿＿＿＿＿＿
项目：＿＿＿＿＿＿＿＿＿＿＿＿＿＿＿＿＿ 财务报表截止日/期间：＿＿＿＿＿＿
编制：＿＿＿＿＿＿ 日期：＿＿＿＿＿＿ 复核：＿＿＿＿＿＿ 日期：＿＿＿＿＿＿

1. 受本循环影响的相关交易和账户
   存货、主营业务成本、应付职工薪酬
2. 主要业务活动

主要业务活动	是否在本循环中进行了解
材料验收和仓储	
计划和安排生产	
生产与发运	
存货管理	
保存存货档案	

(续表)

3. 了解交易流程
　　根据对交易流程的了解，记录如下：
(1) 被审计单位是否委托其他服务机构执行主要业务活动？如果被审计单位使用其他服务机构，请列示其他服务机构的名称地址及将对审计计划产生哪些影响？
_____
_____

(2) 是否制定了相关的政策和程序以保持适当的职责分工？这些政策和程序是否合理？
_____
_____

(3) 自前次审计后，被审计单位的业务流程和控制活动是否发生重大变化？如果已发生变化，将对审计计划产生哪些影响？
_____
_____

(4) 是否识别出控制设计的不足或缺陷？是否识别出本期交易过程中发生的控制偏差？如果已识别出设计的不足(或缺陷)、控制偏差，产生的原因是什么，将对审计计划产生哪些影响？
_____
_____

(5) 是否识别出非常规交易或重大事项？如果已识别出非常规交易或重大事项，将对审计计划产生哪些影响？
_____
_____

(6) 是否进一步识别出其他风险？如果已识别出其他风险，将对审计计划产生哪些影响？
_____
_____

(7) 关键控制活动的描述

业务活动	关键控制点

(8) 了解对关联方的交易的控制活动
_____
_____

(9) 了解对会计分录的控制活动
_____
_____

(10) 界定主要交易循环及原因

(续表)

4. 信息系统
   应用软件

信息系统名称	计算机运作环境	来源

初次安装后对信息系统进行的任何重大修改、开发与维护

信息系统名称	重大修改、开发与维护的描述	修改日期

描述拟于未来实施的重大修改、开发与维护计划
_____
_____

本年度对信息系统进行的重大修改、开发与维护及其影响
_____
_____

5. 初步结论
_____
_____

6. 识别出重大的错报风险以及拟采取的应对措施
_____
_____

7. 沟通事项
   是否需要就已识别出的内部控制设计或执行方面的见解、意见或建设性建议，与适当层次的管理层或治理层进行沟通？
_____
_____

编制说明：
一、本循环的内部控制的主要工作
1. 了解被审计单位生产与存货循环和财务报告相关的内部控制的设计，并记录获得的了解。
2. 针对生产与存货循环的控制目标，记录相关控制活动。
3. 执行穿行测试，证实对交易流程和相关控制的了解，并确定相关控制是否得到执行。
4. 记录在了解和评价生产与存货循环的控制设计和执行过程中识别的风险，以及拟采取的应对措施。
二、主要项目编制说明
1. 受本循环影响的相关交易和账户
此项仅列示主要交易和账户余，项目组应当根据被审计单位的实际情况确定受本循环影响的交易和账户。

2. 主要业务活动

此项项目组通常应在本循环中了解与上述业务活动相关的内部控制,如果计划在其他业务循环中对上述一项或多项业务活动的控制进行了解,应在此处说明原因。

3. 了解交易流程

(1) 了解对关联方的交易的控制活动

此项描述对关联方交易的授权、记录和披露的程序,识别并记录相关的关键控制。

(2) 了解对会计分录的控制活动

此项描述对本业务活动相关的会计处理过程,记录系统化和非系统化处理交易的会计分录控制活动,保证正确列示财务报表。

(3) 界定主要交易循环及原因

此项描述该交易循环是否为被审计单位的主要交易循环,并说明原因。

4. 沟通事项

此项描述见解、意见及建设性建议及与管理层、治理层的沟通详情。

四、穿行测试

审计人员应当选择一笔或几笔生产与存货交易进行穿行测试,以证实对交易活动和相关控制的了解是否正确和完整。例如针对生产与存货交易,追踪从计划安排生产、发出原材料、生产产品、核算产品成本、储存产成品、生成记账凭证,到过账至主营业务成本明细账和总账的整个交易流程,并确定相关控制是否得到执行。具体的工作底稿见参考格式 8-2 所示。

【格式 8-2】

生产与存货循环控制执行测试表(穿行测试)

被审计单位:_____ 索引号:_____
项目:_____ 财务报表截止日/期间:_____
编制:_____ 日期:_____ 复核:_____ 日期:_____

样本序号	业务内容	金额	凭证编号	测试内容	测试结果
1.					
2.					
……					

初步评价结论:
_____
_____

五、确定本循环可能发生的错报风险

审计人员需要确定和了解生产与存货循环的错报环节在什么环节发生,即确定被审计单位应在哪些环节设置控制,以防止或发现并纠正各重要交易活动可能发生的错报。

生产与存货循环中可能发生错报的环节见表8-3。

表8-3 生产与存货循环可能发生错报的环节

主要业务活动	可能的错报	关键控制点
计划和控制生产	生产没有计划	由生产计划部门计划安排生产
发出原材料	未经授权领用原材料	按已经批准的通知单和签字的发料单发出原材料
生产产品	生产工时可能未被记录或者未被分配至正确的生产任务	使用记工单记录完成的生产工时
转移已完工产品	1. 产成品仓库人员可能未记录接收的已完工产品； 2. 接收了生产中的残次品	产成品仓库保管员收到产品时在入库单上签字
存货分类	以次等品冒充优等产品，以旧充好，混淆不同批号、不同产地和不同价格的物资等	定期盘点存货
核算产品成本	1. 随意变更存货计价方法； 2. 存货成本项目分摊不合理； 3. 虚报在产品完工程度	1. 采用适当的成本计价方法，且前后期一致； 2. 采用适当的费用分配方法，且前后期一致； 3. 独立检查
储存产成品	1. 存货可能从仓库中被盗； 2. 在产品可能在生产过程中被盗； 3. 虚假存货； 4. 账面存货数量可能与实际数量不一致	1. 存货保管人员与记录人员等职责要分离； 2. 建立实物保护制度； 3. 定期账实核对

在实务中，由于生产与存货循环涉及的账户很多，容易出现一些差错和弊端，常见的风险主要有：

(1) 成本计算不正确、不真实，通过成本计算调节成本；
(2) 混淆费用与成本界限；
(3) 已销产品成本不作结转，或多转或少转；
(4) 随意改变成本计算方法；
(5) 出勤考核形同虚设，虚列工资名单，虚增工资开支。

六、初步进行风险评估

审计人员在对内部控制了解的基础上，通过评估各关键控制点和薄弱环节，来估计各控制目标的控制风险水平。评估控制风险的目的在于确定进行实质性测试对该内部控制的依赖程度。控制风险水平一般以高、中、低表示。审计人员据以评价控制风险的依据如表 8-4 所示：

表 8-4 控制风险评价表

控制风险水平	确定理由	对下一步审计的影响
高	1. 不存在与该循环控制有关的各个关键点； 2. 内部控制失效； 3. 难以对内部控制的有效性作出评估。	根据控制风险水平确定检查风险，不对内部控制进行控制测试而直接进入实质性阶段。
中或低	1. 存在与该循环控制有关的各个关键点； 2. 较少或没有控制失效现象； 3. 各种控制措施可能在不同程度上防止、纠正错弊的发生。	根据较低的控制风险水平，确定较高的检查风险，并计划实施必要的控制测试： 1. 如果该控制测试能证明所确定的控制风险水平，则根据较高的检查风险水平计划较小规模的实质性测试； 2. 如果不能证明所确定的控制风险水平，则仍根据较高的控制风险水平计划实质性测试。

需要注意的是，如果被审计单位的相关内部控制不存在，或者被审计单位的相关内部控制未得到有效执行，则审计人员不应再继续实施控制测试，而应直接实施实质性程序。

课堂训练 8-1

【目的】 训练正确对生产与存货循环内部控制了解和评价

【资料】 审计人员对红星公司有关采购、验收、存储和原材料的发出的内部控制制度进行评价。具体内容如下：

原材料主要为高成本的稀有金属，保存在上锁的库房里。仓库保管人员由一个主管和四个保管员组成。所有的人员都受过良好训练，能够胜任工作且其权限受到充分的限制。只有接到生产主管之一的书面或口头批准，才能将存货从仓库运出。

没有永续盘存记录，因此，仓库保管员对验收和发出货物不进行记录。为了弥补永续记录的缺少，由受良好指导的仓库保管员每月进行实地存货盘点。盘点时执行恰当的程序。

实地盘点后，仓库主管将盘点与已制定的再订货水平相比较。如果某部分存货盘点数低于再订货水平，主管将该存货号码填在原材料请购清单上，交给应付账款的会计员。应付账款会计员按预定的再订货量准备一份采购订单，并将订单邮寄给上次采购的供应商。

预订的材料到达红星公司是由仓库保管员验收。保管员查点商品，并与运货人的提单核对。所有卖方提单都签字，记录日期，并制成文档存放在仓库作为验收报告。

【要求】 分析红星公司上述环节内部控制的缺陷，并提出改进措施。

第二节　生产与存货循环的控制测试

一、控制测试内容

在审计人员取得了内部控制的相关描述并进行了初步的控制风险评估之后,就需要确认被审计单位是否真正采用了其所描述的内部控制,也就是说,需要确定内部控制执行得是否有效。有关销货交易内部控制目标、内部控制和控制测试的关系如表8-5所示。

表8-5　成本会计控制的控制目标、关键内部控制和测试一览表

内部控制目标	关键内部控制	常用的控制测试	常用的交易实质性程序
1. 生产业务是根据管理层一般或特定的授权进行的(发生)	对以下三个关键点应履行恰当手续,经过特别审批或一般审批: (1) 生产指令的授权批准; (2) 领料单的授权批准; (3) 工薪的授权批准	检查在凭证中是否包括生产指令、领料单的授权批准和工薪的授权批准这三个关键点恰当审批	检查生产指令、领料单、工薪等是否经过授权
2. 记录的成本为实际发生的而非虚构的(发生)	成本的核算是以经过审核的生产通知单、领发料凭证、产量和工时记录、工薪费用分配表、材料费用分配表、制造费用分配表为依据的	检查有关成本的记账凭证是否附有生产通知单、领发料凭证、产量和工时记录、工薪费用分配表、材料费用分配表、制造费用分配表等原始凭证	(1) 对成本实施分析程序; (2) 将成本明细账与生产通知单、领发料凭证、产量和工时记录、工薪费用分配表、材料费用分配表,制造费用分配表相核对。("逆查")
3. 所有耗费和物化劳动均已反映在成本中(完整性)	生产通知单、领发料凭证、产量和工时记录、工薪费用分配表、材料费用分配表、制造费用分配表均事先编号并已登记入账	检查生产通知单、领发料凭证,产量和工时记录、工薪费用分配表、材料费用分配表、制造费用分配表的顺序编号是否完整	(1) 对成本实施分析程序; (2) 将生产通知单、领发料凭证、产量和工时记录、工薪费用分配表、材料费用分配表,制造费用分配表与成本明细账相核对。("顺查")
4. 成本以正确的金额,在恰当的会计期间及时记录于适当的账户(发生,完整性、准确性、计价和分摊)	(1) 采用适当的成本核算方法,并且前后各期一致; (2) 采用适当的费用分配方法并且前后各期一致; (3) 采用适当的成本核算流程和账务处理流程; (4) 内部检查	(1) 选取样本测试各种费用的归集和分配以及成本的计算; (2) 测试是否按照规定的成本核算流程和账务处理流程进行核算和账务处理	(1) 对成本实施分析程序; (2) 抽盘成本计算单检查各种费用的归集和分配以及成本的计算是否正确; (3) 对重大在产品项目进行计价测试

(续表)

内部控制目标	关键内部控制	常用的控制测试	常用的交易实质性程序
5. 对存货实施保护措施,保管人员与记录、批准人员相互独立(存在、完整性)	存货保管人员与记录人员职务相分离	询问和观察存货与记录的接触以及相应的批准程序	
6. 账面存货与实际存货定期校对相符(存在、完整性、计价和分摊)	定期进行存货盘点	询问和观察存货盘点程序	对存货实施监盘程序

为了验证是否有足够证据支持初步的控制风险水平,需要进行控制测试。控制测试主要包括两部分内容:存货内部控制的测试和成本会计制度的测试。

1. 存货内部控制的测试

(1) 观察和询问职责分工情况。在了解了内部控制的基本情况之后,审计人员要观察被审计单位内部的责任分工情况,并询问一年中各职能执行人的情况。

(2) 抽查存货入库业务。从存货明细账中抽取部分存货入库业务,检查每笔业务是否都附有验收报告。

(3) 抽查存货的出库业务。从存货明细账中抽取部分出库业务,检查是否每笔业务都附有经批准的领料单和提货单,检查领料单和提货单是否经过批准。

(4) 核对存货发出凭证与存货明细账。抽取部分领料单和提货单,与存货明细账核对,检查是否所有存货的发出均已入账,领料单、提货单是否经过批准。

(5) 定期核对存货收发登记簿与相应的会计记录,检查两者是否一致。

(6) 检查存货的管理是否良好,检查存货的巡视记录,确定此项控制是否执行。

(7) 检查是否定期盘点存货,对发生的盘盈、盘亏、毁损、报废等情况是否及时按规定处理。

2. 成本会计制度的测试

一般来说,成本会计制度测试主要包括以下几个方面:

(1) 抽查成本计算单。选取部分典型产品的成本计算单,并审查以下几个方面:

① 验证成本计算是否正确。审计人员可以采用复算的方法验证成本计算的正确性;

② 审查成本计算单是否附有必要的原始凭证。原始凭证包括生产通知单、领料单、产量和工时记录、工资费用分配表、材料费用分配表和制造费用分配表等;

③ 审查生产通知单、领料单是否经过审批;

④ 审查成本计算单中的记录与工资费用分配表、材料费用分配表和制造费用分配表的记录是否一致。

(2) 抽查成本计算的原始凭证。

① 审查生产通知单、领料单、产量和工时记录、人工费用分配表、材料费用分配表和制造费用分配表等原始凭证是否连续编号;

② 检查上述原始凭证是否经过批准；

③ 从原始凭证追查至成本计算单，检查以下内容：a. 各种费用归集、分配是否正确；b. 成本计算是否正确；c. 成本核算流程是否正确。

(3) 核对成本计算单与生产成本明细账和总账。主要检查成本计算单、生产成本明细账和总账的记录是否一致。

(4) 比较本期和前期的成本计算方法。通过本期和前期的成本计算方法的比较，检查成本计算方法的一致性。应该特别注意当年使用的成本方法所发生的变化及其对生产成本和销售成本的影响。

二、重新评估控制风险

完成控制测试后，审计人员应对被审计单位的生产和存货循环的内部控制设计的合理性、运行的有效性进行评价，重新评估控制风险水平，确定其是否存在重大的薄弱环节。若有重大的薄弱环节，则应确定其对存货实质性程序的影响，并以此为基础制定实质性程序方案。

本循环控制测试的具体工作底稿参考格式如 8-3 所示。

【格式 8-3】

生产与存货循环控制测试表

被审计单位：_____   索引号：_____
项目：_____   财务报表截止日/期间：_____
编制：_____   复核：_____
日期：_____   日期：_____

1. 了解内部控制的初步结论

2. 控制测试结论

主要业务活动	控制目标	被审计单位的控制活动	受影响的相关交易、账户余额	控制活动对实现控制目标是否有效（是/否）	控制活动是否得到执行（是/否）	控制活动是否有效运行（是/否）	控制测试结果是否支持风险评估结论（支持/不支持）
材料验收与仓储	已验收材料均确附有有效采购订单		存货				
	已验收材料均确已准确记录		存货 主营业务成本				

(续表)

主要业务活动	控制目标	被审计单位的控制活动	受影响的相关交易、账户余额	控制活动对实现控制目标是否有效（是/否）	控制活动是否得到执行（是/否）	控制活动是否有效运行（是/否）	控制测试结果是否支持风险评估结论（支持/不支持）
材料验收与仓储	所有已验收材料均已记录		存货 主营业务成本				
	已验收材料均已及时记录入适当期间		存货 主营业务成本				
	有瑕疵的材料已及时退回给供应商		存货 主营业务成本				
计划与安排生产	管理层授权进行生产		存货				
生产与发运	发出材料均已准确记录		存货 主营业务成本				
	发出材料均记录于适当期间		存货 主营业务成本				
	已记录的生产成本均为真实发生且与生产相关的实际直接及间接费用相一致		存货 主营业务成本				
	所有与生产相关的直接及间接费用均已记录为生产成本		存货 主营业务成本				
	所有与生产相关的直接及间接费用均于适当期间进行记录		存货 主营业务成本				
	所有存货流转已完整准确地记录于适当期间		存货 主营业务成本				
	所有因生产过程而产生的有瑕疵制品及废料已真实地、完整地且准确地记录在适当期间		存货 主营业务成本				
	完工产成品均于适当期间进行准确记录		存货 主营业务成本				

(续表)

主要业务活动	控制目标	被审计单位的控制活动	受影响的相关交易、账户余额	控制活动对实现控制目标是否有效（是/否）	控制活动是否得到执行（是/否）	控制活动是否有效运行（是/否）	控制测试结果是否支持风险评估结论（支持/不支持）
生产与发运	产成品发运均确已记录		存货 主营业务成本				
	产成品发运均已准确记录		存货 主营业务成本				
	已发运产成品均附有有效销售订单		存货 主营业务成本				
	产成品发运均已于适当期间进行记录		存货 主营业务成本				
存货管理	存货是可销售的或可使用的		存货				
	存货已被适当保管		存货				
	准确记录存货价值		存货 存货跌价准备				
	存货数量及价格的调整已于适当期间进行正确记录		存货				
	存货数量及价格调整是真实发生的		存货				
	存货数量及价格调整均已记录		存货				
	准确列报财务信息，且披露所有公允列报所必需的资料，并遵循专业标准及法律规定		存货 存货跌价准备 主营业务成本				
	只有真实有效的变更才可记入存货档案		存货 主营业务成本				
保存存货档案	所有存货档案的真实有效变更都已经输入及处理		存货 主营业务成本				
	对存货档案的变更是准确的		存货 主营业务成本				
	及时处理存货档案的变更		存货 主营业务成本				
	确保存货档案数据及时更新		存货 主营业务成本				

第三节 主要账户的实质性程序

根据会计报表项目与业务循环的相关程度,生产与存货循环涉及的财务报表项目主要包括存货、应付职工薪酬和营业成本等。本节我们重点介绍存货、应付职工薪酬和营业成本的审计,其他项目的审计与此类似。

一、存货的实质性程序

存货审计,尤其是对年末存货余额的测试,通常是审计中最复杂也最费时的部分。对存货存在和存货价值的评估常常十分困难。导致存货审计复杂的主要原因包括:存货通常是资产负债表中的一个主要项目,而且通常是构成营运资本的最大项目;存货存放于不同的地点,这使得对它的实物控制和盘点都很困难;存货项目的多样性也给审计带来了困难;存货本身的陈旧以及存货成本的分配也使得存货的估价出现困难;允许采用的存货计价方法的多样性。

存货审计目标与财务报表的认定、审计程序的对应关系如表 8-6 和 8-7 所示。

表 8-6 存货审计目标与财务报表认定对应关系表

审计目标	财务报表认定				
	存在	完整性	权利和义务	计价和分摊	列报
A. 资产负债表中记录的存货是存在的	√				
B. 所有应当记录的存货均已记录		√			
C. 记录的存货由被审计单位拥有或控制			√		
D. 存货以恰当的金额包括在财务报表中,与之相关的计价调整已恰当记录				√	
E. 存货已按照企业会计准则的规定在财务报表中作出恰当列报					√

表 8-7 存货认定与审计程序对应关系表

序号	主要实质性程序	认定
1	存货监盘	存在、完整性、权利和义务
2	存货计价测试	计价和分摊
3	存货截止测试	存在、完整性
4	存货分析程序	识别存货项目波动和错报的方向

(一)获取或编制各存货项目明细表

对明细表复核加计,并分别与各存货项目明细账、总账核对相符;同时抽查各存货明细账与仓库台账、卡片记录,检查是否核对相符。

(二) 执行实质性分析程序

(1) 分类编制与上年对应的存货增减变动表,分析其变动规律,并与上期比较,如果存在差异,分析原因;

(2) 编制全年各月存货产销计划与执行情况对照表,对重大波动进行分析;

(3) 计算存货周转率,分析是否存在残次品存货和超额库存等不合理现象;

(4) 计算毛利率,与上期或同期比较,确定期末存货的价值或销售成本计算是否正确;

(5) 按供货商或货物分类,比较各期购货数量,分析异常购货(数额大或次数多);

(6) 对主要存货项目如原材料、库存商品的本年内各月间及上年的单位成本进行比较;分析其波动原因,对异常项目进行调查并记录。

课堂训练 8-2

【目标】 训练存货实质性分析程序

【资料】 审计人员王成收集了 W 公司 2023 年的主营业务收入、主营业务成本和制造费用的数据(本年增加生产设备一套、折旧费用计算无误),如表 8-8 所示。

表 8-8 W 公司相关业务数据　　　　　　　　　　　　　单位:万元

项目	主营业务收入	主营业务成本	制造费用					
			折旧费	修理费	水电费	房租费	工薪	合计
本年数	14 300	11 800	3.69	0.48	1.35	0.84	5.01	11.37
上年数	11 000	10 300	1.56	1.29	1.37	0.70	5.01	9.93

【要求】 请代审计人员王成对资料进行分析后,指出表 8-8 中的异常波动项目,并指出审计的重点。

(三) 存货监盘

存货监盘是审计人员现场观察被审计单位存货的盘点,并对已盘点存货进行适当的检查。具体地说,包括两层含义:一是审计人员亲临现场观察被审计单位盘点;二是在此基础上。审计人员根据需要适当抽查已盘点存货。

1. 存货监盘的目的

存货监盘针对的主要是存货的存在认定、完整性认定以及权利和义务的认定,审计人员监盘存货的目的在于获取有关存货数量和状况的审计证据,以证实被审计单位记录的所有存货确实存在,已经反映了被审计单位拥有的全部存货,并属于被审计单位的合法财产。

需要指出的是,定期盘点存货,合理确定存货的数量和状况是被审计单位管理层的责任。实施存货监盘,获取有关存货数量和状况的充分适当的审计证据是审计人员的责任。两者不能互相取代。

2. 制订存货监盘计划

审计人员应当根据被审计单位存货的特点、盘存制度和存货内部控制的有效性等情况。在评价被审计单位存货盘点计划的基础上,编制存货监盘计划。制订盘点计划时最好有被审计单位管理当局参与,听取其意见,以便引起被审单位参与盘点人员重视。存货监盘计划的主要内容包括:

(1) 存货监盘的目标、范围及时间安排。存货监盘的主要目标包括获取被审计单位资产负债表日有关存货数量和状况以及有关管理层存货盘点程序可靠性的审计证据,检查存货的数量是否真实完整,是否归属被审计单位,存货有无毁损、陈旧、过时、残次和短缺等状况。

存货监盘范围的大小取决于存货的内容、性质以及与存货相关的内部控制的完善程度和重大错报风险的评估结果。

存货监盘的时间,包括实地察看盘点现场的时间、观察存货盘点的时间和对已盘点存货实施检查的时间等,应当与被审计单位实施存货盘点的时间相协调。

(2) 存货监盘的要点及关注事项。存货监盘的要点主要包括审计人员实施存货监盘程序的方法、步骤,各个环节应注意的问题以及所要解决的问题。审计人员需要重点关注的事项包括盘点期间的存货移动、存货的状况、存货的截止确认、存货的各个存放地点及金额等。

(3) 参加存货监盘人员的分工。审计人员应当根据被审计单位参加存货盘点人员分工、分组情况、存货监盘工作量的大小和人员素质情况,确定参加存货监盘的人员组成以及各组成人员的职责和具体的分工情况,并加强督导。

(4) 检查存货的范围。审计人员应当根据被审计单位存货盘点和对被审计单位内部控制的评价结果确定检查存货的范围。在实施观察程序后,如果认为被审计单位内部控制设计良好且得到有效实施,存货盘点组织良好,可以相应缩小实施检查程序的范围。

3. 存货监盘的具体过程

存货监盘的具体过程如表 8-9 所示。

表 8-9 存货监盘过程

审计程序	索引号
实施观察和检查程序	
1. 在被审计单位盘点存货前,观察盘点现场: (1) 审计人员应在被审计单位盘点前到达现场,确定纳入盘点的范围是否恰当(应纳入的、未纳入的、所有权不属于被审计单位的委托代办的存货,被审计单位是否纳入盘点计划盘点); (2) 确定存货是否附有盘点标识。对未纳入盘点范围的存货,查明未纳入的原因	
2. 在被审计单位盘点人员盘点时进行观察: (1) 确定被审计单位盘点人员是否遵守盘点计划; (2) 确定被审计单位盘点人员是否准确地记录存货的数量和状况; (3) 关注存货发送和验收场所,确定这里的存货应包括在盘点范围之内还是排除在外; (4) 关注存货所有权的证据,如货运单据以及商标等; (5) 关注所有应盘点的存货是否均已盘点	

(续表)

审计程序	索引号
3. 检查所有权不属于被审计单位的存货： (1) 取得其规格、数量等有关资料； (2) 确定这些存货是否已分别存放、标明； (3) 确定这些存货未被纳入盘点范围	
4. 检查已盘点的存货： (1) 要求将抽查结果与被审计单位盘点记录相核对，形成相应记录； (2) 目的是确定被审计单位盘点计划是否得到执行和证实被审计单位的存货实物总额； (3) 范围通常包括每个盘点小组已盘点的存货以及难以盘点的或隐蔽性较强的存货； (4) 实施双向检查，从存货盘点记录中选取项目追查至存货实物，以测试盘点记录的准确性；从存货实物中选取项目追查至存货盘点记录，以测试存货盘点的完整性	
5. 对检查发现的差异，进行适当处理： (1) 查明差异原因；可能表明盘点记录存在高估、低估或其他的错误； (2) 及时提请被审计单位更正； (3) 如果差异较大，应当扩大检查范围或提请被审计单位重新盘点	
6. 特别关注存货的移动情况，防止遗漏或重复盘点；特别关注存货的状况，观察被审计单位是否已经恰当区分所有毁损、陈旧、过时及残次等存货的处置及存货跌价准备；特别关注存货的截止，获取盘点日前后存货收发及移动的凭证，检查库存记录与会计记录期末截止是否正确	
复核盘点结果，完成监盘报告	
7. 在被审计单位存货盘点结束前，再次观察盘点现场，以确定所有应纳入盘点范围的存货是否均已盘点。 (1) 再次回到现场，观察现场，确定有无漏盘存货。（被审计单位所有应纳入盘点的存货是否均已盘点）； (2) 检查盘点单是否连续编号并全部收回(包括作废和未使用的)； (3) 如果盘点日不是 12 月 31 日，审计人员确定盘点日与 12 月 31 日之间存货变动是否已作出了正确记录； (4) 被审计单位永续盘存记录与盘点结果有无重大差异，如果有重大差异，审计人员应通过追加审计程序查明原因	
8. 取得并复核盘点结果汇总记录，形成存货盘点报告(记录)，完成存货监盘报告： (1) 评估其是否正确地反映了实际盘点结果； (2) 确定盘点结果汇总记录中未包括所有权不属于被审计单位的货物； (3) 选择盘点结果汇总记录中的项目，查至原始盘点表，以确定没有混入不应包括在内的存货项目； (4) 选择价值较大的存货项目和上期相同项目的库存数量比较，获取异常变动的信息	
9. 如果盘点日与资产负债表日一致，且被审计单位使用永续盘存记录来确定期末数，应当考虑对永续记录实施适当的审计程序，并作必要的监盘	
10. 如果存货盘点日不是资产负债表日，应当实施适当的审计程序，确定盘点日与资产负债表日之间存货的变动是否已作出正确的记录；编制存货抽盘核对表，将盘点日的存货调整为资产负债表日的存货，并分析差异	
11. 在永续盘存制下，如果永续盘存记录与存货盘点结果之间出现重大差异，应当实施追加的审计程序，查明原因并检查永续盘存记录是否已作出适当的调整	

(续表)

审计程序	索引号
特殊情况的处理	
12. 存货监盘的替代审计程序。如果由于被审计单位存货的性质或位置等原因导致无法实施存货监盘。审计人员应当考虑能否实施下列替代审计程序： (1) 检查进货交易凭证或生产记录以及其他相关资料； (2) 检查资产负债表日后发生的销货交易凭证； (3) 向顾客或供应商函证	
13. 如果因不可预见的因素导致无法在预定日期实施存货监盘，或接受委托时被审计单位的期末存货盘点已经完成，审计人员应当实施下列审计程序： (1) 评估与存货相关的内部控制的有效性； (2) 对存货进行适当检查或提请被审计单位另择日期重新盘点； (3) 测试在该期间发生的存货交易，以获取有关期末存货数量和状况的充分、适当的审计证据	
14. 对被审计单位委托其他单位保管的或已作抵押的存货，审计人员应当实施下列审计程序： (1) 向保管人或债权人函证； (2) 如果此类存货的金额占流动资产或总资产的比例较大，还应当考虑实施存货监盘或利用其他审计人员的工作	
15. 当首次接受委托未能对上期期末存货实施监盘，且该存货对本期财务报表存在重大影响时，应当实施下列一项或多项审计程序： (1) 查阅前任审计人员的工作底稿； (2) 复核上期存货盘点记录及文件； (3) 检查上期存货交易记录； (4) 运用毛利百分比法等进行分析	
16. 确定存货监盘的审计结论	

(四) 存货的计价测试

监盘程序主要是对存货的结存数量予以确认。为验证财务报表上存货余额的准确性，还必须对存货的计价进行审计，即确定存货实物数量和永续盘存记录中的数量是否经过正确地计价和汇总。存货计价测试主要是针对被审计单位所使用的存货单位成本是否正确所做的测试，当然，广义地看，存货成本的审计也可以被视为存货计价测试的一项内容。存货计价测试的一般过程如下：

1. 样本的选择

(1) 计价审计的样本。应从存货数量已经盘点、单价和总金额已经计入存货汇总表的结存货中选择。选择样本时应着重选择结存余额较大且价格变化比较频繁的项目，同时考虑所选样本的代表性。抽样方法一般采用分层抽样法，抽样规模应足以推断总体的情况。

(2) 计价方法的确认。考虑被审计单位是否按企业会计准则的基本要求选择符合自身特点的方法。同时，还应对这种计价方法的合理性与一贯性予以关注，没有足够理由，计价方法在同一会计年度内不得变动。

(3) 计价测试。进行计价测试时，审计人员首先应对存货价格的组成内容予以审核；

然后按照所了解的计价方法对所选择的存货样本进行计价测试。测试时,应尽量排除被审计单位已有计算程序和结果的影响,进行独立测试。测试结果出来后,应与被审计单位账面记录对比,编制对比分析表,分析形成差异的原因。如果差异过大,应扩大测试范围,并根据审计结果考虑是否应提出审计调整建议。

2. 完成存货计价测试审定表

根据被审计单位的会计估计政策,结合选取的样本,完成存货计价测试表,具体内容参见格式 8-12。

3. 期末存货计价测试(存货跌价准备的计提的确认与计量)

在存货计价测试中,由于被审计单位对期末存货采取成本与可变现净值孰低法的方法计价,所以审计人员应充分关注其对存货可变现净值的确定及存货跌价准备的计提。可变现净值是指企业在日常活动中,存货的估计售价减去至完工时估计将要发生的成本、估计的销售费用以及相关税费后的金额。企业确定存货的可变现净值,应当以取得的确凿证据为基础,并且考虑持有存货的目的以及资产负债表日后事项的影响等因素。

课堂训练 8-3

【目标】 训练对存货计价金额的准确性进行测试

【资料】 审计人员王成对联大公司 2023 年 12 月 31 日财务报表中存货项目进行准确性计价测试,发现该公司的会计政策规定,入库产成品按实际生产成本入账,发出产成品采用先进先出法核算。2023 年 12 月 31 日,联大公司甲产品期末结存数量为 1 200 件,期末余额为 5 210 万元。联大公司 2023 年度甲产品的相关明细账见表 8-10(计量单位为件,金额单位为人民币万元)。

表 8-10 联大公司甲产品明细账

日期	摘要	入库			出库			结存		
		数量	单价	金额	数量	单价	金额	数量	单价	金额
1.1	期初							500		2 500
3.1	入库	400	5.1	2 040				900		4 540
4.1	销售				800	5.2	4 160	100		380
8.1	入库	1 600	4.6	7 360				1 700		7 740
10.3	销售				400	4.6	1 840	1 300		5 900
12.1	入库	700	4.5	3 150				2 000		9 050
12.31	销售				800	4.8	3 840	1 200		5 210
12.31	期末							1 200		5 210

【要求】 假定期初余额和所有数量、入库单价均无误,确定产品的期末余额和结转的主营业务成本是否正确。

审计实务中,存货工作底稿的具体内容参见格式 8-4 至 8-9。

【格式 8-4】

存货审定表

被审计单位：_____　　索引号：_____
项目：_____　　　　　财务报表截止日/期间：_____
编制：_____　　　　　复核：_____
日期：_____　　　　　日期：_____

存货项目	期末未审数	账项调整 借方	账项调整 贷方	重分类调整 借方	重分类调整 贷方	期末审定数	上期末审定数	索引号
一、存货账面余额								
原材料								
……								
在产品								
合计								
二、存货跌价准备								
原材料								
……								
在产品								
合计								
三、存货账面价值								
原材料								
……								
在产品								
合计								

调整分录：

内容	科目	金额	金额	金额	金额			

审计结论：

【格式 8-5】

存货类别明细表

被审计单位：_____　　索引号：_____
项目：_____　　所审计会计期间：_____
编制：_____　　复核：_____
日期：_____　　日期：_____

存货类别	名称及规格	期初余额	本期增加	本期减少	期末余额
原材料					
	甲材料				
……	……				
在产品					
	A半成品				
合计					

审计结论：

【格式 8-6】

存货入(出)库截止测试表

被审计单位：_____　　索引号：_____
项目：_____　　财务报表截止日/期间：_____
编制：_____　　复核：_____
日期：_____　　日期：_____

(1) 从存货明细账的借(贷)方发生额中抽取样本与入(出)库记录核对，以确定存货入(出)库被记录在正确的会计期间

序号	摘要	明细账凭证			入(出)库单(或购/销货发票)			是否跨期
		编号	日期	金额	编号	日期	金额	
1								
…								
截止日期：　年　月　日		截止日前						
		截止日后						
	无购/销货交易发生							
…								

(2) 从存货入(出)库记录抽取样本与明细账的借(贷)方发生额核对,以确定存货入(出)库被记录在正确的会计期间

序号	摘要	入(出)库单(或购/销货发票)			明细账凭证			是否跨期
		编号	日期	金额	编号	日期	金额	
1								
...								
	截止日前							
	截止日期: 年 月 日							
	截止日后							
	无购/销货交易发生							
...								

编制说明:本表适用于材料采购/在途物资、原材料、在产品、库存商品等
审计结论:

【格式8-7】

存货明细账与盘点报告(记录)核对表

被审计单位:_____ 索引号:_____
项目:_____ 财务报表截止日/期间:_____
编制:_____ 复核:_____
日期:_____ 日期:_____

(1) 从明细账中选取具有代表性的样本将明细账上的存货数量与经确认盘点报告的数量核对:

序号	地点	样本描述		期末存货明细账记录			获取的存货清单	索引号	经确认的期末存货盘点表	数量差异 ④=①—② 或②—③	差异分析及处理
		存货类别	存货型号	单价	数量①	金额	数量②		数量③		
1											
...											

(2) 从经确认的盘点报告中抽取有代表性的样本将盘点报告的数量与存货明细账核对:

序号	地点	样本描述		索引号	经确认的期末存货盘点表	期末存货明细账记录			被审计单位提供的存货清单的数量③	数量差异 ④=①-② 或①-③	差异分析及处理
		存货类别	存货型号		数量①	单价	数量②	金额			
1											
...											

编制说明:本表适用于监盘日(盘点日)为财务报表截止日的情况。监盘人员签名_____××_____
审计结论:

【格式8-8】

存货计价测试表

被审计单位:_____ 索引号:_____
项目:_____   所审计会计期间:_____
编制:_____   复核:_____
日期:_____   日期:_____

	收入			发出				结存			测试(计价方法:加权平均法)				
	数量	金额	单价	销售		发出商品		单价	数量	单价	金额	加权单价	应结转金额		应结存金额	差异
				数量	金额	数量	金额						营业成本	发出商品		
选择要测试的科目:	A产品														
期初															
1月															
...															
合计															

审计结论:

【格式 8-9】

存货跌价准备测试表

被审计单位：_____　　索引号：_____
项　　目：_____　　所审计会计期间：_____
编　　制：_____　　复　　核：_____
日　　期：_____　　日　　期：_____

序号	存货明细项目	期末余额	索引号	期末应计提跌价准备%	期末已计提跌价准备	差异
1						
…						
合计						

审计结论：

二、应付职工薪酬的实质性程序

职工薪酬是企业支付给职工的劳动报酬，包括各种工资、奖金、津贴等。在市场经济条件下，职工薪酬的计算和发放具有较大的自主权。实务中，应付职工薪酬账户存在的主要问题是：职工薪酬计提超限额挤占成本，虚减利润；应付职工薪酬出现赤字余额，若赤字长期挂账，且数额较大，会侵蚀企业的其他资产，致使企业萎缩。应付职工薪酬也是企业成本费用的重要组成项目，审计人员应重视对应付职工薪酬的审计，其审计目标与财务报表的认定、审计程序的对应关系如表 8-11 和 8-12 所示。

表 8-11　应付职工薪酬审计目标与财务报表认定对应关系表

审计目标	财务报表认定				
	存在	完整性	权利和义务	计价和分摊	列报
① 资产负债表中记录的应付职工薪酬是存在的	√				
② 所有应记录的应付职工薪酬均已记录		√			
③ 记录的应付职工薪酬由被审计单位拥有或控制			√		
④ 应付职工薪酬以恰当的金额包括在财务报表中，与之相关的计价或分摊已恰当记录				√	
⑤ 应付职工薪酬已按照企业会计准则的规定在财务报表中作出恰当列报					√

表 8-12 应付职工薪酬审计目标与审计程序对应关系表

审计目标	可供选择的审计程序
④	1. 获取或编制应付职工薪酬明细表,复核加计是否正确,并与报表数、总账数和明细账合计数核对是否相符
①②④	2. 实质性分析程序 (1) 针对已识别需要运用分析程序的有关项目,并基于对校审计单位及其环境的了解,通过进行以下比较,同时考虑有关数据间关系的影响,以建立有关数据的期望值。 ① 比较被审计单位员工人数的变动情况,检查被审计单位各部门各月工薪费用的发生额是否有异常波动,若有,则查明波动原因是否合理。 ② 比较本期与上期工薪费用总额,要求被审计单位解释其增减变动原因,或取得公司管理层关于员工工薪标准的决议。 ③ 结合员工社保缴纳情况,明确被审计单位员工范围,检查是否与关联公司员工工薪混淆列支。 ④ 核对下列相互独立部门的相关数据:工薪部门记录的工薪支出与出纳记录的工薪支付数,工薪部门记录的工时与生产部门记录的工时。 ⑤ 比较本期应付职工薪酬余额与上期应付职工薪酬余额,是否有异常变动。 (2) 确定可接受的差异额。 (3) 将实际的情况与期望值相比较,识别需要进一步调查的差异。 (4) 如果其差额超过可接受的差异额,调查并获取充分的解释和恰当的佐证审计证据(如通过检查相关的凭证)。 (5) 评估实质性分析程序的测试结果
①②④	3. 检查工资、奖金、津贴和补贴 (1) 计提是否正确,依据是否充分。将执行的工薪标准与有关规定核对,并对工薪总额进行测试;被审计单位如果实行工效挂钩的,应取得有关主管部门确认的效益工薪发放额认定证明,结合有关合同文件和实际完成的指标,检查其计提额是否正确,是否应作纳税调整。 (2) 检查分配方法与上年是否一致。除因解除与职工的劳动关系给予的补偿直接计入管理费用外,被审计单位是否根据职工提供服务的受益对象,分别下列情况进行处理: ① 应由生产产品、提供劳务负担的职工薪酬,计入产品成本或劳务成本; ② 应由在建工程、无形资产负担的职工薪酬,计入建造固定资产或无形资产; ③ 其他职工薪酬,是否计入当期损益。 (3) 检查发放金额是否正确,代扣的款项及其金额是否正确。 (4) 检查是否存在属于拖欠性质的职工薪酬,并了解拖欠的原因
①②④	4. 检查社会保险费、住房公积金、工会经费和职工教育经费等计提(分配)和支付(或使用)的会计处理是否正确,依据是否充分
①②④	5. 检查辞退福利项目
①②④	6. 检查非货币性福利
①②④	7. 检查以现金与职工结算的股份支付
①②③	8. 检查应付职工薪酬的期后付款情况。关注在资产负债表日至财务报表批准报出日之间,是否有确凿证据表明需要调整资产负债表日原确认的应付职工薪酬事项
⑤	9. 检查应付职工薪酬是否已按照企业会计准则的规定在财务报表中作出恰当的列报。检查是否在附注中披露与职工薪酬有关的主要信息 (1) 应当支付给职工的工薪、奖金、津贴和补贴,及其期末应付未付金额;

(续表)

审计目标	可供选择的审计程序
⑤	(2) 应当为职工缴纳的医疗、养老、失业、工伤和生育等社会保险费,及其期末应付未付金额; (3) 应当为职工缴存的住房公积金。及其期末应付未付金额; (4) 为职工提供的非货币性福利,及其计算依据; (5) 应当支付的因解除劳动关系给予的补偿,及其期末应付未付金额

应付职工薪酬审计常用的工作底稿参见格式 8-10 至 8-11。

【格式 8-10】

应付职工薪酬审定表

被审计单位：_____　　索引号：_____
项目：_____　　财务报表截止日/期间：_____
编制：_____　　复核：_____
日期：_____　　日期：_____

项目名称	期末未审数	账项调整		重分类调整		期末审定数	上期审定数	索引号
		借方	贷方	借方	贷方			
工资								
住房公积金								
医疗保险费								
……								
合计								
调整分录								
1.								
……								
审计结论								

【格式 8-11】

应付职工薪酬明细表

被审计单位：_____　　索引号：_____
项目：_____　　所审计会计期间：_____
编制：_____　　复核：_____
日期：_____　　日期：_____

项目名称	期初数	本期增加	本期减少	期末数	备注
1. 工资					

(续表)

项目名称	期初数	本期增加	本期减少	期末数	备注
2. 奖金					
……					
合计					
审计结论:					

三、营业成本的实质性程序

营业成本审计目标与财务报表的认定、审计程序的对应关系如表8-13和8-14所示。

表8-13 营业成本审计目标与财务报表认定对应关系表

审计目标	财务报表认定					
	发生	完整性	准确性	截止	分类	与列报相关的认定
① 利润表中记录的营业成本已发生,且与被审计单位有关	√					
② 所有应当记录的营业成本均已记录		√				
③ 与营业成本有关的金额及其他数据已恰当记录			√			
④ 营业成本已记录于正确的会计期间				√		
⑤ 营业成本已记录于恰当的账户					√	
⑥ 营业成本已按照企业会计准则的规定在财务报表中作出恰当的列报						√

表8-14 营业成本审计目标与审计程序对应关系表

审计目标	可供选择的审计程序	索引号	执行人
③	1. 获取或编制主营业务成本明细表,复核加计是否正确,并与总账数和明细账合计数核对是否相符,结合其他业务成本科目与营业成本报表数核对是否相符		
①②③	2. 实质性分析程序(必要时) (1) 针对已识别需要运用分析程序的有关项目,审计人员基于对被审计单位及其环境的了解,通过进行以下比较,并考虑有关数据间关系的影响,以建立审计人员有关数据的期望值;		

(续表)

审计目标	可供选择的审计程序	索引号	执行人
①②③	① 比较当年度与以前年度不同品种产品的主营业务成本和毛利率,并查明异常情况形成的原因; ② 比较当年度与以前年度各月主营业务成本的波动趋势,并查明异常情况形成的原因; ③ 比较被审计单位与同行业的毛利率,并查明异常情况形成的原因; ④ 比较当年度及以前年度主要产品的单位产品成本,并查明异常情况形成的原因。 (2) 确定可接受的差异额; (3) 将实际的情况与期望值相比较,识别需要进一步调查的差异; (4) 如果其差额超过可接受的差异额调查并获取充分的解释和恰当的佐证审计证据(例如:通过检查相关的凭证); (5) 评估分析程序的测试结果		
①②③	3. 检查主营业务成本的内容和计算方法是否符合会计准则规定,前后期是否一致		
①②③	4. 复核主营业务成本明细表的正确性,编制生产成本与主营业务成本倒挂表(见格式8-14),并与相关科目交叉索引		
①②	5. 抽查__月主营业务成本结转明细清单,比较计入主营业务成本的品种、规格、数量和主营业务收入的口径是否一致,是否符合配比原则		
①②③④⑤	6. 针对主营业务成本中重大调整事项(如销售退回)、非常规项目,检查相关原始凭证,评价真实性和合理性,检查其会计处理是否正确		
③	7. 在采用计划成本、定额成本、标准成本或售价核算存货的条件下,应检查产品成本差异或商品进销差价的计算、分配和会计处理是否正确		
①②	8. 结合期间费用的审计,判断被审计单位是否通过将应计入生产成本的支出计入期间费用,或将应计入期间费用的支出计入生产成本等于段调节生产成本,从而调节主营业务成本		
	9. 根据评估的舞弊风险等因素增加的审计程序		
⑥	10. 检查营业成本是否已按照《企业会计准则》的规定在财务报表中作出恰当列报		

营业成本审计常用的工作底稿参见格式8-12至8-14。

【格式 8-12】

营业成本审计表

被审计单位：_____　　索引号：_____
项目：_____　　财务报表截止日/期间：_____
编制：_____　　复核：_____
日期：_____　　日期：_____

项目名称	本期未审数	账项调整		本期审定数	上期审定数	索引号
		借方	贷方			
一、主营业务成本						
二、其他业务成本						
营业成本合计						
调整分录						
内容	科目	金额	金额	金额	金额	

审计结论：

【格式 8-13】

主营业务成本明细表

被审计单位：_____　　索引号：_____
项目：_____　　财务报表截止日/期间：_____
编制：_____　　复核：_____
日期：_____　　日期：_____

月份	主营业务成本明细项目			
	合计	A产品	……	
1				
……				
12				
合计				
上期数				
变动额				
变动比例				

审计结论：

第八章 生产与存货循环审计

【格式 8-14】

主营业务成本倒挂表

被审计单位：_____   索引号：_____
项目：_____   所审计会计期间：_____
编制：_____   复核：_____
日期：_____   日期：_____

存货种类	未审数	调整或重分类		审定数	索引号
		借或贷	金额		
期初原材料余额					
加：期初材料成本差异余额					
加：本期购货金额					
减：期末原材料余额					
减：期末材料成本差异余额					
减：其他原材料发出额					
减：其他发出原材料分摊的材料成本差异					
直接材料成本					
加：直接人工成本					
加：制造费用					
产品生产成本					
加：在产品期初余额					
减：在产品期末余额					
减：其他在产品发出额					
库存商品成本					
加：库存商品期初余额					
减：库存商品期末余额					
减：其他库存商品发出额					
主营业务成本					

 本章小结

本章主要介绍了生产与存货循环业务层面的风险评估、控制测试和主要账户的实质性程序。风险评估时首先要了解被审计单位的业务活动，生产与存货循环是企业生产经营的重要环节之一，涉及从制定生产计划到存货记录等多个业务环节；其次要了解和评价被审计单位的内部控制设计是否合理,并通过穿行测试程序验证其是否得到执行;最后要结合被审计单位整体层面的风险评估结果初步评价重大错报风险的水平。在上述风险评估的基础上,审计人员要通过控制测试来验证被审计单位的内部控制是否有效,重新评估重大错报风险的水平,从而决定实施实质性程序的性质和范围。本循环的主要账户介绍了存货、应付职工薪酬、营业成本等,从学习的角度讲,存货是该循环审计的主要内容,存货的主要审计目标是确定其是否存在高估存货的情况。结合具体案例,通过对存货实施监盘审计的讲解,介绍检查有形资产等审计基本方法在实务中的具体运用。

本章复习题

1. 生产与存货循环主要有哪些业务活动?
2. 生产与存货循环中可能出现错报的环节有哪些?
3. 如何进行存货计价测试?
4. 试述存货监盘的要点。
5. 简述应付职工薪酬的审计程序。

课后讨论案例

【目的】 理解生产与存货循环审计的基本方法

【内容】 请课后查找并阅读以下案例的相关信息,并回答相对应的问题,具体内容见下表:

序号	名称	问题
1	长春中大实业公司存货内部控制审计案	①存货的保本储存量在生产中能起到什么作用?②存货的控制测试结果为高度可信赖,是否意味着不需要盘点?
2	长春华天公司存货审计案	①存货监盘一定要在审计中实施吗?有无其他较恰当的替代程序?②在存货中盘点过程中,关于存货的所有权问题如何解决?
3	科龙电器公司年报审计案	①科龙电器公司存在的主要问题是什么?②存货跌价准备应该如何审计?
4	高路华公司6.4亿元的假账案	①高路华公司是如何做假账的?②在以职业经理人为领导的企业中,如何加强监管?

【要求】

1. 分小组进行案例的讨论,小组的每个成员分头查找并阅读上述案例的相关信息,每个小组围绕所提出的问题编写完成案例。
2. 小组在查找资料、编写完成案例的基础上,分析回答所提出的问题,并提出新的疑问。

3. 小组在讨论分析基础上,制作PPT,推选一名同学演讲其讨论分析的问题,重点在于介绍小组在讨论中对审计的本质、作用以及在经济社会生活中的重要作用的理解以及产生的疑问。

4. 小组以外的其他同学提问,小组内的其他成员补充回答问题。

5. 老师点评。

第九章 筹资与投资循环审计

本章要点

通过对本章内容的学习,你应了解和掌握如下知识和技能:
- 了解筹资与投资循环的业务活动
- 理解筹资与投资循环的风险识别与评估方法
- 掌握筹资与投资各账户审计目标及其实质性程序
- 能够制定筹资与投资循环各账户的审计目标
- 能够根据制定的审计目标确认审计范围和设计与执行控制测试与实质性程序
- 能够较熟练地完成筹资与投资的所有工作底稿

导读案例

思创医惠公司财务造假案例[①]

背景介绍:

思创医惠科技股份有限公司是一家以从事软件和信息技术服务业为主的企业,集研发、生产、服务于一体。思创医惠在2010年4月成功上市A股(股票代码:300078),成为国内较早涉足智慧医疗和物联网应用的企业之一。

造假过程:

2020年7月5日,思创医惠公开披露《思创医惠科技股份有限公司创业板向不特定对象发行可转换公司债券募集说明书》申报稿。2020年12月16日,思创医惠公告称其向不特定对象发行可转换公司债券申请已获得中国证监会同意注册批复。2021年1月22日,思创医惠公开披露《募集说明书》,其中包含公司2017年、2018年、2019年及2020年1—9月的财务数据。2021年2月1日,思创医惠披露《向不特定对象发行可转换公司债券发行结果公告》称,本次发行的可转债规模为81 700.00万元。

中国证券监督管理委员会浙江监管局调取了财务资料、业务合同、思创医惠及其业务相关公司和相关人员出具的情况说明及资料、银行账户资料、会计师事务所提供的核对及分析报告,包括章签中在内的相关人员的询问笔录等证据,经审慎分析、综合核算,

---

① 参考资料:根据中国证监会官网资料整理。

确认了思创医惠公开发行文件、定期报告中虚假记载的营业收入、成本及利润数据。经调查,思创医惠通过全资子公司医惠科技与杭州闻然、上海洗凡、深圳雨淋、医信惠通开展虚假业务,以及提前确认与广东华上、河南裕景相关业务的收入、成本等方式,2019年累计虚增营业收入34 929 355.97元,虚增利润33 021 672.43元,占当期利润总额20.03%,2020年累计虚增营业收入96 468 786.13元,累计虚增成本9 228 186.66元,虚增利润83 941 383.25元,占当期利润总额67%。上述财务数据在思创医惠公开发行的可转债募集说明书以及其2019年年度报告、2020年年度报告中均未如实披露。根据在案证据,思创医惠存在欺诈发行主观故意证据确凿。

年报审计:

该次可转债发行的中介机构分别为中信证券、北京市中银律师事务所、天健会计师事务所(特殊普通合伙)。而上述中介机构在可转债募集说明书中,均表示不存在虚假记载、误导性陈述或重大遗漏。其中,审计机构声明:"确认募集说明书与本所出具的2019年度《审计报告》(天健审〔2020〕4398号)的内容无矛盾之处。本所及签字注册会计师对思创医惠科技股份有限公司在募集说明书中引用的上述报告内容无异议,确认募集说明书不因引用上述内容而出现虚假记载、误导性陈述或重大遗漏,并承担相应的法律责任"。

监管处罚:

2024年1月8日,中国证监会浙江监管局披露对思创医惠及相关人员发布《行政处罚决定书》,认为思创医惠的公开发行文件编造重大虚假内容,思创医惠2019年、2020年年度报告存在虚假记载。据此,中国证监会浙江监管局对思创医惠责令改正,给予警告,并处以8570万元罚款。同时,监管部门对时任高管章笠中、王凛、孙新军、汪骏予以罚款,并对时任董事长、总经理章笠中采取10年市场禁入措施。

此外,深交所出具《关于对思创医惠科技股份有限公司及相关当事人给予纪律处分的决定》,对思创医惠给予五年不接受其提交的发行上市申请文件的处分,对时任高管给予公开谴责的处分。

案例启示:

本案为注册制下首例再融资造假案例。受财务造假事件影响,部分投资者已经提起索赔。财务造假事件对思创医惠的经营造成了严重影响,2021—2023年,公司净利润分别为-6.85亿元、-8.78亿元和-8.74亿元,三年累计亏损24.37亿元。思创医惠的财务造假行为不仅导致了严重的经济损失,也对公司的声誉和未来发展造成了负面影响。同时,这一事件也提醒了投资者在投资决策时要更加谨慎,关注公司的财务透明度和合规性。

【案例讨论题】

1. 结合本案例,谈谈思创医惠财务造假的主要原因是什么?
2. 对于筹资额度大、投资业务多的企业,审计人员应重点关注报表项目的哪些重大错报?

第一节 筹资与投资循环的风险评估

筹资与投资循环主要涉及筹资活动和投资活动两个方面。该循环具有交易量少、金额大等特征。

一、本循环的主要业务活动

(一) 筹资的主要业务活动

筹资活动是指企业为满足生存和发展的需要,通过改变企业资本及债务规模和构成而筹集资金的活动。企业的筹资活动分为负债筹资活动和权益筹资活动两种,其主要业务活动如图9-1所示:

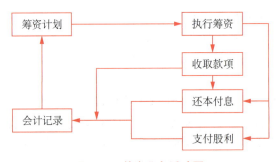

图 9-1 筹资业务活动图

1. 编制筹资计划

企业在经营活动过程中首先要分析所需的资金量,并与现有的资金进行对比,以确定资金的缺口,然后筹划资金的来源渠道,编列成书面计划。在计划中应详细说明筹资的理由、数量、对象、方式及对企业未来收益的影响等。筹资计划必须经过审批后方可执行。

2. 执行筹资业务

筹资业务是企业取得资金的具体过程,包括:向银行贷款、发行债券、资本金筹资。具体业务可分为:向证券管理机构或贷款银行呈交有关文件,与相关当事人签订合同,与代理的独立机构交割代理手续,进行有关资产抵押,进行相应的实物保管条例设计。

3. 收取筹资款项与实物

收到筹资款项时,应及时存入相应存款账户,以保证企业有充足的款项满足经营的需要。收到的实物要进行验资,并合理投放于生产经营中。

4. 还本付息、支付股利

贷款与发行债券要及时支付利息,到期偿还本金。资本金筹资要适时支付股利。企业在支付利息、股利时,应指定专人在备忘录上予以记载,属于委托代为发放的应定期核对。对于相关费用在支付款项时要有审批手续。

5. 筹资记录

筹资记录包括会计记录与实物记录。会计记录要选用正确的账户,正确地确认、计量和记录,加强总账和明细账的核对。实物记录主要涉及保管,对未发行的债券或已收回的库藏股票必须及时登记备查簿。对于实物资产要在验收的同时登记相应的实物保管账卡。

(二) 投资的主要业务活动

投资活动是指企业为享有被投资单位分配的利润,或为谋求其他利益,将资产让渡给其他单位而获得另一项资产的活动。投资活动按其性质分为权益性投资和债权性投资,按其目的可以分为短期投资和长期投资。其主要业务活动如图 9-2 所示:

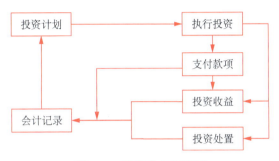

图 9-2 投资业务活动图

1. 编制投资计划

企业为了充分利用资金,可将闲散的资金对外投资。按照投资的意图和投资的可变现性,可将投资分为短期投资和长期投资两类。短期投资的目的主要是为了增加盈利,长期投资的目的还包括为了增强自身实力对其他单位参股或控股。企业财务部门应进行投资可行性分析,拟好投资计划,并递交企业最高管理当局或董事会审批。

2. 执行投资业务

按投资计划实施投资业务,在企业管理当局或董事会授权的情况下,与被投资者签订投资合同。

3. 支付款项

支付投资款项或移交投资实物,办理好交款手续与投资资产交割清单。

4. 收益或处置

按照投资单位利润分配方案、发行债券单位还本付息公告定期结算投资收益或处置。

5. 投资记录

建立严密完善的账簿体系和记录制度,用于记录、反映、监督、核算与投资有关的各项制度。

二、了解本循环主要凭证和会计记录

筹资与投资循环与取得或发放各种有价证券的活动有关,涉及债券、股票、各种合同和协议等,具体所涉及的凭证名称及内容和会计记录如表 9-1 所示。

表 9-1 筹资与投资循环主要凭证与会计记录

筹资活动	投资活动
1. 债券：债券是公司依据法定程序发行、约定在一定期限内还本付息的有价证券	1. 股票或债券
2. 股票：股票是公司签发的证明股东所持股份的凭证	2. 经纪人通知书
3. 债券契约：债券契约是一张明确债券持有人与发行企业双方所拥有的权利与义务的法律性文件	3. 债券契约
4. 股东名册：发行记名股票的公司应记载的内容一般包括：股东的姓名或者名称及住所；各股东所持股份数；各股东所持股票的编号；各股东取得其股份的日期。发行无记名股票的，公司应当记载其股票数量、编号及发行日期	4. 企业的章程及有关协议
5. 公司债券存根簿：发行记名公司债券应记载的内容一般包括：债券持有人的姓名或者名称及住所	5. 投资协议
6. 承销或包销协议：债券持有人取得债券的日期及债券的编号；债券总额、债券的票面金额、债券的利率、债券还本付息的期限和方式；债券的发行日期。发行无记名债券的应当在公司的债券存根簿上记载债券总额、利率、偿还期限和方式、发行日期和债券编号	6. 有关记账凭证
7. 借款合同或协议	7. 有关会计科目的明细账和总账
8. 有关记账凭证	
9. 有关会计科目的明细账和总账	

本循环涉及主要账户及其关系如图 9-3 所示。

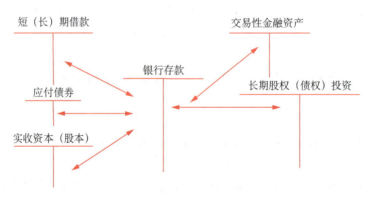

图 9-3 本循环涉及的主要账户及其关系

此外，还涉及的账户有：应收股利，应收利息，应付股利，长期应付款，资本公积，盈余公积，未分配利润，财务费用和投资收益。

三、了解和描述相关的内部控制

审计人员通过检查被审计单位筹资与投资循环相关控制，询问各部门的相关人员，观察操作流程等方式,并利用文字表述法、调查表法、流程图法等对筹资与投资的业务活动进行了解。

(一)筹资活动的关键控制

(1) 职责分工。合理的职责分工包括:①筹资计划的编制与审批分离。有利于审批人从独立的立场来评判计划的优劣。②业务的执行人员与记录人员分离。通常由独立的机构代理发行债券和股票。③记录人员与证券保管人员分离。

(2) 授权审批。借款和发行股票均应经过批准。筹资业务一般是由董事会事先授权财务经理编制筹资计划,再由董事会批准。适当授权及审批可明显地提高筹资活动效率,降低筹资风险,防止由于缺乏授权审批而出现舞弊现象。

(3) 签订合同或协议。借款和发行股票应签订借款合同或协议、债券契约、承销协议等文件。

(4) 会计记录。应建立完善的账簿体系和记录制度。必须保证及时地按正确的金额,采用适当的方法在相应的账户中予以记录。对债券的溢价、折价,应选用适当的摊销方法。对发行在外的股票要设置股东明细账加以控制。利息、股利的支付必须计算正确后记入对应账户,对未领利息、股利也必须全面反映,单独列示。除设立明细账和总账之外,还应设立债券登记簿与股票登记簿,详细登记核准已发行的债券和股票有关事项,如签发日期、到期日期、支付方式、支付利率、当时市场利率、金额等,详细记录债务和股票增减变动及利息的计提和股利的发放等情况。

(二)描述筹资循环的内部控制

审计人员在了解了被审计单位的内部控制之后,可以采用文字说明法、调查表法和流程图法描述内部控制。筹资活动的内部控制调查表如表9-2所示。

表9-2 筹资活动内部控制调查表

问题	回答			备注
	是	否	不适用	
1. 控制环境 筹资业务的计划、执行、记录和证券的保管是否分离?				
2. 存在性目标 筹资业务的发生是否签订合同或协议、债券契约、承销协议等?				
3. 完整性目标 借款合同或协议是否由专人保管,并同明细账、总账核对?				
4. 授权目标 借款或发行股票是否经过批准?				
5. 准确性目标 (1) 账簿设计是否合理? (2) 核算方法是否恰当?				
6. 分类目标 筹资业务是否分类记录?				
7. 时期的恰当性目标 应计利息是否计入恰当的期间?				
8. 过账和汇总目标 筹资业务是否正确地计入总账和明细账?				

(三) 投资活动的关键控制

(1) 职责分工。投资活动中合理的职责分工主要包括：①投资业务的审批与执行分离；②业务的执行与会计记录分离；③投资业务的记录与有价证券的保管分离。

(2) 授权审批。企业对外投资需要有一定的授权机制。一般可分为两个层次的授权：第一个层次是大规模投资的授权。大规模投资应由董事会决定，并授权经理人员执行。第二个层次是小规模投资的授权。小规模投资应由财务主管决定，并由财务人员具体执行。

(3) 实物保管制度。企业对外的证券投资会形成股票、债券资产。对这种资产，企业需要建立良好的保管制度。证券保管一般有由独立的专门机构保管或由自己保管两种方式。独立的专门机构保管是指委托银行、证券公司、信托投资公司等机构保管。在这种保管方式下，证券一般比较安全。在自己保管方式下，有价证券被盗的风险比前者大得多。因此，需要建立严格的保管制度，具体内容包括：①有价证券的保管必须由两个人共同经手，单个人不能单独接触有价证券；②有价证券的存入、取出应有严格的批准手续，并需经办人员签字。

(4) 会计记录。企业应合理地设计各种投资账簿。对于股票或债券类投资，无论上是由企业保管的还是他人保管的，都要进行完整的会计记录，并对其增减变动及投资收益的实现情况进行相关会计核算。

除建立明细账和总账外，还应建立股票投资、债券投资登记簿，记录投资证券的名称、面值、数量、证券编号、获取日期、购入成本、市价、利息或股利率、经纪人等。

(5) 盘点制度。对于企业所持有的长短期投资资产，应由不参与证券投资业务的人员定期对有价证券进行盘点，检查其真实性和所有权，核对证券的编号、数量、面值、购入日期、成本等资料，并与账簿记录核对。如果企业持有的证券是委托银行保管的，则对证券的盘点应由拥有证券的企业与银行保管人员配合共同完成，并与保管银行的保管记录相核对，以保持两者相符。

(四) 描述投资活动的内部控制

审计人员需要全面了解企业在本年度的各项投资交易及其内部控制的情况，并在此基础上，采用恰当的方法对内部控制加以描述。投资活动的内部控制调查表如表 9-3 所示。

表 9-3 投资活动内部控制调查表

问题	回答			备注
	是	否	不适用	
一、控制环境 1. 投资业务的执行和审批是否分开？ 2. 投资业务的记录和有价证券的保管是否分开？ 二、存在性目标 1. 是否有投资合同或协议？ 2. 是否有被投资单位的证明？ 三、完整性目标 有价证券的保管制度是否健全？				

(续表)

问题	回答			备注
	是	否	不适用	
四、授权目标				
1. 投资业务是否经过批准？				
2. 有价证券的存入、取出是否经过批准？				
五、准确性目标				
1. 账簿设计是否合理？				
2. 核算方法是否恰当？				
3. 投资跌价损失的计提是否恰当？				
六、分类目标				
投资业务是否分类记录？				
七、时期的恰当性目标				
投资收益是否计入恰当的期间？				
八、过账和汇总目标				
投资业务是否正确地计入总账和明细账？				

在审计实务中，审计人员通过上述对被审计单位的了解，形成了解和评价生产与存货循环的工作底稿。常用的工作底稿见参考格式9-1所示。

【格式9-1】

了解和评价筹资与投资循环的内部控制

被审计单位：_____ 索引号：_____
项目：_____ 财务报表截止日/期间：_____
编制：_____ 日期：_____ 复核：_____ 日期：_____

1. 受本循环影响的相关交易和账户
长期股权投资、交易性金融资产、持有至到期投资、可供出售金融资产、短期借款、交易性金融负债、长期借款、投资收益、财务费用

2. 主要业务活动

主要业务活动	是否在本循环中进行了解
筹资	
投资	
衍生金融工具管理	

3. 了解交易流程
根据对交易流程的了解，记录如下：
(1) 被审计单位是否委托其他服务机构执行主要业务活动？如果被审计单位使用其他服务机构，请列示其他服务机构的名称地址及将对审计计划产生哪些影响？
_____
_____

(2) 是否制定了相关的政策和程序以保持适当的职责分工？这些政策和程序是否合理？
_____
_____

(续表)

(3) 自前次审计后,被审计单位的业务流程和控制活动是否发生重大变化?如果已发生变化,将对审计计划产生哪些影响?
_____
_____

(4) 是否识别出控制设计的不足或缺陷?是否识别出本期交易过程中发生的控制偏差?如果已识别出设计的不足(或缺陷)、控制偏差,产生的原因是什么,将对审计计划产生哪些影响?
_____
_____

(5) 是否识别出非常规交易或重大事项?如果已识别出非常规交易或重大事项,将对审计计划产生哪些影响?
_____
_____

(6) 是否进一步识别出其他风险?如果已识别出其他风险,将对审计计划产生哪些影响?
_____
_____

(7) 关键控制活动的描述

业务活动	关键控制点

(8) 了解对关联方的交易的控制活动
_____
_____

(9) 了解对会计分录的控制活动
_____
_____

(10) 界定主要交易循环及原因
_____
_____

4. 信息系统
　应用软件

信息系统名称	计算机运作环境	来源

初次安装后对信息系统进行的任何重大修改、开发与维护

(续表)

信息系统名称	重大修改、开发与维护的描述	修改日期

描述拟于未来实施的重大修改、开发与维护计划
_____
_____

本年度对信息系统进行的重大修改、开发与维护及其影响
_____
_____

5. 初步结论
_____
_____

6. 识别出重大的错报风险以及拟采取的应对措施
_____
_____

7. 沟通事项
是否需要就已识别出的内部控制设计或执行方面的见解、意见或建设性建议,与适当层次的管理层或治理层进行沟通?
_____
_____

编制说明:
一、本循环的内部控制的主要工作
1. 了解被审计单位生产与存货循环和财务报告相关的内部控制的设计,并记录获得的了解。
2. 针对生产与存货循环的控制目标,记录相关控制活动。
3. 执行穿行测试,证实对交易流程和相关控制的了解,并确定相关控制是否得到执行。
4. 记录在了解和评价生产与存货循环的控制设计和执行过程中识别的风险,以及拟采取的应对措施。
二、主要项目编制说明
1. 受本循环影响的相关交易和账户
此项仅列示主要交易和账户余,项目组应当根据被审计单位的实际情况确定受本循环影响的交易和账户。
2. 主要业务活动
此项项目组通常应在本循环中了解与上述业务活动相关的内部控制,如果计划在其他业务循环中对上述一项或多项业务活动的控制进行了解,应在此处说明原因。
3. 了解交易流程
(1) 了解对关联方的交易的控制活动
此项描述对关联方交易的授权、记录和披露的程序,识别并记录相关的关键控制。
(2) 了解对会计分录的控制活动
此项描述对本业务活动相关的会计处理过程,记录系统化和非系统化处理交易的会计分录控制活动,保证正确列示财务报表。
(3) 界定主要交易循环及原因
此项描述该交易循环是否为被审计单位的主要交易循环,并说明原因。
4. 沟通事项
此项描述见解、意见及建设性建议及与管理层、治理层的沟通详情。

四、穿行测试

审计人员应当选一笔或几笔筹资与投资交易进行穿行测试。例如针对借款业务,追踪借款申请表的批准、借款合同编号、综合授信协议编号、记录借款和收款凭证的日期、借款合同金额和期限等内容与借款申请表内容的一致性,短期借款明细账贷方的记录、借款备查账的登记、明细账记录内容与借款备查账内容的一致性等,以证实之前对筹资与投资交易流程和相关控制的了解是否正确和完整,并确定相关控制是否得到执行。具体的工作底稿见参考格式 9-2 所示。

【格式 9-2】

筹资与投资循环控制执行测试表(穿行测试)

被审计单位:_____　　　索引号:_____
项目:_____　　　　　　财务报表截止日/期间:_____
编制:_____　日期:_____　　复核:_____　日期:_____

样本序号	业务内容	金额	凭证编号	测试内容	测试结果
1.					
2.					
……					

初步评价结论:
_____
_____

五、确定本循环可能发生的错报风险

审计人员需要确定和了解生产与存货循环的错报环节在什么环节发生,即确定被审计单位应在哪些环节设置控制,以防止或发现并纠正各重要交易活动可能发生的错报。筹资与投资循环中可能发生错报的环节见表 9-4 和 9-5。

表 9-4　筹资活动可能发生错报的环节

业务活动	可能的错报	关键控制点
筹资计划	借款或发行股票没有经过授权审批	借款或发行股票履行必要的授权批准,建立相关批准程序、文件
签订借款合同或协议	借款或发行债券、股票未签订合同或协议,或合同协议不符合规定或未妥善保管	借款合同由专人保管
收取款项	所筹款项未按照规定用途使用	定期检查借款使用情况

(续表)

业务活动	可能的错报	关键控制点
计算利息、股息	利息、股息会计处理不正确	建立严密的账簿体系和记录支持
归还借款	提前冲减银行借款,少计负债	企业与银行定期对账,编制银行存款余额调节表

表 9-5　投资活动可能发生错报的环节

业务活动	可能的错报	关键控制点
投资计划	投资活动没有经过授权审批	建立投资授权批准程序、支付
支付款项	款项支付没有执行投资计划	投资业务计划、执行、保管等职责分离
计算投资收益	虚计或少计投资收益	建立详尽的会计核算制度
投资资产保管	投资证券丢失	委托专门机构保管或者由内部建立至少两名以上的人员的联合控制制度

在实务中,由于筹资与投资循环涉及直接涉及资金的流入与流出,容易出现一些差错和弊端,常见的风险主要有:

1. 筹资活动审计常见的重大错报风险

(1) 筹资计划时常见的问题是预算失误,造成资金流量短缺或冗余,不能满足生产的需要或者增加了筹资成本。

(2) 筹资过程中常见的问题是未经授权或批准非法筹资。

(3) 筹资款项流入时,是否存在已收回的筹资凭证不进行及时注销,造成被多次使用的风险。

(4) 筹资款项流出时,是否存在虚增筹资费用,形成账外资金的风险。

(5) 筹资会计记录容易产生记录不真实,有虚假现象。

2. 投资活动审计常见的重大错报风险

(1) 投资计划时常见的问题是不重视,造成盲目投资,投资效益差。

(2) 投资过程中常见的问题是对外投资证券保管不善,导致账实不符。

(3) 投资款项流出时,容易产生由于投资计划不当或失误造成现金盲目流出,没有回报。

(4) 投资款项流入时,容易出现的问题是截留投资收益,形成账外资金,证券投资"黑箱"操作,亏损企业负担,盈利截留或私分等。

(5) 投资会计记录容易产生利用投资相关的会计处理来调节利润。

六、初步进行风险评估

审计人员在对内部控制了解的基础上,通过评估各关键控制点和薄弱环节,来估计各控制目标的控制风险水平。评估控制风险的目的在于确定进行实质性测试对该内部控制的依赖程度。控制风险水平一般以高、中、低表示。审计人员据以评价控制风险的依据如

表 9-6 所示：

表 9-6 控制风险评价表

控制风险水平	确定理由	对下一步审计的影响
高	1. 不存在与该循环控制有关的各个关键点； 2. 内部控制失效； 3. 难以对内部控制的有效性作出评估。	根据控制风险水平确定检查风险，不对内部控制进行控制测试而直接进入实质性阶段。
中或低	1. 存在与该循环控制有关的各个关键点； 2. 较少或没有控制失效现象； 3. 各种控制措施可能在不同程度上防止发生或纠正错弊的发生。	根据较低的控制风险水平，确定较高的检查风险，并计划实施必要的控制测试： 1. 如果该控制测试能证明所确定的控制风险水平，则根据较高的检查风险水平计划较小规模的实质性测试； 2. 如果不能证明所确定的控制风险水平，则仍根据较高的控制风险水平计划实质性测试。

需要注意的是，如果被审计单位的相关内部控制不存在，或者被审计单位的相关内部控制未得到有效执行，则审计人员不应再继续实施控制测试，而应直接实施实质性程序。

 读一读

1999 年 6 月，某审计组在对工商银行某办事处的审计中，发现其贷款大户——A 计算机厂（信誉良好，贷款均为正常类及关注类）有一笔 150 万元的贷款列为损失类，并有 42.86 万元的表外欠息。银行信贷部门反映计算机厂不承认此笔贷款，因而贷款本金和利息均无法收回。

审计人员发现，此笔贷款先汇至该厂设的临时账户，除支付银行首期利息 13 万元外，其余资金分别汇至某单位业务员王某的户头上，此后，该临时账户再无资金进出。审计人员通过反复调查后，查明原该厂厂长李某在担任该厂厂长期间，利用职务之便假借该计算机厂名义骗取挪用工行贷款 150 万元，并先后挪用公款 270 万元给业务员王某个人进行经营和使用，目前尚有 150 万元未归还。2000 年 5 月 25 日，法院以挪用公款罪对李某提起公诉。

第二节 筹资与投资循环的控制测试

一、控制测试内容

在审计人员取得了内部控制的相关描述并进行了初步的控制风险评估之后，就需要确认被审计单位是否真正采用了其所描述的内部控制，也就是说，需要确定内部控制执行得是否有效。有关筹资与投资循环内部控制目标、内部控制和控制测试的关系如表 9-7 和 9-8 所示。

表 9-7　筹资活动的控制目标、关键内部控制和测试一览表

内部控制目标	关键内部控制	常用控制测试	交易实质性程序
记录的筹资交易均系真实发生的交易（存在或发生）	借款经过授权审批。签订借款合同或协议等相关法律文件	索取借款的授权批准文件，检查审批手续是否齐全。检查借款合同或协议	检查支持借款记录的原始凭证
筹资交易均已记录（完整性）	负责借款业务的信贷管理层根据综合授信协议或借款合同，逐笔登记借款备查簿，并定期与信贷记账的借款明细账核对。定期与债权人核对账目	询问借款业务的职责分工情况及内部对账情况。检查被审计单位是否定期与债权人核对账目	检查董事会会议记录、借款合同、银行询证函等，确定有无未入账的交易
筹资交易均已以恰当的金额足额记入恰当的期间	定期与债权人核对账目。会计主管复核	检会计主管复核印记	将借款记录与所附原始凭证进行细节比对
筹资交易均已记入恰当的账户	使用会计科目核算说明；会计主管复核	询问会计科目表的使用情况检查会计主管复核印记	将借款记录与所附的原始凭证进行细节比对

表 9-8　投资活动的控制目标、关键内部控制和测试一览表

内部控制目标	关键内部控制	常用控制测试	交易实质性程序
记录的投资交易均系真实发生的交易（存在或发生）	投资经过授权审批	索取投资授权批准文件，检查审批手续是否齐全	检查与投资有关的原始凭证，包括投资授权文件、被投资单位出具的股权或债权证明、投资付款记录和相关有价证券等
投资交易均已记录（完整性）	投资管理层根据交易流水单，对每笔交易记录进行核对、存档，并在交易结束后一个工作日内将交易凭证交投资记账员。投资记账员编制转账凭证，并附相关单据，提交会计主管复核。复核无误后进行账务处理。每周末，投资管理员与投资记账员就投资类别、资金统计进行核对，并编制核对表，分别由投资管理经理、财务经理复核并签字。如有差异，将立即调查。对所投资的有价证券或金融资产定期盘点，并与账面记录相核对。定期与被投资单位或交易对方核对账目	询问投资业务的职责分工情况及内部对账情况。检查被审计单位是否定期与交易对方或被投资方核对账目	检查董事会会议记录、投资合同、交易对方提供的对账单、盘点报告等，确定有无未入账的交易

283

(续表)

内部控制目标	关键内部控制	常用控制测试	交易实质性程序
投资交易均已以恰当的金额记入恰当的期间	定期与被投资单位或交易对方核对账目。会计主管要定期复核	检查被审计单位是否定期与债权人核对账目。检查会计主管复核印记	将投资记录与所附的原始凭证进行细节比对
投资交易均已记入恰当的账户	使用会计科目核算说明。会计主管复核	询问会计科目表的使用情况检查会计主管复核印记	将投资记录与所附的原始凭证进行细节比对

为了验证是否有足够证据支持初步的控制风险水平,需要进行控制测试,主要的方法和内容如下:

1. 检查控制执行留下的轨迹

审计人员应抽取投(筹)资业务的会计记录和原始凭证,确定各项控制程序运行情况。

2. 审阅内部盘点报告

审计人员应审阅内部审计人员或其他授权人员对投(筹)资资产进行定期盘点的报告。应审阅其盘点方法是否恰当、盘点结果与会计记录相核对情况以及出现差异的处理是否合规。如果各期盘点报告的结果未发现账实之间存在差异(或差异不大),说明投(筹)资资产的内部控制得到了有效执行。

3. 分析企业投(筹)资业务管理报告

对于企业的长期投(筹)资,审计人员应对照有关投(筹)资方面的文件和凭据,分析企业的投(筹)资业务管理报告。在做出长期投(筹)资决策之前,企业最高管理层(如董事会)需要对投(筹)资进行可行性研究和论证,并形成一定的纪要。审计人员应认真分析这些投(筹)资管理报告的具体内容,并对照前述有关文件和凭据资料,判断企业长期投(筹)资业务的管理情况。

二、重新评估控制风险

完成控制测试后,审计人员应对被审计单位的筹资和投资循环控制设计的合理性、运行的有效性进行评价,重新评估控制风险水平,确定其是否存在重大的薄弱环节。若有重大的薄弱环节,则应确定其对本循环所涉及各账户实质性程序的影响,并以此为基础制定实质性程序方案。

本循环控制测试的具体工作底稿参考格式如9-3所示。

【格式 9-3】

筹资与投资循环控制测试表

被审计单位：_____　　索引号：_____
项目：_____　　财务报表截止日/期间：_____
编制：_____　　复核：_____
日期：_____　　日期：_____

1. 了解内部控制的初步结论

2. 控制测试结论

主要业务活动	控制目标	相关的交易、账户余额	被审计单位的控制活动	控制活动对实现控制目标是否有效（是/否）	控制活动是否得到执行（是/否）	控制活动是否有效运行（是/否）	控制测试结果是否支持风险评估结论（支持/不支持）
筹资	已记录的借款均确为公司的负债	短期借款 长期借款					
	借款金额及条款均已准确记录	短期借款 长期借款					
	借款均已记录	短期借款 长期借款					
	借款均已记录于适当期间	短期借款 长期借款					
	所有的利息均已准确计算并记录于适当期间	财务费用					
	已记录的偿还借款均为真实发生	短期借款 长期借款					
	偿还借款均已准确记录	短期借款 长期借款					
	偿还借款均已记录	短期借款 长期借款					
	偿还借款均已记录于适当期间	短期借款 长期借款					
	借款偿还已遵循借款条款	短期借款 长期借款					

(续表)

主要业务活动	控制目标	相关的交易、账户余额	被审计单位的控制活动	控制活动对实现控制目标是否有效（是/否）	控制活动是否得到执行（是/否）	控制活动是否有效运行（是/否）	控制测试结果是否支持风险评估结论（支持/不支持）
投资	已记录的投资均确为公司的投资	长期股权投资 交易性金融资产					
	所有购买、出售、到期等投资交易均已记录	长期股权投资 交易性金融资产 交易性金融负债 持有至到期投资 可供出售金融资产					
	投资交易计价准确	长期股权投资 交易性金融资产					
	投资收益均已准确计算，并记录于适当期间	长期股权投资 交易性金融资产 投资收益					
	准确列报财务信息，且披露所有公允列报所必需的资料，并遵循专业标准及法律规定	长期股权投资 交易性金融资产 投资收益					

第三节　主要账户的实质性程序

根据财务报表项目与业务循环的相关程度，筹资与投资循环涉及的财务报表项目主要包括交易性金融资产、应收股利、应收利息、可供出售金融资产、持有至到期投资、长期股权投资、短期借款、长期借款、交易性金融负债、应付利息、应付股利和财务费用等。本节我们重点介绍短期借款和财务费用的审计，其他项目的审计与此类似。

一、短期借款的实质性程序

借款是企业承担的一项经济义务，是企业的负债项目。审计人员对于负债项目的审计，主要是防止企业低估债务。低估债务经常伴随着低估成本费用，从而高估利润的目的。因此，低估债务不仅影响财务状况的反映，而且还会极大地影响企业财务成果的反映。所以，审计人员在执行借款业务审计时，应将被审计单位是否低估借款作为关注要点。短期借款一般是企业维持正常的生产经营所需的流动资金而借入的或者为抵偿其他债务而向银行借入的偿还期不超过1年的各种借款,其审计目标与财务报表的认定、审计程序的对应关系如表9-9和9-10所示。

表9-9 短期借款审计目标与财务报表认定对应关系表

审计目标	财务报表认定				
	存在	完整性	权利和义务	计价和分摊	列报
① 资产负债表中记录的短期借款是存在的	√				
② 所有应当记录的短期借款均已记录		√			
③ 记录的短期借款是被审计单位应当履行的现时义务			√		
④ 短期借款以恰当的金额包括在财务报表中,与之相关的计价调整已恰当记录				√	
⑤ 短期借款已按照企业会计准则的规定在财务报表中作出恰当列报					√

表9-10 短期借款认定与审计程序对应关系表

④	1. 获取或编制短期借款明细表。审计人员应首先获取或编制短期借款明细表,复核其加计数是否正确,并与明细账和总账核对相符
①②④	2. 函证短期借款的实有数。审计人员应在期末短期借款余额较大或认为必要时向银行或其他债权人函证短期借款
①②④	3. 检查短期借款的增加。对年度内增加的短期借款,审计人员应检查借款合同和授权批准,了解借款数额、借款条件、借款日期、还款期限、借款利率,并与相关会计记录相核对
①②④	4. 检查短期借款的减少。对年度内减少的短期借款,审计人员应检查相关记录和原始凭证,核实还款数额
③④	5. 检查有无到期未偿还的短期借款。审计人员应检查相关记录和原始凭证,检查被审计单位有无到期未偿还的短期借款,如有,则应查明是否已向银行提出申请并经同意后办理延期手续
③④	6. 复核短期借款利息。审计人员应根据短期借款的利率和期限,复核被审计单位短期借款的利息计算是否正确,有无多算或少算利息的情况。如有未计利息和多计利息,应做出记录,必要时进行调整
④	7. 检查外币借款的折算
⑤	8. 检查短期借款在资产负债表上的列报是否恰当

审计实务中,短期借款工作底稿的具体内容参见格式9-4至9-6。

【格式9-4】

短期借款审定表

被审计单位：_____　　索引号：_____
项目：_____　　财务报表截止日/期间：_____
编制：_____　　复核：_____
日期：_____　　日期：_____

项目名称	期末未审数	账项调整		重分类调整		期末审定数	上期末审定数	索引号
		借方	贷方	借方	贷方			
信用借款								
抵押借款								
……								
合计								
调整分录								

内容	科目	金额	金额	金额	金额
……					

审计结论：

【格式9-5】

短期借款明细表

被审计单位：_____　　索引号：_____
项目：_____　　所审计会计期间：_____
编制：_____　　复核：_____
日期：_____　　日期：_____

贷款银行	借款期限		期初余额		本期增加		本期归还		期末余额		本期应计利息	本期实计利息	差异	借款条件	借款用途	备注
	借款日	约定还款日	利率	本金	日期	利率	本金	日期	本金	利率	本金						
…																
…																
合计																

审计结论：

【格式 9-6】

借款利息测算及利息分配情况检查表

被审计单位：_____　　索引号：_____
项目：_____　　财务报表截止日/期间：_____
编制：_____　　复核：_____
日期：_____　　日期：_____

贷款银行	本金	本期计息期	年利率	本期应计利息	利息(实际利息)分配数						核对是否正确	差异原因
					财务费用	在建工程	制造费用	研发支出	…	合计		
建行												
……												
合计												

审计结论：

课堂训练 9-1

【目标】 训练短期借款的实质性程序

【资料】 审计人员在审查红星公司"短期借款——生产借款"使用情况时发现，该公司 2023 年 10 月 21 日平均贷款为 89 万元，存货合计为 21 万元，其他应收款为 35 万元。审计人员分析该公司的其他应收款占用比重过大，可能有非法使用或占用短期借款的行为。

审计人员首先查阅了 10 月 21 日借入短期借款的第 89 号凭证，其记录为：

借：银行存款　　　　　　　　　　　　　　　　　　　　　380 000
　　贷：短期借款——生产借款　　　　　　　　　　　　　　　380 000

从所附的"入账通知"和"借款契约"两张凭证中看出，其借款期限为 6 个月。审计人员为追踪调查存款的去向，又审阅了银行存款日记账，结果发现 10 月 27 日 308 号凭证有一笔减少银行存款 35 万元的业务。调阅该凭证时，其账务处理为：

借：其他应收款——张阳　　　　　　　　　　　　　　　　350 000
　　贷：银行存款　　　　　　　　　　　　　　　　　　　　350 000

摘要为"汇给经贸公司贷款"。经核实，以上凭证所记汇出款项，是该公司为职工垫付的 30 台洗衣机款，张阳是办理此项业务的负责人，全部货款由 11 月份至 12 月份陆续全部收回。

【要求】 请分析红星公司上述处理造成的财务后果，并进行账项调整。

二、财务费用的实质性程序

财务费用是企业为筹集生产经营所需要资金而发生的费用,包括企业生产经营期间发生的利息支出(减利息收入)、汇兑净损失、调剂外汇手续费、金融机构手续费及筹资发生的其他财务费用等。财务费用审计目标与财务报表的认定、审计程序的对应关系如表 9-11 和 9-12 所示。

表 9-11　财务费用审计目标与财务报表认定对应关系表

审计目标	财务报表认定					
	发生	完整性	准确性	截止	分类	与列报相关的认定
① 利润表中记录的财务费用已发生,且与被审计单位有关	√					
② 所有应当记录的财务费用均已记录		√				
③ 与财务费用有关的金额及其他数据已恰当记录			√			
④ 财务费用已记录于正确的会计期间				√		
⑤ 财务费用已记录于恰当的账户					√	
⑥ 财务费用已按照企业会计准则的规定在财务报表中作出恰当的列报						√

表 9-12　财务费用审计目标与审计程序对应关系表

审计目标	可供选择的审计程序
③	1. 获取或编制财务费用明细表,复核其加计数是否正确,并与报表数、总账数和明细账合计数核对是否相符。
①②③	2. 实质性分析程序: (1) 针对已识别需要运用分析程序的有关项目,并基于对被审计单位及其环境的了解,通过进行以下比较,同时考虑有关数据间关系的影响,以建立有关数据的期望值: ① 将本期财务费用各明细项目与上期进行对比,必要时比较本期各月份财务费用,如有重大波动和异常情况应追查原因; ② 计算借款、应付债券平均实际利率并同以前年度及市场平均利率相比较; ③ 根据借款、应付债券平均余额、平均利率测算当期利息费用和应付利息,并与账面记录进行比较; ④ 根据银行存款平均余额和存款平均利率复核利息收入。 (2) 确定可接受的差异额; (3) 将实际的情况与期望值相比较,识别需要进一步调查的差异; (4) 如果其差额超过可接受的差异额,调查并获取充分的解释和恰当的佐证审计证据(如通过检查相关的凭证); (5) 评估分析程序的测试结果。
⑤	3. 检查财务费用明细项目的设置是否符合规定的核算内容与范围,是否划清财务费用与其他费用的界限。

(续表)

审计目标	可供选择的审计程序
①②③	4. 检查利息支出明细账： (1) 审查各项借款期末应计利息有无预计入账； (2) 审查现金折扣的会计处理是否正确； (3) 结合长短期借款、应付债券等的审计，检查财务费用中是否包括为购建或生产满足资本化条件的资产发生的应予资本化的借款费用。 (4) 检查融资租入的固定资产、购入有关资产超过正常信用条件延期支付价款、实质上具有融资性质的，采用实际利率法分期摊销未确认融资费用时计入财务费用数是否正确； (5) 检查应收票据贴现息的计算与会计处理是否正确； (6) 检查存在资产弃置费用义务的固定资产或油气资产，在其使用寿命内，是否按期计算确定应负担的利息费用。
①②③	5. 检查利息收入明细账 (1) 确认利息收入的真实性及正确性； (2) 检查从其他企业或非银行金融机构取得的利息收入是否按规定计缴营业税； (3) 检查采用递延方式分期收款、实质上具有融资性质的销售商品或提供劳务，采用实际利率法按期计算确定的利息收入是否正确。
①②③	6. 检查汇兑损益明细账，检查汇兑损益计算方法是否正确，核对所用汇率是否正确，前后期是否一致。
①②③	7. 检查"财务费用——其他"明细账，注意检查大额金融机构手续费的真实性与正确性。
④	8. 抽取资产负债表日前后5天的5张凭证，实施截止测试，若存在异常迹象，应考虑是否有必要追加审计程序，对于重大跨期项目应作必要调整。
	9. 根据评估的舞弊风险等因素增加的其他审计程序。
⑥	10. 检查财务费用是否已按照企业会计准则的规定在财务报表中作出恰当的列报。

财务费用审计常用的工作底稿参见格式9-7至9-10。

【格式9-7】

财务费用审定表

被审计单位：_____　　索引号：_____
项目：_____　　财务报表截止日/期间：_____
编制：_____　　复核：_____
日期：_____　　日期：_____

项目名称	本期未审数	账项调整		本期审定数	上期审定数	索引号
		借方	贷方			
利息						
……						
合计						

调整分录

（续表）

内容	科目	金额	金额			
……						
合计						

审计结论：

【格式 9-8】

财务费用明细表

被审计单位：_____　　索引号：_____
项目：_____　　财务报表截止日/期间：_____
编制：_____　　复核：_____
日期：_____　　日期：_____

月份	财务费用明细项目				
	合计	利息	手续费	汇总	……
1					
……					
12					
合计					
上期数					
变动额					
变动比例					

审计结论：

【格式 9-9】

财务费用检查情况表

被审计单位：_____　　索引号：_____
项目：_____　　所审计会计期间：_____
编制：_____　　复核：_____
日期：_____　　日期：_____

记账日期	凭证号	业务内容	对应科目	金额	核对内容（用"√""×"表示）					备注
					1	2	3	4	5	

(续表)

记账日期	凭证号	业务内容	对应科目	金额	核对内容（用"√""×"表示）					备注
					1	2	3	4	5	

核对内容说明:1.原始凭证是否齐全;2.记账凭证与原始凭证是否相符;3.账务处理是否正确;4.是否记录于恰当的会计期间;5.……

审计结论：

【格式 9-10】

财务费用截止测试表

被审计单位：_____　　索引号：_____
项目：_____　　所审计会计期间：_____
编制：_____　　复核：_____
日期：_____　　日期：_____

日期	凭证号	内容	对应科目	金额	是否跨期是(√)否(×)
		截止日前			
		截止日期:20××年12月31日			
		截止日后			
未发生					

审计结论：

本章小结

本章主要介绍了筹资与投资循环业务层面的风险评估、控制测试和主要账户的实质性程序。风险评估时首先要了解被审计单位的业务活动,筹资循环的活动涉及从制定筹资计划到还本付息或支付股利的五个环节。投资循环的活动涉及从投资决策到转让或回收投资等四个环节;其次要了解和评价被审计单位的内部控制设计是否合理,并通过穿行测试程序验证其是否得到执行；最后要结合被审计单位整体层面的风险评估结果初步评价重大错报风险的水平。在上述风险评估的基础上，审计人员要通过控制测试来验证被审计单位的内部控制是否有效，重新评估重大错报风险的水平，从而决定实施实质性程序的性质和范围。本循环主要介绍了短期借款和财务费用等账户的审计，从学习的角度讲，筹资循环的主要审计目标是确定筹资业务的完整性。投资循环的主要审计目标是确定投资业务的真实性。结合具体案例，通过对短期借款和财务费用审计的讲解，介绍检查利息测算、费用检查等审计基本方法在实务中的具体运用。

本章复习题

1. 筹资、投资交易中可能发生的错报主要有哪些？
2. 针对筹资循环的控制目标，常用的控制测试分别有哪些？
3. 针对投资循环的控制目标，常用的控制测试分别有哪些？
4. 怎样检查短期借款增减变动记录的完整性？

课后讨论案例

【目的】 理解筹资与投资循环审计的基本方法

【内容】 请课后查找并阅读以下案例的相关信息，并回答相对应的问题，具体内容见下表：

序号	名称	问题
1	华安公司长期借款审计案	①在借款审计中，如何判断借款人是在严格的控制制度下规范操作的？②注册会计师判断企业借款使用效益的标准是什么？
2	美国ESM政府证券有限公司审计案	①如何保护中小股东的利益？②你认为在发生法律诉讼案件时，判别注册会计师是否负有责任及应负多大责任的主要依据应该是什么？

【要求】

1. 分小组进行案例的讨论，小组的每个成员分头查找并阅读上述案例的相关信息，每个小组围绕所提出的问题编写完成案例。
2. 小组在查找资料、编写完成案例的基础上，分析回答所提出的问题，并提出新的疑问。
3. 小组在讨论分析基础上，制作PPT，推选一名同学演讲其讨论分析的问题，重点在于介绍小组在讨论中对审计的本质、作用以及在经济社会生活中的重要作用的理解以及产生的疑问。
4. 小组以外的其他同学提问，小组内的其他成员补充回答问题。
5. 老师点评。

第十章 货币资金审计

本章要点

通过对本章内容的学习,你应了解和掌握如下知识和技能:
- 了解货币资金的业务特性
- 理解货币资金的风险识别与评估方法
- 掌握货币资金的审计目标及其实质性程序
- 能够制定货币资金各账户的审计目标
- 能够根据制定的审计目标确认审计范围和设计与执行控制测试与实质性程序
- 能够较熟练地完成货币资金的所有工作底稿

导读案例

菊乐原眉山分公司出纳挪用资金事件[①]

2019年7月24日,菊乐股份第二次递交上市申请资料,并在当年8月2日进行预披露。证监会于2020年4月29日发布公告:因菊乐股份分公司出纳挪用公司资金发生额累计达9 577.89万元且首次申报稿未披露该事项、货币资金披露不实、内控制度存在重大缺陷、返利计提不准确等问题,证监会决定对菊乐食品采取出具警示函的行政监管措施。公司第二次IPO也就此终止。

公司原眉山分公司出纳李某挪用资金事项系一项员工以侵占资产为目的所进行的舞弊行为,公司未能及时发现李某挪用资金的舞弊行为,未能及时堵塞资金循环及资金内控方面存在的漏洞,主要原因如下:

A. 李某蓄意挪用公司资金,刻意规避内控制度及检查、审计

李某利用职务之便,通过偷盖空白银行支票/电子业务结算书的方式蓄意挪用公司资金后,为规避日常检查、审计,其利用作为眉山分公司出纳与银行正常工作接触的机会,掌握并熟悉银行业务流程及银行单据特点,通过伪造银行回单、对账单等方式,在眉山分公司当月所需资金由公司本部拨付至眉山分公司银行账户后,将货币资金转出至相关自然人的个人银行账户,并在月中/月末眉山分公司需要支付相关款项之前将挪用

[①] 参考资料:《四川菊乐食品股份有限公司首次公开发行股票申请文件反馈意见》,2020年4月24日。

的资金连同挪用期间的利息划转回眉山分公司账户,从而掩盖其挪用资金的事实,制造眉山分公司银行账户资金不存在被挪用的假象。

B. 账户性质使得公司对该账户重视不足

眉山分公司银行账户为代付款账户,公司本部每月初将资金划转至眉山分公司后,由分公司根据原料奶采购具体金额、税款缴纳、工资及水电气支付的具体情况适时支付。如相关款项支付出现延迟,供应商(原料奶及水电气等)将及时联系公司本部奶源部或眉山分公司进行催收。因此,公司也能通过供应商反馈的付款情况,检查银行账户是否存在异常。在收到供应商付款异常的信息前,公司对该账户的资金流水情况重视不足。

【案例讨论题】
1. 结合本案例谈谈单位应该如何加强货币资金的管理。
2. 审计人员通过实施哪些审计程序能够发现货币资金的舞弊?

第一节 货币资金的风险评估

货币资金是企业以货币形态存在的资产,包括库存现金、银行存款、其他货币资金。货币资金可以用以购买材料、发放工资、上交税费、分配利润等方面,涉及面广,收支频繁,是企业最直接的支付手段,也容易被盗窃、贪污、挪用,是会计错误和舞弊的多发地带。企业的货币资金具有以下特征:是企业流动性最强的资产;大部分的经济业务都需要通过货币资金的收付来实现;由于收付业务最大,出现记账差错的可能性也大;加之货币作为流通手段,在实务中存在舞弊的风险也很高,比如截留各种现金收入,包括现销和应收账款中的收现,挪用资金、虚报冒领、出借账号、非法违规出借货币资金等。审计人员应当结合对被审计单位的重大错报风险评估结果,确定"库存现金""银行存款"账户余额的重大错报风险,同时考虑是否存在舞弊风险等特别风险。为评估重大错报风险,审计人员必须首先实施风险评估程序,包括了解企业针对货币资金业务建立的内部控制制度。

一、货币资金的主要业务活动

企业的经营循环是从货币资金开始到收到货币资金结束,最为典型的是商品流通企业,即货币资金—商品—货币资金。其他企业也是如此,只不过循环的时间有的长(如工业企业),有的短(如商业企业),中间环节有多有少等。

货币资金与企业四大循环审计都有直接的关系。这个关系我们可用图 10-1 表示。从图中可以看出,货币资金是处于核心位置的。另外需要说明的是,该图中列示的会计科目仅是各业务循环中具有代表性的部分。

从货币资金与四个循环的关系中,我们可以看出:销售与收款循环中现销或赊销取得的货款,是货币资金增加的主要来源;采购与付款循环中预付或应付账款的支付会使货币资金减少;生产与存货循环中购入存货或支付职工工资也会使货币资金减少;筹资与投资

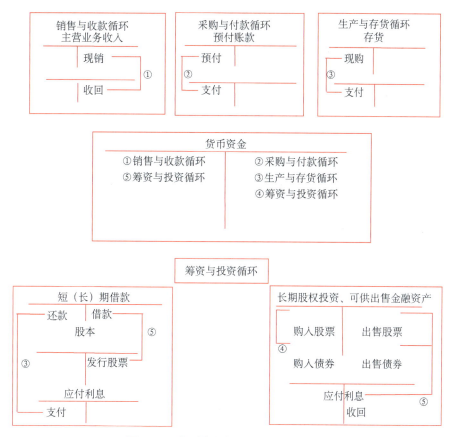

图 10-1 货币资金与业务循环的关系图

循环中借款或发行股票、出售股票、取得股利等使货币资金增加,但购买股票、归还借款和支付利息等又使货币资金减少。

由此可见,货币资金犹如人体的血液,贯穿于企业经济活动的全过程,在流动和周转中实现增值效应。

二、了解货币资金涉及的主要凭证和会计记录

货币资金审计涉及的凭证和会计记录主要有:(1)现金盘点表;(2)银行对账单;(3)银行存款余额调节表;(4)有关科目的记账凭证;(5)库存现金、银行存款日记账和总账;(6)其他相关的原始凭证与账簿(如支票及支票存根簿)。

三、了解和描述相关的内部控制

审计人员可以通过检查被审计单位有关规章制度等重要文件、观察有关业务活动和内部控制的运行情况、询问有关人员、穿行测试等方法来了解被审计单位货币资金交易流程,确定被审计单位薄弱环节,识别、评估货币资金风险,为确定可能发生的错报环节奠定基础。

(一) 货币资金的关键控制

尽管由于每个企业的性质、所处行业、规模以及内部控制健全程度等不同,而使得其与货币资金相关的内部控制内容有所不同,但以下要求是通常应当共同遵循的:

1. 职责分离

(1) 货币资金支付的审批与执行要相互分离。

(2) 货币资金的保管、记录与盘点清查要相互分离。

(3) 货币资金的会计记录与审计监督相互分离。

(4) 出纳员应担负现金收付、银行结算、货币资金的日记账核算及各种有价证券的保管等职责,不得兼任稽核、会计档案保管和收入、支出、费用、债权债务账目的登记。

2. 授权审批控制

(1) 明确审批人对货币资金业务的授权批准方式、权限、程序、责任和相关控制措施,规定经办人办理货币资金业务的职责范围和工作要求。

(2) 审批人应当根据货币资金授权批准制度的规定,在授权范围内进行审批,不得超越审批权限。

(3) 经办人应当在职责范围内,按照审批人的批准意见办理货币资金业务。

(4) 对于审批人超越授权范围审批的货币资金业务,经办人员有权拒绝办理,并及时向审批人的上级授权部门报告。

3. 货币资金付款程序

(1) 支付申请。单位有关部门或个人用款时,应当提前向审批人提交货币资金支付申请,注明款项的用途、金额、预算、支付方式等内容,并附有效经济合同或相关证明。

(2) 支付审批。审批人根据其职责、权限和相应程序对支付申请进行审批。对不符合规定的货币资金支付申请,审批人应当拒绝批准。

(3) 支付复核。复核人应当对批准后的货币资金支付申请进行复核。复核货币资金支付申请的批准范围、权限、程序是否正确,手续及相关单证是否齐备,金额计算是否准确,支付方式、支付单位是否妥当等。复核无误后,交由出纳人员办理支付手续。

(4) 办理支付。出纳人员应当根据复核无误的支付申请,按规定办理货币资金支付手续。及时登记现金和银行存款日记账。

(5) 单位对于重要货币资金支付业务,应当实行集体决策和审批,并建立责任追究制度,防范贪污、侵占、挪用货币资金等行为。

(6) 严禁未经授权的机构或人员办理货币资金业务或直接接触货币资金。

4. 库存现金和银行存款的管理

(1) 单位应当加强现金库存限额的管理,超过库存限额的现金应及时存入银行。

(2) 单位必须根据《现金管理暂行条例》的规定,结合本单位的实际情况,确定本单位现金的开支范围。不属于现金开支范围的业务应当通过银行办理转账结算。

(3) 单位现金收入应当及时存入银行,不得用于直接支付单位自身的支出。因特殊情况需坐支现金的,应事先报经开户银行审查批准。

单位借出款项必须执行严格的授权批准程序,严禁擅自挪用、借出货币资金。

(4) 单位取得的货币资金收入必须及时入账,不得私设"小金库",不得账外设账,严禁收款不入账。

(5) 单位应当严格按照《支付结算办法》等国家有关规定,加强银行账户的管理,严格按照规定开立账户,办理存款、取款和结算。

(6) 单位应当严格遵守银行结算纪律,不准签发没有资金保证的票据或远期支票,套取银行信用;不准签发、取得和转让没有真实交易和债权债务的票据,套取银行和他人资金;不准无理拒绝付款,任意占用他人资金;不准违反规定开立和使用银行账户。

(7) 单位应当指定专人定期核对银行账户,每月至少核对一次,编制银行存款余额调节表,使银行存款账面余额与银行对账单调节相符,如调节不符,应查明原因,及时处理。

(8) 单位应当定期和不定期地进行现金盘点,确保现金账面余额与实际库存相符。发现不符,及时查明原因,作出处理。

5. 票据及有关印章的管理

(1) 单位应当加强与货币资金相关的票据的管理,明确各种票据的购买、保管、领用、背书转让、注销等环节的职责权限和程序,并专设登记簿进行记录,防止空白票据的遗失和被盗用。

(2) 单位应当加强银行预留印鉴的管理。财务专用章应由专人保管,个人名章必须由本人或其授权人员保管。严禁一人保管支付款项所需的全部印章。

按规定需要有关负责人签字或盖章的经济业务,必须严格履行签字或盖章手续。

6. 监督检查

(1) 单位应当建立对货币资金业务的监督检查制度,明确监督检查机构或人员的职责权限,定期和不定期地进行检查。

(2) 货币资金监督检查的内容主要包括:货币资金业务相关岗位及人员的设置情况,重点检查是否存在货币资金业务不相容职务混岗的现象;货币资金授权批准制度的执行情况,重点检查货币资金支出的授权批准手续是否健全,是否存在越权审批行为;支付款项印章的保管情况,重点检查是否存在办理付款业务所需的全部印章交由一人保管的现象;票据的保管情况,重点检查票据的购买、领用、保管手续是否健全,票据保管是否存在漏洞。

(3) 对监督检查过程中发现的货币资金内部控制中的薄弱环节,应当及时采取措施,加以纠正和完善。

(二) 描述货币资金的内部控制

审计人员在了解货币资金的内部控制之后,就需要对其进行描述。描述内部控制可以根据具体情况决定采用文字说明法、调查表法和流程图法中的某种方法。货币资金内部控制调查表的具体参考格式如表10-1所示。

表10-1 货币资金内部控制调查表

调查内容	调查结果				备注
	是	否		不适用	
		较轻	较重		
1. 企业是否根据不同银行账号分别开设银行存款日记账?					

（续表）

调查内容	调查结果				备注
	是	否		不适用	
		较轻	较重		
2. 银行存款的处理和日记账的登记工作是否由出纳人员专人负责？					
3. 出纳和会计的职责是否适当地分离？					
4. 银行存款日记账是否根据审核后的合法的收付款凭证登记入账？					
5. 银行存款日记账是否逐笔序时登记？					
6. 企业除零星支出外的支出是否通过银行存款？					
7. 对于重大的开支项目是否经过审核批准？					
8. 银行支票是否按序签发？					
9. 是否严格控制和保管空白支票？					
10. 作废支票是否加盖"作废"戳记，并与存根联一并保存？					
11. 开出支票是否使用支票登记簿？					
12. 支票是否由出纳人员和有关主管人员共同签发？					
13. 签发支票的印章是否妥善保管？					
14. 银行存款日记账和总账是否每月末核对相符？					
15. 银行存款日记账是否定期与银行对账单核对？是否定期由独立人员编制银行存款余额调节表调节未达账项？					

在审计实务中，审计人员通过上述对被审计单位的了解，形成了解和评价货币资金内部控制的工作底稿。常用的工作底稿见格式10-1所示。

【格式10-1】

了解和评价生产与存货循环的内部控制

被审计单位：_____ 索引号：_____
项目：_____ 财务报表截止日/期间：_____
编制：_____ 日期：_____ 复核：_____ 日期：_____

1. 受本循环影响的相关交易和账户
   库存现金　银行存款　其他货币资金
2. 主要业务活动

主要业务活动	是否在本循环中进行了解
资金预算	
银行账户开立	

(续表)

主要业务活动	是否在本循环中进行了解
收付款控制	
现金盘点及银行余额调节表处理	
银行预留印鉴和印章及票据管理	
货币资金的内部稽核	

3. 了解交易流程

根据对交易流程的了解，记录如下：

(1) 被审计单位是否委托其他服务机构执行主要业务活动？如果被审计单位使用其他服务机构，请列示其他服务机构的名称地址及将对审计计划产生哪些影响。

_____

_____

(2) 是否制定了相关的政策和程序以保持适当的职责分工？这些政策和程序是否合理？

_____

_____

(3) 自前次审计后，被审计单位的业务流程和控制活动是否发生重大变化？如果已发生变化，将对审计计划产生哪些影响？

_____

_____

(4) 是否识别出控制设计的不足或缺陷？是否识别出本期交易过程中发生的控制偏差？如果已识别出设计的不足（或缺陷）、控制偏差，产生的原因是什么？将对审计计划产生哪些影响？

_____

_____

(5) 是否识别出非常规交易或重大事项？如果已识别出非常规交易或重大事项，将对审计计划产生哪些影响？

_____

_____

(6) 是否进一步识别出其他风险？如果已识别出其他风险，将对审计计划产生哪些影响？

_____

_____

(7) 关键控制活动的描述

业务活动	关键控制点

(8) 了解对关联方的交易的控制活动

_____

_____

(9) 了解对会计分录的控制活动
_____
_____

(10) 界定主要交易循环及原因
_____
_____

4. 信息系统
   应用软件

信息系统名称	计算机运作环境	来源

初次安装后对信息系统进行的任何重大修改、开发与维护

信息系统名称	重大修改、开发与维护的描述	修改日期

描述拟于未来实施的重大修改、开发与维护计划
_____
_____

本年度对信息系统进行的重大修改、开发与维护及其影响
_____
_____

5. 初步结论
_____
_____

6. 识别出重大的错报风险以及拟采取的应对措施
_____
_____

7. 沟通事项
   是否需要就已识别出的内部控制设计或执行方面的见解、意见或建设性建议,与适当层次的管理层或治理层进行沟通?
_____
_____

编制说明:
一、本循环的内部控制的主要工作
1. 了解被审计单位货币资金财务报告相关的内部控制的设计,并记录获得的了解。
2. 针对货币资金的控制目标,记录相关控制活动。
3. 执行穿行测试,证实对交易流程和相关控制的了解,并确定相关控制是否得到执行。
4. 记录在了解和评价货币资金的控制设计和执行过程中识别的风险,以及拟采取的应对措施。

二、主要项目编制说明
1. 受本循环影响的相关交易和账户
此项仅列示主要交易和账户余额,项目组应当根据被审计单位的实际情况确定受本循环影响的交易和账户。
2. 主要业务活动
此项项目组通常应在本循环中了解与上述业务活动相关的内部控制,如果计划在其他业务循环中对上述一项或多项业务活动的控制进行了解,应在此处说明原因。
3. 了解交易流程
(1) 了解对关联方的交易的控制活动
此项描述对关联方交易的授权、记录和披露的程序,识别并记录相关的关键控制。
(2) 了解对会计分录的控制活动
此项描述对本业务活动相关的会计处理过程,记录系统化和非系统化处理交易的会计分录控制活动,保证正确列示财务报表。
(3) 界定主要交易循环及原因
此项描述该交易循环是否为被审计单位的主要交易循环,并说明原因。
4. 沟通事项
此项描述见解、意见及建设性建议及与管理层、治理层的沟通详情。

四、穿行测试

审计人员应当选择一笔或几笔收款与付款交易进行穿行测试,以证实对交易流程和相关控制的了解是否正确和完整。例如针对货币资金支付业务,追踪从支付申请、审批、复核到办理支付,生成记账凭证,并过账至库存现金、银行存款日记账和总账的整个交易流程,并确定相关控制是否得到执行。具体的工作底稿见格式10-2所示。

【格式10-2】

货币资金控制执行测试表(穿行测试)

被审计单位:_____   索引号:_____
项目:_____   财务报表截止日/期间:_____
编制:_____ 日期:_____   复核:_____ 日期:_____

样本序号	业务内容	金额	凭证编号	测试内容	测试结果
1.					
2.					
……					

初步评价结论:
_____
_____

五、确定可能发生的错报风险

审计人员需要确定和了解货币资金的错报在什么环节发生,即确定被审计单位应在哪些环节设置控制,以防止或发现并纠正各重要交易活动可能发生的错报。货币资金可能发生错报的环节见表10-2。

表10-2 货币资金可能发生错报的环节

可能的错报	关键控制点
现金收入不入账,存在账外资金	通过观察、检查和询问是否有小金库
存入的款项来源不合法,如出租账户	抽取并检查收款凭证
挪用、贪污(截留或开假发票)	检查发票或收据的真实性和是否连续编号
以现金支付回扣或好处费	抽取并检查付款凭证,检查是否授权审批
坐支	观察出纳工作,并检查相关凭证
非法挪用资金、白条抵库、存在长、短款	检查相关凭证是否真实并经过授权

由于货币资金是企业最直接的支付手段,最容易被盗窃、贪污、挪用等,因此在会计核算上,为加强对货币资金的管理,主要采取序时核算、定期清查等方法,如实反映货币资金的流向与流量,同时建立健全科学、严密、有效的内部控制制度,切实保证货币资金的安全和合理有效的使用。鉴于货币资金核算上的特点,在实务中,对货币资金审计时,主要涉及的凭证和账簿有现金盘点表、银行对账单、银行存款余额调节表,以及有关的记账凭证和会计账簿。另外,还应该特别注意容易出现错误和舞弊的几种情况。

(1) 在现金交易中多收或多付,少收或少付,错收或错付,漏收或漏付,重收或重付。
(2) 坐支现金或超限额收付现金及超限额库存现金等违反现金结算和管理制度的现象。
(3) 挪用、盗窃、贪污现金,伪造或涂改凭证,虚报冒领等舞弊行为。
(4) 账外现金、私设小金库等违纪行为。
(5) 出借银行账户或转移资金。
(6) 隐藏错弊的未达账项。
(7) 支票存根不完整,涂改、毁损结算凭证或银行存款日记账等。

六、初步进行风险评估

审计人员在对内部控制了解的基础上,通过评估各关键控制点和薄弱环节,来估计各控制目标的控制风险水平。评估控制风险的目的在于确定进行实质性测试对该内部控制的依赖程度。控制风险水平一般以高、中、低表示。审计人员据以评价控制风险的依据如表10-3所示。

表10-3 控制风险评价表

控制风险水平	确定理由	对下一步审计的影响
高	1. 不存在与货币资金控制有关的各个关键点; 2. 内部控制失效; 3. 难以对内部控制的有效性作出评估。	根据控制风险水平确定检查风险,不对内部控制进行控制测试而直接进入实质性阶段。

(续表)

控制风险水平	确定理由	对下一步审计的影响
中或低	1. 存在与货币资金控制有关的各个关键点； 2. 较少或没有控制失效现象； 3. 各种控制措施可能在不同程度上防止、发现或纠正错弊的发生。	根据较低的控制风险水平，确定较高的检查风险，并计划实施必要的控制测试： 1. 如果该控制测试能证明所确定的控制风险水平，则根据较高的检查风险水平计划较小规模的实质性测试； 2. 如果不能证明所确定的控制风险水平，则仍根据较高的控制风险水平计划实质性测试。

需要注意的是，如果被审计单位的相关内部控制不存在，或者被审计单位的相关内部控制未得到有效执行，则审计人员不应再继续实施控制测试，而应直接实施实质性程序。

第二节 货币资金的控制测试

一、控制测试内容

在审计人员取得了内部控制的相关描述并进行了初步的控制风险评估之后，就需要确认被审计单位是否真正采用了其所描述的内部控制，也就是说，需要确定内部控制执行得是否有效。为了验证是否有足够证据支持初步的控制风险水平，需要进行控制测试，具体内容如下：

1. 实施简易抽查

抽查部分业务的凭证，来验证上述调查表对货币资金内部控制的描述是否完整和正确。

2. 抽取并检查收款凭证

抽取部分收款凭证，测试收款业务的内部控制制度，目的是查明公司的会计记录是否真实可靠，是否按规定将现金收入存入银行。在测试现金收款凭证和银行存款收款凭证时，重点审查：

（1）销售收入或劳务收入是否使用正式的发票和收款；
（2）凭证之间有关收入款项的内容和金额是否相符；
（3）取得现金收入的凭证是否在办理收款之后加盖"现金收讫"印章。

在审查原始凭证的基础上，应把原始凭证与相应的收款凭证核对相符，将内容相符的原始凭证和记账凭证与现金和银行存款日记账核对相符。

3. 抽取并检查付款凭证

抽取部分付款凭证，测试付款业务的内部控制制度，查明企业的会计记录是否真实可靠，货币资金支出是否合规、合法。在测试现金付款凭证和银行存款付款凭证时，重点审查：

（1）支出是否经过审核，重大的开支项目是否经过申请和审批；

（2）支出是否用于审核的用途，其中现金支出应注意是否符合国家规定的现金适用范围，是否在规定的现金支付限额以内，有无大幅度超限额支出的现象；

（3）现金支出凭证上是否有经办人员签名盖章，支付给企业内部的工资和劳务费是否有领款人签章，支付给外部的劳务费等是否附有税务机关的完税证明书；

（4）采用支票付款是否由指定的专人如出纳员按序开具支票，并在支票登记簿上记录开出的支票；

（5）不论是用现金支付还是通过银行结算，对外来的发票和收款收据，应特别注意凭证是否与客户的名称相符，是否套印有税务局监制章并加盖有开票或开收据单位的财务专用章或发票专用章；

（6）支票或银行付款凭证上收款人单位名称与开立发票或收款收据的单位名称是否一致，用途是否相符；

（7）对于采购物品费用的支出要分析是否合理、真实，即支出是否符合国家和企业的开支范围，有无集体串通作弊、以费用支出为名共同瓜分集体财产的现象；

（8）审查凭证上金额的计算是否正确，大小写数字是否相符；

（9）已办理现金付款的凭证，是否加盖"收讫"戳记，以防重复报账。

4. 对一些重要的业务内容进行核对

将现金和银行存款日记账与总账核对。首先，抽取一定数量的现金、银行存款日记账，检查其有无计算错误，加总数字是否正确无误。其次，根据日记账提供的线索，追查核对总账中的现金、银行存款、应收账款、应付账款等有关账户的记录，验证账账之间是否相符。

5. 抽查已签发的支票

审阅已使用过的支票存根，一方面审查是否按序签发支票，有无缺号、断号的情况，作废的支票是否与存根联一并保存在支票本上，并盖有"作废"的戳记；另一方面抽查支票本上已签发支票的金额，根据支票号码逐张与本期银行对账单核对，确认已付讫的支票，并且编制到月末尚未付款的支票清点单上，列明支票的号码和金额，由此清点单追查至当月企业编制的银行存款余额调节表上的"企业已付银行未付项目"，并且还要审查这些项目在下一期是否全部兑现。要特别注意调节表上漏记或少记的月末未兑现的情况，这很可能是企业有意挪用货币资金。

6. 调查企业是否存在一些非正常的重要的货币资金支出

非正常的重要的货币资金支出主要包括支付给公司内部股东、董事、高级管理人员、一般职员、子公司、关联公司等的巨额现金和银行存款。在审查时发现有非正常的重要支出时，应注意确定这些支出是否经过适当的授权和批准，每笔支出是否用适当的会计科目来反映，必要时应追查至明细账，核实业务的实质和来龙去脉。

7. 审查其他货币资金账户

其他货币资金是除去现金和银行存款以外的货币资金项目，包括外埠存款、银行汇票存款、银行本票存款、信用卡存款、信用证保证金存款、存出投资款等。应该从审阅各种存款的日记账入手，审查各种存款的开立是否符合规定，开立是否必要。要求提供有关书面文件和证明，审查其他存款账户的开立是否经过审批，是否有完备的手续，其数额是否合理。最后，从日记账中抽取数笔业务追查至记账凭证和原始凭证，审查各种存款账户支用款项是否合理，是否按原定用途使用并遵守银行结算制度，采购业务完成后是否及时办理结算手续，有无非法转移资金的现象。

二、重新评估控制风险

完成控制测试后，审计人员应对被审计单位的货币资金的内部控制设计的合理性、运行的有效性进行评价，重新评估控制风险水平，确定其是否存在重大的薄弱环节。若有重大的薄弱环节，则应确定其对货币资金实质性程序的影响，并以此为基础制定实质性程序方案。货币资金控制测试的具体工作底稿如格式 10-3 所示。

【格式 10-3】

货币资金控制测试表

被审计单位：_____　　索引号：_____
项目：_____　　财务报表截止日/期间：_____
编制：_____　　复核：_____
日期：_____　　日期：_____

1. 了解内部控制的初步结论

2. 控制测试结论

主要业务活动	控制目标	受影响的相关交易、账户及其认定	被审计单位的控制活动	控制活动对实现控制目标是否有效（是/否）	控制活动是否得到执行（是/否）	控制活动是否有效运行（是/否）	控制测试结果是否支持风险评估结论（支持/不支持）
资金预算	根据预算安排资金	库存现金 银行存款					
银行账户的开立、审批	所有银行存款户的开设和终止都有正式的批准手续	银行存款					
	定期检查、清理银行账户的开立及使用情况	银行存款					
收付款控制	所有收付款都有正式的审批手续	库存现金 银行存款					

(续表)

主要业务活动	控制目标	受影响的相关交易、账户及其认定	被审计单位的控制活动	控制活动对实现控制目标是否有效（是/否）	控制活动是否得到执行（是/否）	控制活动是否有效运行（是/否）	控制测试结果是否支持风险评估结论（支持/不支持）
收付款控制	所有收付款业务均及时正确入账	库存现金 银行存款					
	收付款内容与企业经营活动相关	库存现金 银行存款					
银行余额调节表及现金盘点	银行存款账面余额与银行对账单余额是否调节相符。如调节不符，应当查明原因，及时处理	银行存款					
	现金账面余额是否与实存现金相符，对差异及时查明原因处理	库存现金					
银行预留印鉴和有关印章及票据的管理	银行预留印鉴的更换	银行存款					
	印章的安全使用	银行存款					
	空白票据的安全使用	银行存款					
货币资金的内部稽核	资金支付有效	库存现金 银行存款					

第三节 主要账户的实质性程序

根据会计报表项目与业务循环的相关程度，货币资金涉及的财务报表项目主要包括库存现金、银行存款和其他货币资金。本节我们重点介绍库存现金、银行存款的审计，其他货币资金的审计与此类似。

一、库存现金的实质性程序

库存现金包括企业的人民币和外币，主要用于企业日常的零星开支。企业的现金可以随时用于购买所需的物资,支付有关的费用、偿还债务,也可以随时存入银行,是企业资产中流动性最强的一种资产。尽管其在企业资产总额中比重不大,但企业发生舞弊事件大都与现金有关,因此,审计人员应该重视库存现金的审计。库存现金审计目标与财务报表认定、审计程序的对应关系如表10-4和表10-5所示。

表 10-4　库存现金审计目标与财务报表认定对应关系表

审计目标	财务报表认定				
	存在	完整性	权利和义务	计价和分摊	与列报相关的认定
① 资产负债表中记录的货币资金是存在的	√				
② 应当记录的货币资金均已记录		√			
③ 记录的货币资金由被审计单位拥有或控制			√		
④ 货币资金以恰当的金额包括在财务报表中,与之相关的计价调整已恰当记录				√	
⑤ 货币资金已按照企业会计准则的规定在财务报表中做出恰当列报					√

表 10-5　库存现金审计目标与审计程序对应关系表

审计目标	可供选择的审计程序
①②③④	1. 监盘库存现金
①②④	2. 抽查大额库存现金收支
④	3. 核对库存现金日记账和总账的余额是否相符,检查非记账本位币的库存现金的折算汇率及折算金额是否正确
①④	4. 分析被审计单位日常库存现金余额是否合理,是否存在大额未缴存的现金
①②④	5. 抽查资产负债表日前后若干天的一定金额以上的现金收支实施截止测试
⑤	6. 检查库存现金是否在财务报表中做出恰当列报

库存现金的实质性程序和流程如图 10-2 所示:

图 10-2　库存现金的实质性程序图

1. 核对现金日记账与总账

即核对现金日记账与总账的余额是否相符。审核现金余额正确与否的方法是核对现金日记账与总账的余额是否相符。如果不相符,应查明原因,要求被审计单位做出适当的调整,并进行记录。

2. 监盘库存现金

审计人员应会同被审计单位主管会计人员、出纳人员盘点库存现金,编制"库存现金盘点表"。库存现金监督盘点的步骤和方法包括:

(1) 制定库存现金盘点程序,实行突击性的检查。盘点的时间最好选择在上午上班前或下午下班时进行,盘点的范围一般包括企业各部门经管的现金。

在进行现金盘点之前,应由出纳人员将现金集中起来存入保险柜,必要时可以封存,然后由出纳人员把已办妥收付手续的收付款凭证登入现金日记账。如果企业将现金存放在多个地点,通常审计人员需将全部现金打上封条,并增派审计人员参加盘点工作。

在全部现金盘点完成之前,审计人员必须控制所有的现金,以防止现金的重复盘点和计算。在盘点过程中要求现金保管人员必须在场,将已盘点的现金归还给被审计单位时,必须取得现金保管人员签字的收条,以免在现金出现短缺的情况下,审计人员被诬陷。

(2) 审阅现金日记账,同时与现金收付款凭证相核对。一方面检查现金日记账的记录与凭证的内容和金额是否相符;另一方面了解凭证日期与日记账日期是否相符或接近。

(3) 由出纳人员根据现金日记账加总累计数额,结出现金结存额。

(4) 盘点保险柜的现金实存数,同时编制"库存现金盘点表"(如格式 10-6 所示),分币种面值列示盘点金额。

(5) 若有冲抵库存现金的借条、未提现支票、未作报销的原始凭证,需在"库存现金盘点表"中注明或做出必要的调整。

(6) 将盘点的现金实存数与现金日记账余额进行核对,如有差异,应查明原因,并做出记录或适当调整。

(7) 根据盘点和核对调整后的库存现金数额,追溯计算至会计报表日的数额是否与资产负债表"货币资金"项目中的库存现金所列的数额相等。追溯调整的计算公式为:

账面结存数＝实际盘点库存现金余额＋已付款未入账金额－已收款未入账金额

3. 抽查大额现金收支

审计人员应抽查大额现金收支事项的原始凭证内容是否完整,有无授权批准,并核对相关账户的进账情况,如果有与被审计单位生产经营业务无关的收支事项,应查明原因,并做相应的记录。

4. 审查现金收支截止日期

被审计单位资产负债表上的现金数额,应以结账日实有数额为准。因此,审计人员必须验证现金收支的截止日期。一般而言,审计人员可以对结账日前后一段时期内现金收支凭证进行审计,以确定是否存在跨期事项。

5. 审查外币现金的折算是否正确

审计人员应审查被审计单位外币现金的收支是否按所规定的汇率折合为记账本位币金额;外币现金期末余额是否按期末市场汇率折合为记账本位币金额;外币折合差额是否按规定计入相关账户。

6. 确定现金是否在资产负债表上恰当披露

根据有关会计制度的规定,现金在资产负债表上"货币资金"项目下反映。审计人员应在实施上述审计程序,并编制"库存现金审定表""库存现金盘点表"以及其他实质性测试的审计工作底稿后,确定现金账户的期末余额是否恰当,据以确定货币资金是否在资产负债表上恰当的披露。

课堂训练 10-1

【目标】 训练库存现金的监盘程序

【资料】 联合会计师事务所注册会计师张凡、助理人员王君于2024年1月12日下午5点半,对红星公司库存现金进行审计。该公司出纳员将当天现金日记账登记完毕,其现金账面余额为1 032元。

1. 经过实地清点,其结果如下:

现金实存数(库存限额为800元)

100元币,3张;50元币,4张;10元币,20张;5元币,32张;1元币,40张;5角币,10张;2角币,15张;1角币,25张;5分币,40枚;2分币,10枚;1分币,30枚。

2. 在清点中,还有下列原始凭证,未列入账:

(1) 1月5日会计科田丽借条一张,金额129元,未经领导批准;

(2) 1月6日职工王平借差旅费80元,经领导批准;

(3) 1月7日购买先进工作者奖品50元,手续齐全;

(4) 1月8日外地丙单位从邮局汇来货款200元,现金已取回,未入账;

(5) 1月10日采购员购货急需,经领导批准,向出纳员借款250元;

(6) 1月12日从银行提取现金,用作备用金190元。

3. 审查账目发现:

(1) 2023年12月31日资产负债表上所列现金余额为936.54元;

(2) 1月1日~12日账面收入现金数为1 786.64元,支出现金数为1 681.18元。

【要求】

1. 根据上述资料,编制"库存现金盘点表"。

2. 审查2023年12月31日资产负债表所列现金数额的正确性。

3. 指出该企业在货币资金管理以及出纳纪律方面存在的问题。

二、银行存款的实质性程序

银行存款是指企业存放在银行或其他金融机构的各种款项。按照国家有关规定,凡是独立核算的企业都必须在当地银行开设账户。企业在银行开设账户以后,除按核定的限额保留库存现金外,超过限额的现金必须存入银行;除了在规定的范围内可以用现金直接支付的款项外,在经营过程中所发生的一切货币收支业务,都必须通过银行存款账户进行结算。银行存款审计目标与审计程序的对应关系如表10-6所示。

表10-6 银行存款审计目标与审计程序对应关系表

审计目标	可供选择的审计程序
①②④	1. 计算银行存款累计余额应收利息收入,分析比较被审计单位银行存款应收利息收入与实际利息收入的差异是否恰当,评估利息收入的合理性,检查是否存在高息资金拆借,确认银行存款余额是否存在,利息收入是否已经完整记录(分析程序)
①③⑤	2. 检查银行存单(有可能质押,涉及到披露问题)
①②④	3. 取得并检查银行存款余额调节表
①③④	4. 函证银行存款余额,编制银行存款函证结果汇总表,检查银行回函
①②④	5. 抽查大额银行存款收支的原始凭证
①②	6. 检查银行存款收支的截止是否正确
④	7. 获取或编制银行存款明细表
③	8. 检查银行存款账户的存款人是否为被审计单位,若为非被审计单位,应获取该户户主和被审计单位的书面声明,确认资产负债表日是否需要提请被审计单位进行调整
③⑤	9. 关注是否存在质押、冻结等对变现有限制或存放在境外的款项
⑤	10. 对不符合现金和现金等价物的银行存款在审计工作底稿中予以列明,以考虑对现金流量表的影响
⑤	11. 检查银行存款是否在财务报表中做出恰当列报

1. 核对银行存款日记账与总账的余额是否相符

审计人员测试银行存款余额的起点是核对银行存款日记账与总账余额是否相符。若不相符应查明原因,要求被审计单位做出适当的调整并进行记录。在核对过程中,审计人员应对银行存款日记账的收入合计数与支出合计数进行加计,查明有无人为增加支出或减少收入,以掩盖挪用或贪污的现象。

2. 实施分析程序

审计人员实施分析性复核,首先计算定期存款占银行存款的比例,了解被审计单位是否存在高息资金拆借。如果存在高息资金拆借,应进一步分析拆出资金的安全性,检查高额利息的入账情况;其次计算存放于非银行金融机构的存款占银行存款的比例,分析其安全性。

3. 取得并检查银行存款余额对账单和银行存款余额调节表

取得并检查银行存款余额对账单和银行存款余额调节表是证实资产负债表中所列银行存款是否存在的重要程序。银行存款余额调节表通常应由被审计单位根据不同的银行账户及货币种类分别编制(参见格式10-8)。具体测试程序通常包括:

(1)将被审计单位资产负债表日的银行存款余额对账单,与银行询证函回函核对,确认是否一致,抽样核对账面记录的已付票据金额及存款金额是否与对账单记录一致。

(2) 获取资产负债表日的银行存款余额调节表,检查调节表中加计数是否正确,调节后银行存款日记账余额与银行对账单余额是否一致。

(3) 检查调节事项的性质和范围是否合理。

① 检查是否存在跨期收支和跨行转账的调节事项。编制跨行转账业务明细表,检查跨行转账业务是否同时对应转入和转出,未在同一期间完成的转账业务是否反映在银行存款余额调节表的调整事项中;

② 检查大额在途存款的日期,查明发生在途存款的具体原因,追查期后银行对账单存款记录日期,确定被审计单位与银行记账时间差异是否合理,确定在资产负债表日是否需审计调整;

③ 检查被审计单位的未付票据明细清单,查明被审计单位未及时入账的原因,确定账簿记录时间晚于银行对账单的日期是否合理;

④ 检查被审计单位未付票据明细清单中有记录,但截止资产负债表日银行对账单无记录且金额较大的未付票据,获取票据领取人的书面说明,确认资产负债表日是否需要进行调整;

⑤ 检查资产负债表日后银行对账单是否完整地记录了调节事项中银行未付票据金额。

(4) 检查是否存在未入账的利息收入和利息支出。

(5) 检查是否存在其他跨期收支事项。

(6) 如果被审计单位未经授权或授权不清支付货币资金的现象比较突出,检查银行存款余额调节表中支付给异常的领款人(包括没有载明收款人)、签字不全、收款地址不清、金额较大票据的调整事项,确认是否存在舞弊。

4. 函证银行存款余额

银行存款函证是指审计人员在执行审计业务过程中,需要以被审计单位名义向有关单位发函询证,以验证被审计单位的银行存款是否真实、合法、完整。审计人员应向被审计单位在本年存过款(含外埠存款、银行汇票存款、银行本票存款、信用卡存款、信用证保证金存款)的所有银行发函。

(1) 银行存款函证的目的:①证实资产负债表中所列银行存款是否存在;②了解企业欠银行的债务和企业未登记的银行借款。

(2) 银行存款函证的对象:①向被审计单位在本期所有存过款的开户银行发函,包括零账户和账户已结清的银行;②确定被审计单位账面余额与银行函证结果的差异,对不符事项做出适当处理。

(3) 银行存款函证的方式:采用积极式询证函。

(4) 函证的控制与评价:审计人员直接向银行发询证函,将银行确认的余额与银行存款余额调节表、银行对账单的余额核对,同时确定回函中银行所提供的相关信息已在报表中得到披露。格式 10-4 列示了银行询证函格式,以供参考。

【格式10-4】

索引号_____

银行询证函

编号：××

_____

　　本公司聘请的____会计师事务所正在对本公司20××年财务报表进行审计，按照中国注册会计师审计准则的要求，应当询证本公司与贵行相关的信息。下列信息出自本公司记录，如与贵行记录相符，请在本函下端"信息证明无误"处签章证明；如有不符，请在"信息不符"处列明不符项目及具体内容；如存在与本公司有关的未列入本函的其他重要信息，也请在"信息不符"处列出其详细资料。回函请直接寄至____会计师事务所。

回函地址：　　　　　　　　　　　　　　　邮编：
电话：　　　　　　传真：　　　　　　　　联系人：

截至20××年12月31日止，本公司与贵行相关的信息列示如下：

1. 银行存款

账户名称	银行账号	币种	利率	余额	起止日期	是否被质押、用于担保或存在其他使用限制	备注
					活期		

除上述列示的银行存款外，本公司并无在贵行的其他存款。
注："起止日期"一栏仅适用于定期存款，如为活期或保证金存款，可填写"活期"或"保证金"字样。

2. 银行借款

借款人名称	币种	本息余额	借款日期	到期日期	利率	借款条件	抵(质)押品/担保人	备注

除上述列示的银行借款外，本公司并无在贵行的其他借款。
注：此项仅函证截至资产负债表日本公司尚未归还的借款。

3. 截至函证日之前12个月内注销的账户

账户名称	银行账号	币种	注销账户日

除上述列示的账户外，本公司并无截至函证日之前12个月内在贵行注销的其他账户。

4. 担保

（1）本公司为其他单位提供的、以贵行为担保受益人的担保

被担保人	担保方式	担保金额	担保期限	担保事由	担保合同编号	被担保人与贵行就担保事项往来的内容（贷款等）	备注

除上述列示的担保外，本公司并无其他以贵行为担保受益人的担保。
注：如采用抵押或质押方式提供担保的，应在备注中说明抵押或质押物情况。

（2）贵行向本公司提供的担保

被担保人	担保方式	担保金额	担保期限	担保事由	担保合同编号	备注
无						

除上述列示的担保外，本公司并无贵行提供的其他担保。

5. 本公司存放于贵行的有价证券或其他产权文件

有价证券或其他产权文件名称	产权文件编号	数量	金额

除上述列示的有价证券或其他产权文件外，本公司并无存放于贵行的其他有价证券或其他产权文件。

6. 其他重大事项

注：此项应填列注册会计师认为重大且应予函证的其他事项，如信托存款等；如无则应填写"不适用"。

（公司盖章）

20××年××月××日

——————以下仅供被询证银行使用——————

结论：

1. 信息证明无误。	2. 信息不符，请列明不符项目及具体内容（对于在本函前述第1项至第6项中漏列的其他重要信息，请列出详细资料）。
（银行盖章） 年　月　日 经办人：	（银行盖章） 年　月　日 经办人：

5. 审查一年以上定期存款或限定用途的银行存款

一年以上定期存款或限定用途的银行存款不属于企业的流动资产，应列于资产负债表的其他资产类下，对此，审计人员应查明情况，做出相应的记录。

6. 审查银行存款收支的正确截止

资产负债表上银行存款数额包括当年最后一天收到的所有存放于银行的款项，而不得包括其后收到的款项。因此,企业在年终前开出的支票不得在年后入账,同样,在年后开出的支票也不得在年终前入账。

7. 审查外币银行存款的折算是否正确

被审计单位如果有外币银行存款,审计人员应审查其外币银行存款的收支是否按所规定的汇率折合为记账本位币,外币银行存款期末余额是否按期末市场汇率折合为记账本位币金额,外币折合差异是否按照规定记入相关账户。

8. 确定银行存款是否在资产负债表上恰当披露

根据会计制度的有关规定,企业银行存款在资产负债表上"货币资金"项目下反映。因此,审计人员应在实施上述审计程序后,确定银行存款账户的期末余额是否恰当,从而确定资产负债表上"货币资金"项目中的数额是否在资产负债表上恰当披露。

货币资金常用的工作底稿参见格式 10-5 至格式 10-10。

【格式 10-5】

货币资金审定表

被审计单位:_____ 索引号:_____
项目:_____ 财务报表截止日/期间:_____
编制:_____ 复核:_____
日期:_____ 日期:_____

项目名称	期末未审数	账项调整		重分类调整		期末审定数	上期末审定数	索引号
		借方	贷方	借方	贷方			
库存现金								
银行存款								
其他货币资金								
合计								

调整分录:

内容	科目	金额	金额	金额	金额			
1.								
……								

审计结论:

【格式 10-6】

库存现金盘点表

被审计单位：_____　　索引号：_____
项目：_____　　所审计会计期间：_____
编制：_____　　复核：_____
日期：_____　　日期：_____

	检查盘点记录				实有库存现金盘点记录					
项目	项次	人民币	美元	×币	面额	人民币		美元		×币	
						张	金额	张	金额	张	金额
上一日账面库存余额	①				1 000元						
盘点日未记账凭证收入金额	②				500元						
盘点日未记账凭证支出金额	③				100元						
盘点日账面应有金额	④＝①＋②－③				50元						
盘点实有库存现金数额	⑤				20元						
盘点日应有与实有差异	⑥＝④－⑤				10元						
差异原因分析	白条抵库(张)				5元						
	……				2元						
					1元						
					0.5元						
					0.2元						
					0.1元						
					合计						
追溯调整	报表日至审计日库存现金付出总额										
	报表日至审计日库存现金收入总额										
	报表日库存现金应有余额										
	报表日账面汇率										
	报表日余额折合本位币金额										

(续表)

检查盘点记录					实有库存现金盘点记录					
项目	项次	人民币	美元	×币	面额	人民币		美元		×币	
						张	金额	张	金额	张	金额
本位币合计											

出纳员：　　　　　会计主管人员：　　　　　监盘人：　　　　　检查日期：

审计结论：

【格式10-7】

银行存款明细表

被审计单位：＿＿＿＿＿＿＿＿＿＿　　　索引号：＿＿＿＿＿＿＿
项目：＿＿＿＿＿＿＿＿＿＿＿＿＿＿　　　财务报表截止日/期间：＿＿＿＿
编制：＿＿＿＿＿＿＿＿＿＿＿＿＿＿　　　复核：＿＿＿＿＿＿＿＿
日期：＿＿＿＿＿＿＿＿＿＿＿＿＿＿　　　日期：＿＿＿＿＿＿＿＿

开户行	账号	是否系质押、冻结等对变现有限制或存在境外的款项	期初余额 ①	本期增加 ②	本期减少 ③	期末余额 ④=①+②-③	银行对账单余额 ⑤	银行存款余额调节表索引号	调整后是否相符
合计									

编制说明：1.若账面余额（原币数）与银行对账单金额不一致，应另行检查银行存款余额调节表；2.银行存款、其他货币资金审计时均可使用该表，当其他货币资金使用时应修改索引号。

审计结论：

【格式10-8】

对银行存款余额调节表的检查

被审计单位：＿＿＿＿＿＿＿＿＿＿　　　索引号：＿＿＿＿＿＿＿
项目：＿＿＿＿＿＿＿＿＿＿＿＿＿＿　　　财务报表截止日/期间：＿＿＿＿
编制：＿＿＿＿＿＿＿＿＿＿＿＿＿＿　　　复核：＿＿＿＿＿＿＿＿
日期：＿＿＿＿＿＿＿＿＿＿＿＿＿＿　　　日期：＿＿＿＿＿＿＿＿

开户银行：＿＿＿＿＿＿　银行账号：＿＿＿＿＿＿　币种：＿＿＿＿

项目	金额	调节项目说明	是否需要审计调整
银行对账单余额			

(续表)

项目	金额	调节项目说明	是否需要审计调整
加：企业已收，银行尚未入账合计金额。			
其中：1.			
……			
减：企业已付，银行尚未入账合计金额。			
其中：1.			
……			
调整后银行对账单余额			
企业银行存款日记账余额			
加：银行已收，企业尚未入账合计金额。			
其中：1.			
2.			
减：银行已付，企业尚未入账合计金额。			
其中：1.			
2.			
调整后企业银行存款日记账余额			

经办会计人员(签字)：　　　　　　会计主管(签字)：

审计结论：

【格式 10-9】

银行存款函证结果汇总表

被审计单位：_____　　索引号：_____
项目：_____　　所审计会计期间：_____
编制：_____　　复核：_____
日期：_____　　日期：_____

开户银行	账号	币种	函证情况					冻结、质押等事项说明	备注
			账面余额	函证日期	回函日期	回函金额	金额差异		
合计									
审计结论：									

【格式10-10】

货币资金收支检查情况表

被审计单位：_____　　索引号：_____
项目：_____　　所审计会计期间：_____
编制：_____　　复核：_____
日期：_____　　日期：_____

记账日期	凭证编号	业务内容	对应科目	金额	核对内容（用"√""×"表示）					备注
					1	2	3	4	5	

核对内容说明：
　　1.原始凭证是否齐全；2.记账凭证与原始凭证是否相符；3.账务处理是否正确；4.是否记录于恰当的会计期间；5.……

备注：当企业规模和业务量较大时，可分库存现金、银行存款、其他货币资金科目分别使用该表，应注意修改索引号。

对不符事项的处理：

审计结论：

课堂训练10-2

【目标】 训练银行存款余额调节表的编制

【资料】 联合会计师事务所注册会计师张凡、王君在对红星股份有限公司银行存款进行审计时，发现该公司2023年12月31日银行存款日记账账面余额是211 380元，开户银行送来的对账单中银行存款余额是203 000元，经查发现以下几笔未达账项：

（1）12月27日，委托银行收款13 200元，银行已收款入账，收款通知尚未送达企业；

（2）12月31日，该企业开出现金支票一张，金额1 000元，企业已经减少存款，银行尚未入账；

（3）12月30日，银行已代付企业电费580元，银行已付款入账，企业尚未收到付款通知；

（4）12月31日，企业收到丁单位的转账支票一张，金额18 000元，企业已收款入账，银行尚未记账。

【要求】 根据上述未达账项,编制银行存款余额调节表。假定银行对账单所列企业银行存款余额正确无误,请问在编制银行存款余额调节表时发现的错误数额是多少?属于什么性质的错误?12月31日企业银行存款日记账正确余额是多少?

本章小结

货币资金主要包括现金、银行存款和其他货币资金。货币资金是企业流动性最强的资产,企业发生舞弊事件大都与货币资金有关。因此,建立健全货币资金的内部控制至关重要。货币资金的内部控制通常包括:岗位分工及授权批准现金和银行存款的管理、票据及有关印章的管理、监督检查等。现金实质性测试的重要程序是盘点库存现金,以证实账实相符。银行存款实质性测试的重要审计程序是函证。通过向往来银行的函证,不仅可以了解企业银行存款的可用数,同时,还可以了解企业欠银行的债务,函证还可以发现企业未登记入账的银行借款。其他货币资金的审计程序与银行存款审计基本相同,首先要函证存款余额,证实存款的确实存在;其次要查证各项存款存入时是否合法,是否是业务的正常需要。

本章复习题

1. 简述货币资金内部控制的内容。
2. 简述银行存款的实质性程序。
3. 如何进行银行存款截止测试?
4. 函证银行存款的主要目的是什么?如何函证?
5. 为什么要函证被审计单位银行存款账户余额为零或已结清的开户银行?

课后讨论案例

【目的】 理解货币资金审计的基本方法

【内容】 请课后查找并阅读以下案例的相关信息,并回答相对应的问题,具体内容见下表:

序号	名称	问题
1	湖州市自来水厂会计、出纳联合贪污案	①企业的会计工作岗位中哪些与出纳有直接业务联系?②你认为在工作中应当怎样维护企业的资金安全?
2	湖南天一科技股份有限公司现金陷阱	①如何防止大股东占用现金?②库存现金的内部控制制度有哪些?
3	卫生部原卫生检疫局私设"小金库"案	①"小金库"存在的基础是什么?如何来根治"小金库"?②如何在财政制度上防范"小金库"的发生?

【要求】

1. 分小组进行案例的讨论，小组的每个成员分头查找并阅读上述案例的相关信息，每个小组围绕所提出的问题编写完成案例。

2. 小组在查找资料、编写完成案例的基础上，分析回答所提出的问题，并提出新的疑问。

3. 小组在讨论分析基础上，制作PPT，推选一名同学演讲其讨论分析的问题，重点在于介绍小组在讨论中对审计的本质、作用以及在经济社会生活中的重要作用的理解以及产生的疑问。

4. 小组以外的其他同学提问，小组内的其他成员补充回答问题。

5. 老师点评。

第十一章 完成审计与出具报告

>
>
> **本章要点**
>
> 通过对本章内容的学习,你应了解和掌握如下知识和技能:
> - 了解审计报告的撰写要求
> - 理解完成审计工作的主要内容、审计意见的具体类型及其要素
> - 掌握审计调整事项和调整表的内容及编制要求
> - 能安排审计结束阶段的具体工作任务
> - 能编制审计调整表和试算平衡表
> - 能撰写不同审计意见类型的审计报告

 导读案例

20份年报被"非标"①

背景简介: Wind 数据显示,截至 4 月 22 日 19 时,A 股共有 2 622 家上市公司披露 2023 年年报,20 家公司年报被审计机构出具非标审计意见。其中,ST 海越被审计机构出具无法表示意见审计报告。*ST 汉马、ST 中珠 2 家公司被审计机构出具保留意见审计报告。威孚高科、三七互娱、新城控股、ST 易购、*ST 佳沃、美晨生态、ST 同洲、ST 墨龙等 17 家上市公司被审计机构出具带强调事项段的无保留意见审计报告。如,根据 ST 海越审计报告,2023 年 7 月,公司向境外供应商支付采购款项 28 661.57 万元的过程中,所支付款项被美国财政部海外资产控制办公室冻结。截至审计报告出具日,款项尚未收回。审计机构无法获取充分、适当的审计证据对上述资金的可收回性作出判断,无法确定海越能源计提的信用减值损失是否充分。

审计意见分析: 中国证券报记者梳理发现,在上述被出具非标审计意见的 20 家上市公司中,有 12 家已经被交易所实施退市风险警示和其他风险警示。被出具非标审计意见的上市公司中,不少涉及大额诉讼。除此之外,持续经营存在重大不确定性是被出具非标审计意见的重要原因。以 ST 升达为例,截至 2023 年 12 月 31 日,公司有息负债本息余额 2.98 亿元,其中逾期债务 1.22 亿元。除上述债务之外,公司涉及或有事项导

---

① 参考资料:《中国证券报》,2024 年 4 月 23 日。

致的预计负债共计2.36亿元,包括因成都农商行诉讼法院判决需承担责任而计提的预计负债余额1.24亿元,因证券虚假陈述诉讼而计提的预计负债余额1亿元等。这些事项或情况表明,存在可能导致对升达林业持续经营能力产生重大疑虑的重大不确定性。值得一提的是,ST同洲、聚力文化、ST数源等上市公司2022年年报就被审计机构出具非标审计意见。部分上市公司涉及的风险点一直未能消除,因此被连续出具非标审计意见。

交易所频发问询函:随着年报披露加速推进,越来越多的上市公司收到年报问询函。

【案例讨论题】
1. 上市公司被出具非标意见的深层次原因可能有哪些?
2. 注册会计师出具不同非标意见审计报告有什么特定意义?
3. 上市公司面临应该达到公众对其盈利预期的压力,会给其带来什么样的正负面影响?

第一节 完成审计工作

一、审计差异调整

在完成按业务循环进行的控制测试、交易与财务报表项目的实质性程序以及特殊项目的审计后。对审计项目组成员在审计中发现的被审计单位的会计处理方法与企业会计准则的不一致,即审计差异,审计项目经理应根据审计重要性原则予以初步确定并汇总,并建议被审计单位进行调整,使经审计的财务报表所载信息能够公允地反映被审计单位的财务状况、经营成果和现金流量。在实务中,对审计差异的"初步确定并汇总"直至形成"经审计的财务报表"的过程,主要是通过编制审计差异调整表和试算平衡表得以完成的。

(一) 审计差异分类

审计差异按是否需要调整账户记录可以分为核算错误和重分类错误,两者有本质上的差异。

(1) 核算错误是指被审计单位对交易与事项进行不恰当的核算(确认、计量和记录)而引起的错误。如虚构销售、漏记负债,不仅需要调整报表,还需要调整相关账户记录。

(2) 重分类错误是指被审计单位未按照适用的会计准则和相关会计制度的规定编制财务报表而引起的错误。不管错误大小都需要调整,例如企业在应付款项中反映的预付款项、在应收款项中反映的预收款项等;"一年内将到期的长期借款"在长期借款项目列报了,则只需要调整财务报表项目,不需要调整有关账户记录。

(二) 编制审计差异调整表

对于上述审计差异,审计项目组成员编制审计差异调整表进行汇总,如何运用审计重要性原则来进一步划分审计过程中发现的核算错误,是正确编制审计差异调整表的关键。具体调整过程说明如表格式 11-1 至格式 11-4 所示。

【格式 11-1】

账项调整分录汇总表

被审计单位：_____　　索引号：_____
项目：_____　　财务报表截止日/期间：_____
编制：_____　　复核：_____
日期：_____　　日期：_____

序号	内容及说明	索引号	调整内容				备注
			借方项目	借方金额	贷方项目	贷方金额	
	合计						

与被审计单位的沟通：
参加人员：
被审计单位：_____　　审计项目组：_____
被审计单位的意见：_____
结论：
是否同意上述审计调整：_____
被审计单位授权代表签字：_____　日期：_____

【格式 11-2】

重分类调整分录汇总表

被审计单位：_____　　索引号：_____
项目：_____　　财务报表截止日/期间：_____
编制：_____　　复核：_____
日期：_____　　日期：_____

序号	内容及说明	索引号	调整内容				备注
			借方项目	借方金额	贷方项目	贷方金额	
	合计						

(续表)

与被审计单位的沟通：   参加人员：   被审计单位：_____ 审计项目组：_____   被审计单位的意见：_____   结论：   是否同意上述审计调整：_____   被审计单位授权代表签字：_____ 日期：_____

【格式 11-3】

列报调整汇总表

被审计单位：_____　　索引号：_____
项目：_____　　财务报表截止日/期间：_____
编制：_____　　复核：_____
日期：_____　　日期：_____

一、被审计单位财务报表附注中的漏报项目包括：   1.   ……   二、被审计单位财务报表附注中的错报调整项目包括：   1.   ……
与被审计单位的沟通：   参加人员：   被审计单位：_____ 审计项目组：_____   被审计单位的意见：_____   结论：   是否同意上述审计调整：_____   被审计单位授权代表签字：_____ 日期：_____

【格式 11-4】

未更正错报汇总表

被审计单位：_____　　索引号：_____
项目：_____　　财务报表截止日/期间：_____
编制：_____　　复核：_____
日期：_____　　日期：_____

序号	内容及说明	索引号	未调整项目和金额				备注
			借方项目	借方金额	贷方项目	贷方金额	
	合计						

(续表)

```
未更正错报的影响：
    项目           金额           百分比          计划百分比
1. 总资产       _____      _____      _____
2. 净资产       _____      _____      _____
3. 销售收入     _____      _____      _____
4. 费用总额     _____      _____      _____
5. 毛利         _____      _____      _____
6. 净利润       _____      _____      _____
结论：

被审计单位授权代表签字：_____          日期：_____
```

审计项目组在最终确定了建议调整的不符事项和重分类错误后,应以书面方式及时征求被审计单位对需要调整财务报表事项的意见。若被审计单位予以采纳,应取得被审计单位同意调整的书面确认;若被审计单位不予采纳,应分析原因,并根据未调整不符事项的重要程度,确定是否在审计报告中予以反映,以及如何反映。

(三) 编制试算平衡表

试算平衡表是项目经理在被审计单位提供未审财务报表的基础上,考虑调整分录、重分类分录等内容以确定已审数与报表披露数的表式。有关资产负债表和利润表的试算平衡表的参考表格式 11-5 和格式 11-6。

【格式 11-5】

资产负债表试算平衡表

```
被审计单位：_____        索引号：_____
项目：_____        财务报表截止日/期间：_____
编制：_____        复核：_____
日期：_____        日期：_____
```

项目	期末未审数	账项调整		重分类调整		期末审定数	项目	期末未审数	账项调整		重分类调整		期末审定数
		借方	贷方	借方	贷方				借方	贷方	借方	贷方	
货币资金							短期借款						
交易性金融资产							交易性金融负债						
应收票据							应付票据						
应收账款							应付账款						
预付款项							预收款项						
应收利息							应付职工薪酬						
应收股利							应交税费						

(续表)

项目	期末未审数	账项调整		重分类调整		期末审定数	项目	期末未审数	账项调整		重分类调整		期末审定数
		借方	贷方	借方	贷方				借方	贷方	借方	贷方	
其他应收款							应付利息						
存货							应付股利						
一年内到期的非流动资产							其他应付款						
其他流动资产							一年内到期的非流动负债						
可供出售金融资产							其他流动负债						
持有至到期投资							长期借款						
长期应收款							应付债券						
长期股权投资							长期应付款						
投资性房地产							专项应付款						
固定资产							预计负债						
在建工程							递延所得税负债						
工程物资							其他非流动负债						
固定资产清理							实收资本						
无形资产							资本公积						
开发支出							盈余公积						
商誉							未分配利润						
长期待摊费用													
递延所得税资产													
其他非流动资产													
合计							合计						

【格式 11-6】

利润表试算平衡表

被审计单位：_____　　索引号：_____
项　目：_____　　　　财务报表截止日/期间：_____
编　制：_____　　　　复　核：_____
日　期：_____　　　　日　期：_____

项　目	未审数	调整金额		审定数	索引号
		借方	贷方		
一、营业收入					
减：营业成本					
营业税金及附加					
销售费用					
管理费用					
财务费用					
资产减值损失					
加：公允价值变动损益					
投资收益					
二、营业利润					
加：营业外收入					
减：营业外支出					
三、利润总额					
减：所得税费用					
四、净利润					

需要说明以下几点：

(1) 试算平衡表中的"期末未审数"列，应根据被审计单位提供的未审计财务报表填列。

(2) 试算平衡表中的"账项调整"列，应根据经被审计单位同意的"账项调整分录汇总表"填列。

(3) 试算平衡表中的"重分类调整"列，应根据经审计单位同意的"重分类调整分录汇总表"填列。

(4) 在编制完试算平衡表后，应注意核对相应的勾稽关系。例如，资产负债表试算平衡表左边的"期末未审数"列合计数、"期末审定数"列合计数应分别等于其右边相应各列合计数；资产负债表试算平衡表左边的"账项调整"列中的借方合计数与贷方合计数之差应等于右边的"账项调整"列中的贷方合计数与借方合计数之差；资产负债表试算平衡表左边的"重分类调整"列中的借方合计数与贷方合计数之差应等于右边的"重分类调整"列中的贷方合计数与借方合计数之差等。

 课内实训 11-1

【目的】 训练编制汇总审计差异，掌握审计差异的识别与调整过程，学会填制汇总表。

【资料】 审计人员在对 A 公司实施实质性程序时，抽查到以下情况：

(1) A 公司确认对 B 公司一笔销售收入 1 000 万元（不含税，增值税税率为 17%），销售货物为 A 公司生产的半成品,成本 900 万元,A 公司已开具增值税专用发票且已经收到货款;B 公司对其购进的上述半成品进行加工后又以 1 100 万元的价格(不含税,增值税税率为 17％)销售给 A 公司,B 公司已开具增值税专用发票且已经收到货款,A 公司已作存货购进处理。

(2) 应收账款中应收 F 公司账款期末余额在贷方,金额为 50 万元;应付账款中应付 G 公司账款期末余额在借方,金额为 10 万元。

(3) A 公司固定资产全年共计提折旧 105.5 万元。审计人员经过测算得出应计提折旧金额为 103.8 万元(假定各项目层次重要性水平均为 10 万元)。

【要求】 以上事项是否属于审计差异?如果属于,分类别进行审计差异调整,编制调整分录,填制汇总表。汇总表见表格式 11-1 至格式 11-4。

二、对财务报表总体合理性实施分析程序

在审计结束或临近结束时,审计人员运用分析程序的目的是确定审计调整后的财务报表整体是否与其对被审计单位的了解一致,是否具有合理性。审计人员应当围绕这一目的运用分析程序,对财务报表的总体合理性作出评价。此时运用分析程序是审计完成阶段的必要程序。

在运用分析程序进行总体复核时,如果识别出以前未识别的重大错报风险,审计人员应当重新考虑对全部或部分各类交易、账户余额、列报评估的风险是否恰当,并在此基础上重新评价之前计划的审计程序是否充分,是否有必要追加审计程序。

三、评价审计结果

审计人员评价审计结果,主要是为了确定将要发表的审计意见的类型以及在整个审计工作中是否遵循了审计准则。为此,审计人员必须完成两项工作:一是对重要性和审计风险进行最终的评价;二是对被审计单位已审计财务报表形成审计意见并草拟审计报告。

(一) 对重要性和审计风险进行最终的评价

对重要性和审计风险进行最终评价,是审计人员决定发表何种类型审计意见的必要过程,该过程可通过以下两个步骤来完成。

(1) 确定可能错报金额。可能错报金额包括已经识别的具体错报和推断误差。

(2) 根据财务报表层次重要性水平,确定可能的错报金额的汇总数(即可能错报总额)对财务报表的影响程度。

(二) 对被审计单位已审计财务报表形成审计意见并草拟审计报告

在审计过程中,要实施各种测试。这些测试通常是由参与本次审计工作的审计项目组成员来执行的,而每个成员所执行的测试可能只限于某几个领域或账项。所以,在每个功能领域或报表项目的测试都完成之后,审计项目经理应汇总所有成员的审计结果。

在完成审计工作阶段,为了对财务报表整体发表适当的审计意见,必须将这些分散的

审计结果加以汇总和评价,综合考虑在审计过程中所收集到的全部证据。负责该审计项目的主任会计师对这些工作负有最终的责任。在有些情况下,这些工作可以先由审计项目经理初步完成,然后再逐级交给部门经理和主任会计师认真复核。

在对审计意见形成最后决定之前,会计师事务所通常要与被审计单位进行沟通。在沟通过程中,项目经理可口头报告本次审计所发现的问题,并说明建议被审计单位做必要调整或表外披露的理由。当然,管理层也可以在会上申辩其立场。最后,双方通常会对需要被审计单位做出的改变达成协议。如果达成了协议,项目经理一般就可以确定自己发表审计意见的类型,并草拟出审计报告。

四、与治理层沟通,获取管理层责任的书面声明

(一) 与治理层沟通

为了借助公司内部之间的权力平衡和制约关系,保证财务信息质量,现代公司治理结构往往要求治理层对管理层编制财务报表的过程实施有效监督。因此,公司管理层和审计人员在健全完善公司治理结构中都扮演着重要的角色,两者在对管理层编制的财务报表进行监督方面具有共同的关注点。

为了促进审计人员和治理层之间的良性互动,审计准则规定了审计人员与治理层沟通的要求。审计人员应当直接与治理层沟通的事项主要包括审计人员的责任、计划的审计范围和时间、审计工作中发现的问题以及审计人员的独立性等。

(二) 获取书面声明

1. 含义与特征

(1) 含义。书面声明是指管理层向审计人员提供的书面陈述,用以确认某些事项或支持其他事项的审计证据。书面声明不包括财务报表及其认定,以及支持性账簿和相关记录。

(2) 特征。书面声明是审计人员在财务报表审计中需要获取的必要信息,是审计证据的重要来源;在很多情况下,要求管理层提供书面声明而非口头声明,可以促使管理层更加认真地考虑声明所涉及的事项,从而提高声明的质量;尽管书面声明提供必要的审计证据,但其本身并不为所涉及的任何事项提供充分、适当的审计证据;管理层已提供可靠书面声明的事实,并不影响审计人员就管理层责任履行情况或具体认定获取的其他审计证据的性质和范围。

2. 针对管理层责任的书面声明

针对财务报表的编制,审计人员应当要求管理层提供书面声明,确认其根据审计业务约定条款,履行了按照适用的财务报告编制基础编制财务报表并使其实现公允反映(如适用)的责任。

(1) 针对完整性的书面声明。针对提供的信息和交易的完整性,审计人员应当要求管理层就下列事项提供书面声明:首先,按照审计业务约定条款,已向审计人员提供所有相关信息,并允许审计人员不受限制地接触所有相关信息以及被审计单位内部人员和其他相关人员;其次,所有交易均已记录并反映在财务报表中。

(2) 书面声明与管理层责任。如果未从管理层获取其确认已履行的责任，审计人员在审计过程中获取的有关管理层已履行这些责任的其他审计证据是不充分的；基于管理层认可并理解在审计业务约定条款中提及的管理层的责任，审计人员要求管理层通过声明确认其已履行这些责任。

3. 书面声明的日期和涵盖的期间

书面声明的日期应当尽量接近对财务报表出具审计报告的日期，但不得在审计报告日后。书面声明应当涵盖审计报告针对的所有财务报表和期间。

4. 管理层签署书面声明与审计人员签署审计报告的时间关系

(1) 由于书面声明是必要的审计证据，在管理层签署书面声明前，审计人员不能发表审计意见，也不能签署审计报告。

(2) 由于审计人员关注截至审计报告日发生的、可能需要在财务报表中作出相应调整或披露的事项，书面声明的日期应当尽量接近对财务报表出具审计报告的日期，但不得在其之后。

(3) 在某些情况下，管理层需要再次确认以前期间作出的书面声明是否依然适当，需要更新以前期间所作的书面声明。更新后的书面声明需要表明，以前期间所作的声明是否发生了变化，以及发生了什么变化。

(4) 在审计实务中，可能会出现在审计报告中提及的所有期间内，现任管理层均尚未就任的情形，现任管理层可能由此声称无法就审计报告中提及的所有期间提供部分或全部书面声明。然而，这一事实并不能减轻现任管理层对财务报表整体的责任。相应地，审计人员仍然需要向现任管理层获取涵盖整个相关期间的书面声明。

5. 对书面声明可靠性的疑虑

对管理层的胜任能力、诚信、道德价值观或勤勉尽责存在疑虑。如果对管理层的胜任能力、诚信、道德价值观或勤勉尽责存在疑虑，或者对管理层在这些方面的承诺或贯彻执行存在疑虑，审计人员应当确定这些疑虑对书面或口头声明和审计证据总体的可靠性可能产生的影响；审计人员可能认为，管理层在财务报表中作出不实陈述的风险很大，以至于审计工作无法进行；在这种情况下，除非治理层采取适当的纠正措施，否则审计人员可能需要考虑解除业务约定；很多时候，治理层采取的纠正措施可能并不足以使审计人员发表无保留意见。

6. 书面声明与其他审计证据不一致

(1) 如果书面声明与其他审计证据不一致，审计人员应当实施审计程序以设法解决这些问题；

(2) 审计人员可能需要考虑风险评估结果是否仍然适当，如果认为不适当，审计人员需要修正风险评估结果，并确定进一步审计程序的性质、时间安排和范围，以应对评估的风险；

(3) 如果问题仍未解决，审计人员应当重新考虑对管理层的胜任能力、诚信、道德价值观或勤勉尽责的评估，或者重新考虑对管理层在这些方面的承诺或贯彻执行的评估，并确定书面声明与其他审计证据的不一致对书面或口头声明和审计证据总体的可靠性可能产生的影响；

（4）如果认为书面声明不可靠，审计人员应当采取适当措施，包括确定其对审计意见可能产生的影响。

7. 管理层不提供要求的书面声明

如果管理层不提供要求的一项或多项书面声明，审计人员应当：首先，与管理层讨论该事项；其次，重新评价管理层的诚信，并评价该事项对书面或口头声明和审计证据总体的可靠性可能产生的影响；最后，采取适当措施，包括确定该事项对审计意见可能产生的影响。

8. 发表无法表示意见的情形

如果存在下列情形之一，审计人员应当对财务报表发表无法表示意见：其一，审计人员对管理层的诚信产生重大疑虑，以至于认为其作出的书面声明不可靠；其二，管理层不提供审计准则要求的书面声明。

下面列示了一种管理层书面声明的参考格式：

【格式 11-7】

书 面 声 明

（致注册会计师）：

本声明书是针对你们审计 ABC 公司截至 20××年 12 月 31 日的年度财务报表而提供的。审计的目的是对财务报表发表意见，以确定财务报表是否在所有重大方面已按照企业会计准则的规定编制，并实现公允反映。

尽我们所知，并在作出了必要的查询和了解后，我们确认：

一、财务报表

1. 我们已履行[插入日期]签署的审计业务约定书中提及的责任，即根据企业会计准则的规定编制财务报表，并对财务报表进行公允反映；

2. 在作出会计估计时使用的重大假设（包括与公允价值计量相关的假设）是合理的；

3. 已按照企业会计准则的规定对关联方关系及其交易作出了恰当的会计处理和披露；

4. 根据企业会计准则的规定，所有需要调整或披露的资产负债表日后事项都已得到调整或披露；

5. 未更正错报，无论是单独还是汇总起来，对财务报表整体的影响均不重大。未更正错报汇总表附在本声明书后；

6. [插入审计人员可能认为适当的其他任何事项]

二、提供的信息

7. 我们已向你们提供下列工作条件：

（1）允许接触我们注意到的、与财务报表编制相关的所有信息（如记录，文件和其他事项）。

（2）提供你们基于审计目的要求我们提供的其他信息。

(3) 允许在获取审计证据时不受限制地接触你们认为必要的本公司内部人员和其他相关人员。

8. 所有交易均已记录并反映在财务报表中。

9. 我们已向你们披露了由于舞弊可能导致的财务报表重大错报风险的评估结果。

10. 我们已向你们披露了我们注意到的、可能影响本公司的与舞弊或舞弊嫌疑相关的所有信息,这些信息涉及本公司的:

(1) 管理层;

(2) 在内部控制中承担重要职责的员工;

(3) 其他人员(在舞弊行为导致财务报表重大错报的情况下)。

11. 我们已向你们披露了从现任和前任员工、分析师、监管机构等方面获知的、影响财务报表的舞弊指控或舞弊嫌疑的所有信息。

12. 我们已向你们披露了所有已知的、在编制财务报表时应当考虑其影响的违反或涉嫌违反法律法规的行为。

13. 我们已向你们披露了我们注意到的关联方的名称和特征、所有关联方关系及其交易。

14. [插入审计人员可能认为必要的其他任何事项]。

附:未更正错报汇总表

ABC 公司	ABC 公司管理层
(盖章)	(签名并盖章)
中国××市	20××年×月×日

五、审计工作底稿的复核

会计师事务所应当建立完善的审计工作底稿分级复核制度。审计工作底稿的复核一般可分为两个层次:项目组内部复核和独立的项目质量控制复核。

(一) 项目组内部复核

项目组内部复核又分为两个层次:审计项目经理的现场复核和项目合伙人的复核。

(1) 审计项目经理的现场复核。审计项目经理对审计工作底稿的复核属于第一级复核。该级复核通常在审计现场完成,以便及时发现和解决问题,争取审计工作的主动。

(2) 项目合伙人的复核。项目合伙人对审计工作底稿实施复核是项目组内部最高级别的复核。该复核既是对审计项目经理复核的再监督,也是对重要审计事项的重点把关。

(二) 独立的项目质量控制复核

项目质量控制复核是指在出具报告前,对项目组做出的重大判断和在准备报告时形成的结论做出客观评价的过程。项目质量控制复核也称独立复核。

《会计师事务所质量控制准则第 5101 号——业务质量控制》要求对包括上市公司财

务报表审计在内的特定业务实施项目质量控制复核,并在出具报告前完成。

第二节 审计报告的意见类型

一、审计报告的含义和作用

(一) 含义

审计报告是指审计人员根据审计准则的规定,在实施审计工作的基础上对被单位财务报表发表审计意见的书面文件。

审计报告是审计人员在完成审计工作后向委托人提交的最终产品,具有以下特征:
(1) 审计人员应当按照中国注册会计师审计准则的规定执行审计工作;
(2) 审计人员在实施审计工作的基础上才能出具审计报告;
(3) 审计人员通过对财务报表发表意见履行业务约定书约定的责任;
(4) 审计人员应当以书面形式出具审计报告。

审计人员应当根据由审计证据得出的结论,清楚表达对财务报表的意见。财务报表是指对企业财务状况、经营成果和现金流量的结构化表述,至少应当包括资产负债表、利润表、所有者(股东)权益变动表、现金流量表和附注。无论是出具标准审计报告,还是非标准审计报告,审计人员一旦在审计报告上签名并盖章,就表明对其出具的审计报告负责。

审计人员应当将已审计的财务报表附于审计报告后。审计报告是审计人员对财务报表合法性和公允性发表审计意见的书面文件,因此,审计人员应当将已审计的财务报表附于审计报告之后,以便于财务报表使用者正确理解和使用审计报告,并防止被审计单位替换、更改已审计的财务报表。

(二) 作用

审计人员签发的审计报告,主要具有鉴证、保护和证明三方面的作用。

1. 鉴证作用

审计人员签发的审计报告,不同于政府审计和内部审计的审计报告,是以超然独立的第三者身份,对被审计单位财务报表合法性、公允性发表意见。这种意见,具有鉴证作用,得到了政府及其各部门和社会各界的普遍认可。政府有关部门,如财政部门、税务部门等了解、掌握企业的财务状况和经营成果的主要依据是企业提供的财务报表。财务报表是否合法、公允,主要依据审计人员的审计报告做出判断。股份制企业的股东,主要依据审计人员的审计报告来判断被投资企业的财务报表是否公允地反映了财务状况和经营成果,以进行投资决策等。

2. 保护作用

审计人员通过审计,可以对被审计单位财务报表出具不同类型审计意见的审计报告,以提高或降低财务报表信息使用者对财务报表的信赖程度,能够在一定程度上对被审计单位的财产、债权人和股东的权益及企业利害关系人的利益起到保护作用。如投资者为了减少投资风险,在进行投资之前,必须要查阅被投资企业的财务报表和审计人员的审计报告,了解被投资企业的经营情况和财务状况。投资者根据审计人员的审计报告做出投资决策,可以降低其投资风险。

3. 证明作用

审计报告是对审计人员审计任务完成情况及其结果所做的总结,它可以表明审计工作的质量并明确审计人员的审计责任。因此,审计报告可以对审计工作质量和审计人员的审计责任起证明作用。通过审计报告,可以证明审计人员在审计过程中是否实施了必要的审计程序,是否以审计工作底稿为依据发表审计意见,发表的审计意见是否与被审计单位的实际情况相一致,审计工作的质量是否符合要求。通过审计报告,可以证明审计人员审计责任的履行情况。

二、审计报告的意见类型

审计报告分为标准审计报告和非标准审计报告。

(1) 标准审计报告是指不含有说明段、强调事项段、其他事项段或其他任何修饰性用语的无保留意见的审计报告。其中,无保留意见是指当审计人员认为财务报表在所有重大方面按照适用的财务报告编制基础编制并实现公允反映时发表的审计意见。包含其他报告责任段,但不含有强调事项段或其他事项段的无保留意见的审计报告也被视为标准审计报告。

(2) 非标准审计报告是指带强调事项段或其他事项段的无保留意见的审计报告和非无保留意见的审计报告。非无保留意见的审计报告包括保留意见的审计报告、否定意见的审计报告和无法表示意见的审计报告。审计报告的具体类型见图11-1。

图11-1 审计报告的意见类型

第三节 出具审计报告

一、标准审计报告的基本要素

标准审计报告应当包括下列要素:①标题;②收件人;③审计意见;④形成审计意见的基础;⑤关键审计事项;⑥其他信息(若适用);⑦管理层和治理层对财务报表的责任;⑧注册会计师对财务报表审计的责任;⑨按照相关法律法规的要求报告的事项(若适用);⑩注册会计

师的签名和盖章;⑪会计师事务所的名称、地址和盖章;⑫报告日期。

1. 标题

审计报告的标题应当统一规范为"审计报告"。考虑到这一标题已广为社会公众所接受,因此,我国审计人员出具的审计报告的标题没有包含"独立"两个字,但审计人员在执行财务报表审计业务时,应当遵守独立性的要求。

2. 收件人

审计报告的收件人是指审计人员按照业务约定书的要求致送审计报告的对象,一般是指审计业务的委托人。审计报告应当载明收件人的全称。审计人员应当与委托人在业务约定书中约定致送审计报告的对象,以防止在此问题上发生分歧或审计报告被委托人滥用。针对整套通用目的财务报表出具的审计报告,审计报告的致送对象通常为被审计单位的股东或治理层。

3. 审计意见

审计报告的第一部分应当包含审计意见,并以"审计意见"作为标题。审计意见部分还应当包括下列方面:

(1) 指出被审计单位的名称;
(2) 说明财务报表已经审计;
(3) 指出构成整套财务报表的每一财务报表的名称;
(4) 提及财务报表附注,包括重要会计政策和会计估计;
(5) 指明构成整套财务报表的每一财务报表的日期或涵盖的期间。

如果对财务报表发表无保留意见,除非法律法规另有规定,审计意见应当使用"我们认为,后附的财务报表在所有重大方面按照[适用的财务报告编制基础(如企业会计准则等)]的规定编制,公允反映了[……]"的措辞。

4. 形成审计意见的基础

审计报告应当包含标题为"形成审计意见的基础"的部分。该部分应当紧接在审计意见部分之后,并包括下列方面:

(1) 说明注册会计师按照审计准则的规定执行了审计工作;
(2) 提及审计报告中用于描述审计准则规定的注册会计师责任的部分;
(3) 声明注册会计师按照与审计相关的职业道德要求独立于被审计单位,并履行了职业道德方面的其他责任。声明中应当指明适用的职业道德要求,如中国注册会计师职业道德守则;
(4) 说明注册会计师是否相信获取的审计证据是充分、适当的,为发表审计意见提供了基础。

5. 关键审计事项

关键审计事项,是指注册会计师根据职业判断认为对本期财务报表审计最为重要的事项。关键审计事项从注册会计师与治理层沟通过的事项中选取。

《中国注册会计师审计准则第1504号——在审计报告中沟通关键审计事项》要求在上市实体整套通用目的的财务报表审计报告中沟通关键审计事项。注册会计师应当从与治理层沟通过的事项中确定在执行审计工作时重点关注过的事项。在确定时,注册会计师应当考虑下列方面:①评估的重大错报风险较高的领域或识别出的特别风险;②与财务报表中涉及重大管理层判断(包括涉及高度估计不确定性的会计估计)的领域相关的重大审计判断;③本期重大交易或事项对审计的影响。注册会计师应当从根据上述规定确定的事项中,确定哪些事项对本期财务报表审计最为重要,从而构成关键审计事项。

注册会计师应当在审计报告中单设一部分,以"关键审计事项"为标题,并在该部分使用恰当的子标题逐项描述关键审计事项。关键审计事项部分的引言应当同时说明下列事项:①关键审计事项是注册会计师根据职业判断,认为对本期财务报表审计最为重要的事项;②关键审计事项的应对以对财务报表整体进行审计并形成审计意见为背景,注册会计师不对关键审计事项单独发表意见。

在审计报告的关键审计事项部分逐项描述关键审计事项时,注册会计师应当分别索引至财务报表的相关披露(如有),并同时说明下列内容:①该事项被认定为审计中最为重要的事项之一,因而被确定为关键审计事项的原因;②该事项在审计中是如何应对的。

导致注册会计师发表非无保留意见的事项、导致对被审计单位持续经营能力产生重大疑虑的事项或情况存在重大不确定性,就其性质而言都属于关键审计事项。然而,这些事项不得在审计报告的关键审计事项部分进行描述。注册会计师应当按照适用的审计准则的规定报告这些事项,并在关键审计事项部分提及形成保留(否定)意见的基础部分或与持续经营相关的重大不确定性部分。

6. 其他信息(若适用)

其他信息,是指在被审计单位年度报告中包含的除财务报表和审计报告以外的财务信息和非财务信息。

《中国注册会计师审计准则第1521号——注册会计师对其他信息的责任》对注册会计师设定的责任,不构成对其他信息的鉴证,也不要求注册会计师对其他信息提供一定程度的保证。本准则要求注册会计师阅读和考虑其他信息,是由于如果其他信息与财务报表或者与注册会计师在审计中了解到的情况存在重大不一致,可能表明财务报表或其他信息存在重大错报,两者均会损害财务报表和审计报告的可信性。此类重大错报也可能不恰当地影响审计报告使用者的经济决策。

如果在审计报告日存在下列两种情况之一,审计报告应当包括一个单独部分,以"其他信息"为标题:①对于上市实体财务报表审计,注册会计师已获取或预期将获取其他信息;②对于上市实体以外其他被审计单位的财务报表审计,注册会计师已获取部分或全部其他信息。

该部分应当包括:

(1) 管理层对其他信息负责的说明。

(2) 指明:注册会计师于审计报告日前已获取的其他信息(如有);对于上市实体财务报表审计,预期将于审计报告日后获取的其他信息(如有)。

(3) 说明注册会计师的审计意见未涵盖其他信息,因此,注册会计师对其他信息不发表(或不会发表)审计意见或任何形式的鉴证结论。

(4) 描述注册会计师根据本准则的要求,对其他信息进行阅读、考虑和报告的责任。

(5)如果审计报告日前已经获取其他信息,则选择下列二者之一进行说明:说明注册会计师无任何需要报告的事项;如果注册会计师认为其他信息存在未更正的重大错报,说明其他信息中的未更正重大错报。

7. 管理层和治理层对财务报表的责任

管理层对财务报表的责任段应当说明,编制财务报表是管理层的责任,这种责任包括:

(1)按照适用的财务报告编制基础的规定编制财务报表,使其实现公允反映,并设计、执行和维护必要的内部控制,以使财务报表不存在由于舞弊或错误导致的重大错报;

(2)评估被审计单位的持续经营能力和使用持续经营假设是否适当,并披露与持续经营相关的事项(如适用)。对管理层评估责任的说明应当包括描述在何种情况下使用持续经营假设是适当的。

在审计报告中对管理层的责任的说明包括提及这两种责任,这有利于向财务报表使用者解释审计人员执行审计工作的前提。

管理层负责监督公司的财务报告过程。

8. 注册会计师对财务报表审计的责任

注册会计师对财务报表审计的责任部分应当包括下列内容:

(1)说明注册会计师的目标是对财务报表整体是否不存在由于舞弊或错误导致的重大错报获取合理保证,并出具包含审计意见的审计报告;说明合理保证是高水平的保证,但并不能保证按照审计准则执行的审计在某一重大错报存在时总能发现;说明错报可能由于舞弊或错误导致。

(2)说明在按照审计准则执行审计工作的过程中,注册会计师运用职业判断,并保持职业怀疑;通过说明注册会计师的责任,对审计工作进行描述。这些责任包括:

① 识别和评估由于舞弊或错误导致的财务报表重大错报风险,设计和实施审计程序以应对这些风险,并获取充分、适当的审计证据,作为发表审计意见的基础。由于舞弊可能涉及串通、伪造、故意遗漏、虚假陈述或凌驾于内部控制之上,未能发现由于舞弊导致的重大错报的风险高于未能发现由于错误导致的重大错报的风险。

② 了解与审计相关的内部控制,以设计恰当的审计程序,但目的并非对内部控制的有效性发表意见。当注册会计师有责任在财务报表审计的同时对内部控制的有效性发表意见时,应当略去上述"目的并非对内部控制的有效性发表意见"的表述。

③ 评价管理层选用会计政策的恰当性和作出会计估计及相关披露的合理性。

④ 对管理层使用持续经营假设的恰当性得出结论。同时,根据获取的审计证据,就可能导致对被审计单位持续经营能力产生重大疑虑的事项或情况是否存在重大不确定性得出结论。如果注册会计师得出结论认为存在重大不确定性,审计准则要求注册会计师在审计报告中提请报表使用者关注财务报表中的相关披露;如果披露不充分,注册会计师应当发表非无保留意见。注册会计师的结论基于截至审计报告日可获得的信息。然而,未来的事项或情况可能导致被审计单位不能持续经营。

⑤ 评价财务报表的总体列报(包括披露)、结构和内容,并评价财务报表是否公允反映相关交易和事项。

(3)说明注册会计师与治理层就计划的审计范围、时间安排和重大审计发现等事项进行沟通,包括沟通注册会计师在审计中识别的值得关注的内部控制缺陷。

(4) 对于上市实体财务报表审计,指出注册会计师就已遵守与独立性相关的职业道德要求向治理层提供声明,并与治理层沟通可能被合理认为影响注册会计师独立性的所有关系和其他事项,以及相关的防范措施(如适用)。

(5) 说明注册会计师从与管理层沟通过的事项中确定哪些事项对本期财务报表审计最为重要,因而构成关键审计事项。注册会计师应当在审计报告中描述这些事项,除非法律法规禁止公开披露这些事项,或在极少数情形下,注册会计师合理预期在审计报告中沟通某事项造成的负面后果超过在公众利益方面产生的益处,因而确定不应在审计报告中沟通该事项。

9. 按照相关法律法规的要求报告的事项(若适用)

除审计准则规定的注册会计师责任外,如果注册会计师在对财务报表出具的审计报告中履行其他报告责任,应当在审计报告中将其单独作为一部分,并以"按照相关法律法规的要求报告的事项"为标题,或使用适合于该部分内容的其他标题,除非其他报告责任涉及的事项与审计准则规定的报告责任涉及的事项相同。如果涉及相同的事项,其他报告责任可以在审计准则规定的同一报告要素部分列示。

10. 注册会计师的签名和盖章

审计报告应当由注册会计师签名并盖章。注册会计师在审计报告上签名并盖章,有利于明确法律责任。

读一读

《财政部关于注册会计师在审计报告上签名盖章有关问题的通知》(财会[2001] 1035号)明确规定:

一、会计师事务所应当建立健全全面质量控制政策与程序以及各审计项目的质量控制程序,严格按照有关规定和本通知的要求在审计报告上签名盖章。

二、审计报告应当由两名具备相关业务资格的注册会计师签名盖章并经会计师事务所盖章方为有效。

(一)合伙会计师事务所出具的审计报告,应当由一名对审计项目负最终复核责任的合伙人和一名负责该项目的注册会计师签名盖章。

(二)有限责任会计师事务所出具的审计报告,应当由会计师事务所主任会计师或其授权的副主任会计师和一名负责该项目的注册会计师签名盖章。

11. 会计师事务所的名称、地址及盖章

审计报告应当载明会计师事务所的名称和地址,并加盖会计师事务所公章。

12. 报告日期

1) 审计报告应当注明报告日期

审计报告的日期不应早于审计人员获取充分、适当的审计证据(包括管理层认可对财务报表的责任且已批准财务报表的证据),并在此基础上对财务报表形成审计意见的日期。

2)确定审计报告日期应考虑的条件

① 构成整套财务报表的所有报表(含披露)全部已编制完成;

② 被审计单位的董事会、管理层或类似机构已经认可其对财务报表负责。

3)审计报告日期的确定

审计报告的日期非常重要。审计人员对不同时段的资产负债表日后事项有着不同的责任,而审计报告的日期是划分时段的关键时点。在实务中,审计人员在正式签署审计报告前,通常把审计报告草稿和已审计财务报表草稿一同提交给管理层。如果管理层批准并签署已审计财务报表,审计人员即可签署审计报告。审计人员签署审计报告的日期通常与管理层签署已审计财务报表的日期为同一天,或晚于管理层签署已审计财务报表的日期。在审计报告日期晚于管理层签署已审计财务报表日期时,审计人员应当获取自管理层书面声明日到审计报告日期之间的进一步审计证据,如补充的管理层书面声明。

二、标准审计报告的参考格式

标准审计报告是指不含有说明段、强调事项段、其他事项段或其他任何修饰性用语的无保留意见的审计报告。否则,不能称为标准审计报告。对按照企业会计准则编制的财务报表出具的标准审计报告参考格式如下:

【格式11-8】

审 计 报 告

ABC 股份有限公司全体股东:

一、审计意见

我们审计了 ABC 股份有限公司(以下简称 ABC 公司)财务报表,包括20××年12月31日的资产负债表,20××年度的利润表、现金流量表、股东权益变动表以及相关财务报表附注。

我们认为,后附的财务报表在所有重大方面按照企业会计准则的规定编制,公允反映了 ABC 公司 20××年12月31日的财务状况以及20××年度的经营成果和现金流量。

二、形成审计意见的基础

我们按照中国注册会计师审计准则的规定执行了审计工作。审计报告的"注册会计师对财务报表审计的责任"部分进一步阐述了我们在这些准则下的责任。按照中国注册会计师职业道德守则,我们独立于 ABC 公司,并履行了职业道德方面的其他责任。我们相信,我们获取的审计证据是充分、适当的,为发表审计意见提供了基础。

三、关键审计事项

关键审计事项是我们根据职业判断,认为对本期财务报表审计最为重要的事项。这些事项的应对以对财务报表整体进行审计并形成审计意见为背景,我们不对这些事项单独发表意见。

关键审计事项	在审计中如何应对该事项
存货的可变现净值的评估	与评价存货的可变现净值相关的审计程序中包括以下程序：……
房地产开发项目的收入确认	与房地产开发项目的收入确认的评价相关的审计程序中包括以下程序：……
……	……

四、其他信息

ABC公司管理层对其他信息负责。其他信息包括年度报告中涵盖的信息，但不包括财务报表和我们的审计报告。

我们对财务报表发表的审计意见不涵盖其他信息，我们也不对其他信息发表任何形式的鉴证结论。

结合我们对财务报表的审计，我们的责任是阅读其他信息，在此过程中，考虑其他信息是否与财务报表或我们在审计过程中了解到的情况存在重大不一致或者似乎存在重大错报。

基于我们已执行的工作，如果我们确定其他信息存在重大错报，我们应当报告该事实。在这方面，我们无任何事项需要报告。

五、管理层和治理层对财务报表的责任

ABC公司管理层（以下简称管理层）负责按照企业会计准则的规定编制财务报表，使其实现公允反映，并设计、执行和维护必要的内部控制，以使财务报表不存在由于舞弊或错误导致的重大错报。

在编制财务报表时，管理层负责评估ABC公司的持续经营能力，披露与持续经营相关的事项（如适用），并运用持续经营假设，除非管理层计划清算ABC公司、终止运营或别无其他现实的选择。

管理层负责监督ABC公司的财务报告过程。

六、注册会计师对财务报表审计的责任

我们的目标是对财务报表整体是否不存在由于舞弊或错误导致的重大错报获取合理保证，并出具包含审计意见的审计报告。合理保证是高水平的保证，但并不能保证按照审计准则执行的审计在某一重大错报存在时总能发现。错报可能由于舞弊或错误导致，如果合理预期错报单独或汇总起来可能影响财务报表使用者依据财务报表作出的经济决策，则通常认为错报是重大的。

在按照审计准则执行审计工作的过程中，我们运用职业判断，并保持职业怀疑。同时，我们也执行以下工作：

（1）识别和评估由于舞弊或错误导致的财务报表重大错报风险，设计和实施审计程序以应对这些风险，并获取充分、适当的审计证据，作为发表审计意见的基础。由于舞弊可能涉及串通、伪造、故意遗漏、虚假陈述或凌驾于内部控制之上，未能发现由于舞弊导致的重大错报的风险高于未能发现由于错误导致的重大错报的风险。

（2）了解与审计相关的内部控制，以设计恰当的审计程序，但目的并非对内部控制的有效性发表意见。

(3) 评价管理层选用会计政策的恰当性和作出会计估计及相关披露的合理性。

(4) 对管理层使用持续经营假设的恰当性得出结论。同时,根据获取的审计证据,就可能导致对 ABC 公司持续经营能力产生重大疑虑的事项或情况是否存在重大不确定性得出结论。如果我们得出结论认为存在重大不确定性,审计准则要求我们在审计报告中提请报表使用者注意财务报表中的相关披露;如果披露不充分,我们应当发表非无保留意见。我们的结论基于截至审计报告日可获得的信息。然而,未来的事项或情况可能导致 ABC 公司不能持续经营。

(5) 评价财务报表的总体列报、结构和内容(包括披露),并评价财务报表是否公允反映相关交易和事项。

我们与治理层就计划的审计范围、时间安排和重大审计发现等事项进行沟通,包括沟通我们在审计中识别出的值得关注的内部控制缺陷。

我们还就已遵守与独立性相关的职业道德要求向治理层提供声明,并与治理层沟通可能被合理认为影响我们独立性的所有关系和其他事项,以及相关的防范措施(如适用)。

从与治理层沟通过的事项中,我们确定哪些事项对本期财务报表审计最为重要,因而构成关键审计事项。我们在审计报告中描述这些事项,除非法律法规禁止公开披露这些事项,或在极少数情形下,如果合理预期在审计报告中沟通某事项造成的负面后果超过在公众利益方面产生的益处,我们确定不应在审计报告中沟通该事项。

×××会计师事务所	中国注册会计师:×××
(盖章)	(项目合伙人)(签名并盖章)
	中国注册会计师:×××
	(签名并盖章)
中国·北京	二○××年××月××日

课内实训 11-2

【目标】 认知标准审计报告的要素,学会编制标准审计报告

【资料】 联合会计师事务所的注册会计师刘欣、李娜于 2024 年 2 月 14 日对联大股份有限公司 2023 年度会计报表进行了审计,于 2024 年 2 月 20 日完成外勤审计工作。2024 年 2 月 23 日注册会计师把审计报告草稿和已审财务报表草稿一同提交给联大公司管理层。联大公司管理层于当日批准并签署已审财务报表。注册会计师于 2024 年 2 月 25 日致送了审计报告。以下是注册会计师刘欣、李娜出具的标准审计报告。

无保留意见的审计报告

联大股份有限公司:

一、审计意见

我们审计了后附的联大股份有限公司(以下简称联大公司)2023 年度的财务报表。

我们认为,联大公司财务报表已经按照企业会计准则的规定编制,公允反映了联大公司 2023 年度的财务状况、经营成果和现金流量。

二、形成审计意见的基础

我们按照中国注册会计师审计准则的规定执行了审计工作。审计报告的"注册会计师对财务报表审计的责任"部分进一步阐述了我们在这些准则下的责任。按照中国注册会计师职业道德守则,我们独立于联大公司,并履行了职业道德方面的其他责任。我们相信,我们获取的审计证据是充分、适当的,为发表审计意见提供了基础。

三、关键审计事项

关键审计事项是我们根据职业判断,认为对本期财务报表审计最为重要的事项。

关键审计事项	在审计中如何应对该事项
……	……

四、管理层和治理层对财务报表的责任

联大公司管理层(以下简称管理层)负责按照企业会计准则的规定编制财务报表,使其实现公允反映,并设计、执行和维护必要的内部控制,以使财务报表不存在由于舞弊或错误导致的重大错报。

在编制财务报表时,管理层负责评估联大公司的持续经营能力,披露与持续经营相关的事项(如适用),并运用持续经营假设,除非管理层计划清算联大公司、终止运营或别无其他现实的选择。

管理层负责监督联大公司的财务报告过程。

五、注册会计师对财务报表审计的责任

我们的目标是对财务报表整体是否不存在由于舞弊或错误导致的重大错报获取合理保证,并出具包含审计意见的审计报告。合理保证是高水平的保证,但并不能保证按照审计准则执行的审计在某一重大错报存在时总能发现。错报可能由于舞弊或错误导致,如果合理预期错报单独或汇总起来可能影响财务报表使用者依据财务报表作出的经济决策,则通常认为错报是重大的。

在按照审计准则执行审计工作的过程中,我们运用职业判断,并保持职业怀疑。同时,我们也执行以下工作:

……

联合会计师事务所　　　　　　　　　　　　中国注册会计师:刘欣(签名)
(盖章)

　　　　　　　　　　　　　　　　　　　　中国注册会计师:李娜(签名)

中国·北京

2024 年 2 月 20 日

【要求】 请指出上述审计报告中的错误之处,并逐项提出改进意见。

三、非无保留意见的审计报告

(一)含义

非无保留意见是指保留意见、否定意见和无法表示意见。当存在下列情况之一时,注册会计师应当在审计报告中发表非无保留意见。

(1)根据获取的审计证据,得出财务报表整体存在重大错报的结论。

(2)无法获取充分、适当的审计证据,不能得出财务报表整体是否不存在重大错报的结论。

(二)确定非无保留意见的类型

注册会计师确定恰当的非无保留意见类型,取决于下列事项:

(1)导致非无保留意见的事项的性质,是财务报表存在重大错报,还是在无法获取充分、适当的审计证据的情况下,财务报表可能存在重大错报;

(2)审计人员就导致非无保留意见的事项对财务报表产生或可能产生影响的广泛性作出的判断。

审计人员对导致发表非无保留意见的事项的性质和这些事项对财务报表产生或可能产生影响的广泛性作出的判断,以及审计人员的判断对审计意见类型的影响,如表11-1列示。

表11-1 导致发表非无保留意见的事项的性质和对报表产生的影响

导致发表非无保留意见事项的性质	这些事项对财务报表产生或可能产生影响的广泛性	
	重大但不具有广泛性	重大且具有广泛性
财务报表存在重大错报	保留意见	否定意见
无法获取充分、适当的审计证据	保留意见	无法表示意见

(三)非无保留意见审计报告的格式和内容

1. 审计意见段

在发表非无保留意见时,注册会计师应当对审计意见段使用恰当的标题,如"保留意见""否定意见"或"无法表示意见"。审计意见段的标题能够使财务报表使用者清楚注册会计师发表了非无保留意见,并能够表明非无保留意见的类型。

2. 形成非无保留意见的基础

如果对财务报表发表非无保留意见,注册会计师应当直接在形成审计意见的基础段使用恰当的标题,如"形成保留意见的基础""形成否定意见的基础"或"形成无法表示意见的基础",来说明导致发表非无保留意见的事项。审计报告格式和内容的一致性有助于提高使用者的理解和识别存在的异常情况。

3. 非无保留意见对审计报告要素内容的修改

当发表保留意见或否定意见时,审计人员应当修改对审计人员责任的描述,以说明:注册会计师相信,注册会计师已获取的审计证据是充分、适当的,为发表非无保留意见提供了基础。

当由于无法获取充分、适当的审计证据而发表无法表示意见时,审计人员应当修改审计报告的审计意见段,说明注册会计师接受委托审计财务报表。注册会计师还应当修改对注册会计师责任和审计范围的描述,并仅能作出如下说明:"我们的责任是在按照中国注册会计师审计准则的规定执行审计工作的基础上对财务报表发表审计意见。但由于'形成无法表示意见的基础'部分所述的事项,我们无法获取充分、适当的审计证据以作为发表审计意见的基础。"

4. 判断非无保留意见的依据(见表11-2)

表 11-2 判断意见类型的依据

情形	意见类型	判断意见类型的依据
1	保留意见	(1) 在获取充分、适当审计证据后,注册会计师认为错报单独或汇总起来对财务报表影响重大,但不具有广泛性; (2) 注册会计师无法获取充分、适当审计证据以作为形成审计意见的基础,但认为未发现的错报(如存在)对财务报表可能产生的影响重大,但不具有广泛性
2	否定意见	在获取充分适当审计证据后,如果认为错报单独或汇总起来对财务报表影响重大且具有广泛性
3	无法表示意见	如果无法获取充分、适当审计证据以作为形成审计意见的基础,但认为未发现的错报(如存在)对财务报表可能产生的影响重大且具有广泛性

(四) 发表保留意见审计报告的格式

当由于财务报表存在重大错报而发表保留意见时,注册会计师应当根据适用的财务报告编制基础在审计意见段中说明:注册会计师认为,除"形成保留意见的基础"部分所述事项产生的影响外,财务报表在所有重大方面按照适用的财务报告编制基础编制,并实现公允反映。

当无法获取充分、适当的审计证据而导致发表保留意见时,注册会计师应当在审计意见段中使用"除……可能产生的影响外"等措辞。

(1) 保留意见审计报告的参考格式范例如下(因会计政策的选用不恰当而出具保留意见的审计报告):

【格式 11-9】

审 计 报 告

ABC 股份有限公司全体股东:

　　一、保留意见

　　我们审计了 ABC 股份有限公司(以下简称 ABC 公司)财务报表,包括 20××年

12月31日的资产负债表,20××年度的利润表、现金流量表、股东权益变动表以及相关财务报表附注。

我们认为,除"形成保留意见的基础"部分所述事项产生的影响外,后附的财务报表在所有重大方面按照企业会计准则的规定编制,公允反映了ABC公司20××年12月31日的财务状况以及20××年度的经营成果和现金流量。

二、形成保留意见的基础

ABC公司20××年12月31日资产负债表中存货的列示金额为××元。ABC公司管理层(以下简称管理层)根据成本对存货进行计量,而没有根据成本与可变现净值孰低的原则进行计量,这不符合企业会计准则的规定。ABC公司的会计记录显示,如果管理层以成本与可变现净值孰低来计量存货,存货列示金额将减少××元。相应地,资产减值损失将增加××元,所得税、净利润和股东权益将分别减少××元、××元和××元。

我们按照中国注册会计师审计准则的规定执行了审计工作。审计报告的"注册会计师对财务报表审计的责任"部分进一步阐述了我们在这些准则下的责任。按照中国注册会计师职业道德守则,我们独立于ABC公司,并履行了职业道德方面的其他责任。我们相信,我们获取的审计证据是充分、适当的,为发表保留意见提供了基础。

三、关键审计事项

关键审计事项是我们根据职业判断,认为对本期财务报表审计最重要的事项。这些事项的应对以对财务报表整体进行审计并形成审计意见为背景,我们不对这些事项单独发表意见。除"形成保留意见的基础"部分所述事项外,我们确定下列事项是需要在审计报告中沟通的关键审计事项。

……

四、其他信息

……

五、管理层和治理层对财务报表的责任

……

六、注册会计师对财务报表审计的责任

……

×××会计师事务所	中国注册会计师:×××
(盖章)	(项目合伙人)(签名并盖章)
	中国注册会计师:×××
	(签名并盖章)
中国•北京	二〇××年××月××日

(2)保留意见审计报告的参考格式范例如下(因审计范围受到限制而出具保留意见

的审计报告）：

【格式11-10】

审 计 报 告

ABC股份有限公司全体股东：

一、保留意见

我们审计了ABC股份有限公司及其子公司（以下简称ABC集团）合并财务报表，包括20××年12月31日的合并资产负债表，20××年度的合并利润表、合并现金流量表、合并股东权益变动表以及相关合并财务报表附注。

我们认为，除"形成保留意见的基础"部分所述事项可能产生的影响外，后附的合并财务报表在所有重大方面按照××财务报告编制基础的规定编制，公允反映了ABC集团20××年12月31日的合并财务状况以及20××年度的合并经营成果和合并现金流量。

二、形成保留意见的基础

如财务报表附注×所述，ABC集团于20××年取得了境外XYZ公司30%的股权，因能够对XYZ公司施加重大影响，故采用权益法核算该项股权投资，于20××年度确认对XYZ公司的投资收益×元，该项股权投资于20××年12月31日合并资产负债表上反映的账面价值为×元。由于我们未被允许接触XYZ公司的财务信息、管理层和执行XYZ公司审计的注册会计师，我们无法就该项股权投资的账面价值以及ABC集团确认的20××年度对XYZ公司的投资收益获取充分、适当的审计证据，也无法确定是否有必要对这些金额进行调整。

我们按照中国注册会计师审计准则的规定执行了审计工作。审计报告的"注册会计师对合并财务报表审计的责任"部分进一步阐述了我们在这些准则下的责任。按照中国注册会计师职业道德守则，我们独立于ABC集团，并履行了职业道德方面的其他责任。我们相信，我们获取的审计证据是充分、适当的，为发表保留意见提供了基础。

三、关键审计事项

关键审计事项是我们根据职业判断，认为对本期财务报表审计最重要的事项。这些事项的应对以对财务报表整体进行审计并形成审计意见为背景，我们不对这些事项单独发表意见。除"形成保留意见的基础"部分所述事项外，我们确定下列事项是需要在审计报告中沟通的关键审计事项。

……

四、其他信息

ABC集团管理层对其他信息负责。其他信息包括年度报告中涵盖的信息，但不包括财务报表和我们的审计报告。

我们对财务报表发表的审计意见不涵盖其他信息，我们也不对其他信息发表任何形式的鉴证结论。

结合我们对财务报表的审计,我们的责任是阅读其他信息,在此过程中,考虑其他信息是否与财务报表或我们在审计过程中了解到的情况存在重大不一致或者似乎存在重大错报。

基于我们已执行的工作,如果我们确定其他信息存在重大错报,我们应当报告该事实。如上述"形成保留意见的基础"部分所述,我们无法就20××年12月31日ABC集团对XYZ公司投资的账面价值以及ABC集团按持股比例计算的XYZ公司当年度净收益份额获取充分、适当的审计证据。因此,我们无法确定与该事项相关的其他信息是否存在重大错报。

五、管理层和治理层对财务报表的责任

ABC集团管理层负责按照企业会计准则的规定编制合并财务报表,使其实现公允反映,并设计、执行和维护必要的内部控制,以使合并财务报表不存在由于舞弊或错误导致的重大错报。

在编制合并财务报表时,管理层负责评估ABC集团的持续经营能力,披露与持续经营相关的事项(如适用),并运用持续经营假设,除非管理层计划清算ABC集团、终止运营或别无其他现实的选择。

治理层负责监督ABC集团的财务报告过程。

六、注册会计师对财务报表审计的责任

我们的目标是对合并财务报表整体是否不存在由于舞弊或错误导致的重大错报获取合理保证,并出具包含审计意见的审计报告。合理保证是高水平的保证,但并不能保证按照审计准则执行的审计在某一重大错报存在时总能发现。错报可能由于舞弊或错误导致,如果合理预期错报单独或汇总起来可能影响财务报表使用者依据财务报表作出的经济决策,则通常认为错报是重大的。

在按照审计准则执行审计工作的过程中,我们运用职业判断,并保持职业怀疑。同时,我们也执行以下工作:

(1) 识别和评估由于舞弊或错误导致的合并财务报表重大错报风险,设计和实施审计程序以应对这些风险,并获取充分、适当的审计证据,作为发表审计意见的基础。由于舞弊可能涉及串通、伪造、故意遗漏、虚假陈述或凌驾于内部控制之上,未能发现由于舞弊导致的重大错报的风险高于未能发现由于错误导致的重大错报的风险。

(2) 了解与审计相关的内部控制,以设计恰当的审计程序,但目的并非对内部控制的有效性发表意见。

(3) 评价管理层选用会计政策的恰当性和作出会计估计及相关披露的合理性。

(4) 对管理层使用持续经营假设的恰当性得出结论。同时,根据获取的审计证据,就可能导致对ABC集团持续经营能力产生重大疑虑的事项或情况是否存在重大不确定性得出结论。如果我们得出结论认为存在重大不确定性,审计准则要求我们在审计报告中提请报表使用者注意合并财务报表中的相关披露;如果披露不充分,我们应当发表非无保留意见。我们的结论基于截至审计报告日可获得的信息。然而,未来的事项或情况可能导致ABC集团不能持续经营。

(5) 评价合并财务报表的总体列报、结构和内容(包括披露),并评价合并财务报表是否公允反映相关交易和事项。

(6) 就 ABC 集团中实体或业务活动的财务信息获取充分、适当的审计证据,以对合并财务报表发表审计意见。我们负责指导、监督和执行集团审计,并对审计意见承担全部责任。

我们与治理层就计划的审计范围、时间安排和重大审计发现等事项进行沟通,包括沟通我们在审计中识别出的值得关注的内部控制缺陷。

我们还就已遵守与独立性相关的职业道德要求向治理层提供声明,并与治理层沟通可能被合理认为影响我们独立性的所有关系和其他事项,以及相关的防范措施(如适用)。

从与治理层沟通过的事项中,我们确定哪些事项对本期合并财务报表审计最为重要,因而构成关键审计事项。我们在审计报告中描述这些事项,除非法律法规禁止公开披露这些事项,或在极少数情形下,如果合理预期在审计报告中沟通某事项造成的负面后果超过在公众利益方面产生的益处,我们确定不应在审计报告中沟通该事项。

×××会计师事务所　　　　　　　　　　中国注册会计师:×××
（盖章）　　　　　　　　　　　　　　（项目合伙人）(签名并盖章)
　　　　　　　　　　　　　　　　　　中国注册会计师:×××
　　　　　　　　　　　　　　　　　　　　　　　　(签名并盖章)

中国·北京　　　　　　　　　　　　　　　二〇××年××月××日

(五) 发表否定意见审计报告的格式

当发表否定意见时,注册会计师应当根据适用的财务报告编制基础在审计意见段中说明:注册会计师认为,由于"形成否定意见的基础"部分所述事项的重要性,财务报表没有在所有重大方面按照适用的财务报告编制基础编制,未能实现公允反映。

否定意见审计报告的参考格式(由于会计政策的选用不恰当,财务报表存在重大错报而出具否定意见的审计报告)范例如下:

【格式 11-11】

审 计 报 告

ABC 股份有限公司全体股东:

　　一、否定意见

我们审计了 ABC 股份有限公司及其子公司(以下简称 ABC 集团)合并财务报表,包括 20××年 12 月 31 日的合并资产负债表、20××年度的合并利润表、合并现金流量表、合并股东权益变动表以及相关合并财务报表附注。

我们认为,由于"形成否定意见的基础"部分所述事项的重要性,后附的合并财务报表没有在所有重大方面按照××财务报告编制基础的规定编制,未能公允反映ABC集团20××年12月31日的合并财务状况以及20××年度的合并经营成果和合并现金流量。

二、形成否定意见的基础

如财务报表附注××所述,20××年ABC集团通过非同一控制下的企业合并获得对XYZ公司的控制权,因未能取得购买日XYZ公司某些重要资产和负债的公允价值,故未将XYZ公司纳入合并财务报表的范围。按照××财务报告编制基础的规定,该集团应将这一子公司纳入合并范围,并以暂估金额为基础核算该项收购。如果将XYZ公司纳入合并财务报表的范围,后附的ABC集团合并财务报表的多个报表项目将受到重大影响。但我们无法确定未将XYZ公司纳入合并范围对合并财务报表产生的影响。

我们按照中国注册会计师审计准则的规定执行了审计工作。审计报告的"注册会计师对合并财务报表审计的责任"部分进一步阐述了我们在这些准则下的责任。按照中国注册会计师职业道德守则,我们独立于ABC集团,并履行了职业道德方面的其他责任。我们相信,我们获取的审计证据是充分、适当的,为发表否定意见提供了基础。

三、关键审计事项

关键审计事项是我们根据职业判断,认为对本期财务报表审计最重要的事项。这些事项的应对以对财务报表整体进行审计并形成审计意见为背景,我们不对这些事项单独发表意见。除"形成否定意见的基础"部分所述事项外,我们确定下列事项是需要在审计报告中沟通的关键审计事项。

……

四、其他信息

……

基于我们已执行的工作,如果我们确定其他信息存在重大错报,我们应当报告该事实。如上述"形成否定意见的基础"部分所述,ABC集团应当将XYZ公司纳入合并范围,并以暂估金额为基础核算该项收购。我们认为,由于×报告中的相关金额或其他项目受到未合并XYZ公司的影响,其他信息存在重大错报。

五、管理层和治理层对财务报表的责任

……

六、注册会计师对财务报表审计的责任

……

×××会计师事务所　　　　　　　　　　中国注册会计师:×××
（盖章）　　　　　　　　　　　　　（项目合伙人）(签名并盖章)
　　　　　　　　　　　　　　　　　　中国注册会计师:×××
　　　　　　　　　　　　　　　　　　　　　　　(签名并盖章)

中国·北京

二〇××年××月××日

（六）发表无法表示意见审计报告的格式

如果无法获取充分、适当的审计证据以作为形成审计意见的基础，但认为未发现的错报（如存在）对财务报表可能产生的影响重大且具有广泛性，注册会计师应当发表无法表示意见。在极其特殊的情况下，可能存在多个不确定事项，即使注册会计师对每个单独的不确定事项获取了充分、适当的审计证据，但由于不确定事项之间可能存在相互影响，以及可能对财务报表产生累积影响，注册会计师不可能对财务报表形成审计意见。在这种情况下，注册会计师应当发表无法表示意见。

无法表示意见审计报告的参考格式（由于审计范围受到严重限制，无法针对财务报表多个要素获取充分、适当的审计证据而出具无法表示意见的审计报告）范例如下：

【格式11-12】

审 计 报 告

ABC股份有限公司全体股东：

一、无法表示意见

我们接受委托，审计ABC股份有限公司（以下简称ABC公司）财务报表，包括20×1年12月31日的资产负债表，20×1年度的利润表、现金流量表、股东权益变动表以及相关财务报表附注。

我们不对后附的ABC公司财务报表发表审计意见。由于"形成无法表示意见的基础"部分所述事项的重要性，我们无法获取充分、适当的审计证据以作为对财务报表发表审计意见的基础。

二、形成无法表示意见的基础

我们于20×2年1月接受委托审计ABC公司财务报表，因而未能对ABC公司20×1年初金额为××元的存货和年末金额为××元的存货实施监盘程序。此外，我们也无法实施替代审计程序获取充分、适当的审计证据。并且，ABC公司于20×1年9月采用新的应收账款电算化系统，由于存在系统缺陷导致应收账款出现大量错误。截至报告日，ABC公司管理层（以下简称管理层）仍在纠正系统缺陷并更正错误，我们也无法实施替代审计程序，以对截至20×1年12月31日的应收账款总额××元获取充分、适当的审计证据。因此，我们无法确定是否有必要对存货、应收账款以及财务报表其他项目作出调整，也无法确定应调整的金额。

三、管理层和治理层对财务报表的责任

……

四、注册会计师对财务报表审计的责任

我们的责任是按照中国注册会计师审计准则的规定，对ABC公司的财务报表执行审计工作，以出具审计报告。但由于"形成无法表示意见的基础"部分所述的事项，我们无法获取充分、适当的审计证据以作为发表审计意见的基础。

按照中国注册会计师职业道德守则,我们独立于 ABC 公司,并履行了职业道德方面的其他责任。

×××会计师事务所　　　　　　　　　　　　中国注册会计师:×××
（盖章）　　　　　　　　　　　　　　　（项目合伙人）（签名并盖章）
　　　　　　　　　　　　　　　　　　　　中国注册会计师:×××
　　　　　　　　　　　　　　　　　　　　　　　　　（签名并盖章）
中国·北京
　　　　　　　　　　　　　　　　　　　　二〇××年××月××日

 课内实训 11-3

【目标】 编制恰当意见类型的审计报告,掌握非标准审计报告的具体类型,并学会编制非标准审计报告

【资料】 联合会计师事务所接受联大股份有限公司的委托,对该公司 2023 年度的财务报表进行审计。注册会计师刘欣、李娜进驻该公司后,发现因几天的连续暴雨,该公司遭受严重的水灾,办公室进水,许多手工记账的会计账簿受损。该公司账簿记录部分手工处理,部分计算机处理,但主要还是依赖手工处理。由于保护得当,计算机处理的账簿记录未受损,刘欣和李娜试图根据计算机资料重建 2023 年度的账户系统,但由于缺少重要的数据而难以全面恢复当初的会计记录。

【要求】
(1) 刘欣和李娜应编制哪一种类型的审计报告？请说明理由。
(2) 请代为编制一份恰当的审计报告。

四、带强调事项段或其他事项段的审计报告

(一) 强调事项段的含义

审计报告的强调专项段是指审计报告中含有的一个段落,该段落提及已在财务报表中恰当列报或披露的事项,根据注册会计师的职业判断,该事项对财务报表使用者理解财务报表至关重要。

(二) 增加强调事项段的情形

如果认为有必要提醒财务报表使用者关注已在财务报表中列报或披露,且根据职业判断认为对财务报表使用者理解财务报表至关重要的事项,在同时满足下列条件时,注册会计师应当在审计报告中增加强调事项段:①该事项不会导致注册会计师发表非无保留意见;②该事项未被确定为在审计报告中沟通的关键审计事项。

注册会计师可能认为需要增加强调事项段的情形包括但不限于:

(1) 异常诉讼或监管行动的未来结果存在不确定性。
(2) 提前应用(在允许的情况下)对财务报表有广泛影响的新会计准则。
(3) 存在已经或持续对被审计单位财务状况产生重大影响的特大灾难。

(三) 增加强调事项段时审计人员应采取的措施

1. 增加强调事项段时应当采取的措施

(1) 将强调事项段作为单独的一部分置于审计报告中,并使用包含"强调事项"这一术语的适当标题;
(2) 明确提及被强调事项以及相关披露的位置,以便能够在财务报表中找到对该事项的详细描述。强调事项段应当仅提及已在财务报表中列报的信息;
(3) 指出审计意见没有因该强调事项而改变。注册会计师应当在强调事项段中指明,该段内容仅用于提醒财务报表使用者关注,并不影响已发表的审计意见。

2. 增加强调事项段不能代替的情形

(1) 根据审计业务的具体情况,注册会计师需要发表保留意见、否定意见或无法表示意见;
(2) 适用的财务报告编制基础要求管理层在财务报表中作出的披露。

带强调事项段的无保留意见的审计报告的参考格式(由于诉讼案件存在重大不确定性而出具带强调事项段的无保留意见的审计报告)范例如下:

【格式 11-13】

审 计 报 告

ABC 股份有限公司全体股东:

一、审计意见

我们审计了 ABC 股份有限公司(以下简称 ABC 公司)财务报表,包括 20××年 12 月 31 日的资产负债表,20××年度的利润表、现金流量表、股东权益变动表以及相关财务报表附注。

我们认为,后附的财务报表在所有重大方面按照企业会计准则的规定编制,公允反映了 ABC 公司 20××年 12 月 31 日的财务状况以及 20××年度的经营成果和现金流量。

二、形成审计意见的基础

我们按照中国注册会计师审计准则的规定执行了审计工作。审计报告的"注册会计师对财务报表审计的责任"部分进一步阐述了我们在这些准则下的责任。按照中国注册会计师职业道德守则,我们独立于 ABC 公司,并履行了职业道德方面的其他责任。我们相信,我们获取的审计证据是充分、适当的,为发表审计意见提供了基础。

三、强调事项

我们提醒财务报表使用者关注,如财务报表附注××所述,截至财务报表批准日,XYZ 公司对 ABC 公司提出的诉讼尚在审理当中,其结果具有不确定性。本段内容不影响已发表的审计意见。

> **四、关键审计事项**
>
> 关键审计事项是我们根据职业判断,认为对本期财务报表审计最为重要的事项。这些事项的应对以对财务报表整体进行审计并形成审计意见为背景,我们不对这些事项单独发表意见。
>
> ……
>
> **五、其他信息**
>
> ……
>
> **六、管理层和治理层对财务报表的责任**
>
> ……
>
> **七、注册会计师对财务报表审计的责任**
>
> ……
>
> ×××会计师事务所 　　　　　　　　　　中国注册会计师:×××
> （盖章） 　　　　　　　　　　　　　　　（项目合伙人）(签名并盖章)
> 　　　　　　　　　　　　　　　　　　　中国注册会计师:×××
> 　　　　　　　　　　　　　　　　　　　　　　　　（签名并盖章）
>
> 中国·北京 　　　　　　　　　　　　　　二〇××年××月××日

（四）审计报告的其他事项段

其他事项段是指审计报告中含有的一个段落,该段落提及未在财务报表中列报或披露的事项,根据注册会计师的职业判断,该事项与财务报表使用者理解审计工作、注册会计师的责任或审计报告相关。

如果认为有必要沟通虽然未在财务报表中列报,但根据职业判断认为与财务报表使用者理解审计工作、注册会计师的责任或审计报告相关的事项,在同时满足下列条件时,注册会计师应当在审计报告中增加其他事项段:(1)未被法律法规禁止;(2)该事项未被确定为在审计报告中沟通的关键审计事项。

注册会计师需要增加其他事项段的主要情形包括但不限于:

(1) 与使用者理解审计工作相关;

(2) 与使用者理解注册会计师的责任或审计报告相关;

(3) 对两套以上财务报表出具审计报告;

(4) 限制审计报告分发和使用。

其他事项段的内容明确反映了未被要求在财务报表中列报或披露的其他事项。如果在审计报告中包含其他事项段,注册会计师应当将该段落作为单独的一部分,并使用"其他事项"或其他适当标题,其他事项段的位置取决于拟沟通信息的性质。

如果拟在审计报告中增加强调事项段或其他事项段,审计人员应当就该事项和拟使用的措辞与治理层沟通。

带其他事项段的审计报告的参考格式范例如下：

【格式 11-14】

审 计 报 告

ABC 股份有限公司全体股东：

一、审计意见

我们审计了 ABC 股份有限公司（以下简称 ABC 公司）财务报表，包括 20×1 年 12 月 31 日的资产负债表，20×1 年度的利润表、现金流量表、股东权益变动表以及相关财务报表附注。

我们认为，后附的财务报表在所有重大方面按照企业会计准则的规定编制，公允反映了 ABC 公司 20×1 年 12 月 31 日的财务状况以及 20×1 年度的经营成果和现金流量。

二、形成审计意见的基础

我们按照中国注册会计师审计准则的规定执行了审计工作。审计报告的"注册会计师对财务报表审计的责任"部分进一步阐述了我们在这些准则下的责任。按照中国注册会计师职业道德守则，我们独立于 ABC 公司，并履行了职业道德方面的其他责任。我们相信，我们获取的审计证据是充分、适当的，为发表审计意见提供了基础。

三、关键审计事项

关键审计事项是我们根据职业判断，认为对本期财务报表审计最为重要的事项。这些事项的应对以对财务报表整体进行审计并形成审计意见为背景，我们不对这些事项单独发表意见。

四、其他事项

20×0 年 12 月 31 日的资产负债表，20×0 年度的利润表、现金流量表、股东权益变动表以及相关财务报表附注由其他会计师事务所审计，并于 20×1 年 3 月 31 日发表了保留意见。

五、其他信息

……

六、管理层和治理层对财务报表的责任

……

七、注册会计师对财务报表审计的责任

……

×××会计师事务所　　　　　　　　　　中国注册会计师：×××
（盖章）　　　　　　　　　　　　　　（项目合伙人）（签名并盖章）
　　　　　　　　　　　　　　　　　　中国注册会计师：×××
　　　　　　　　　　　　　　　　　　　　　　　（签名并盖章）

中国·北京

二〇××年××月××日

五、考虑持续经营的影响

(一) 针对持续经营的审计结论

注册会计师应当评价是否已就管理层编制财务报表时运用持续经营假设的适当性获取了充分、适当的审计证据,并就运用持续经营假设的适当性得出结论。

注册会计师应当根据获取的审计证据,运用职业判断,就单独或汇总起来可能导致对被审计单位持续经营能力产生重大疑虑的事项或情况是否存在重大不确定性得出结论。

如果注册会计师根据职业判断认为,鉴于不确定性潜在影响的重要程度和发生的可能性,为了使财务报表实现公允反映,管理层有必要适当披露该不确定性的性质和影响,则表明存在重大不确定性。

如果认为管理层运用持续经营假设适合具体情况,但存在重大不确定性,注册会计师应当确定:(1)财务报表是否已充分披露可能导致对持续经营能力产生重大疑虑的主要事项或情况,以及管理层针对这些事项或情况的应对计划;(2)财务报表是否已清楚披露可能导致对持续经营能力产生重大疑虑的事项或情况存在重大不确定性,并由此导致被审计单位可能无法在正常的经营过程中变现资产和清偿债务。

如果已识别出可能导致对被审计单位持续经营能力产生重大疑虑的事项或情况,但根据获取的审计证据,注册会计师认为不存在重大不确定性,则注册会计师应当根据适用的财务报告编制基础的规定,评价财务报表是否对这些事项或情况作出充分披露。

(二) 持续经营审计结论对审计报告的影响

如果财务报表已按照持续经营假设编制,但根据判断认为管理层在财务报表中运用持续经营假设是不适当的,注册会计师应当发表否定意见。

如果运用持续经营假设是适当的,但存在重大不确定性,且财务报表对重大不确定性已作出充分披露,注册会计师应当发表无保留意见,并在审计报告中增加以"与持续经营相关的重大不确定性"为标题的单独部分:①提醒财务报表使用者关注财务报表附注中对所述事项的披露;②说明这些事项或情况表明存在可能导致对被审计单位持续经营能力产生重大疑虑的重大不确定性,并说明该事项并不影响发表的审计意见。

如果运用持续经营假设是适当的,但存在重大不确定性,且财务报表对重大不确定性未作出充分披露,注册会计师应当发表保留意见或否定意见。注册会计师应当在审计报告"形成保留(否定)意见的基础"部分说明,存在可能导致对被审计单位持续经营能力产生重大疑虑的重大不确定性,但财务报表未充分披露该事项。

当存在多项可能导致对其持续经营能力产生重大疑虑的事项或情况存在重大不确定性时,在极少数情况下,尽管对每个单独的不确定性事项获取了充分、适当的审计证据,但由于不确定事项之间可能存在相互影响以及可能对财务报表产生累积影响,导致注册会计师难以判断财务报表的编制基础是否适合继续采用持续经营假设。在这种情况下,注册会计师应当考虑发表无法表示意见。

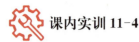

【目标】 训练通过对具体审计事项的分析,进行审计处理,判断审计意见类型,并编制审计报告。

【资料】 联合会计师事务所于 2023 年 12 月 30 日接受了联大股份有限公司的审计委托,该公司注册资本为 2 000 万元,审计前会计报表的资产总额为 5 000 万元。联合会计师事务所委派该所审计人员刘成和李利共同承担联大公司的审计业务。他们在计划阶段确定的重要性水平为 90 万元,而在完成阶段确定的重要性水平为 100 万元。注册会计师刘成和李利于 2024 年 2 月 15 日完成了联大公司 2023 年度财务报表的审计。注册会计师刘成和李利在复核工作底稿时,发现以下需要考虑的事项:

(1) 由于该公司一幢建于 1989 年、原值 200 万元、预计使用年限为 50 年,已提折旧 136 万元的办公大楼因为未经核实的原因出现裂缝,经过专家鉴定后将预计使用年限改为 40 年。决定从 2023 年起改变年折旧率,但该公司同意在 2023 年年末报表中作相应披露;

(2) 该公司在国外一家联营企业内据称有 675 000 元的长期投资,投资收益为 365 000 元,这些金额已列入 2023 年的净收益中,但刘成和李利未能取得上面所述的联营企业经审计的财务报表。受公司记录性质的限制,也未能采取其他程序查明此项长期投资和投资收益的金额是否属实;

(3) 该公司全部存货占资产总额的 50% 以上,放置于邻近单位仓库内。由于此仓库倒塌尚未清理完毕,不仅无法估计损失,也无法实施监盘程序;

(4) 由于存货使用受到仓库倒塌的限制,正常业务受到严重影响,可能影响即将到期的 100 万元债务;

(5) 2023 年 11 月间,该公司被控侵犯专利权,对方要求收取专利权费并收取罚款,公司已提出辩护。此案正在审理之中,最终结果无法确定;

(6) 由于财务困难,公司没有预付下年度的 15 万元广告费。

【要求】

(1) 逐一分析上述 6 种情况,分别对每种情况指出应出具的审计报告类型,并简要说明理由。将答案填入下列表格中:

序号	审计报告类型	简要理由
(1)		
(2)		
(3)		
(4)		
(5)		
(6)		

(2) 仅考虑情况(1)、(5),请代刘成和李利草拟一份审计报告。

本章小结

本章主要介绍了在完成审计业务阶段所要进行的工作,包括编制审计差异调整表、评价审计结果、与被审计单位进行沟通、编制试算平衡表以及出具审计报告等。审计人员按业务循环进行的控制测试、交易与财务报表项目的实质性程序以及特殊项目的审计后,对审计项目组成员在审计中发现的被审计单位的会计处理方法与企业会计准则的不一致,审计项目经理应根据审计重要性原则予以初步确定并汇总,并建议被审计单位进行调整,使经审计的财务报表所载信息能够公允地反映被审计单位的财务状况、经营成果和现金流量。审计报告是指审计人员根据审计准则的规定,在实施审计工作的基础上对被单位财务报表发表审计意见的书面文件,分为标准审计报告和非标准审计报告。审计人员通过签发的审计报告,以超然独立的第三者身份,对被审计单位财务报表合法性、公允性发表意见,最终完成了承接的委托业务。

本章复习题

1. 什么是审计差异?审计差异分为哪几种类型?它们之间有什么差异?
2. 审计人员评价审计结果必须完成哪些工作?
3. 简述书面声明的含义与特征。
4. 什么是审计报告?审计报告有什么作用?
5. 简述审计报告的意见类型。
6. 如何确定非无保留意见的类型?

课后讨论案例

【目的】 理解注册会计师出具审计报告的重要性

【内容】 请课后查找并阅读以下案例的相关信息,并回答相对应的问题,具体内容见下表:

序号	名称	问题
1	我国第一份拒绝表示意见的审计报告	普华大华会计师事务所为什么要对其出具所谓的拒绝表示意见的审计报告?
2	我国第一份否定意见的审计报告	①注册会计师如何关注上市公司的持续经营能力?②对于渝钛白公司案,注册会计师能否发表保留意见的审计报告?

1. 分小组进行案例的讨论,小组的每个成员分头查找并阅读上述案例的相关信息,每个小组围绕所提出的问题编写完成案例。
2. 小组在查找资料、编写完成案例的基础上,分析回答所提出的问题,并提出新的

疑问。

3. 小组在讨论分析基础上,制作PPT,推选一名同学演讲其讨论分析的问题,重点在于介绍小组在讨论中对审计的本质、作用以及在经济社会生活中的重要作用的理解以及产生的疑问。

4. 小组以外的其他同学提问,小组内的其他成员补充回答问题。

5. 老师点评。